中国社会科学权威报告

CHINA PENSION REPORT 2012

中国养老金发展报告 2012

郑秉文 主编

图书在版编目（CIP）数据

中国养老金发展报告2012/郑秉文主编. —北京：经济管理出版社，2012.12
ISBN 978-7-5096-2283-4

Ⅰ.①中… Ⅱ.①郑… Ⅲ.①退休金—劳动制度—研究报告—中国—2012　Ⅳ.①F249.213.4

中国版本图书馆CIP数据核字（2012）第295808号

组稿编辑：璐　栖
责任编辑：璐　栖　勇　生
责任印制：黄　铄

出版发行：经济管理出版社
　　　　　（北京市海淀区北蜂窝8号中雅大厦A座11层　100038）
网　　址：www.E-mp.com.cn
电　　话：(010) 51915602
印　　刷：北京画中画印刷有限公司
经　　销：新华书店
开　　本：880mm×1230mm/16
印　　张：13.75
字　　数：451千字
版　　次：2012年12月第1版　2012年12月第1次印刷
书　　号：ISBN 978-7-5096-2283-4
定　　价：198.00元

·版权所有　翻印必究·

凡购本社图书，如有印装错误，由本社读者服务部负责调换。
联系地址：北京阜外月坛北小街2号
电话：(010) 68022974　邮编：100836

《中国养老金发展报告2012》编委会

主任委员 陈佳贵 王建伦
副主任委员 宋晓梧 乌日图 郑功成
秘 书 长 郑秉文

委 员（按拼音字母排序）

陈力君 褚福灵 丛树海 邓大松 丁建定 董克用 房连泉 高庆波
葛 曼 关信平 郭 鹏 何 平 何文炯 胡云超 黄 念 李 珍
林 义 林 弈 刘昌平 吕学静 穆怀中 潘锦棠 齐传钧 青连斌
仇雨临 申曙光 宋保安 苏卫东 孙守纪 孙永勇 唐 钧 唐 俊
田 青 童 星 王国辉 王延中 席 恒 向运华 谢 琼 杨长汉
杨河清 杨燕绥 张盈华 张智勇 朱俊生 邹照洪

全书摘要

《中国养老金发展报告2012》是由"中国社会科学院世界社保研究中心"编写的第二部年度养老金行业报告，它反映了2011年度中国养老金制度发展的整体状况和改革动态。全书由主报告和11个分报告组成，分为养老金发展篇、改革篇、指数篇和动态篇四部分内容。

主报告以"中国养老基金地区失衡与财务可持续性"为主题，着重总结、归纳了部分省份城镇职工基本养老保险基金收支失衡的财务可持续性问题。2011年城镇职工基本养老保险制度参保人口、基金收入和结余规模等各项指标均再创历史新高，但"空账"、收支缺口以及资金保值增值等问题依然突出存在；年度养老金发展指数表明基本养老保险制度的发展成效有失平衡：在"广覆盖"方面取得了举世瞩目的成就，在"保基本"方面，养老金支出逐步提高，但在"多层次"和"可持续"方面存在较大隐患，地区差异明显；部分省份养老基金的收不抵支现象由来已久，呈现出的一个突出趋势是：收支失衡的省份数量逐步减少，但基金缺口总额却不断增高，说明收不抵支向少数省份（尤其是老工业基地）集中的趋势越来越明显。

养老金发展篇由五个专题报告组成，分别对基本养老保险的参保和基金运行状况、企业年金市场的运营绩效以及全国社会保障基金的投资管理状况进行了相应的信息披露；通过详细公布的行业发展数据，对各项养老基金的总体发展成效和问题进行了评估；并就国内外经验探讨了养老基金与资本市场互动发展的关系。

养老金改革篇的两个分报告将"部分省份的养老基金收支失衡"

作为研究主题，从各个制度运行参数的历史变化，分析了近10年来"收不抵支"省份的演变轨迹；从历史债务、制度赡养率、经济发展水平和劳动力跨区域流动四大方面因素，解释了出现该历史现象的深层成因，认为解决问题的根本出路在于养老金制度变革，实现全国统筹。

养老金指数篇是自2012年开始增加的一个新板块。编制和开发中国养老金相关指数，是中国社会科学院世界社保研究中心的一个重要职能。"中国养老金发展指数2011"显示，地区间养老金发展水平差距很大，对提高统筹层次和深化制度改革提出了要求。

养老金动态篇的三个分报告跟踪国内外养老金改革趋势和热点，对提高退休年龄、抵御养老金债务、拓宽养老基金投资渠道等问题做了归纳梳理，为了解养老金行业发展信息提供了第一手资料。

总目录

序言　李扬　博士 / 1

主报告　中国养老基金地区失衡与财务可持续性——养老金发展指数的含义、数据分析与制度根源 / 1

第一部分　养老金发展篇

分报告一　2011年基本养老保险参保状况评估——城镇职工基本养老保险参保状况进一步改善，新农保扩面工作突飞猛进 / 15

分报告二　2011年基本养老保险基金运行状况评估——基金累计结余规模继续扩大，财务状况省际差异日益突出 / 43

分报告三　2011年企业年金基金市场状况评估——投资业绩再现负增长，规模激增扩面贡献大 / 60

分报告四　2011年全国社保基金投资管理状况评估 / 74

分报告五　养老金与资本市场良性互动——国际经验与中国的阶段性实践 / 79

第二部分　养老金改革篇

分报告六　部分省份城镇职工基本养老保险基金收不抵支制度参数分析 / 91

分报告七　城镇职工基本养老保险基金地区失衡深层原因分析 / 114

第三部分　养老金指数篇

分报告八　中国社科智讯·养老金指数（发展指数2011） / 139

第四部分 养老金动态篇

分报告九 进一步拓宽企业年金基金投资渠道——来自国内外养老基金投资变化趋势的启示 / 167

分报告十 中国养老金改革争议2011——可持续性拷问现有制度，养老金改革任重道远 / 174

分报告十一 国外养老金改革概览2011——提高退休年龄成为主旋律，抵御债务危机仍是主战场 / 189

编后记 / 199

中国社会科学院社会保障实验室简介 / 201

目 录

序言 李扬 博士 / 1

主报告 中国养老基金地区失衡与财务可持续性——养老金发展指数的含义、数据分析与制度根源 / 1
  一、城镇职工基本养老保险各项指标再创新高，但风险犹存 / 1
  二、从"养老金发展指数"看，"多层次"和"可持续"仍是改革的重点 / 2
  三、部分省份养老保险基金收支失衡，短期内难以解决 / 7

第一部分 养老金发展篇

分报告一 2011年基本养老保险参保状况评估——城镇职工基本养老保险参保状况进一步改善，新农保扩面工作突飞猛进 / 15
  一、总体参保状况略有改善，但各个行业参保进展显著不同 / 16
    （一）企业和以个体身份参保人员的参保职工人数增长迅速，机关和事业单位的参保职工人数增长缓慢，银行参保职工人数出现下降
    （二）以个体身份参保人员中的离退休人数增长迅速，而其余几个行业的离退休人数增长平稳
    （三）尽管企业的制度赡养率是最高的，但与2010年相比，它也是唯一有所下降的
  二、企业参保状况已经发生结构性变化 / 18
    （一）其他各种经济类型企业和港澳台及外资企业的参保职工人数增长迅猛，而城镇集体企业和国有企业参保职工人数增长较慢
    （二）其他各种经济类型企业的离退休人数增长迅速，港澳台及外资企业的离退休人数也增长较快，而城镇集体企业和国有企业的离退休人数增长较慢
    （三）除国有企业外，其他各类企业的制度赡养率都有所下降

三、各个省份的总体参保状况发生了显著的变化 / 20
　　（一）各个省份城镇职工基本养老保险制度的扩面速度差异很大
　　（二）许多省份参保职工人数的增长速度与离退休职工人数增长速度严重不一致
　　（三）各个省份之间城镇职工基本养老保险制度赡养率的差异仍然十分显著，但一些省份的制度赡养率发生了明显变化

四、各个省份参保人员行业构成的差异依然显著，且具有三大特点 / 25
　　（一）与2010年相比，2011年大部分省份的企业制度赡养率有所下降，但也有少数省份继续上升
　　（二）与2010年相比，2011年各个省份以个体身份参保人员参保人数增速较快，但绝大部分省份相应的制度赡养率有所上升
　　（三）与2010年相比，各个省份机关和事业单位参保状况变化不大

五、各个省份不同性质企业参保状况差异显著 / 30
　　（一）国有企业参保状况出现了分化，少数省份参保人数出现了负增长，而且，与2010年相比，一些省份国有企业制度赡养率出现了比较明显的变化
　　（二）集体企业参保状况出现了更严重的分化，一些省份参保人数增长迅猛，另外一些省份却出现了大幅度减少，而且，与2010年相比，一些省份集体企业制度赡养率出现了很大的变化
　　（三）所有省份其他各种经济类型企业参保人数都出现了增长，大部分省份制度赡养率的变化并不明显
　　（四）大多数省份港澳台及外资企业的参保职工人数和离退休人数都同时出现了较快的增长，因而制度赡养率变化不大。不过，少数省份的制度赡养率出现了较大的升幅

六、城镇职工基本养老保险缴费人数增长情况不容乐观 / 38

七、新农保扩面取得重大进展，但各个省份的情况差异很大 / 39

分报告二　**2011年基本养老保险基金运行状况评估——基金累计结余规模继续扩大，财务状况省际差异日益突出 / 43**

一、城镇职工基本养老保险基金收入加速增长，存在一喜一忧 / 44
　　（一）虽然征缴收入仍然占有很高的比重，财政补助也占有相当的比重，但利息收入和其他收入的增长速度要快得多
　　（二）正常缴费和预缴费用在城镇职工基本养老保险征缴收入中所占比重下降

二、各个省份城镇职工基本养老保险基金收入状况差异显著 / 46
　　（一）基金收入及其增长率
　　（二）征缴收入及其增长率
　　（三）两种征收制度的情况

（四）征缴收入占基金收入的比重
　三、城镇职工基本养老保险基金支出增长平稳，且具有四个特点 / 48
　　（一）城镇职工基本养老保险基金支出的绝对值和增长率均存在一定的省际差异
　　（二）企业部门基本养老保险基金支出增长主要受三个因素影响
　　（三）离退休人员待遇得到进一步改善
　　（四）非基本养老金支出所占比重有所上升，但各个省份差异较大
　四、城镇职工基本养老保险基金当期结余增长十分迅猛，但少数省份当期结余状况恶化 / 51
　五、城镇职工基本养老保险基金累计结余保持快速增长，基金支付能力继续增强，但地区差异更为显著 / 54
　六、城镇职工基本养老保险个人账户的管理状况有所改善，但仍然不容乐观 / 57
　七、新型农村社会养老保险基金收支结余规模急剧扩张，省际差异已经显现 / 58
　　（一）各个省份新型农村社会养老保险基金的累计结余差异显著
　　（二）各个省份之间新型农村社会养老保险基金的支出占收入比重差异显著

分报告三　**2011年企业年金基金市场状况评估——投资业绩再现负增长，规模激增扩面贡献大 / 60**
　一、中国企业年金基金市场总体状况 / 60
　　（一）2008年以后投资业绩首次出现了负增长
　　（二）基金规模激增主要得益于参保职工人数的增加
　　（三）企业年金远未担负起构建多支柱体系的重任
　　（四）企业年金基金市场竞争依然充分
　二、2011年企业年金基金受托管理市场分析 / 63
　　（一）市场份额
　　（二）市场分析
　三、2011年企业年金基金账户管理市场分析 / 67
　　（一）市场份额
　　（二）市场分析
　四、2011年企业年金基金托管市场分析 / 69
　　（一）市场份额
　　（二）市场分析
　五、2011年企业年金基金投资管理市场分析 / 71
　　（一）市场份额
　　（二）市场分析

分报告四　**2011年全国社保基金投资管理状况评估 / 74**
　　一、国务院任命副理事长和聘任理事 / 75
　　二、推动全国社保基金的资金筹集 / 75
　　　　（一）资金筹集的现有模式及规模
　　　　（二）多渠道筹集全国社保基金的意义
　　　　（三）基金各类资金来源统计
　　三、积极支持地方养老金管理 / 76
　　　　（一）成功受托管理试点省、市个人账户中央补助资金
　　　　（二）积极推进广东省部分基本养老金受托管理工作
　　四、社保基金应对国内外市场的复杂形势，审慎投资运营 / 76
　　　　（一）科学制定和执行各类资产配置计划
　　　　（二）扩大债券等固定收益类投资
　　　　（三）把握市场时机，审慎做好股票投资
　　　　（四）加大实业投资力度，加强投后管理
　　　　（五）加强研究，丰富产品，审慎推进境外投资
　　　　（六）克服股票市场大幅下跌的不利形势，投资运营取得较好收益
　　五、落实精细化管理要求，提高内部各项管理水平 / 78
　　　　（一）初步建立了投资项目储备库和项目管理责任制
　　　　（二）各类分项投资收益评估和分析制度逐步健全
　　　　（三）信息系统建设取得了新成效
　　　　（四）顺利完成厘清岗位职责和编制岗位说明书工作

分报告五　**养老金与资本市场良性互动——国际经验与中国的阶段性实践 / 79**
　　一、中国养老金发展壮大带来巨大的投资需求 / 80
　　　　（一）我国养老金规模不断扩大
　　　　（二）养老保险基金面临保值增值巨大压力和需求
　　二、境内外养老金参与资本市场实践 / 82
　　　　（一）养老基金与资本市场的良性互动
　　　　（二）境外养老基金参与资本市场的特点
　　　　（三）国内养老金参与资本市场实践
　　三、推动养老金与资本市场协同健康发展 / 85

第二部分 养老金改革篇

分报告六 部分省份城镇职工基本养老保险基金收不抵支制度参数分析 / 91
  一、"城镇制度"历史财务收支状况 / 92
    (一) 基金收支和结余情况
    (二) 财政补贴情况
    (三) 近10年来的制度参数分析
  二、各省份"城镇制度"近10年来的财务收支状况 / 96
    (一) 基金征缴收入
    (二) 基金支出
    (三) 基金当期"收不抵支"状况
  三、对各省份财务收支差异性的制度参数分析 / 102
    (一) 当期收支结余率
    (二) 参保人员结构对制度赡养率的影响
  四、未来各省份"收不抵支"的发展趋势 / 108
    (一) 各省的"扩面"空间分析
    (二) 5年内各省份财务收支状况预测

分报告七 城镇职工基本养老保险基金地区失衡深层原因分析 / 114
  一、养老保险基金快速增长与半数省份收不抵支的悖论 / 115
  二、半数省份城镇职工基本养老保险收不抵支成因分析 / 116
    (一) 各地历史欠债不同
    (二) 制度赡养率不同
    (三) 地区经济发展状况不同
    (四) 劳动力跨区域流动
  三、半数省份收不抵支的本质、趋势与对策 / 132
    (一) 如何看待和评估半数省份养老保险制度收不抵支的现状
    (二) 如何解决半数省份收不抵支的问题
    (三) 未来养老保险财务失衡的发展趋势
    (四) 实现全国统筹的关键在于改革养老保险制度结构

第三部分 养老金指数篇

分报告八 中国社科智讯·养老金指数（发展指数2011） / 139
    一、中国社科智讯·养老金发展指标体系 / 140
        （一）广覆盖指标
        （二）保基本指标
        （三）多层次指标
        （四）可持续指标
    二、中国社科智讯·养老金指数体系 / 158
        （一）中国养老金发展指数2011的指数设计
        （二）中国养老金发展指数2011一级指标分值表
        （三）中国养老金发展指数2011综合情况

第四部分 养老金动态篇

分报告九 进一步拓宽企业年金基金投资渠道——来自国内外养老基金投资变化趋势的启示 / 167
    一、企业年金基金投资配置的现状及问题 / 168
    二、全球养老金投资呈现多元化趋势 / 168
    三、国内长期性资金投资多元化的实践 / 169
        （一）全国社会保障基金的投资经验
        （二）保险资金的投资实践
    四、国内外实践对中国企业年金基金投资的启示 / 171
    五、企业年金投资的中国选择：逐步多元化 / 172

分报告十 中国养老金改革争议2011——可持续性拷问现有制度，养老金改革任重道远 / 174
    一、导论 / 175
    二、基本养老保险 / 175
        （一）热议1："欧债危机"及其对中国养老金改革的启示
        （二）热议2：基本养老保险基金投资
        （三）热议3：养老金缺口
        （四）热议4：延迟退休年龄
        （五）热议5：养老金双轨制

分报告十一　国外养老金改革概览2011——提高退休年龄成为主旋律，抵御债务危机仍是主战场 / 189

 一、国外公共养老金改革动态 / 191

  （一）提高退休年龄：欧美养老金改革的主旋律

  （二）减负与增负并存：亚太国家两类不同的实践

  （三）制度建设与投资改革：拉美与非洲国家的实践

 二、国外私人养老金改革动态 / 196

  （一）英国：扩大覆盖范围，调整待遇计发方式

  （二）瑞士：成立新的企业年金监管机构（OAK）

  （三）罗马尼亚：为第二、三支柱养老金建立保障基金

  （四）日本：允许雇员向DC型企业年金缴费

  （五）澳大利亚：修订《养老基金法案》增加投资选择

 三、国外主权养老基金动态 / 196

  （一）新西兰开始实施"农村土地战略"

  （二）俄罗斯保守投资方式有望改变

  （三）爱尔兰基础设施基金投资主权养老基金

  （四）澳大利亚主权养老基金进军基础设施行业

  （五）挪威主权养老基金制定投资新基准

编后记 / 199

中国社会科学院社会保障实验室简介 / 201

序言

李扬 博士
中国社会科学院副院长

举世瞩目的党的第十八次代表大会刚刚落下帷幕。"十八大"报告明确提出，确保到2020年实现全面建成小康社会的宏伟目标。习近平总书记在十八届一中全会后的中外记者见面会上进一步明确指出，"人民对美好生活的向往，就是我们的奋斗目标"。在习总书记20分钟的讲话中，他一连讲了10个"更"字的要求："我们的人民热爱生活，期盼有更好的教育、更稳定的工作、更满意的收入、更可靠的社会保障、更高水平的医疗卫生服务、更舒适的居住条件、更优美的环境，期盼着孩子们能成长得更好、工作得更好、生活得更好。"其中，建设"更可靠的社会保障"是一项重要内容。值此之际，我院世界社保研究中心编写出版的《中国养老金发展报告2012》可谓恰逢其时，它是学习和落实中央精神的一个重要举措。

何谓"更可靠的社会保障"？怎样建成"更可靠的社会保障"？——这是党中央对相关理论工作者提出的重要命题。毫无疑问，要做好这个重要命题首先就要对当前社会保障制度存在的问题有清晰而正确的认识，而在整个社会保障中，养老金制度的建设和完善既是重点也是难点。在国内，这几年有关养老金问题的争议越来越受到社会关注，正在成为影响社会稳定的重要因素。在国外，养老金经济学已经成为经济学中的显学，尤其在欧债危机中，更多的经济学家将之与其养老金制度的研究联系起来，养老金的研究再次成为学术界的一个焦点。因此，对养老金问题的认识和研究十分必要。继2011年之后，世界社保研究中心再次推出的这本年度报告，在指出当前养老金制度中存在的很多问题的同时，又对一些主要问题的原因做了深入分析和解读。

我们知道，中国当前的养老金制度是在改革开放后顺应市场经济发展的需要逐步建立起来的，"广覆盖、保基本、多层次、可持续"是我们多年以来所坚持的基本方针，也是我们所要追求的制度目标，然而我们离这个目标还有一定距离。

首先，就广覆盖而言，虽然理论上讲，随着"新农保"和"城居保"的引入，制度全覆盖目前已基本实现，但是基本养老保险各项制度分人群设计，相互间尚未制定明确的衔接办法，即便同一险种各地执行的政策也有差异，从而造成重复参保和转移接续困难问题。国家审计署2011年的调查结果显示，截至2011年底，全国110.18万企业职工基本养老保险参保人员重复参加了该项保险或"新农保"和"城居保",造成财政多补贴 5133.52 万元,2.45 万人重复领取养老金 3569.46 万元;全国共有 240.40 万人跨省拥有两个以上企业职工基本养老保险个人账户。

其次,以多层次为例,虽然我国养老金制度按照国际上通行的多支柱理念建立起来,但企业年金的覆盖面一直非常有限,税优激励不足和针对中小企业而设计的集合计划发展滞后成为制约企业年金发展过慢的两个重要原因,这也造成了我国养老金制度必然高度依赖基本养老金的尴尬现象,在人口老龄化日益严重的情况下,无疑给未来的财政带来了巨大的支付压力。对 2011 年而言,该报告认为,尽管企业年金基金规模大幅提高,而且主要得益于覆盖人数的增长,但其覆盖面仍然十分狭窄,对经济和资本市场的影响也十分有限。该报告同样也指出,如果没有大的政策出台,很难指望企业年金在人口老龄化越来越严重的未来几十年担负构建多支柱养老保障体系的重任。

再次,从可持续上来看,基本养老保险短期支付压力不大,但未来财务状况堪忧。表面上看,我国基本养老保险制度这几年积累了大量的收支结余,为养老金待遇的按时足额发放提供了保障,但是这些余额大部分是来自政府的各级财政补贴。该报告发现,如果剔除 1998 年以来中央财政补贴,有 14 个省份的累计结余将为负数,合计 -2066 亿元。并据此认为,财政补助掩盖了企业基本养老保险基金当期收支存在缺口的矛盾。而且,这种得益于政府补贴的基金累计结余的快速增长,长期来看是不可持续的,因为随着人口老龄化日趋恶化,经济增长速度必然会降下来,财政收入增长也会相应减慢,指望长期财政补贴的代价必然是越来越高昂的。

最后,尤其要强调的是,这几年出现一个"奇怪"的现象,一方面是基本养老保险基金的快速增长,但另一方面是一些省份在剔除财政补贴后却收不抵支。该报告认为,中国城镇职工基本养老保险财务状况存在的这种巨大差异性,是各省之间不同的历史债务、制度赡养率、经济发展水平、劳动力流动空间分布等 4 个因素共同作用的结果。同时也认为,解决半数省份收不抵支的根本出路在于实现全国统筹,但前提是规避统筹层次提高后所形成的道德风险和逆向选择问题。该报告还预计,未来 5 年内,这种趋势会进一步加剧,扩面"窗口期"并不能从根本上改变少数省份"收不抵支"的财务失衡现象。

尽管上述问题只是我国养老金制度所存在问题的一部分,但作为中国第一部反映中国养老金制度整体发展状况的报告,通过大量数据和翔实资料做出客观分析已经是一次破冰之旅。毫无疑问,这一报告对正确认识"更可靠的社会保障"具有重大的理论和现实意义。希望"世界社保研究中心"把这本年度报告继续办好,成为中国社会保障理论和制度研究的一个重要载体。

2012 年 11 月 21 日

主报告
中国养老基金地区失衡与财务可持续性
——养老金发展指数的含义、数据分析与制度根源

党的"十八大"刚刚落下帷幕。"十八大"报告在第七部分"在改善民生和创新社会管理中加强社会建设"指出,"要坚持全覆盖、保基本、多层次、可持续方针,以增强公平性、适应流动性、保证可持续性为重点"。"十八大"报告强调要坚持社会保障制度建设的"十二字"方针,这为未来社会保障制度建设进一步指明了方向,同时,"十八大"报告将增强公平性、适应流动性和保证可持续性作为未来的改革重点。其中,"保证可持续性"在相当长的历史时期内将是中国社会保障制度建设的重中之重。在 2011 年 12 月 20 日举办的《中国养老金发展报告 2011》发布式上,华建敏副委员长在讲话中提出可持续性是中国养老金制度的第一命题[①]。为落实"十八大"报告精神,《中国养老金发展报告 2012》的"养老金改革篇"的主题确定为中国养老基金地区失衡问题,将十几个省份当期收不抵支的问题作为专题研究。

毋庸置疑,2011 年是中国社会保障蓬勃发展的一年,城镇职工基本养老保险制度状况进一步得到改善,新农保覆盖面进一步扩大,基本养老保险基金规模进一步提高。2011 年,为全面摸清社会保障资金的底数,国家审计署组织实施了全国社会保障资金审计,审计覆盖范围之广、涉及社会保障资金种类之多,为社会保障审计历史上的首次。

截至 2011 年底,企业职工基本养老保险已覆盖全国所有县,新型农村社会养老保险(以下简称"新农保")已覆盖 81.50% 的县(2273 个县),城镇居民社会养老保险(以下简称"城居保")覆盖 75.30% 的县(2101 个县),其中 683 个县合并实施了城乡居民社会养老保险(3.61 亿人),全国养老保险参保人数合计 6.22 亿人,比 2005 年增长 2.86 倍[②]。

一、城镇职工基本养老保险各项指标再创新高,但风险犹存

截至 2011 年底,城镇职工基本养老保险制度各项指标均再创历史新高:

——覆盖城镇各类企业职工、个体工商户以及其他灵活就业人员的企业职工基本养老保险制度参保人数达 28391 万人[③],领取养老金 6826 万人,分别比 2010 年末增加 2163 万人和 521 万人;参加基本养老保险的农民工人数为 4140 万人,比 2010 年末增加 856 万人。年末参加企业基本养老保险人数为 26284 万人,比 2010 年末增加 2650 万人。

——城镇基本养老保险基金总收入 16895 亿元,其中征缴收入 13956 亿元;各级财政补贴 2272 亿元;基金总支出 12765 亿元;年末基本养老保险基金累计结存 19497 亿元,比 2010 年底增长了 26.89%。

2011 年城镇职工基本养老保险制度呈现如下特点:

1. 企业参保状况发生结构性变化,非国有企业参保人数总体规模超过国有企业

截至 2011 年底[④],全国国有企业参保人数为 7953.16 万人,占企业总参保人数的 38.95%;相比之下,其他各种经济类型企业和港澳台外资企业的参保人数增长迅猛,参保人数为 8406.41 万人,占企业总参保人数的 41.17%,

---

① 为专门讨论华建敏副委员长提出的这个命题,会后我们组织课题组做了专项研究,见《可持续性是中国养老金制度的"第一命题"》,载《中国证券报》,2011 年 12 月 26 日,第 A18 版。
② 引自《中华人民共和国审计署审计结果公告》,2012 年第 34 号公告(总第 141 号)。
③ 2011 年度人力资源和社会保障事业发展统计公报。
④ 凡是没有给出注释的数据,均引自本书。

比 2010 年提高了 3.25 个百分点；从比重上看，其他各种经济类型企业和港澳台外资企业的参保人数首次超过国有企业参保人数，这标志着参保状况发生结构性变化。

2. 继 2007 年空账额突破万亿元大关之后，2011 年空账额首次突破 2 万亿元大关

个人账户空账额继 2007 年突破万亿元大关之后，2011 年又突破 2 万亿元大关。从表 1 可以看出，从 2006 年至 2011 年，空账额一直大于养老基金余额；空账额的增长率与记账额的增长率大致相当，比较吻合；虽然做实个人账户基金增长率年均达 30% 以上，远远高于个人账户记账额的增长率（除 2011 年以外，年均 18% 左右），但总体看，个人账户基金的规模还是很小，比如，2007 年占养老基金规模的 10.6%，2011 年仅上升到 13.9%。

表 1　　2006~2011 年城镇基本养老保险个人账户基金变化与养老基金规模变化　　单位：亿元，%

	2006 年	2007 年		2008 年		2009 年		2010 年		2011 年	
	a	a	b	a	b	a	b	a	b	a	b
记账额	9994	11743	17.5	13837	17.8	16557	19.7	19596	18.4	24859	26.9
做实账户基金规模	—	786	—	1100	39.9	1569	42.6	2039	30.0	2703	32.6
空账额	—	10957	—	12737	16.0	14988	17.7	17557	17.1	22156	26.2
养老基金余额	5489	7391	34.7	9931	34.4	12526	26.1	15365	22.6	19497	26.9

注：a 为亿元；b 为增长率。
资料来源：根据历年人力资源和社会保障事业发展统计公报整理得来。

3. 虽然城镇基本养老保险基金当期结余规模很大，但剔除财政补贴和"非正常缴费"之后却几乎为零

在城镇职工基本养老保险征缴收入中，"正常缴费" 12058 亿元，占 86.40%；"非正常缴费" 1898 亿元，占 24.60%，其中，"非正常缴费" 主要由"补缴" 构成，为 1511 亿元（其他为"预缴" 75 亿元，"清理历史欠费" 273 亿元和"其他" 39 亿元）。与 2010 年相比，"正常缴费" 所占比重下降了 1.88 个百分点，而"补缴" 所占比重上升了 1.75 个百分点。

虽然 2011 年当期结余高达 4130 亿元，但是，如果剔除高达 2272 亿元的财政补贴，再剔除由扩大覆盖面导致的"补缴" 1511 亿元，当年的收支余额仅为 347 亿元。如果再剔除"预缴"和"清理历史欠费"等因素，2011 年当期几乎没有任何余额。这说明，养老保险制度的正常缴费收入与支出基本相等，当期的财务可持续能力与 28% 的缴费率相比很不匹配。另外，很多地方政府热衷于制定"补缴政策"，显然其目的之一是为了扩大当期基金收入，弥补支出缺口；补缴对象主要是那些达到法定退休年龄但不符合按月领取基本养老金条件的断保人员、灵活就业人员和低收入群体，还有一些未参保人员；采取的是一次性优惠补缴（续缴）政策。这意味着，"补缴" 可提高当期的制度收入，但却显然又加大了未来支付风险。

4. 当期收不抵支的省份虽然比 2010 年有所减少，但收支缺口却大于 2010 年

在 32 个统筹单位中（31 个省加上新疆兵团），如果剔除财政补贴，2010 年有 17 个收不抵支，缺口达 679 亿元；2011 年收不抵支的省份虽然减少到 14 个，但收支缺口却高于 2010 年，2011 年达 767 亿元。其中，辽宁和黑龙江的缺口均超过 100 亿元，天津、新疆兵团和吉林的缺口均在 50 亿~100 亿元，河南、陕西、江西、湖南、广西、上海、海南和重庆的缺口均在 10 亿~50 亿元，河北的缺口达 1.62 亿元；在 18 个征缴收入大于支出的省份中，广东仍高达 519 亿元，浙江、江苏、北京和山东也在 200 亿~300 亿元。

二、从"养老金发展指数"看，"多层次"和"可持续"仍是改革的重点

中央确定的"广覆盖、保基本、多层次、可持续"的"十二字"方针是当前中国社会保障制度建设的基本原则。为了更好地贯彻执行"十二"字方针，我们将其拆分和量化，据此设计出一套"养老金发展指标体系"，在这套指标体系基础之上开发出"中国养老金发展指数"，拟定期发布。

我们之所以开发和发布"养老金发展指数"，其目的

在于为学术界的百家争鸣提供一个参考方案,为衡量社会保障制度各项指标建设提供一个工具箱,为各省份社会保障制度改革进程中查找差距和迎头赶上树立一个坐标轴,为决策部门社会保障改革项目优先排序预设一个参照系,为未来10年改革进程准备一个动态的可资比照的参考值。

我们的基本做法是将"十二字"方针的四句话拆分成四个一级指标,然后再将每个一级指标继续拆分成若干二级指标,由此构成一个指标体系;在对每个一级指标赋予权重系数之后,再对每个二级指标赋予权重,最终形成一个中国养老金发展指数体系(见表2)。

表2　　　　　　　　　　　中国养老金发展指标体系与中国养老金发展指数权重

一级指标		二级指标	权重系数（10分）
广覆盖（2.5分）	1	城镇就业人员基本养老保险参保比率	0.585
	2	乡村就业人员新农保参保比率	0.665
	3	以离退休金、养老金为主要生活来源人口占60岁及以上人口比率	1.250
保基本（2.5分）	4	基本养老保险人均养老金水平占城镇单位在岗职工平均工资比率	0.830
	5	基本养老保险人均养老金水平占城镇居民人均可支配收入比率	0.830
	6	各地区基本养老保险基金支出占GDP比率	0.840
多层次（2.5分）	7	基本养老保险人均缴费占城镇单位在岗职工平均工资比率	0.700
	8	企业年金职工参与率	0.500
	9	企业年金基金积累额占GDP比率	0.500
	10	人身保险密度	0.400
	11	人身保险深度	0.400
可持续（2.5分）	12	基本养老保险制度赡养率	0.840
	13	基本养老保险征缴收入与基金支出比	0.830
	14	基本养老保险基金可支付月数	0.830

中国养老金发展指标体系与中国养老金发展指数的具体设计和思路是基于如下一些考虑的:

——广覆盖。该指标是用以衡量参加养老金制度的人口比率,包括缴费人口与待遇领取人口两个层面的覆盖情况。在"广覆盖"指标下,采用不同的参保比率来衡量覆盖情况,因而各二级指标均属于正向指标,即数值越大表明覆盖情况越好;"广覆盖"指标由以下三个二级指标构成:城镇就业人员基本养老保险参保比率;乡村就业人员新农保参保比率;以离退休金、养老金为主要生活来源人口占60岁及以上人口比率。

——保基本。该指标具有双重含义,即养老金需要满足老年人晚年生活的收入水平,同时这一收入水平并不超过经济发展的承受能力。因而,保基本指标是一种适度指标,过高过低均不是成熟的表现。在当前养老金制度安排下,保基本指标主要衡量参保群体退休后的养老金水平,在当前制度背景下,将该指标视为正向指标,认为这些指标值越大越好。保基本指标由以下三个二级指标构成:基本养老保险人均养老金占城镇单位在岗职工平均工资比率;基本养老保险人均养老金占城镇居民人均可支配收入比率;基本养老保险基金支出占GDP比率。

——多层次。该指标意义十分明确,是指建立多支柱的社会保障制度架构。由于来自财政转移支付的普惠式老年国民养老金制度尚处于各地自发的尝试与探索阶段,且主要以高龄补贴的面目出现,在该指标中予以省略,所以,该指标体系中采用的不是2005年世界银行推荐的五支柱模式[①],而是根据中国的现实采取三支柱模式。因此,"多层次"指标由五个二级指标构成:基本养老保险人均缴费占城镇单位在岗职工平均工资的比率;企业年金职工

---

① 五支柱模式包括来自财政转移支付的普享型或补救型的社会养老金制度即零支柱;强制性的公共养老金计划即第一支柱;企业养老金计划即第二支柱;企业或个人养老金计划即第三支柱;非正式的自愿性家庭福利计划即第四支柱。详见罗伯特·霍尔兹曼、理查德·欣茨主编:《21世纪的老年收入保障——养老金制度改革国际比较》,世界银行报告,郑秉文等译,中国劳动社会保障出版社,2006年6月。

参与率；企业年金积累额占 GDP 比率；人身保险密度；人身保险深度。其中，"人身保险密度"指人均保费收入，它反映的是一个经济体商业养老保险的普及程度和发展水平。"人身保险深度"是指保费收入占国内或地区生产总值的比例。在"多层次"指标中，除基本养老保险人均缴费占城镇单位在岗职工平均工资的比率为逆向指标，其余均为正向指标。

——可持续。该指标是指养老金制度在财务上是否能够保持长期平衡，即实现费率和待遇的长期稳定，且无须大规模的财政转移支付。在"中国养老金发展指数 2010"中，可持续指标由三个指标构成：基本养老保险制度赡养率；基本养老保险征缴收入与基金支出比；基本养老保险基金可支付月数。

这里有几个要点予以说明：第一，"保基本"的第 4 和第 5 个二级指标可被近似看做"社会替代率"。之所以没有直接使用"社会替代率"这个概念，是因为对统计口径还没有一个统一的看法，对《中国统计年鉴》官方数据提供的"基本养老保险人均养老金占城镇单位在岗职工平均工资比率"是否可以近似为"社会平均替代率"还存在一些争议，但舍此又没有更加准确的数据可资替代。第二，在设定二级指标时常常受到数据采集的较大约束，可以说，由于统计数据可获性的障碍，目前这 14 个二级指标的设定不尽满意，但只能暂时如此，以后随着数据可获性的不断改善将随时予以调整和更新。第三，养老金发展指数涉及的是 31 个省、自治区和直辖市，不含港澳台地区，新疆兵团也不在此列（尽管在考察养老保险制度收支时新疆兵团作为一个单独核算的统筹单位）。第四，这里编制和发布的是"中国养老金发展指数 2011"，但实际反映的是 2010 年养老金发展情况。

表3　　　　　　　　　　　　　　　　中国养老金发展指数排名

地区	综合排名	总分值	广覆盖			保基本			多层次			可持续		
			地区	排名	分值	地区	排名	分值	地区	排名	分值	地区	排名	分值
北京	1	6.42	北京	1	2.26	黑龙江	1	1.86	北京	1	1.36	广东	1	2.02
上海	2	5.50	上海	2	1.84	海南	2	1.78	上海	2	1.21	浙江	2	1.71
广东	3	5.10	天津	3	1.49	青海	3	1.76	广东	3	1.17	宁夏	3	1.49
辽宁	4	4.76	辽宁	4	1.40	上海	4	1.62	福建	4	1.07	北京	4	1.46
海南	5	4.68	重庆	5	1.28	宁夏	5	1.52	全国平均		1.04	山东	5	1.43
山西	6	4.67	黑龙江	6	1.22	辽宁	6	1.48	浙江	5	1.03	江苏	6	1.43
新疆	7	4.66	新疆	7	1.19	山西	7	1.44	河南	6	1.01	山西	7	1.42
黑龙江	8	4.62	吉林	8	1.06	天津	8	1.37	江苏	7	1.01	新疆	8	1.40
天津	9	4.57	海南	9	1.06	甘肃	9	1.36	江西	8	0.99	福建	9	1.27
宁夏	10	4.55	广东	10	1.02	北京	10	1.34	重庆	9	0.95	全国平均		1.26
浙江	11	4.43	陕西	11	0.99	新疆	11	1.31	湖北	10	0.93	贵州	10	1.26
青海	12	4.31	浙江	12	0.99	四川	12	1.30	辽宁	11	0.92	广西	11	1.26
重庆	13	4.31	河北	13	0.98	西藏	13	1.28	安徽	12	0.91	西藏	12	1.22
全国平均		4.21	江苏	14	0.96	吉林	14	1.22	山西	13	0.88	河北	13	1.21
江苏	14	4.15	内蒙古	15	0.95	陕西	15	1.22	陕西	14	0.88	安徽	14	1.19
陕西	15	4.15	山西	16	0.94	重庆	16	1.12	河北	15	0.87	云南	15	1.18
河北	16	4.09	宁夏	17	0.94	湖北	17	1.11	湖南	16	0.87	甘肃	16	1.17
四川	17	4.08	湖北	18	0.93	全国平均		1.08	吉林	17	0.83	青海	17	1.15
吉林	18	4.06	江西	19	0.91	内蒙古	18	1.08	海南	18	0.83	河南	18	1.15

续表

地区	综合排名	总分值	广覆盖			保基本			多层次			可持续		
			地区	排名	分值	地区	排名	分值	地区	排名	分值	地区	排名	分值
山东	19	4.02	山东	20	0.90	河北	19	1.03	天津	19	0.82	四川	19	1.13
湖北	20	4.01	福建	21	0.87	江西	20	0.98	四川	20	0.78	江西	20	1.11
江西	21	3.98	四川	22	0.87	贵州	21	0.93	山东	21	0.77	内蒙古	21	1.11
福建	22	3.93	青海	23	0.86	湖南	22	0.93	新疆	22	0.75	湖南	22	1.11
河南	23	3.92	全国平均		0.83	河南	23	0.93	黑龙江	23	0.73	陕西	23	1.06
甘肃	24	3.86	河南	24	0.82	山东	24	0.92	甘肃	24	0.70	湖北	24	1.05
内蒙古	25	3.80	湖南	25	0.82	云南	25	0.90	贵州	25	0.70	海南	25	1.01
湖南	26	3.72	安徽	26	0.70	广西	26	0.86	云南	26	0.67	重庆	26	0.96
安徽	27	3.62	甘肃	27	0.64	安徽	27	0.82	内蒙古	27	0.67	吉林	27	0.95
贵州	28	3.53	贵州	28	0.64	江苏	28	0.77	宁夏	28	0.60	辽宁	28	0.95
云南	29	3.34	广西	29	0.62	广东	29	0.76	广西	29	0.55	天津	29	0.88
广西	30	3.29	云南	30	0.59	福建	30	0.72	青海	30	0.55	上海	30	0.82
西藏	31	3.28	西藏	31	0.53	浙江	31	0.70	西藏	31	0.26	黑龙江	31	0.81

1. 从养老金发展指数综合排名来看

"十强"中有北京、上海、天津三个直辖市和广东省，这是因为它们的覆盖面、保基本和多层次三个二级指标中得分较高；还有辽宁和黑龙江两个东北试点省份，也是因为广覆盖和保基本两个二级指数中名列前茅的结果；之所以在"十强"中出现了海南、山西、新疆和宁夏，而浙江、江苏和山东等东部沿海发达省份则未能进入"十强"，甚至排名在全国平均水平以下，很可能是因为四个二级指标相互抵消的结果，从而一方面"成就"了上述四个中西部省份进入"十强"，而另一方面，由于社会平均工资较高而导致社会平均替代率较低，从而拖了那几个发达省份得分的"后腿"。总之，在综合指数排名和四个二级指数排名中，某一个省份的排名可能会出现不一致，甚至会出现"惊人"结果，与"感觉"存在一定差距，尽管在各个二级指标赋权重过程中曾做过个别调整，但还可能存在一些"意想不到"的情况，比如，在"保基本"和"可持续"两个二级指数排名中，有些省份的结果可能正相反，即在"保基本"排名中靠前的省份在"可持续"中却非常靠后，这是因为，一般说，发达省份的收入水平较高，其社会平均替代率在"保基本"中被"拉低"了，排名就靠后了，而在"可持续"排名中正好相反。

在综合排名中，有13个省份在全国平均水平以上，18个省份在这以下，其中可见三四个发达省份位列其中。在综合排名中，位于最后的几个省份在其四个二级指数排名中也是垫底的，即综合排名与二级指数排名的结果基本是一致的。

总的来说，综合排名的情况是各个二级指数排名的结果，是正常的。在下面的二级指数排名中，如果孤立地去看，一般就不会出现这样的情况。

2. 从"广覆盖"指数排名来看

只有8个省份位于全国平均水平以下，23个省份位于平均水平以上，这个指标是四个二级指数中最好的，说明扩大覆盖面近几年来取得了快速发展。在"十强"中，其名单与综合排名相差无几，只不过重庆位列前十，四个直辖市全部囊括其中，说明直辖市在应保尽保上是相对容易实现的，因为作为城市，它们的城市化率高于其他省份，扩大覆盖面相对容易一些。东北三省也全部囊括其中，大约也是因为城市化率和试点省份等原因的结果。一般来说，广覆盖排名靠后的省份或是人口大省，或是西部地区，经济发展相对落后。

3. 从"保基本"指数排名来看

"十强"中上海名列第四，天津第八，北京垫底；其次还有东北三省试点省份的黑龙江和辽宁；值得注意的是青海、宁夏、甘肃进入"十强"，这肯定是令人感到意外的，但只要分析一下14个二级指数，尤其是"保基本"的第4、5、6项的二级指数，就会看到，在"保基本"中之所以得分较高，主要原因是由于它们的经济发展较为落后，但其平均替代率就被"拉"上去了。由于同样的原因，浙江、福建、广东、江苏、山东等几乎所有东部发达省份的平均替代率都被"拉低"了，由此，这些发达省份在保基本的排名中全部垫底。毫无疑问，"保基本"3个二级指数里有两个是社会平均替代率，在2.5分的权重中，合计为1.66分（0.83+0.83），而第6项二级指数"各地区基本养老保险基金支出占GDP比率"的权重仅为0.84分，所以，在目前的指标设计下，"保基本"这个指数几乎就等于"平均替代率"。造成发达地区社会平均替代率水平较低的原因很多，比如，流动人口较为集中是一个重要因素，他们只是制度的缴费者，但很少在当地领取养老金，所以，在第6项指数"基本养老保险基金支出占GDP比率分值"中，浙江、福建、广东和江苏等几个发达省份的排名均在最后，与第4和5项的替代率几乎完全一致[①]。

就"保基本"这个概念而言，它是难以量化的，也难以定义，并且随着国民经济发展水平的提高而处于变化之中；替代率这个指标在与"保基本"进行对接时也存在一些问题，比如，替代率达到多少才算作是"保基本"？是越高越好还是越低越好？国际劳工组织设定的标准适用于所有国家吗？替代率的高低与一国之经济开放度和自由度、与文化传统和国民习惯、与公共债务的心理承受能力、与增长方式和路径等很多因素都有关系，孤立地看替代率的高低是没有很大意义的，甚至容易误入歧途。所以，从这个意义上说，这个指标或指数既不应是正向的，也不应是逆向的，确切地说，应该将其设定为双向的，或称中性的。在当前情况下，本文采用了一种折中方式，即采用了有上限的正向指标，并随着经济与社会的发展逐步修订。

4. 从"多层次"指数排名来看

在四个二级指数中，这是表现最差的指数，超过全国平均水平的省份只有四个，且均为发达地区，其余27个均在平均水平以下；从"十强"的角度看，虽然浙江和江苏也有幸位列其中，但它们均在全国平均水平以下。我们可看到，在"广覆盖、保基本、多层次、可持续"这四个指标中，唯有这个"多层次"的二级指标是由五项组成，其余均由三项构成，所以，"多层次"这个二级指标指数更"逼近"现实，可靠性更好一些。在五个二级指数中，有两个是企业年金、两个是商业养老保险[②]，它们地地道道的属于"多支柱"的指标体系。由此看来，"多层次"这个指标体系在目前中国社会保障制度架构中是最糟糕的，应该引起决策部门的高度重视。

5. 从"可持续"指数排名来看

在其三个二级指标中，一个是制度赡养率，另两个都跟基金规模有关；其实，制度赡养率与基金规模是一回事，即赡养率低带来基金规模高，例如，在"十强"中，多半省份都是发达地区，它们吸纳了绝大部分流动人口，制度赡养率就必然很低，于是，基金规模就必然很高。因此，"可持续"指标更多体现的是基金规模，资产规模越大，获得的分值就越高，于是，基金规模超过千亿元的省份基本一网打尽，完全进入"十强"；相反，上海、天津和重庆三个直辖市的赡养率高，收支形势严峻，排名最后；东北三省最早进行做实账户试点，账户基金规模大，负担重，于是缺口很大，排名也在最后。该指标目前只实现了部分反映人口结构及基金积累现况，缺乏反映未来趋势的能力，并没有考虑到投资体制的收益率及其效率问题，因为目前的养老保险制度不支持这些指标体系的设计[③]。由此看来，改革养老保险基金投资体制，提高收益率，是当前养老保险制度深化改革的重中之重。

总之，"中国养老金发展指数2011"显示，中国基本养老保险制度的发展很不平衡：在"广覆盖"方面取得举世瞩目的成就，在四个指数中表现最佳；在"保基本"方面，养老金支出占职工平均工资比率和占GDP比率稳步提高；但是，在"多层次"方面却表现非常糟糕，在四个指数中最差；在"可持续"方面存在较大隐患，地区间发展极不平衡。养老金发展指数以量化的方式为中国养老金制度发展现状做了准确的"卫星定位"，为下一步改革指明了方向，它显示，在过去10年里，中国社会保障制度

---

① 见本书"表2、表3 养老金发展指数2010之保基本指标分值"。
② 见本书"表2~表5 养老金发展指数2010之多层次指标分值"。
③ 目前的养老保险制度不支持投资体制的效率评价，是因为目前制度设计和统筹水平的条件下不能降低养老保险的缴费率以及对其进行的转移支付，所以就不能减少养老保险基金的规模，所以，在养老金发展指数的设计时就难以将投资效率因素纳入进来，详见郑秉文的几篇文章：《推进养老金投资体制改革迫在眉睫——养老金入市为何是大势所趋（上）》，载《中国证券报》，2012年1月18日，第A05版；《养老金保值增值须改革投资体制——养老金入市为何是大势所趋（下）》，载《中国证券报》，2012年1月20日，第A04版；《通盘考虑养老金投资布局 账户基金与统筹基金应分而治之》，载《中国证券报》，2012年2月6日，第A04版。

取得举世瞩目的伟大成就，尤其在"广覆盖"和"保基本"方面进展迅速；在未来10年里，中国社会保障制度的改革重点无疑应为加强"多层次"和"可持续"的制度建设，化解制度风险，迎接新的挑战。

三、部分省份养老保险基金收支失衡，短期内难以解决

2011年出版的《中国养老金发展报告2011》发布了各省养老保险当期收支状况，其中，15个省份（含新疆兵团）在2010年当期收不抵支。一石激起千层浪，甚至引起有关高层的垂询，媒体和有关方面也给予密切关注。为此，本年度发展报告将其作为"养老金改革篇"这个版块的两个分报告的话题，旨在探究分析半数省份当期收不抵支的深层原因和制度根源。

1. 过去十多年来，当期收不抵支的省份及其缺口的主要特点及其发展预测

如果说中国基本养老保险制度的建立是以1997年颁布的《国务院关于建立统一的企业职工基本养老保险制度的决定》（国发〔1997〕26号）为标志的话，那么，包括缴费型和非缴费型在内的中国福利体系大约就是在那个历史时期建立起来的，例如，1997年国务院下发了《关于在全国建立城市居民最低生活保障制度的通知》（国发〔1997〕29号），1999年通过了《社会保险费征缴条例》和《失业保险条例》等。

在当时历史条件下，外有东亚金融危机的冲击，内有国企改革和三角债等的困扰，经济社会形势处于非常严峻的时期，大量国企职工不断下岗，失业保险刚刚建立，二者处于并轨的转型期，养老保险个人账户的转型成本没有解决，且养老金当期的支付压力巨大，社会保障制度面临多重空前压力，2000年颁布的辽宁试点文件《国务院关于印发完善城镇社会保障体系试点方案的通知》（国发〔2000〕42号文件）的核心试点内容就是做实个人账户和下岗职工向失业保险并轨，换言之，20世纪末和21世纪初是中国社保体系刚刚建立和各个保险项目百废待兴的最为困难的时期，其突出表现就是融资困境。

为了应对外部冲击和缓解内部压力，1999年4月颁布了《关于做好国有企业下岗职工基本生活保障失业保险和城市居民最低生活保障制度衔接工作的通知》（劳社部发〔1999〕13号），针对当时国企改革出现的问题，明确提出了"国有企业下岗职工基本生活保障、失业保险、城市居民最低生活保障制度三条保障线，是目前条件下有中国特色社会保障制度的重要组成部分"的重要论断。2000年5月颁布了《国务院关于切实做好企业离退休人员基本养老金按时足额发放和国有企业下岗职工基本生活保障工作的通知》（国发〔2000〕8号），重申1998年提出的"两个确保"，即确保企业离退休人员基本养老金按时足额发放，确保国有企业下岗职工基本生活的工作目标，并号召全党和各级社会保障部门将之作为一件大事来抓，以维护社会稳定，促进企业改革和经济发展。

因此，在当时历史条件下，绝大多数省份基本养老保险制度的收支是不平衡的，如表4所示，地方省份养老基金收不抵支具有以下四个特征：

第一，2002年在32个省份（含新疆兵团）中只有3个收入大于支出，即29个省份收不抵支，此后便逐渐减少，到2009年正好是半数，2011年减少到新低，只有14个省份；据预测，未来若干年里，收不抵支的省份将继续减少，到2016年又可能减少到10个省份[①]。换言之，收不抵支的省份数量呈逐年减少趋势。

第二，与上述正好相反，虽然个别省份有差异，但总体来看，负结余的金额呈逐年增加的趋势，例如，2002年是405亿元，但到2010年则翻了一番多。收不抵支的省份数量减少了，但基金规模却增加了，这说明，收不抵支的规模具有集中的趋势。

第三，收不抵支的省份主要发生在做实个人账户试点省份，比如，在13个做实个人账户试点省份里，有8个是做实账户试点省份，其中，东北三省由于实行试点的时间最早，做实个人账户资产的规模就最大，而相比之下，虽然另外5个试点省份的盈余规模较大，但做实的规模却很小，因为最近几年来，这些省份做实账户的步伐逐渐放缓甚至停滞，例如，根据上海市人力资源和社会保障的官网，2007年启动做实账户试点的当年做实账户基金68亿元，2008年102亿元，此后基本没有增加：2009年104亿元，2010年106亿元，2011年111.39亿元[②]，也就是说，2009年至今个人账户做实试点基本停滞了，每年增加的几亿元基本是利息收入。很显然，这是省市没有继续做实的试点是理性思考和实事求是的结果：由于投资体制没有改革，存银行的保值方式必会导致出现巨大的贬值风险；即使结余规模超过千亿元的那几个省份，它们仅靠自身形成的缴费沉淀是不可能做实个人账户的，比如，即使余额规模"大哥大"的广东省将全部的结余用于做实自己

[①] 引自本书分报告六。
[②] 引自上海市人力资源和社会保障局，http://www.12333sh.gov.cn/。

的账户，那也不足以将其全部做实，截至2011年底，广东累计结余3108亿元[①]，但同期个人账户记账额已高达4100多亿元[②]，缺口将达1000多亿元。

第四，地方部分省市收不抵支的发展趋势喜忧参半。从养老金支出占当年GDP比重看，2002年和2011年分别为2.8%和2.7%，10年来几乎没有变化；从财政补贴看，2002年占GDP比重为0.46%，2011年占0.48%，10年来的变化也不大；如果再考虑到养老基金累计结余占GDP比重从2002的1.6%提高到2011年的4.1%，考虑到离退休人数增加了50%，负结余的省份减少了50%，同时，再考虑到负结余规模从占GDP的0.41%下降到0.16%，这些参数的对比与反差说明，在过去的10年里，养老保险制度的财务可持续性是向好的。但是，随着覆盖面的扩大，空账规模逐年扩大，它将成为当期收不抵支的一个重要原因，且空账的绝对规模越来越大，依靠转移支付做实账户的目的和成本将越来越大，可能性将越来越小，尤其在投资体制没有改革的情况下，做实账户的制度支持将越来越小。

表4　　　　　　　　　　各省基本养老基金当期缴费收入与支出　　　　　　　　　　单位：亿元

年份	2011	2010	2009	2008	2007	2006	2005	2004	2003	2002
*黑龙江	-182.83	-120.41	-126.53	-69.94	-42.56	-48.11	-40.25	-30.20	-38.28	-40.68
*辽宁	-155.98	-172.70	-119.48	-62.47	-76.34	-57.23	-36.69	-32.40	-39.18	-38.49
*天津	-71.60	-66.50	-44.39	-18.63	0.09	-10.79	0.13	-15.65	-19.72	-14.97
*新疆兵团	-60.08	-59.22	-42.25	-37.24	-29.30	-23.69	-17.33	-15.00	-16.96	-17.68
*吉林	-56.93	-50.48	-24.83	-23.46	-32.27	-25.04	-24.81	-18.89	-23.20	-27.09
*河南	-44.81	-31.42	-50.80	-31.46	-11.44	-1.31	7.80	-22.82	-6.53	-13.68
陕西	-40.91	-25.60	-19.06	-14.99	-13.99	-2.32	-3.21	-12.10	-16.92	-21.51
江西	-36.74	-30.44	-25.68	-16.81	-14.97	-10.74	-9.56	-8.56	-12.86	-13.06
*湖南	-32.44	-35.00	-36.67	-22.75	-27.68	-31.33	-15.67	-16.28	-22.05	-16.96
广西	-26.95	31.22	35.62	43.83	24.29	-5.93	-2.11	-0.83	-4.01	-8.21
*上海	-25.08	-139.54	-91.86	-88.63	-49.55	-10.67	-8.06	-11.91	-15.38	-23.41
海南	-19.72	-20.33	-11.73	-7.98	-8.77	-5.59	-6.91	4.01	-3.98	-3.78
重庆	-10.82	-35.71	23.06	5.52	-0.55	-11.64	-8.17	-9.80	-14.62	-23.68
河北	-1.62	31.00	8.96	-10.01	-1.24	-10.26	5.18	-3.36	-8.92	-18.98
西藏	0.95	2.26	-1.09	-0.73	-3.09	-2.03	-2.25	5.72	-2.05	-1.52
青海	5.55	-0.27	-5.01	-2.56	-1.52	-1.83	-1.91	-2.20	-6.52	-5.48
内蒙古	5.82	-15.37	-9.66	-9.21	-12.56	-10.64	-17.66	-6.55	-10.89	-14.08
贵州	12.63	5.54	7.03	3.71	-1.33	-7.89	-7.94	-5.12	-9.61	-10.90
福建	24.23	11.76	19.01	22.79	21.39	15.72	16.71	6.99	3.17	-1.48
*新疆	24.83	8.35	22.52	20.60	15.27	12.24	6.17	-1.40	-5.53	-3.19
*湖北	27.02	-44.40	-35.89	-27.89	-58.88	-55.07	-9.77	-23.10	-25.02	-26.14
甘肃	27.46	5.50	0.36	1.31	6.67	-2.32	-1.70	-4.30	-9.45	-10.82
宁夏	31.62	26.00	6.70	8.26	6.97	-0.89	-0.09	5.97	-1.25	-1.55
安徽	36.24	4.31	8.41	17.16	12.42	-0.85	-4.43	-7.94	-12.83	-17.69
云南	47.50	0.56	-2.20	-14.74	-15.13	-19.51	-12.63	-15.20	-19.46	-14.39
*山西	51.20	50.93	40.43	27.04	30.33	17.62	13.74	7.23	4.23	-3.83
四川	116.36	62.16	115.66	54.16	28.31	7.60	9.28	-2.49	-7.58	-4.84
*山东	205.73	194.17	203.03	83.54	147.36	88.91	64.29	54.90	23.20	7.42
北京	233.92	176.84	113.21	86.93	83.53	60.34	45.86	27.09	18.96	-3.19
*江苏	293.32	206.35	195.89	181.19	143.61	72.26	55.09	17.65	13.50	-3.66

---

① 引自本书分报告二。
② 笔者调研数据。

续表

年份	2011	2010	2009	2008	2007	2006	2005	2004	2003	2002
广东	518.58	425.73	287.07	286.01	212.58	224.86	153.61	120.48	108.32	64.62
浙江	294.11	176.03	156.83	177.54	149.44	130.76	97.90	72.90	68.04	36.57
剔除财政补贴后当期结余	1190.56	571.32	596.66	560.09	481.09	274.63	244.61	56.84	-113.38	-296.33
负结余金额合计	767	848	647	432	377	356	231	260	352	405
负结余的省份数量	14	15	16	17	19	23	20	22	25	29
全部累计结余	19497	15365	12526	9931	7391	5489	4041	2975	2207	1608
当期财政补贴	2272	1954	1646	1437	1157	971	651	614	530	454.8
参保离退休人数（万人）	6826	6305	5807	5304	4954	4635	5088	4675	3860	4223
养老金支出规模	12765	10555	8894	7390	5965	4897	4040	3502	3122	2843

注：1.当期的财政补贴减去负结余规模常常不等于并大于剔除财政补贴后当期结余，因为财政补贴不仅仅是完全投向了收支缺口。
2.带星号的省（直辖市）为13个做实个人账户试点省份。
资料来源：各省的收支情况引自本书，其他数据引自历年的《人力资源和社会保障事业发展统计公报》。

2. 部分省份收不抵支的主要原因

第一，各地历史欠债不同。在制度建立之初，各省已退休的"老人"和工作的"中人"的比例存在着较大差异，养老金水平也存在差异。重要的是，老工业基地和工业基础比较好的省份的负担要远远大于其他省份，因为国有企业（最初称"全民所有制企业"）和集体所有制企业比重较高①，它们成为制度建立之初的主体。在建立制度之初，由于政府没有采取发行认购债券等方式对各省份的历史欠债加以确认，并把它们与历史债务"隔离"开来，所以，制度的"初始状态"的差异性一开始就决定了各地养老保险制度财务状况也必然存在差异性。随着时间的推移，政府对历史债务采取的这种模糊化处理方式使其成为一个历史遗留问题，也成为日后影响制度财务可持续性的"定时炸弹"。

要比较准确地计算各地的历史欠债，需要现行制度实施之前各地区所有"老人"和"中人"工作历史记录中的一些关键数据，而这些正是我们所欠缺的，因为至今我们还没有一个比较权威的，或官方的，或最近的转型成本的测算。

第二，各地制度赡养率不同。如果将表4和表5进行对照，人们会发现，凡是收不抵支的省份，基本都是制度赡养率较高的省份。广东、江苏、北京、山东、浙江等拥有大量当期结余的省份，企业部门城镇职工基本养老保险制度赡养率几乎都处于较低的水平；而辽宁、黑龙江、天津、吉林等严重收不抵支的省份，企业部门城镇职工基本养老保险制度赡养率基本上处于较高的水平②。各省人口年龄结构的巨大差异是导致其制度赡养率不同的原因之一。例如，1997年上海65岁及以上老年人口赡养比高达16.93%，而青海、宁夏和黑龙江均低于7%。

第三，各地经济发展状况不同。地区经济发展状况的差异性是影响各省城镇职工基本养老保险财务状况的主要直接原因之一。改革开放之后，随着国民经济的快速发展，各地经济发展水平差距也被拉大。到1997年，无论从地区生产总值还是人均地区生产总值看，各个省份之间的差距都已经比较大——广东省地区生产总值是西藏的95倍，而上海市地区人均生产总值是贵州的10倍以上。此后的年份，虽然各地的增长速度并不一致，而且一些欠发达地区的增长速度明显快于较发达地区，但各地经济发展水平差距依然显著。到2010年，广东省地区生产总值大约是西藏的91倍，上海市地区人均生产总值仍然大约是贵州的5.6倍。

第四，劳动力跨区域流动的结果。根据《中国2010年人口普查资料》（以下称简称"六普"）的估算，2010年全国流动人口总量为2.61亿，其中跨省城镇流动人口为7158.95万人。城镇跨省流入人口规模最大的前5个省份依次为广东（1956.69）、浙江（877.28）、上海（784.73）、北京（634.25）和江苏（534.46），五省份的城镇地区流入人口合计达4787万人，占到全国总量的66.9%；跨省流出人口（流向其他省份城镇地区）规模超过300万人的省份有8个，依次为安徽（772.81）、四川（729.52）、河南（716.35）、湖南（628.36）、湖北（504.85）、江西（497.10）、广西（362.12）、河北（303.45），合计流出人口

---

① 国务院1991年发布的《关于企业职工养老保险制度改革的决定》也是规定其"适用于全民所有制企业"，"城镇集体所有制企业可以参照执行"。
② 四川是一个例外，它虽然制度赡养率较高，但当期结余也比较客观，这可能与其以个人身份参保人员所占比重很高有关。

达4515万人，占全国总量的63.1%[1]。而根据2011年底的统计，在全国2.3亿农民工中，外出农民工数量已经超过1.58亿[2]。大规模的劳动力跨区流动对各省城镇职工基本养老保险制度的财务状况具有重大影响：2010年跨省流动人口为打工地"创造"的养老基金收入525.6亿元，平均每个参保者贡献为3424元=525.6亿元/（7158.95×21.42%），其中对东部（12省份）、中部（9省份）、西部（10省份）形成了三个不同影响：东部地区净流入人口导致"正收益"323.65亿元，西部作为人口净流出地导致"负收益"84.12亿元，中部地区由于流出人口规模最大，当期导致负收益239.53亿元，即东部"获益"最大，中部"受损"最大，西部受到的影响较小。

表5　　　　　　　　　2010年各省份企业部门城镇职工基本养老保险制度赡养率　　　　　　　单位：%

省份	替代率	省份	替代率
黑龙江	65.1	陕西	37.8
新疆兵团	64.6	青海	36.7
上海	58.2	贵州	36.6
四川	54.0	河北	36.5
吉林	52.6	安徽	36.1
西藏	52.5	山西	35.9
重庆	49.7	新疆	35.8
天津	49.6	海南	34.6
辽宁	46.1	河南	34.6
广西	44.4	江西	31.8
甘肃	41.7	江苏	27.8
湖北	41.5	北京	24.9
云南	41.4	山东	22.6
湖南	41.1	福建	20.0
内蒙古	39.5	浙江	14.1
宁夏	39.4	广东	12.0
全国平均	39.3		

资料来源：根据人力资源和社会保障部提供的相关数据计算。

3. 地区社保基金失衡的治理与治本

基本养老保险基金在次级区域存在如此失衡，唯中国而独有，在世界上难以找到第二个案例。"弥合"地区间的巨大财务差别，可以给出很多办法，比如加强征缴力度、扩大覆盖面、统筹城乡建设、控制提前退休人数、开源节流等等。但所有这些都不是最终的制度化办法。

众所周知，在不考虑财政补贴的情况下，提高养老保险制度的统筹层次是解决这些省份养老保险失衡的根本途径。让地方政府变成养老保险制度最终出资人的角色，这是造成统筹层次的根本原因，在"分灶吃饭"的财政体制下，统筹层次越低，养老保险财务失衡地区的"外在化"结果就越需要外部的财政补贴；相反，统筹层次越高，养老保险制度失衡地区的"内在化"结果就无需财政补贴。例如，如果目前养老保险制度实行的是全国水平的统筹层次，半数省份收不抵支的问题自然就被养老保险制度"内在化"了，否则，收不抵支的半数省份就必须从制度以外进行财政转移支付。于是，半数省份养老保险制度收不抵支的事实，对于目前还没有实现全国水平的统筹层次而言，就是有意义的了。以2011年为例，它意味着，一方面广东等其他18个统筹单位积累的余额逐年提高，基金规模不断膨胀，但却不能用于横向调剂，另一方面14个收不抵支的省份（含新疆兵团）需要财政补贴，用于保证当期养老金的发放，这就为财政带来了压力。但是，如果实现了全国统筹，14个收不抵支的省份（含新疆兵团）的

---

[1] 国务院人口普查办公室、国家统计局人口和就业统计司编：《2010年全国人口普查资料》，中国统计出版社2011年版。
[2] 国家统计局：《中华人民共和国2011年国民经济和社会发展统计公报》，http://www.stats.gov.cn/tjgb/ndtjgb/qgndtjgb/t20120222_402786440.htm，2012-02-22。

资金缺口就可以在全国范围内予以"内在化",而无需财政补贴。所谓统筹层次,是指养老保险缴费收入资金流的收入、支出、管理与核算的层级。虽然我们曾宣称全国都实现了省级统筹,但实际效果却大不一样。

中央政府早已认识到,统筹层次决定社会保障制度的质量,因此,早在二十多年之前,中央政府就在历次颁发的规范性文件提出加快提高统筹层次。例如,早在1991年发布的《国务院关于企业职工养老保险制度改革的决定》(国发〔33〕号)指出,"尚未实行基本养老保险基金省级统筹的地区,要积极创造条件,由目前的市、县统筹逐步过渡到省级统筹";1997年颁布的《国务院关于建立统一的企业职工基本养老保险制度的决定》(国发〔11〕号)进一步指出,"为有利于提高基本养老保险基金的统筹层次和加强宏观调控,要逐步由县级统筹向省或省授权的地区统筹过渡";2005年颁布的《国务院关于完善企业职工基本养老保险制度的决定》(国发〔38〕号)指出,"在完善市级统筹的基础上,尽快提高统筹层次,实现省级统筹,为构建全国统一的劳动力市场和促进人员合理流动创造条件"。

但是,20多年过去了,目前城镇基本养老保险统筹层次与1991年颁布的〔33〕号文时的统筹层次基本一样,还是以市、县统筹为主。统筹层次之所以始终没有提高,主要原因有二:一是在统账结合的制度架构中,社会统筹部分实行的是DB型现收现付制,在经济发展水平很不平衡的外部条件下,统筹层次越高,制度收入减少和制度支出增加的道德风险和财务风险就越大,即统筹层次越高,就不利于制度的财务平衡,逆向选择的结果将有可能致使收不抵支成为常态;二是在"分灶吃饭"的财政体制下,统筹层次提高到哪一级,哪一级政府实际就成为最终的财务负责人,所以,为了调动县、市级政府的财政积极性和发挥它们的征缴作用,在资金流的收支核算与管理上,省级政府宁可保持以县、市统筹层次为主的基本格局。

4. 地区社保基金失衡的解决方案

以统账结合为制度特征的部分积累制正陷入空前的尴尬境地:

——就实行DC型积累制的个人账户部分来说,始于2001年的辽宁做实个人账户试点工作于2009年停止了财政补贴,9年来累计做实的账户基金开始"被同意"用于当期养老金发放①,这不仅明显违背了2000年"国发〔2000〕42号"做出的"社会统筹基金不能占用个人账户基金"的规定,更重要的是意味着以做实个人账户为标志的部分积累制遇到了难以克服的转型成本困难,统账结合的制度架构濒于流产。

——就实行DB型现收现付制的统筹部分而言,面对地区发展不平衡的严峻现实,为防止陷入财政风险,统筹层次难以提高,由此派生出诸多连环困难:全国范围劳动力自由流动时养老保险关系转续受到严重制约;养老保险基金十分分散,2000多个统筹单位难以将其集中并建立起法人治理结构进行市场化和国家化的投资,导致收益率低下;收不抵支的省份不得不进行财政补贴,从而造成宏观财政资金运用低效;在全国范围养老保险基金累计余额与个人账户记账额相差不多,但却不能用其做实个人账户,任凭贬值等②。

可以这样认为,目前由社会统筹与个人账户简单相加的部分积累制遇到了统筹层次低下的"死结",如不对制度架构进行改造,上述统筹层次低下派生出来的诸多困难短期内不可能得到解决。提高统筹层次这个"死结"的解决方案在于加强制度的精算中性因素,建立一个中国特色的"记账式"制度(NDC),其具体政策含义是③:

——将个人缴费8%和单位缴费20%全部划入个人账户,归个人所有,并采取缴费与收益是紧密相联、多缴多得的精算中性计发公式,个人账户将成为养老金记发的唯一依据,参保人在退休之后换算成一个终生的年金产品,从而可一举消除实现全国统筹的来自地方政府的无限责任,进而跨越"分灶吃饭"的财政体制障碍,克服地区发展不平衡的道德风险和逆向选择,资金上解渠道一步到位,直接从目前的县市统筹提高到全国统筹水平。

——在全国统筹下,不仅半数省份收不抵支的资金缺

---

① 记者杨华云等专访:《辽宁悄然启动个人养老金借支》,载《新京报》,2009年12月23日,第A04版;《辽宁500亿元养老金投资收益低:借支,临时措施还是制度转向》,载《新京报》2009年12月23日,第A05版。

② 关于养老基金贬值和投资体制改革的论述,见郑秉文的两篇文章:《推进养老金投资体制改革迫在眉睫——养老金入市为何是大势所趋(上)》,载《中国证券报》,2012年1月18日,第A05版;《养老金保值增值须改革投资体制——养老金入市为何是大势所趋(下)》,载《中国证券报》,2012年1月20日,第A04版。

③ 2007~2008年,郑秉文曾受原劳动和社会保障部委托完成一个课题,后来由于种种原因,这个十几万字的课题成果没有公开发表,只在一部译著中作为"译者跋"发表了很少一部分,请详见郑秉文:《中国社保"名义账户"改革新思路——"混合型"统账结合(译者跋)》,载译著《名义账户制的理论与实践——社会保障改革新思想》,罗伯特·霍尔茨曼、爱德华·帕尔默主编,郑秉文等译校,中国劳动社会保障出版社,2009年2月。

口将被全国范围的养老保险制度内在化,而且,地区间养老保险财务支付能力的差别将逐渐被完全精算中性的个人账户所替代;进而,一方面,省却大量的来自财政转移支付的转型成本,另一方面,经测算,在未来60年里,将沉淀大量由缴费形成的养老基金,在基金总量上意味着8%的个人账户已经"做实",部分积累制已经实现。

——中央政府对养老基金实行多元化、市场化和国际化的集中投资管理体制,账户利率采取的不是"真实利率",而是全国统一的、固定的、8%的"公布利率",并且,精算中性的制度设计跨越了企业和公务员事业单位、城乡二元结构的差别,全国实行一个制度。

第一部分
养老金发展篇

分报告一
2011年基本养老保险参保状况评估
——城镇职工基本养老保险参保状况进一步改善，新农保扩面工作突飞猛进

摘要： 2011年，我国城镇职工基本养老保险制度的总体参保状况进一步得到了改善，但机关事业单位的参保人数增长缓慢。企业参保状况已经发生了结构性变化，其他各种经济类型企业和港澳台外资企业的参保总人数已经超过了国有企业和集体企业的参保总人数。各个省份的总体参保状况发生了显著变化，可能会对制度压力的省际差异产生影响。但是，各个省份参保人员的行业构成以及不同性质企业参保状况仍然差异显著，说明走向全国统筹之路还任重道远。另外需要注意的是，城镇职工基本养老保险缴费人数增长速度自2006年以来一直慢于参保职工增长速度，将不利于制度的可持续发展。新农保的扩面工作取得了重大进展，但各个省份的扩面速度差异很大，而且在达到领取待遇年龄人数占参保人数的比例上省际差异也已经凸显。

关键词： 城镇职工基本养老保险　新农保　参保状况

中国养老金发展报告 2012

2011年，在各种争议与纷扰中，我国基本养老保险扩面工作取得了明显进展。城镇职工基本养老保险参保人数继续保持稳定增长，而且，参保职工人数增长率快于离退休人数增长率，从而使城镇职工基本养老保险制度赡养率进一步下降。新型农村社会养老保险（以下简称"新农保"）扩面工作突飞猛进，接近9000万老年农村居民从中获益。我国政府在人口老龄化加速的背景下着力推进基本养老保险扩面工作，不仅有利于一定时期内制度的可持续发展，而且有助于推进实现全民"老有所养"的宏伟工程，将对中国和谐社会建设产生重要影响。

一、总体参保状况略有改善，但各个行业参保进展显著不同

截至2011年底，城镇职工基本养老保险的总参保人数达到2.84亿，比2010年增加了10.44%。其中，参保职工人数为2.16亿，比2010年增长11.15%，占总参保人数的75.96%（2010年为75.47%）；离退休人员数量为6826万[①]，比2010年增长8.27%，占总参保人数的24.04%（2010年为24.53%）。由于参保职工的增长速度快于离退休人员，2011年城镇职工基本养老保险制度的赡养率由2010年的32.50%下降至31.65%。

从行业看，以个体身份参保人员参保人数增长最快，企业参保人数也增长很快，但机关事业单位和银行参保人数增长缓慢。2011年以个体身份参保人员的参保人数为5866.29万，比2010年增长了14.87%；占总参保人数的20.66%，比2010年提高了0.79个百分点。企业的参保人数为2.04亿，比2010年增长了10.20%；占总参保人数的71.91%，比2010年下降了0.16个百分点。事业单位和机关单位的参保人数分别为1697.36万和352.21万，分别比2010年增长了1.69%和1.77%；占总参保人数的比例分别为6.08%和1.26%，分别比2010年下降了0.52个百分点和0.11个百分点。银行（指中国人民银行和中国农业发展银行）的参保人数仅为23.55万人，比2010年增长了0.72%；占总参保人数的比例为0.08%，比2010年下降了0.01个百分点（见图1）。具体而言，具有以下三个特点：

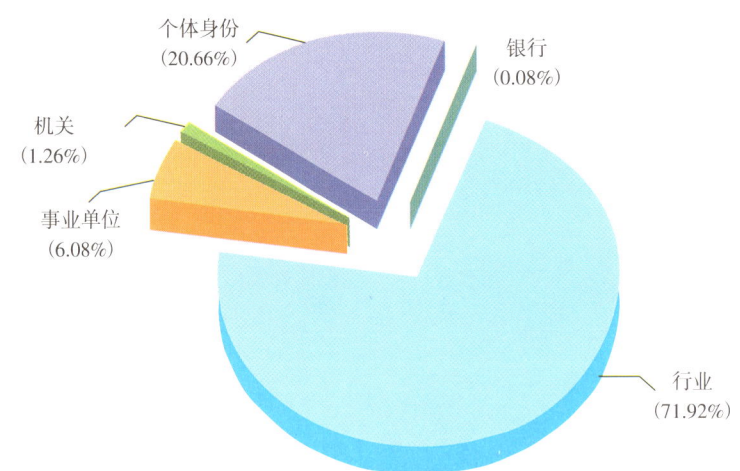

图1 2011年不同行业参加城镇职工基本养老保险人数所占比例

资料来源：由人力资源和社会保障部提供。

（一）企业和以个体身份参保人员的参保职工人数增长迅速，机关和事业单位的参保职工人数增长缓慢，银行参保职工人数出现下降

2011年，企业的参保职工人数为1.53亿，比2010年增长了12.26%；占参保职工总人数的70.86%，比2010年提高了0.7个百分点。以个体身份参保职工人数为4688.21万人，比2010年增长了11.36%；占参保职工总人数的21.74%，比2010年提高了0.04个百分点。机关和事业单位的参保职工人数分别为279.26万和1298.24万，分别比2010年增长了1.35%和0.94%；分别占参保职工总人数的

[①] 本部分的离退休人员包括离休人员、退休人员和退职人员。

1.29%和6.02%，分别比2010年下降了0.13个百分点和0.61个百分点。银行的参保职工人数为17.84万人，比2010年减少了0.51%；占参保职工总人数的0.08%，比2010年下降了0.01个百分点（见图2）。

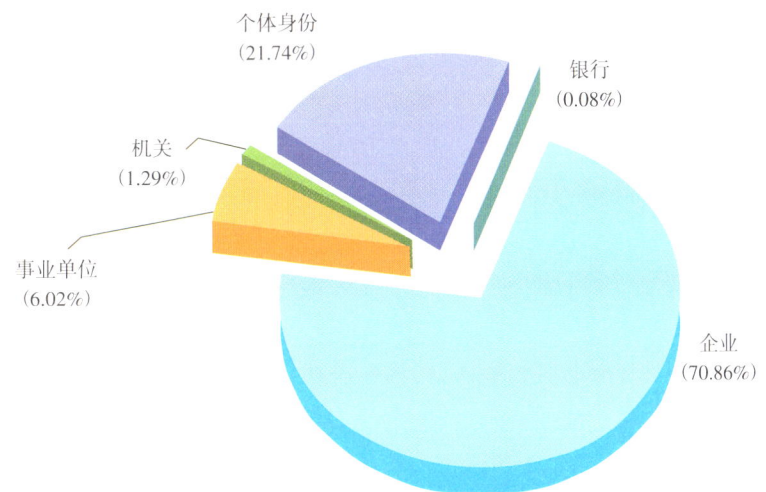

图2 2011年不同行业参加城镇职工基本养老保险职工人数所占比例

资料来源：由人力资源和社会保障部提供。

（二）以个体身份参保人员中的离退休人数增长迅速，而其余几个行业的离退休人数增长平稳

2011年以个体身份参保人员的离退休人数为1178.08万人，比2010年增长了31.33%；占离退休总人数的17.26%，比2010年提高了3.03个百分点。企业的离退休人数为5135.53万人，比2010年增长了4.50%；占离退休总人数的75.23%，比2010年下降了2.72个百分点。机关和事业单位的离退休人数分别为79.18万和427.72万，分别比2010年增长了3.26%和4.01%；分别占离退休总人数的1.16%和6.27%，分别比2010年下降了0.06个百分点和0.25个百分点。银行的离退休人数为5.71万人，比2010年增长了4.75%；占离退休总人数的0.08%，比2010年下降了0.01个百分点（见图3）。

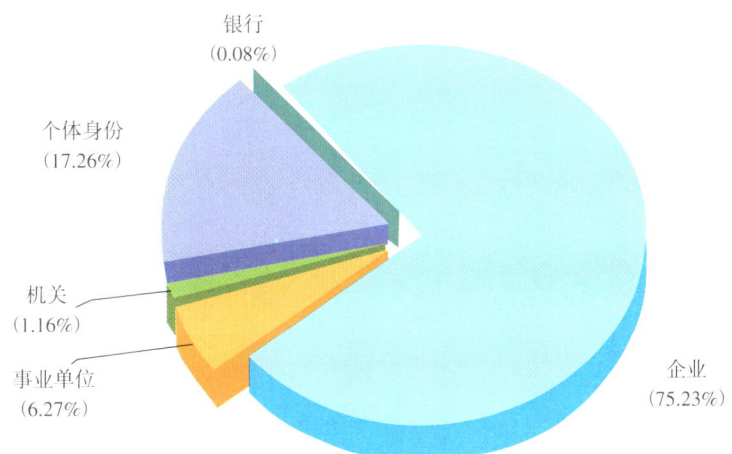

图3 2011年不同行业参加城镇职工基本养老保险离退休人员所占比例

资料来源：由人力资源和社会保障部提供。

（三）尽管企业的制度赡养率是最高的，但与 2010 年相比，它也是唯一有所下降的

2011 年企业的制度赡养率为 33.61%，比 2010 年下降了 2.49 个百分点；事业单位的赡养率为 32.95%，比 2010 年上升了 0.98 个百分点；机关的制度赡养率为 28.35%，比 2010 年上升了 0.52 个百分点；以个体身份参保人员的制度赡养率为 25.13%，比 2010 年上升了 3.82 个百分点；银行的制度赡养率为 31.98%，比 2010 年上升了 1.60 个百分点（见图 4）。

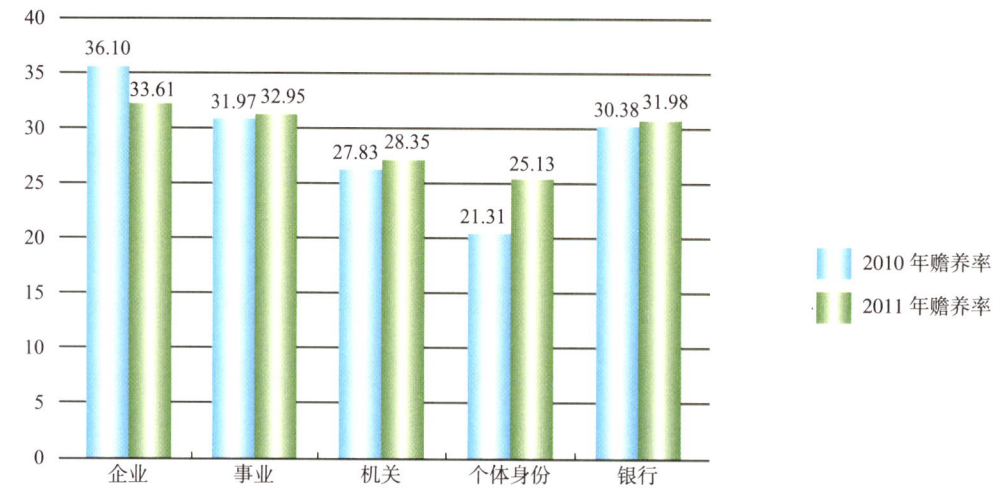

图 4　2010 年和 2011 年不同行业的城镇职工基本养老保险制度赡养率（单位：%）

资料来源：由人力资源和社会保障部提供。

二、企业参保状况已经发生结构性变化

2011 年，其他各种经济类型企业和港澳台及外资企业的参保人数增长迅猛，而城镇集体企业和国有企业参保人数增长较慢，从而导致企业参保状况发生了结构性变化。2011 年其他各种经济类型企业的参保人数为 8406.41 万，比 2010 年增长了 19.65%；占企业总参保人数的 41.17%，比 2010 年提高了 3.25 个百分点；总体规模已经超过了国有企业。港澳台及外资企业的参保人数为 1992.08 万人，比 2010 年增长了 17.44%；占企业总参保人数的 9.76%，比 2010 年提高了 0.6 个百分点；总体规模已经接近城镇集体企业。城镇集体企业的参保人数为 2065.38 万人，比 2010 年增长了 5.23%；占企业总参保人数的 10.12%，比 2010 年下降了 0.47 个百分点。国有企业的参保人数为 7953.16 万人，比 2010 年增长了 1.41%；占企业总参保人数的 38.95%，比 2010 年下降了 3.38 个百分点（见图 5）。具体而言，具有以下三个特点：

图 5　2011 年不同性质企业参保人数所占比例

资料来源：由人力资源和社会保障部提供。

(一)其他各种经济类型企业和港澳台及外资企业的参保职工人数增长迅猛,而城镇集体企业和国有企业参保职工人数增长较慢

2011年其他各种经济类型企业的参保职工人数为7323.78万,比2010年增长了20.83%;占企业总参保职工人数的47.93%,比2010年提高了3.41个百分点;总体规模已经远远超过了国有企业。港澳台及外资企业的参保职工人数为1928.40万人,比2010年增长了17.77%;占企业总参保职工人数的12.62%,比2010年提高了0.59个百分点;总体规模也已经远远超过城镇集体企业。城镇集体企业的参保职工人数为1229.17万人,比2010年增长了5.79%;占企业总参保职工人数的8.04%,比2010年下降了0.49个百分点。国有企业的参保职工人数为4800.15万人,比2010年增长了1.00%;占企业总参保职工人数的31.41%,比2010年下降了3.50个百分点(见图6)。

图6 2011年不同性质企业参保职工人数所占比例

资料来源:由人力资源和社会保障部提供。

(二)其他各种经济类型企业的离退休人数增长迅速,港澳台及外资企业的离退休人数也增长较快,而城镇集体企业和国有企业的离退休人数增长较慢

2011年其他各种经济类型企业的离退休人数为1082.62万,比2010年增长了12.21%;占企业离退休总人数的21.08%,比2010年提高了1.45个百分点;总体规模仍然远远低于国有企业。港澳台及外资企业的离退休人数为63.68万人,比2010年增长了8.25%;占企业离退休总人数的1.24%,比2010年提高了0.04个百分点;总体规模也远远低于城镇集体企业。城镇集体企业的离退休人数为836.21万人,比2010年增长了4.40%;占企业总离退休人数的16.28%,比2010年下降了0.02个百分点。国有企业的离退休人数为3153.00万人,比2010年增长了2.04%;占企业总参保职工人数的61.40%,比2010年下降了1.47个百分点(见图7)。

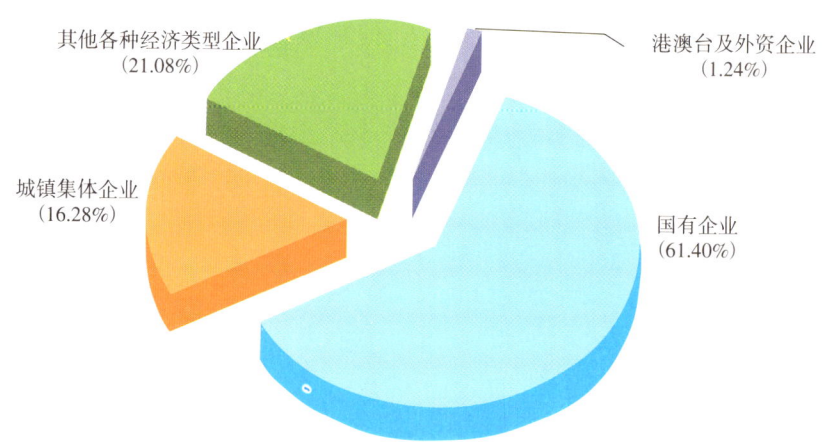

图7 2011年不同性质企业参保离退休人数所占比例

资料来源：由人力资源和社会保障部提供。

（三）除国有企业外，其他各类企业的制度赡养率都有所下降

2010年，国有企业的制度赡养率从2010年的65.02%上升至65.69%，而城镇集体企业、其他各种经济类型企业和港澳台及外资企业的制度赡养率分别从2010年的68.94%、15.92%和3.59%下降至68.03%、14.78%和3.30%（见图8）。

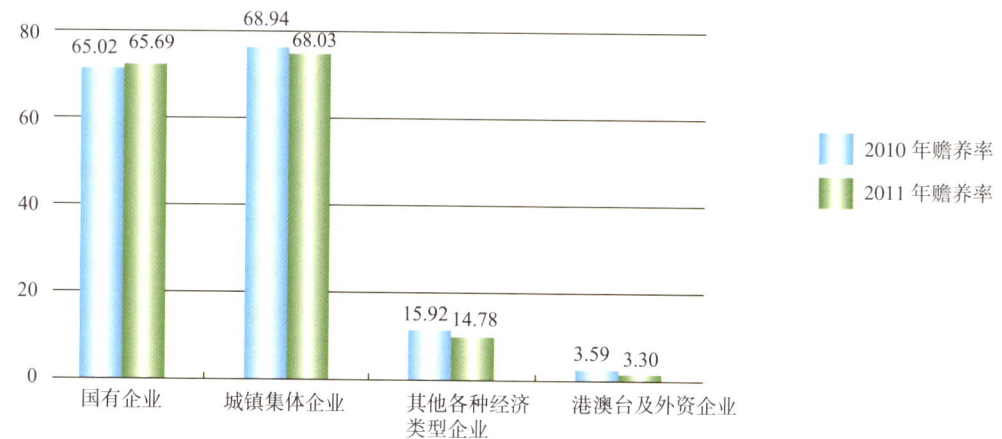

图8 2010年和2011年不同性质企业城镇职工基本养老保险制度赡养率（单位：%）

资料来源：由人力资源和社会保障部提供。

三、各个省份的总体参保状况发生了显著的变化

2011年各个省份城镇职工基本养老保险制度参保状况发生了显著变化，主要表现在以下三个方面：

（一）各个省份城镇职工基本养老保险制度的扩面速度差异很大

上海的参保人数比2010年增加了31.75%，除了扩面力度加大之外，更重要的原因是上海把针对外来务工人员的综合养老保险并入了城镇职工基本养老保险；广东、四川、西藏、浙江、宁夏、北京、重庆、海南等省份的参保人数增长速度也都超过了10%，则主要是因为扩面潜力得到了进一步挖掘。与此相对照，两家银行、东北三省和新疆兵团的参保人数增长缓慢（增速均低于5%），主要是因为扩面潜力比较有限，进一步扩面的难度越来越大（见表1）。

表1　　　　　　　　　　2011年各个省份城镇职工基本养老保险制度参保状况

省份	参保职工		离退休人员		合计	
	人数（万人）	增长率（%）	人数（万人）	增长率（%）	人数（万人）	增长率（%）
上　海	976.17	48.51	406.49	3.65	1382.66	31.75
广　东	3428.19	19.22	372.55	9.71	3800.74	18.21
四　川	998.81	15.88	495.44	12.87	1494.24	14.87
西　藏	8.03	18.50	3.20	1.60	11.24	13.13
浙　江	1665.80	12.66	253.42	13.33	1919.22	12.75
宁　夏	84.98	9.89	36.43	19.64	121.41	12.64
新　疆	214.66	11.18	77.33	16.10	291.99	12.45
北　京	888.21	13.02	201.18	2.93	1089.39	11.01
重　庆	427.48	9.09	220.07	14.33	647.56	10.81
海　南	152.09	12.31	47.77	5.24	199.86	10.53
贵　州	210.71	10.73	71.35	6.47	282.06	9.62
青　海	56.36	3.53	25.15	25.83	81.52	9.52
江　苏	1740.88	9.91	483.06	7.55	2223.95	9.39
福　建	576.88	10.50	118.22	4.19	695.09	9.38
安　徽	537.75	9.29	191.52	7.91	729.27	8.92
甘　肃	177.86	3.93	85.09	19.26	262.95	8.44
河　南	880.48	8.84	287.90	6.50	1168.38	8.25
云　南	238.66	6.03	104.16	12.80	342.82	8.00
广　西	332.26	6.78	151.49	9.67	483.75	7.67
山　东	1533.00	7.43	373.05	8.11	1907.05	7.56
江　西	484.31	4.81	168.72	15.94	653.03	7.48
河　北	774.51	6.25	285.31	9.94	1059.81	7.22
湖　北	771.74	4.55	341.69	13.29	1113.43	7.08
陕　西	433.11	8.26	155.51	3.48	588.62	6.95
天　津	309.87	7.64	148.84	3.67	458.71	6.32
山　西	464.91	4.78	158.86	7.84	623.77	5.54
湖　南	710.30	5.46	277.89	4.72	988.19	5.25
内蒙古	315.74	1.36	136.64	14.65	452.38	5.04
新疆兵团	84.92	4.24	54.60	3.72	139.52	4.03
辽　宁	1070.14	4.49	486.48	2.92	1556.61	3.99
黑龙江	600.99	1.99	380.04	4.69	981.02	3.02
吉　林	396.40	0.90	221.06	6.98	617.47	3.00
中国农业发展银行	4.84	-0.41	0.91	11.85	5.75	1.35
中国人民银行	13.00	-0.55	4.80	3.51	17.80	0.51

资料来源：由人力资源和社会保障部提供。

(二) 许多省份参保职工人数的增长速度与离退休职工人数增长速度严重不一致

作为一个特例，2011年上海的参保职工人数比2010年增长了48.51%，而同期离退休人数只增长了3.65%，这说明参保的外来务工人员基本上都属于职工群体。此外，西藏、北京、广东、海南、福建等省份的参保职工人数增长速度也远远快于离退休人员增长速度。与此相对照，两家银行的参保职工人数出现了负增长，而离退休人数继续增长。而青海、甘肃、内蒙古、宁夏、江西、湖北、云南等省份的离退休人数增长速度远远快于参保职工人数增长速度（见表1）。因此，各个省份参保职工人数增长率与离退休人数增长率之间存在一定的负相关（见图9），使得各个省份之间城镇职工基本养老保险制度赡养率的差异也会发生相应的变化。

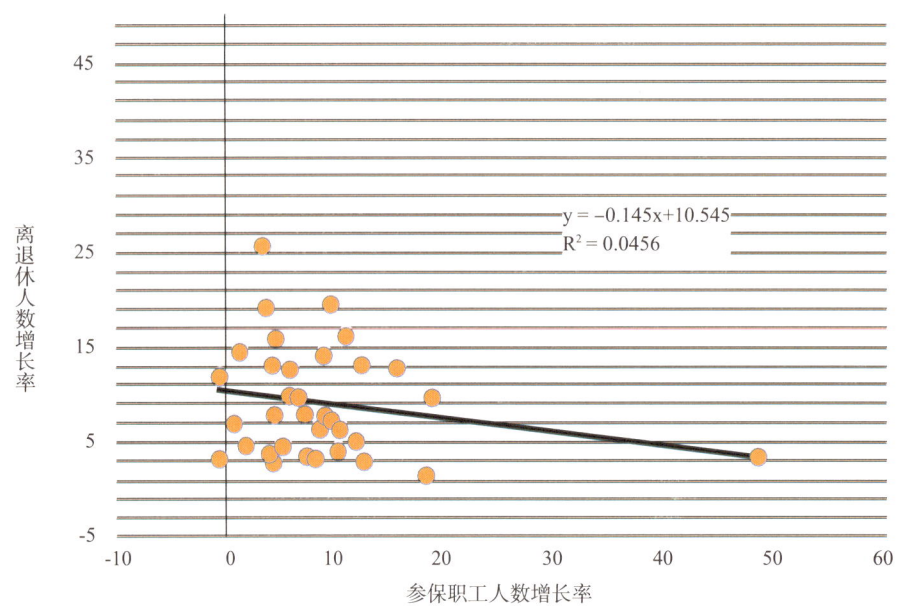

图9 2011年各个省份参保职工人数增长率与离退休人数增长率（单位：%）

资料来源：由人力资源和社会保障部提供。

(三) 各个省份之间城镇职工基本养老保险制度赡养率的差异仍然十分显著，但一些省份的制度赡养率发生了明显变化

2011年，广东城镇职工基本养老保险制度赡养率仍然是全国最低，只有10.87%；浙江和中国农业发展银行分别只有15.21%和18.75%；福建、北京、江苏和山东也都低于30%。与此相对照，新疆兵团和黑龙江分别高达64.29%和63.24%；吉林和重庆分别有55.77%~51.48%；四川、天津、甘肃、广西和辽宁也都在45%至50%之间（见图10）。与2010年相比，许多省份的城镇职工基本养老保险制度赡养率发生了明显的变化。在城镇职工基本养老保险制度赡养率出现下降的省份中，上海是最为突出的，主要由于把针对外来务工人员的综合养老保险制度并入了城镇职工基本养老保险制度，上海城镇职工基本养老保险制度赡养率从2010年的59.66%骤降至41.64%，下降了18.02个百分点；西藏、北京和海南的城镇职工基本养老保险制度赡养率也分别下降了6.63、2.22和2.11个百分点。与此相对照，一些省份的城镇职工基本养老保险制度赡养率出现了明显的上升。2011年青海和甘肃的城镇职工基本养老保险制度赡养率分别从2010年的36.72%、41.69%上升至44.62%和47.84%，分别上升了7.91和6.15个百分点；内蒙古、宁夏、湖北、江西和吉林也分别上升了5.02、3.49、3.41、3.34和3.17个百分点（见图11）。如果各个省份城镇职工基本养老保险制度赡养率的这种变化与其绝对水平结合起来，两者之间看上去存在负相关，但这种关系很弱（见图12），因此，很难断定是不是制度赡养率越高的省份上升得越慢（或下降得越快）。不过，2011

年各个省份城镇职工基本养老保险制度赡养率的标准差和方差分别为 12.36 和 152.86，而 2010 年的相应标准差和方差分别为 12.46 和 155.25。这说明，2011 年各个省份城镇职工基本养老保险制度赡养率之间的差距在缩小，尽管这一趋势微乎其微，但毕竟是个好兆头。

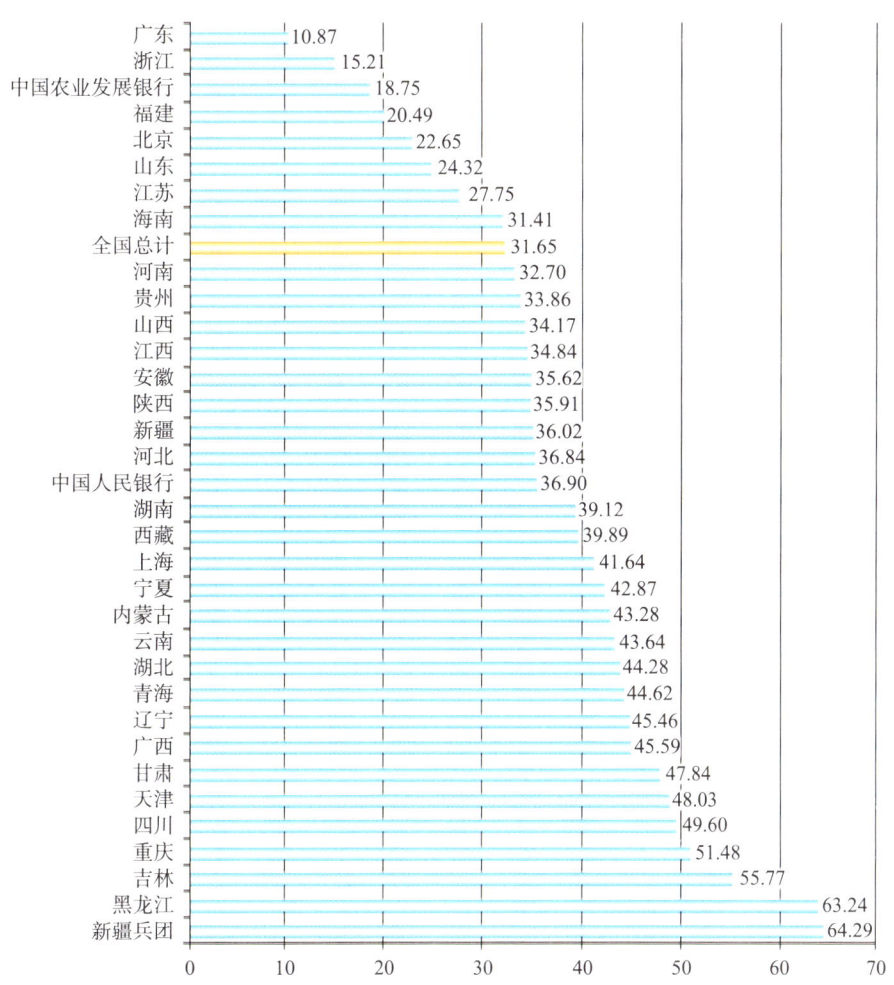

图 10　2011 年各个省份城镇职工基本养老保险制度赡养率（单位：%）

资料来源：由人力资源和社会保障部提供。

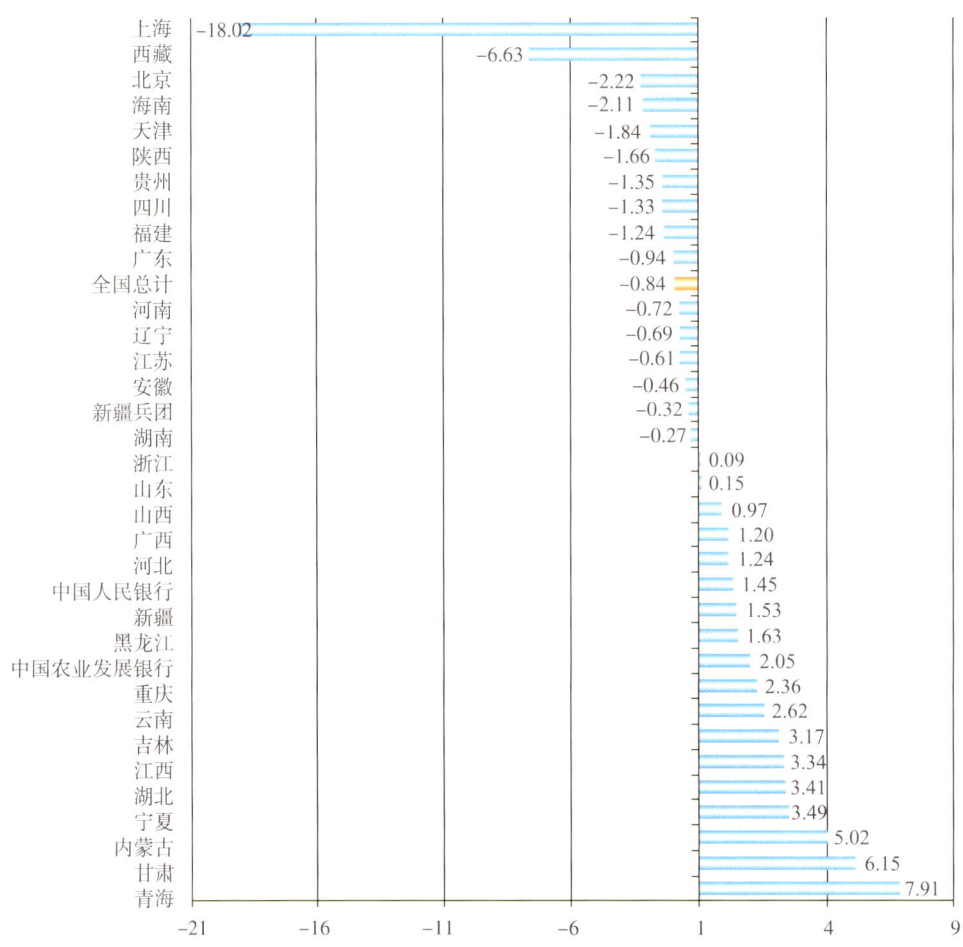

图 11 2011 年各个省份城镇职工基本养老保险制度赡养率的变化（单位：%）

资料来源：由人力资源和社会保障部提供。

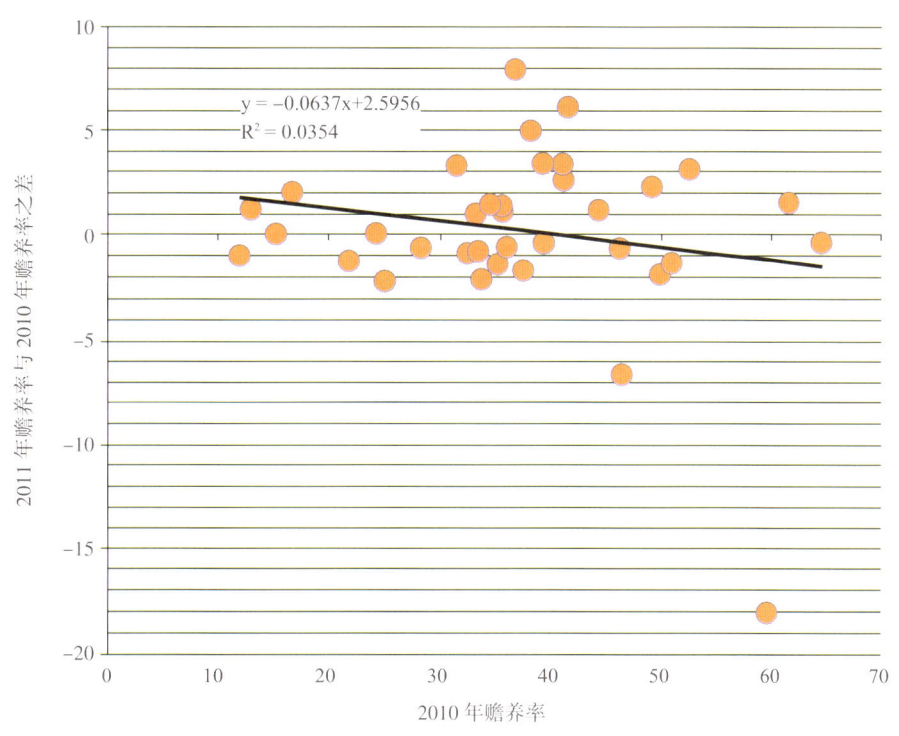

图 12　2011 年各个省份城镇职工基本养老保险制度赡养率的变化与其绝对值的关系（单位：%）

资料来源：由人力资源和社会保障部提供。

四、各个省份参保人员行业构成的差异依然显著，且具有三大特点

从各行业参保人数占总参保人数的比例（以下简称"参保人数占比"）看，2011 年各地之间差异仍然很大，且与 2010 年相比总体上发生了一些变化（见表 2）。就企业参保人数占比来看，广东的比例最高，达到 91.07%；北京、天津和上海的企业参保人数占比都超过了 80%。与此相对照，四川的企业参保人数占比只有 47.76%。与 2010 年相比，一些省份企业参保人数占比出现了一些比较大变化，例如宁夏和青海分别下降了 5.96 和 5.08 个百分点。就机关参保人数占比来看，2011 年各个省份都很低，且与 2010 年没有太大的变化。其中，湖南、山东和西藏的机关参保人数占比稍高，分别为 4.80%、3.80% 和 3.49%，而且西藏的机关参保人数占比比 2010 年降低了 2.53 个百分点；北京、吉林、安徽、广西、甘肃、青海、宁夏和新疆兵团仍然没有启动机关单位参保工作。就事业单位参保人数占比来看，湖南、海南、山西、河北和山东都超过了 10%，而北京、吉林、广西、甘肃、青海和宁夏仍然没有启动事业单位参保工作。与 2010 年相比，各个省份事业单位参保人数占比大多变化不大，变化最大的是西藏下降了 2.93 个百分点。就以个体身份参保人员参保人数占比来看，四川最高，达到了 42.12%；内蒙古、吉林、宁夏、重庆、广西、江西、湖北、黑龙江和青海也都超过了 30%；而广东只有 4.69%，西藏和上海也分别只有 9.28% 和 9.37%。与 2010 年相比，2011 年一些省份其他参保人数占比出现了较大幅度上升，宁夏和青海分别上升了 5.96 和 5.08 个百分点，上海和江西也分别上升了 4.62 和 4.14 个百分点。

表2　　2011年各个省份不同行业城镇职工基本养老保险制度参保比例状况　　单位：%

省份	企业		机关		事业单位		以个体身份参保人员	
	占比	变动[①]	占比	变动	占比	变动	占比	变动
北　京	89.06	0.47	0.00	0.00	0.00	0.00	10.94	-0.47
天　津	84.10	-0.70	0.04	0.00	2.33	-0.14	13.54	0.84
河　北	70.70	-0.38	2.30	-0.15	13.75	-0.60	13.25	1.13
山　西	73.44	-0.10	2.10	-0.03	13.90	-0.23	10.56	0.36
内蒙古	59.32	-1.28	0.38	-0.34	3.29	-1.35	37.01	2.96
辽　宁	64.56	-0.14	0.23	0.04	5.73	-0.25	29.47	0.35
吉　林	63.32	2.14	0.00	0.00	0.00	0.00	36.68	-2.14
黑龙江	60.45	-0.88	0.59	-0.07	7.66	0.04	31.30	0.91
上　海	82.89	-2.31	1.35	-0.38	6.38	-1.93	9.37	4.62
江　苏	71.30	0.18	0.27	-0.03	4.83	-0.34	23.60	0.19
浙　江	70.24	-0.09	0.33	-0.02	4.75	-0.54	24.68	0.65
安　徽	71.01	-0.81	0.00	0.00	2.38	0.43	26.61	0.38
福　建	72.72	1.18	1.36	-0.19	9.52	-1.16	16.40	0.17
江　西	63.59	-3.83	0.62	-0.08	2.89	-0.23	32.90	4.14
山　东	69.43	-0.99	3.80	-0.20	12.86	-0.82	13.91	2.01
河　南	73.99	0.24	1.34	-0.05	10.11	-0.38	14.56	0.20
湖　北	62.86	-2.66	0.72	-0.06	4.82	-0.32	31.61	3.04
湖　南	54.78	-0.12	4.80	-0.16	16.51	-0.77	23.91	1.06
广　东	91.07	0.25	1.77	-0.24	2.47	-0.38	4.69	0.37
广　西	66.95	-1.84	0.00	0.00	0.00	0.00	33.05	1.84
海　南	72.33	-0.84	1.91	-0.05	14.90	-0.34	10.86	1.23
重　庆	63.57	-0.91	0.15	-0.02	2.06	-0.26	34.22	1.19
四　川	47.76	0.46	1.79	-0.20	8.32	-0.91	42.12	0.65
贵　州	77.08	-0.34	0.59	-0.13	3.01	-0.32	19.33	0.79
云　南	74.55	-3.33	2.34	-0.14	1.11	-0.07	22.00	3.54
西　藏	79.99	2.48	3.49	-2.53	7.23	-2.93	9.28	2.98
陕　西	76.23	0.54	1.98	-0.10	7.87	-0.54	13.93	0.10
甘　肃	79.16	-3.16	0.00	0.00	0.00	0.00	20.84	3.16
青　海	69.37	-5.08	0.00	0.00	0.00	0.00	30.63	5.08
宁　夏	65.16	-5.96	0.00	0.00	0.00	0.00	34.84	5.96
新　疆	72.14	-0.40[①]	0.37	-0.06	4.47	-0.36	23.02	0.82
新疆兵团	77.51	-2.37	0.00	0.00	0.16	-0.01	22.33	2.38

资料来源：由人力资源和社会保障部提供。

具体而言，各个省份不同行业的参保状况具有以下三个特点：

（一）与2010年相比，2011年大部分省份的企业制度赡养率有所下降，但也有少数省份继续上升

如表3所示，2011年所有省份企业参保人数都继续增长，而且一些省份的增长速度很快，上海达到了28.18%，广东、西藏和四川也都超过了15%。单就企业参保职工人数而言，上海的增长速度达到了43.69%，西藏、四川和广东也分别达到了23.68%、22.68%和19.61%。也都超过了20%；但也有不少省份企业参保职工人数增长缓慢，甘肃和江西甚至出现了负增长。企业离退休人数增长最快的是甘肃，达到了14.46%，新疆也增长了12.41%；但新疆

[①] 表中的变动是指各个行业参保人数2011年占比与2010年占比之差，下文相同。

兵团、辽宁和北京的增长速度低于1%。如果把各个省份企业参保职工人数增长速度与离退休人数增长速度相对照，可以发现，尽管一些省份两者的增长幅度大致保持一致，但也有不少省份出现了严重不一致。例如，上海的参保职工人数增长了43.69%，而离退休人数只增长了3.77%；甘肃的参保职工人数减少了1.03%，而离退休人数却增长了14.46%。正因为如此，一些省份企业城镇职工基本养老保险制度赡养率出现了明显变化。如表4所示，大部分省份的企业城镇职工基本养老保险制度赡养率出现了不同程度的下降，其中，上海下降了17.65个百分点，西藏和四川也分别下降了8.91和8.72个百分点；与此相对照，甘肃的企业城镇职工基本养老保险制度赡养率上升了8.16个百分点。

表3　　　　　2011年各个省份企业城镇职工基本养老保险制度参保状况

省份	参保职工		离退休人员		合计	
	人数（万人）	增长率（%）	人数（万人）	增长率（%）	人数（万人）	增长率（%）
上　海	785.63	43.69	360.48	3.77	1146.11	28.18
广　东	3113.30	19.61	347.89	9.78	3461.18	18.54
西　藏	5.98	23.68	3.01	5.08	8.99	16.75
四　川	472.22	22.68	241.47	4.81	713.69	15.99
浙　江	1189.13	13.44	158.93	6.76	1348.06	12.61
新　疆	144.49	11.56	66.17	12.41	210.65	11.83
北　京	811.94	13.95	158.27	0.90	970.20	11.60
福　建	423.96	13.03	81.53	2.44	505.49	11.18
全国总计	15281.50	12.26	5135.53	4.50	20417.03	10.20
江　苏	1199.65	11.52	385.95	4.26	1585.60	9.66
海　南	107.44	12.23	37.12	1.52	144.56	9.27
重　庆	293.94	10.10	117.69	7.20	411.62	9.26
贵　州	152.11	11.62	65.29	3.76	217.41	9.14
河　南	622.68	10.03	241.82	5.08	864.50	8.60
陕　西	315.80	9.96	132.88	2.75	448.69	7.72
安　徽	354.91	9.42	162.92	4.09	517.83	7.69
河　北	521.07	5.94	228.27	8.30	749.33	6.64
吉　林	232.32	5.27	158.65	8.59	390.97	6.59
山　东	1073.21	6.65	250.89	3.58	1324.10	6.05
天　津	262.03	7.00	123.74	2.27	385.76	5.44
山　西	320.54	4.46	137.53	7.64	458.08	5.39
湖　南	336.13	6.75	205.18	2.29	541.31	5.02
广　西	229.05	5.54	94.83	3.03	323.87	4.79
甘　肃	129.84	-1.03	78.30	14.46	208.14	4.28
辽　宁	650.09	5.80	354.88	0.24	1004.97	3.77
云　南	170.68	4.45	84.90	1.31	255.57	3.39
宁　夏	59.57	3.69	19.54	1.77	79.11	3.20
内蒙古	172.41	2.24	95.95	3.89	268.36	2.83
湖　北	420.78	2.82	279.13	2.61	699.91	2.73
青　海	36.69	1.86	19.85	2.39	56.55	2.05
黑龙江	337.89	0.63	255.13	2.79	593.02	1.55
江　西	272.84	-0.76	142.40	5.76	415.24	1.38
新疆兵团	63.19	1.62	44.95	0.02	108.14	0.95

资料来源：由人力资源和社会保障部提供。

表4 2010年和2011年各个省份企业城镇职工基本养老保险制度赡养率   单位：%

省份	2010年	2011年	变动	省份	2010年	2011年	变动
甘 肃	52.15	60.30	8.16	云 南	51.28	49.74	−1.54
江 西	48.98	52.19	3.22	河 南	40.66	38.84	−1.83
吉 林	66.20	68.29	2.09	福 建	21.22	19.23	−1.99
黑龙江	73.91	75.51	1.59	天 津	49.41	47.22	−2.18
山 西	41.64	42.91	1.27	江 苏	34.41	32.17	−2.24
河 北	42.85	43.81	0.96	安 徽	48.26	45.91	−2.35
内蒙古	54.77	55.65	0.88	全国总计	36.10	33.61	−2.50
新 疆	45.45	45.79	0.35	北 京	22.01	19.49	−2.52
青 海	53.83	54.11	0.28	湖 南	63.70	61.04	−2.66
湖 北	66.47	66.33	−0.14	陕 西	45.03	42.08	−2.95
宁 夏	33.41	32.80	−0.62	辽 宁	57.62	54.59	−3.03
山 东	24.07	23.38	−0.69	贵 州	46.18	42.93	−3.26
浙 江	14.20	13.37	−0.84	海 南	38.19	34.55	−3.65
广 东	12.17	11.17	−1.00	四 川	59.85	51.13	−8.72
广 西	42.41	41.40	−1.01	西 藏	59.30	50.39	−8.91
重 庆	41.12	40.04	−1.09	上 海	63.54	45.88	−17.65
新疆兵团	72.27	71.13	−1.14				

资料来源：由人力资源和社会保障部提供。

（二）与2010年相比，2011年各个省份以个体身份参保人员参保人数增速较快，但绝大部分省份相应的制度赡养率有所上升

如表5所示，与2010年相比，2011年的以个体身份参保人员参保人数除吉林减少了2.67%之外，其他省份都出现了不同程度的增长，其中，上海增长了159.76%，西藏增长了66.52%，宁夏、青海、云南、广东、甘肃、山东、海南和江西的增长速度也都大于20%。单就以个体身份参保人员中参保职工人数而言，上海和西藏的增长速度分别达到了159.76%和58.27%，广东、宁夏、山东、海南和甘肃也都超过了20%；但吉林减少了4.70%。以个体身份参保人员中离退休人数增长最快的是青海，达到了785.75%，江西、湖北、云南和甘肃也分别增长了237.20%、217.36%、187.26%和131.37%。如果把各个省份以个体身份参保人员中参保职工人数增长速度与离退休人数增长速度相对照，可以发现，大部分省份离退休人数增长速度高于参保职工人数增长速度，而且也有不少省份两者之间的差距较大，这使得一些省份以个体身份参保人员城镇职工基本养老保险制度赡养率发生了显著变化。如表6所示，绝大部分省份的以个体身份参保人员城镇职工基本养老保险制度赡养率出现了不同程度的上升，其中，青海上升了23.68个百分点，云南、重庆和湖北也分别上升了16.86、11.17和10.05个百分点；与此相对照，广东和天津的以个体身份参保人员城镇职工基本养老保险制度赡养率只是分别下降了0.87和0.18个百分点。上海的情况属于特例，由于2011年将针对外来务工人员的综合保险并入城镇职工基本养老保险，以个体身份参保人员中的参保职工人数大幅度增长，而离退休人数为0。西藏是另一个比较特殊的省份，2010年参保的以个体身份参保人员中还没有离退休人员，2011年则有517名离退休人员。

表 5　2011年各个省份以个体身份参保人员城镇职工基本养老保险制度参保状况

省份	参保职工		离退休人员		合计	
	人数（万）	增长率（%）	人数（万）	增长率（%）	人数（万）	增长率（%）
上　海	129.57	159.76	0	—	129.57	159.76
西　藏	0.99	58.27	0.05	—	1.04	66.52
宁　夏	25.41	27.81	16.89	50.14	42.30	35.88
青　海	19.67	6.81	5.30	785.75	24.97	31.31
云　南	59.11	11.68	16.31	187.26	75.42	28.69
广　东	166.04	29.38	12.19	15.67	178.23	28.34
甘　肃	48.02	20.22	6.79	131.37	54.81	27.83
山　东	222.57	20.99	42.76	58.14	265.33	25.75
海　南	18.70	20.73	3.00	56.16	21.70	24.64
江　西	192.99	14.70	21.84	237.20	214.83	22.95
湖　北	304.61	7.97	47.31	217.36	351.92	18.48
河　北	124.33	12.19	16.08	79.87	140.40	17.24
四　川	409.90	12.32	219.53	25.74	629.42	16.66
新　疆	57.90	12.04	9.31	55.97	67.21	16.59
新疆兵团	21.62	12.76	9.53	25.78	31.15	16.45
浙　江	404.63	12.70	69.07	38.07	473.70	15.80
全国总计	4688.21	11.36	1178.08	31.33	5866.29	14.87
重　庆	122.34	7.72	99.25	24.93	221.60	14.80
贵　州	49.22	10.73	5.30	63.16	54.51	14.30
内蒙古	130.62	5.68	36.80	59.80	167.42	14.18
广　西	103.22	9.63	56.67	22.94	159.88	14.01
天　津	41.09	13.46	21.00	13.07	62.09	13.32
福　建	98.07	9.29	15.95	18.99	114.01	10.55
安　徽	169.64	7.29	24.46	39.50	194.09	10.50
江　苏	459.96	7.55	64.93	34.44	524.89	10.28
湖　南	218.02	7.58	18.29	53.11	236.31	10.12
河　南	151.80	7.82	18.35	29.10	170.15	9.77
山　西	62.04	8.14	3.81	30.97	65.85	9.24
陕　西	74.88	6.71	7.11	20.28	81.99	7.76
北　京	76.27	4.00	42.91	11.17	119.18	6.47
黑龙江	202.83	4.90	104.24	8.55	307.07	6.11
辽　宁	358.07	3.16	100.67	13.34	458.74	5.24
吉　林	164.08	-4.70	62.41	3.10	226.49	-2.67

资料来源：由人力资源和社会保障部提供。

表6 2010年和2011年各个省份以个体身份参保人员城镇职工基本养老保险制度赡养率   单位：%

省份	2010年	2011年	变动	省份	2010年	2011年	变动
青海	3.25	26.93	23.68	北京	52.62	56.26	3.63
云南	10.73	27.59	16.86	贵州	7.30	10.76	3.46
重庆	69.95	81.12	11.17	安徽	11.09	14.42	3.33
湖北	5.28	15.53	10.25	浙江	13.93	17.07	3.14
宁夏	56.60	66.48	9.89	吉林	35.16	38.04	2.88
内蒙古	18.63	28.17	9.54	江苏	11.29	14.12	2.82
江西	3.85	11.32	7.47	辽宁	25.59	28.11	2.52
甘肃	7.35	14.14	6.79	湖南	5.89	8.39	2.49
广西	48.95	54.90	5.94	河南	10.09	12.09	1.99
四川	47.84	53.56	5.72	黑龙江	49.66	51.39	1.73
西藏	0.00	5.21	5.21	福建	14.94	16.26	1.33
河北	8.06	12.93	4.87	山西	5.08	6.15	1.07
新疆兵团	39.54	44.10	4.56	陕西	8.42	9.50	1.07
新疆	11.55	16.08	4.53	上海	0.00	0.00	—
山东	14.70	19.21	4.51	天津	51.29	51.12	-0.18
全国总计	21.31	25.13	3.82	广东	8.21	7.34	-0.87
海南	12.39	16.03	3.64				

资料来源：由人力资源和社会保障部提供。

（三）与2010年相比，各个省份机关和事业单位参保状况变化不大

在绝大部分已经启动相关工作的省份，2011年参保职工人数、离退休人数和制度赡养率与2010年相比都没有太大的变化。内蒙古和西藏是其中的例外。2011年内蒙古机关和事业单位的参保职工人数分别比2010年骤减了53.47%和31.05%，使得制度赡养率分别由2010年的18.50%和19.88%上升至2011年的40.67%和29.56%；在同一时期，西藏事业单位离退休人数骤减56.78%，使得制度赡养率从24.44%下降至11.79%。

五、各个省份不同性质企业参保状况差异显著

从不同性质企业参保人数占企业总参保人数（以下简称"参保人数占比"）比例看，2011年各个省份之间的差异仍然很大。新疆兵团和西藏的国有企业参保人数占比分别达到了97.98%和86.00%，甘肃、黑龙江、山西和江西也都超过了70%，而浙江、广东、上海、北京和江苏分别只有7.70%、15.84%、16.68%、20.61%和21.65%。河南、辽宁和湖南的集体企业参保人数占比分别达到了19.40%、18.70%和15.57%，而新疆兵团和西藏均低于1%，北京、浙江、海南、宁夏和新疆也都低于5%。福建和广东的港澳台及外资企业参保人数占比分别达到了23.18%和21.92%，上海和江苏也分别有17.24%和17.04%，而西藏为0，新疆兵团、甘肃、内蒙古、青海和贵州均低于1%。浙江的其他各种经济类型企业的参保人数占比高达81.54%，北京、上海和广东也分别有66.28%、59.08%和56.26%，而新疆兵团只有1.94%，黑龙江、河南、山西、西藏和江西也分别只有10.88%、11.28%、12.25%、13.26%和14.87%。这种状况仍然可以在很大程度上解释各个省份2011年企业城镇职工基本养老保险制度赡养率的差异。

与2010年相比，2011年各地不同性质的企业参保人数占比发生了变化。绝大部分省份的国有企业参保人数占比出现了不同程度的下降，其中新疆下降了9.72个百分点，河南和四川也分别下降了7.68和6.30个百分点；而重庆和青海是仅有的2个占比上升的省份，但仅仅分别上升了0.26和0.02个百分点。大部分省份的集体企业参保人数占比也出现了下降，但只有天津、山东、上海和福建等4个省份下降超过了1个百分点；少数省份的占比出现

了上升，但除河南上升了 5.01 个百分点之外，其他省份都上升了不到 1 个百分点。绝大部分省份的其他各种经济类型企业参保人数占比出现了上升，西藏上升了 9.73 个百分点，福建、天津和四川也都上升超过了 5 个百分点。

至于港澳台及外资企业，虽然大部分省份参保人数占比出现了上升，但只有上海变动较大（上升了 4.64 个百分点）；少数省份参保人数占比出现了下降，但变动都不太大（见表 7）。

表 7　　2011 年各个省份不同性质企业参保状况　　单位：%

省份	国有企业		集体企业		港澳台及外资企业		其他各种经济类型企业	
	占比	变动①	占比	变动	占比	变动	占比	变动
北　京	20.61	-2.02	2.85	-0.29	10.25	-0.26	66.28	2.57
天　津	45.73	-4.04	11.29	-1.38	12.77	-0.02	30.21	5.44
河　北	51.14	-3.24	12.68	-0.44	4.42	0.21	31.75	3.46
山　西	72.20	-1.16	14.28	0.09	1.26	0.14	12.25	0.92
内蒙古	65.25	-0.71	5.84	-0.67	0.15	0.00	28.76	1.38
辽　宁	48.41	-3.00	18.70	-0.07	5.47	0.00	27.42	3.07
吉　林	65.68	-0.75	9.68	-0.58	3.26	0.16	21.39	1.17
黑龙江	75.79	-0.46	11.62	-0.56	1.71	0.07	10.88	0.94
上　海	16.68	-4.74	7.01	-1.26	17.24	4.64	59.08	1.36
江　苏	21.65	-1.21	12.16	-0.57	17.04	-0.30	49.15	2.08
浙　江	7.70	-0.70	4.44	-0.37	6.32	-0.24	81.54	1.30
安　徽	49.24	-3.83	13.72	-0.76	4.16	-0.03	32.87	4.62
福　建	22.82	-2.63	7.06	-1.21	23.18	-2.50	46.95	6.35
江　西	70.91	-0.93	11.98	-0.21	2.24	0.27	14.87	0.86
山　东	38.72	-2.48	16.50	-1.77	7.51	-0.16	37.27	4.41
河　南	64.79	-7.68	19.40	5.01	4.53	1.50	11.28	1.18
湖　北	54.93	-0.42	12.65	-0.92	3.63	0.13	28.79	1.21
湖　南	56.84	-2.49	15.57	-0.13	2.14	0.09	25.44	2.53
广　东	15.84	-1.91	5.98	-0.67	21.92	-0.01	56.26	2.59
广　西	57.14	-1.12	7.24	-0.33	2.74	0.23	32.88	1.22
海　南	57.81	-3.16	4.46	-0.31	5.20	0.02	32.54	3.44
重　庆	50.39	0.26	10.59	0.78	6.60	1.21	32.42	-2.26
四　川	46.91	-6.30	12.14	-0.43	3.74	1.48	37.22	5.25
贵　州	68.32	-3.74	8.89	0.24	0.82	0.04	21.97	3.46
云　南	61.55	-2.83	9.01	0.13	1.30	0.02	28.13	2.68
西　藏	86.00	-9.72	0.73	-0.01	0.00	0.00	13.26	9.73
陕　西	60.94	-3.94	7.16	-0.46	2.55	0.07	29.35	4.33
甘　肃	76.83	-0.94	7.61	0.55	0.14	0.00	15.42	0.39
青　海	61.86	0.02	7.40	-0.22	0.20	0.01	30.54	0.19
宁　夏	63.85	-0.84	4.74	-0.54	1.80	-0.27	29.62	1.66
新　疆	61.52	-3.00	4.50	0.50	1.05	-0.02	32.93	2.52
新疆兵团	97.98	-0.49	0.06	0.00	0.01	0.00	1.94	0.49

资料来源：由人力资源和社会保障部提供。

① 变动是指各个省份不同性质企业参保人数 2011 年占比与 2010 年占比之差。

（一）国有企业参保状况出现了分化，少数省份参保人数出现了负增长，而且，与2010年相比，一些省份国有企业制度赡养率出现了比较明显的变化

2011年各个省份国有企业参保人数总体上看增速并不快，甚至有一些省份出现了负增长。与2010年相比，2011年国有企业参保人数增长最快的省份是重庆，达到了9.83%，新疆、广东和吉林也超过了5%；而天津却减少了3.11%，河南、辽宁、云南、山东、福建、上海和安徽也都出现了负增长。就参保职工人数而言，重庆的增长速度最快，2011年比2010年增长了10.51%，江苏、广东、新疆和海南也都增长了超过5%；而天津减少了6.59%，河南、河北、辽宁等其他9个省份也出现了不同程度的负增长。就离退休人数而言，甘肃的增长速度最快，2011年比2010年增长了11.44%，吉林、重庆、新疆、河北和山西也都增长超过了5%；而福建2011年比2010年减少了3.09%，上海、河南、辽宁、江苏、安徽、云南和北京也都出现了负增长（见表8）。

可以发现，各个省份国有企业的参保职工人数增长速度与离退休人数增长速度并不一致，这导致各个省份国有企业城镇职工基本养老保险制度赡养率发生了变化。尽管各个省份国有企业的制度赡养率都比较高，但少数省份在2011年出现了较大幅度的下降，上海从2010年的173.98下降至2011年的163.26，下降了10.72个百分点，但仍然属于全国最高水平；江苏从2010年的81.26%下降至2011年的74.93%，下降了6.33个百分点。福建等另外12个省份也出现了不同程度的下降。与此相反，一些省份则出现了较大幅度的上升，甘肃从2010年的57.87%上升至2011年的65.70%，上升了7.83个百分点；天津、河北和吉林也分别从2010年的90.32%、64.28%和85.40%上升至2011年的97.42%、68.72%和91.09%，分别上升了7.10、6.24和5.70个百分点。江西等另外14个省份也出现了不同程度的上升。西藏则保持不变（见图13）。

表8　　　　2011年各个省份国有企业城镇职工基本养老保险制度参保状况

省份	参保职工 人数（万）	参保职工 增长率（%）	离退休人员 人数（万）	离退休人员 增长率（%）	合计 人数（万）	合计 增长率（%）
重　庆	130.05	10.51	77.36	8.69	207.41	9.83
新　疆	79.41	5.50	50.20	8.46	129.60	6.62
广　东	394.02	6.79	154.27	3.25	548.29	5.77
吉　林	134.38	2.24	122.41	9.06	256.78	5.38
西　藏	4.72	4.90	3.01	4.90	7.73	4.90
江　苏	196.23	7.61	147.04	−0.77	343.28	3.85
山　西	224.14	2.64	106.61	6.11	330.75	3.73
海　南	50.85	5.12	32.72	1.37	83.57	3.62
贵　州	92.69	4.17	55.84	2.32	148.53	3.47
浙　江	74.11	3.64	29.68	2.27	103.78	3.25
甘　肃	96.51	−1.84	63.40	11.44	159.91	3.02
广　西	119.83	3.52	65.22	1.47	185.05	2.79
四　川	173.69	3.79	161.08	0.62	334.77	2.24
青　海	18.29	2.07	16.69	2.10	34.98	2.09
湖　北	201.24	0.08	183.22	4.08	384.46	1.95
宁　夏	35.15	1.23	15.36	3.33	50.51	1.86
内蒙古	105.76	0.34	69.35	3.90	175.11	1.72
北　京	117.97	2.96	82.02	−0.21	200.00	1.64
全国总计	4800.15	1.00	3153.00	2.04	7953.16	1.41
陕　西	173.08	1.55	100.35	0.55	273.43	1.18
黑龙江	253.07	−0.24	196.40	2.49	449.47	0.93
湖　南	155.19	−0.46	152.51	1.71	307.71	0.60

续表

省份	参保职工		离退休人员		合计	
	人数（万）	增长率（%）	人数（万）	增长率（%）	人数（万）	增长率（%）
新疆兵团	61.23	0.76	44.73	0.01	105.95	0.44
河　北	227.15	-3.41	156.09	6.23	383.24	0.30
江　西	175.79	-2.71	118.65	4.51	294.44	0.07
安　徽	163.31	0.29	91.66	-0.73	254.97	-0.08
上　海	72.60	3.87	118.53	-2.53	191.13	-0.19
福　建	69.59	1.58	45.74	-3.09	115.33	-0.33
山　东	373.87	-0.53	138.78	0.21	512.65	-0.33
云　南	91.62	-1.66	65.69	-0.47	157.31	-1.16
辽　宁	267.43	-2.91	219.03	-1.50	486.46	-2.28
河　南	377.81	-3.58	182.32	-1.51	560.13	-2.92
天　津	89.36	-6.59	87.06	0.75	176.42	-3.11

资料来源：由人力资源和社会保障部提供。

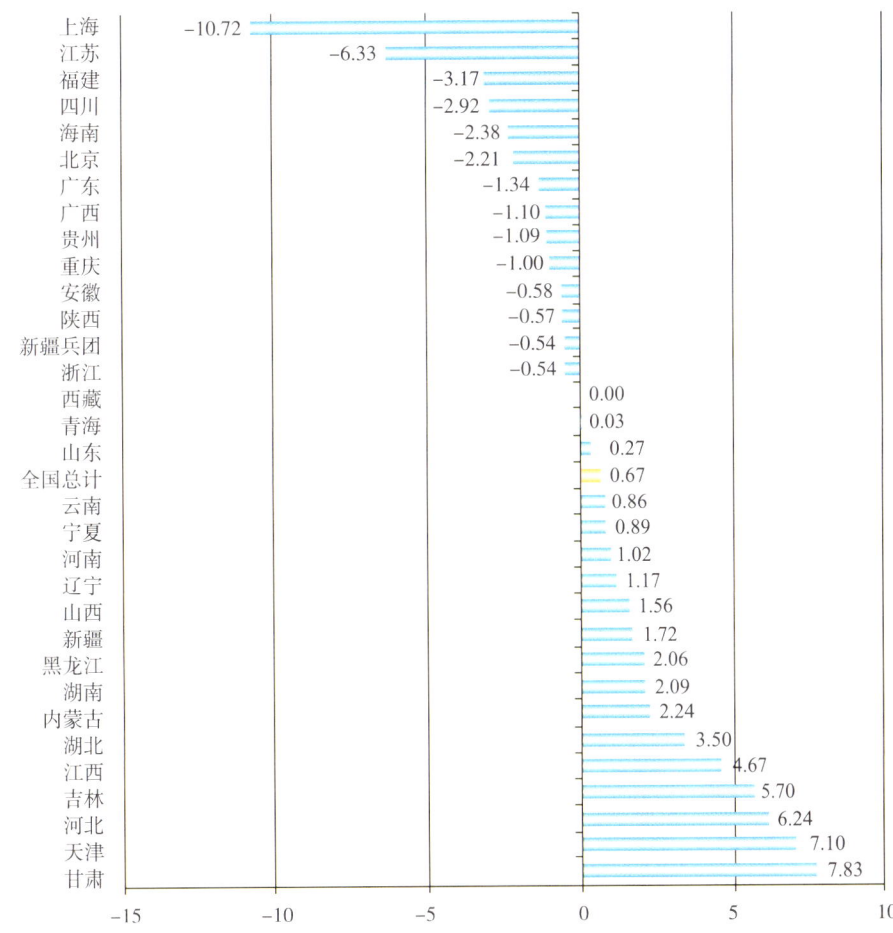

图13　2011年各个省份国有企业城镇职工基本养老保险制度赡养率的变动（单位：%）

资料来源：由人力资源和社会保障部提供。

（二）集体企业参保状况出现了更严重的分化，一些省份参保人数增长迅猛，另外一些省份却出现了大幅度减少，而且，与2010年相比，一些省份集体企业制度赡养率出现了很大的变化

与2010年相比，2011年集体企业参保人数增长最快的省份是河南，达到了46.41%，新疆达到了25.71%，重庆、西藏、甘肃、贵州和四川也都超过了10%；而降幅最大的省份是内蒙古，减少了7.79%，宁夏、天津、新疆兵团和福建的也都减少了超过5%。就参保职工人数而言，河南的增长速度也是最快的，2011年比2010年增长了52.02%，上海和重庆的增长速度也分别达到了28.76%和23.00%，新疆、贵州和四川也都超过了10%；而新疆兵团减少了19.29%，内蒙古、天津、宁夏和黑龙江的降幅也都在10%以上。就离退休人数而言，除了因基数太小而增速太快的西藏外，新疆的增长速度也达到了34.59%，河南和甘肃也都超过了20%；而福建2011年比2010年减少了8.08%，湖北也减少了7.96%（见表9）。

与国有企业的情况类似，各个省份集体企业参保职工人数增长速度与离退休人数增长速度也并不一致，从而导致各个省份集体企业城镇职工基本养老保险制度赡养率发生了明显的变化。尽管大多数省份集体企业的制度赡养率都特别高，2011年的变化却呈现出明显的两极分化：

上海从2010年的174.52%下降至2011年的131.66%，下降了42.85个百分点；湖北、重庆、湖南、北京和福建也都下降了超过5个百分点；河南等另外7个省份也有不同程度的下降。而新疆兵团从2010年的421.43%上升至2011年的509.73%，上升了88.31个百分点；青海和内蒙古分别从186.35%和94.08%上升至213.67%和116.95%，分别上升了27.32和22.86个百分点；黑龙江、天津、吉林、新疆、安徽和甘肃也都上升了超过10个百分点；宁夏等另外10个省份也出现了不同程度的上升（见图14）。

表9　　　　2011年各个省份集体企业城镇职工基本养老保险制度参保状况

省份	参保职工 人数（万）	参保职工 增长率（%）	离退休人员 人数（万）	离退休人员 增长率（%）	合计 人数（万）	合计 增长率（%）
河　南	131.44	52.02	36.26	29.12	167.70	46.41
新　疆	4.57	17.39	4.90	34.59	9.47	25.71
重　庆	23.81	23.00	19.80	12.49	43.61	18.00
西　藏	0.06	5.57	0.01	5200.00	0.07	14.58
甘　肃	8.68	5.99	7.15	21.13	15.83	12.33
贵　州	11.53	13.75	7.81	10.02	19.34	12.21
四　川	38.98	12.04	47.63	12.06	86.61	12.05
上　海	34.66	28.76	45.63	-2.86	80.29	8.66
广　东	154.22	7.13	52.62	5.23	206.85	6.64
山　西	38.71	1.34	26.71	13.82	65.42	6.09
全国总计	1229.17	5.79	836.21	4.40	2065.38	5.23
云　南	16.18	4.43	6.86	6.13	23.03	4.93
江　苏	108.20	6.15	84.56	2.98	192.76	4.74
湖　南	42.95	7.82	41.36	0.60	84.31	4.15
浙　江	42.51	5.06	17.41	1.54	59.92	4.01
辽　宁	104.58	5.95	83.38	0.28	187.96	3.36
河　北	58.10	1.16	36.94	6.17	95.04	3.05
海　南	3.49	4.67	2.96	-0.56	6.44	2.21
安　徽	34.66	-3.37	36.41	7.71	71.07	2.01
北　京	15.74	5.14	11.95	-3.23	27.68	1.36
陕　西	16.02	0.53	16.13	1.82	32.14	1.17
吉　林	16.53	-6.12	21.31	6.43	37.83	0.56
广　西	13.48	-1.51	9.97	2.54	23.45	0.17

续表

省份	参保职工		离退休人员		合计	
	人数（万）	增长率（%）	人数（万）	增长率（%）	人数（万）	增长率（%）
江西	28.53	-5.23	21.23	7.10	49.75	-0.33
青海	1.33	-9.56	2.85	3.70	4.19	-0.93
黑龙江	30.61	-10.00	38.31	3.21	68.92	-3.11
湖北	44.66	-0.20	43.86	-7.96	88.52	-4.20
山东	152.25	-7.92	66.23	5.55	218.48	-4.21
福建	19.35	-2.44	16.33	-8.08	35.69	-5.11
新疆兵团	0.01	-19.29	0.06	-2.37	0.07	-5.62
天津	24.10	-14.05	19.45	6.20	43.55	-6.05
宁夏	2.03	-12.01	1.72	-1.36	3.75	-7.43
内蒙古	7.22	-17.50	8.44	2.54	15.66	-7.79

资料来源：由人力资源和社会保障部提供。

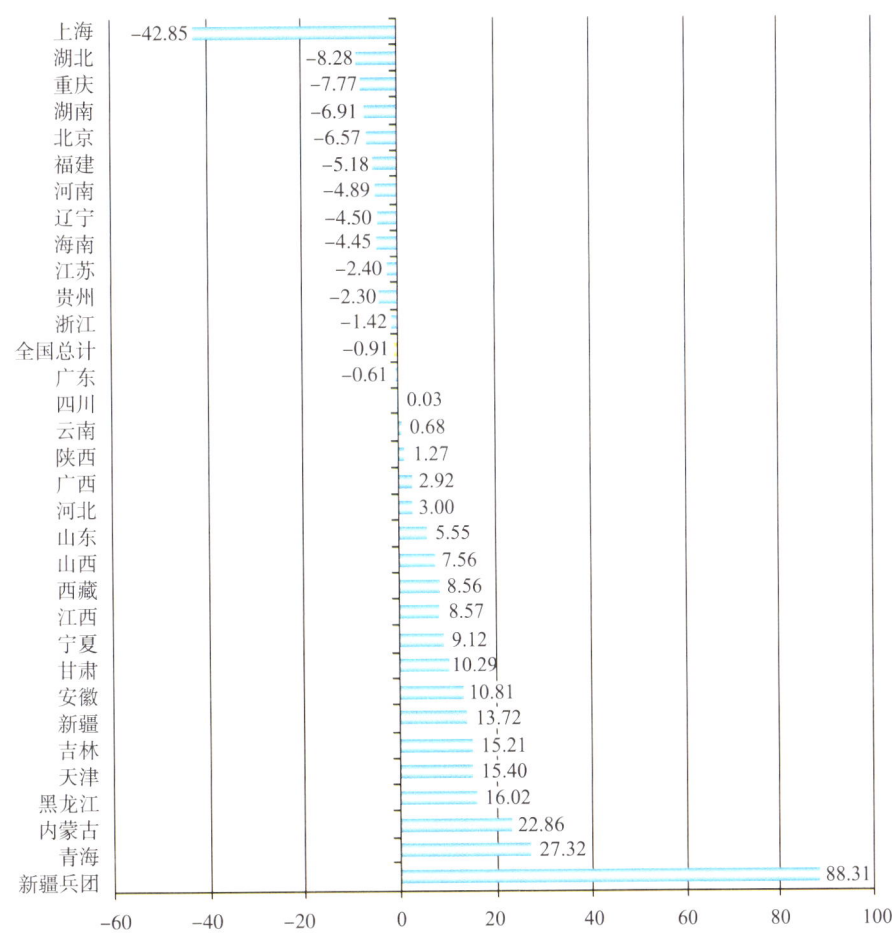

图14 2011年各个省份集体企业城镇职工基本养老保险制度赡养率的变动（单位：%）

资料来源：由人力资源和社会保障部提供。

(三) 所有省份其他各种经济类型企业参保人数都出现了增长，大部分省份制度赡养率的变化并不明显

与2010年相比，2011年其他各种经济类型企业参保人数增长最快的省份是西藏，达到了338.42%，新疆兵团、四川和上海的增速分别达到了35.30%、35.02%和31.21%，贵州等10个省份也都超过了20%，而增长速度低于10%的只有重庆等8个省份。就参保职工人数而言，西藏的增长速度也是最快的，2011年比2010年增长了338.42%，上海、新疆兵团、四川和天津的增长速度也分别达到了41.56%、39.16%、37.81%和31.83%；但甘肃成为唯一的出现负增长的省份。就离退休人数而言，江西的增长速度最快，达到了95.56%，福建、甘肃和贵州也分别达到了49.65%、38.14%和31.22%；而宁夏和重庆却分别减少了5.98%和3.12%；西藏的离退休人数仍然为0（见表10）。

由于大部分省份其他各种经济类型企业的制度赡养率比较低，这种参保状况的变化所带来的制度赡养率变化对大部分省份来讲从点数上看并不明显。上海下降得最多，从2010年的48.65%下降至2011年的37.38%，下降了10.78个百分点；黑龙江和新疆兵团也下降了超过3个百分点；天津等18个省份都下降了不到3个百分点。甘肃上升得最多，从2010年的22.94%上升至31.74%，上升了8.80个百分点；江西等9个省份上升都不到2个百分点；西藏的制度赡养率仍然为0（见图15）。

表10　2011年各个省份其他各种经济类型企业城镇职工基本养老保险制度参保状况

省份	参保职工 人数（万）	参保职工 增长率（%）	离退休人员 人数（万）	离退休人员 增长率（%）	合计 人数（万）	合计 增长率（%）
西　藏	1.19	338.42	0.00	—	1.19	338.42
新疆兵团	1.94	39.16	0.16	1.87	2.10	35.30
四　川	233.28	37.81	32.35	17.80	265.64	35.02
上　海	491.45	41.56	185.68	9.93	677.12	31.21
贵　州	46.15	29.49	1.61	31.22	47.76	29.55
天　津	101.89	31.83	14.63	9.79	116.52	28.59
福　建	220.34	27.18	16.97	49.65	237.31	28.57
陕　西	115.60	27.33	16.08	19.95	131.68	26.38
安　徽	139.83	26.71	30.40	19.20	170.23	25.30
广　东	1815.31	24.48	131.99	21.38	1947.29	24.27
海　南	45.65	22.63	1.39	9.47	47.04	22.20
河　南	78.63	20.87	18.92	22.80	97.54	21.24
新　疆	58.54	20.51	10.83	24.33	69.37	21.09
山　东	451.32	21.19	42.16	11.27	493.47	20.27
河　北	205.36	19.31	32.57	22.30	237.93	19.71
全国总计	7323.78	20.83	1082.63	12.21	8406.41	19.65
辽　宁	226.55	18.84	49.03	8.47	275.58	16.85
湖　南	126.89	16.38	10.80	19.46	137.69	16.62
北　京	580.19	17.70	62.86	3.09	643.05	16.09
江　苏	634.20	15.44	145.18	10.60	779.37	14.51
浙　江	989.39	15.08	109.83	8.90	1099.23	14.43
云　南	59.78	15.42	12.11	8.97	71.90	14.28
山　西	52.15	14.23	3.98	10.58	56.12	13.97
吉　林	69.25	13.86	14.36	7.86	83.61	12.79
黑龙江	45.25	14.02	19.26	5.07	64.51	11.19
宁　夏	21.09	11.34	2.34	-5.98	23.43	9.33
广　西	87.54	9.08	18.95	7.63	106.49	8.82

续表

省份	参保职工		离退休人员		合计	
	人数（万）	增长率（%）	人数（万）	增长率（%）	人数（万）	增长率（%）
内蒙古	59.05	9.11	18.14	4.52	77.19	8.00
江　西	59.24	5.63	2.50	95.56	61.74	7.64
湖　北	150.85	7.15	50.64	7.55	201.49	7.25
甘　肃	24.37	-0.16	7.73	38.14	32.10	6.98
青　海	16.95	2.63	0.32	6.25	17.27	2.69
重　庆	114.56	3.07	18.88	-3.12	133.44	2.14

资料来源：由人力资源和社会保障部提供。

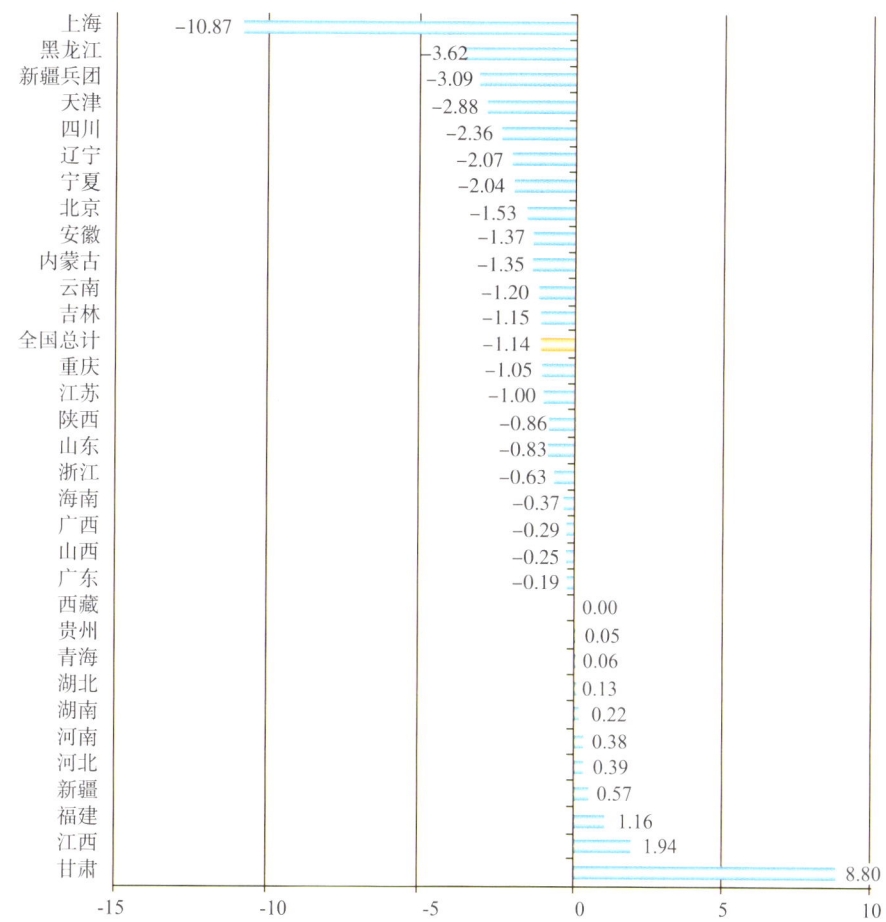

图15　2011年各个省份其他各种经济类型企业城镇职工基本养老保险制度赡养率的变动（单位：%）
资料来源：由人力资源和社会保障部提供。

(四) 大多数省份港澳台及外资企业的参保职工人数和离退休人数都同时出现了较快的增长,因而制度赡养率变化不大。不过,少数省份的制度赡养率出现了较大的升幅

河南省2011年港澳台及外资企业参保职工人数比2010年增长了54.19%,而参保离退休人数却增长了180.85%,因而2011年制度赡养率从2010年的6.83%猛升至12.43%。宁夏回族自治区2011年港澳台及外资企业参保职工人数比2010年减少了12.28%,而参保离退休人数增长了15.10%,因而2011年制度赡养率从2010年的7.18%上升至9.43%。广西壮族自治区2011年港澳台及外资企业参保职工人数比2010年增长了11.95%,而参保离退休人数增长了58.53%,因而2011年制度赡养率从2010年的5.97%上升至8.46%。也有少数省份制度赡养率出现了较大降幅。例如,安徽省2011年港澳台及外资企业参保职工人数却增长了11.96%,而参保离退休人数比2010年减少了8.6%,因而2011年制度赡养率从2010年的31.96%下降至26.09%。上海市2011年港澳台及外资企业参保职工人数增长了81.90%,而参保离退休人数只比2010年增加了7.33%,因而2011年制度赡养率从2010年的9.65%下降至5.70%。四川省2011年港澳台及外资企业参保职工人数增长了94.23%,而参保离退休人数只比2010年增加了17.73%,因而2011年制度赡养率从2010年的2.53%下降至1.53%。此外,西藏仍然没有参保的港澳台及外资企业。青海有港澳台及外资企业参保,但还没有离退休职工。

六、城镇职工基本养老保险缴费人数增长情况不容乐观

2011年城镇职工基本养老保险的缴费人数为1.85亿人,比2010年增加1622万人,增长9.6%,但占当年参保职工人数的比例只有86.00%。仅就企业部门(包含纯企业和以个体身份参保人员,下同)而言,2011年缴费人数达到了1.70亿人,比2010年增加1606万人,增长10.42%。然而,2006~2011年,企业部门缴费人数增长率始终低于参保职工人数增长率;两者之间差距最小的是2007年,企业部门缴费人数增长率比参保职工人数增长率低0.05个百分点;两者之间差距最小的是2009年,企业部门缴费人数增长率比参保职工人数增长率低2.1个百分点(见图16)。因此,企业部门缴费人数占参保职工人数的比例不断下滑,2006年为89.98%,到2011年已经下降至85.22%,一共下降了4.76个百分点。虽然这种下降的趋势在很大程度上是受到了扩面、宏观经济环境波动等因素的影响,但它还意味着征缴力度需要进一步加强。特别是,中断缴费问题日趋严重,必须引起高度重视,在今后的扩面工作中应该更加重视扩面质量,同时要解决好中断缴费人员续保问题。另外,还需要注意地区之间的巨大差异。2011年,全国企业缴费人员占企业参保职工比例最高的仍是西藏,达100%;最低的仍是海南,为62.1%。两者相差37.9个百分点。全国有14个省份在90%以上,有4个省份在80%以下。

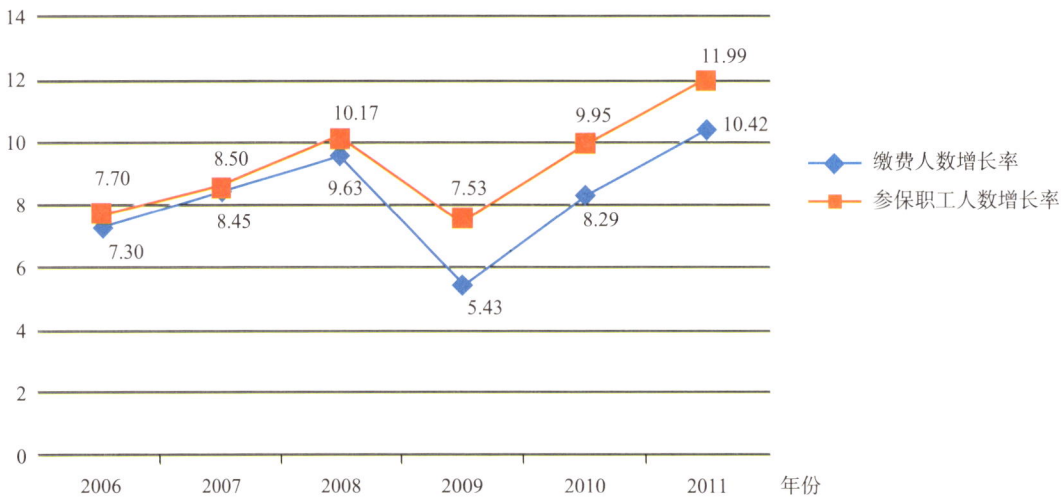

图16 2006~2011年企业部门城镇职工基本养老保险缴费人数与参保职工人数的增长率(单位:%)
资料来源:由人力资源和社会保障部提供。

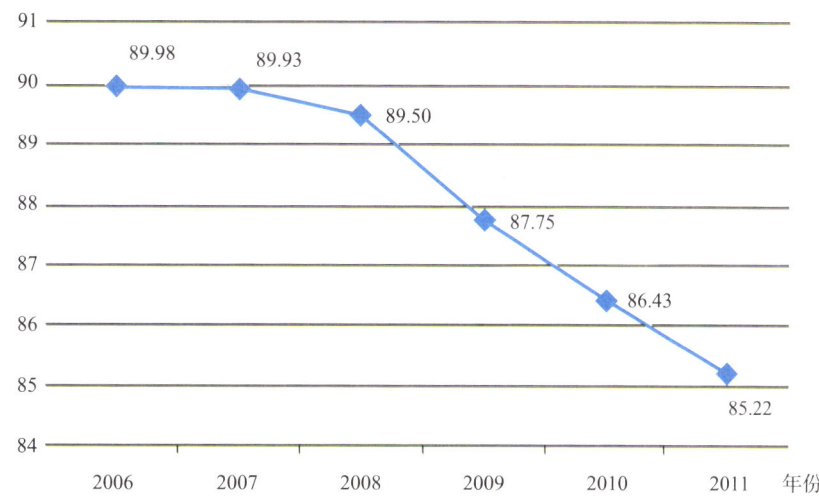

图17 2006~2011年企业部门城镇职工基本养老保险缴费人数占参保职工人数的比例（单位：%）

资料来源：由人力资源和社会保障部提供。

七、新农保扩面取得重大进展，但各个省份的情况差异很大

2011年，新型农村社会养老保险制度扩面工作取得了重大进展。截至2011年底，全国新型农村社会养老保险参保人数已经超过了3.26亿人，比2010年增长了217.64%。其中，全国达到领取待遇年龄人数有8921.78万人，比2010年增长了211.67%。由于两者增速相差不大，所以，全国达到领取待遇年龄人数占参保人数的比例也只下降了0.52个百分点，2010年为27.85%，2011年为27.33%。

与2010年相比，尽管2011年所有省份的参保人数都处于增长中，但各个省份的增长速度差别很大：最快的宁夏增速达到了608.51%，安徽和江苏也分别达到了523.44%和517.90%，辽宁等其他12个省份也都超过了200%；而北京和天津分别只有2.91%和7.00%，新疆等其他4个省份也低于100%。从达到领取待遇年龄人数的增长率看，吉林是最高的，达到了719.20%，宁夏、辽宁和安徽也分别达到了612.38%、535.93%和515.64%；而西藏是唯一的出现了负增长的省份，为-14.54%，天津也只增长了2.15%（见表11）。

表11　　　　　　　　2011年各个省份新型农村社会养老保险制度参保状况

省份	参保人数		达到领取待遇年龄人数[①]	
	人数（万人）	增长率（%）	人数（万人）	增长率（%）
宁　夏	175.09	608.51	33.71	612.38
安　徽	2177.97	523.44	572.74	515.64
江　苏	2060.64	517.90	632.24	377.47
辽　宁	755.89	414.99	213.85	535.93
广　东	806.58	411.68	182.16	251.52
江　西	1298.74	376.98	288.92	284.06
吉　林	389.50	349.46	264.18	719.20
湖　北	1684.31	343.21	402.90	250.30
甘　肃	781.63	321.39	159.08	319.19
山　东	3545.97	285.76	988.10	210.72

① 2010年的数据是新型农村社会养老保险领取待遇人数，2011年的数据是达到领取待遇年龄人数，这里假定两者是同一个范畴，即所有符合条件的达到领取待遇年龄者均领取了待遇。

续表

省份	参保人数		达到领取待遇年龄人数	
	人数（万人）	增长率（%）	人数（万人）	增长率（%）
山 西	949.48	280.16	214.35	211.37
贵 州	834.51	272.77	310.71	389.53
湖 南	2137.24	267.35	616.99	183.29
广 西	796.13	261.29	275.63	362.74
全国总计	32643.45	217.64	8921.78	211.67
海 南	190.96	206.18	43.60	146.18
陕 西	1277.46	190.55	283.53	192.16
福 建	767.22	180.15	182.63	216.33
浙 江	813.11	179.65	360.13	168.44
河 北	2317.70	175.82	511.30	184.90
河 南	3305.95	172.82	747.91	197.90
青 海	176.97	172.05	33.06	96.81
云 南	1247.91	165.82	253.33	176.32
上 海	75.86	162.59	39.63	180.58
四 川	1514.44	126.16	623.07	212.09
黑龙江	279.02	112.64	74.72	169.52
内蒙古	289.99	71.85	71.70	71.72
西 藏	119.08	48.01	20.10	-14.54
重 庆	1125.12	39.36	347.72	31.22
新 疆	490.58	37.06	84.68	45.92
天 津	84.96	7.00	67.03	2.15
北 京	173.42	2.91	22.06	24.30

资料来源：由人力资源和社会保障部提供。

从2011年各个省份新型农村社会养老保险达到领取待遇年龄人数占参保人数的比例看，最高的是天津，达到了78.90%（也就是说，每10个参保人员中就有接近8个人在领取待遇），吉林和上海也分别达到了67.83%和52.24%；最低的是北京，只有12.72%，西藏、新疆、青海和宁夏也都低于20%（见图18）。这说明各个省份目前的制度负担存在着很多的差异。此外，与2010年相比，一些省份的这一比例值也出现了较大的变化。吉林上升了30.61个百分点，四川也上升了11.33个百分点；而西藏下降了12.36个百分点，广东也下降了10.29个百分点（见图19）。

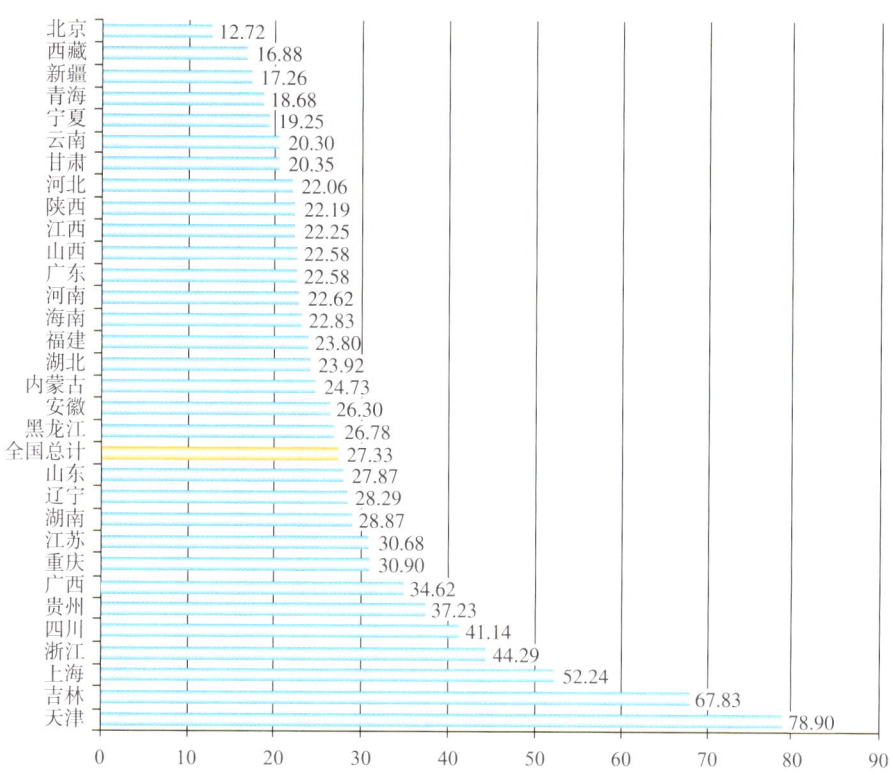

图18 2011年各个省份新型农村社会养老保险达到领取待遇年龄人数占参保人数的比例（单位：%）

资料来源：由人力资源和社会保障部提供。

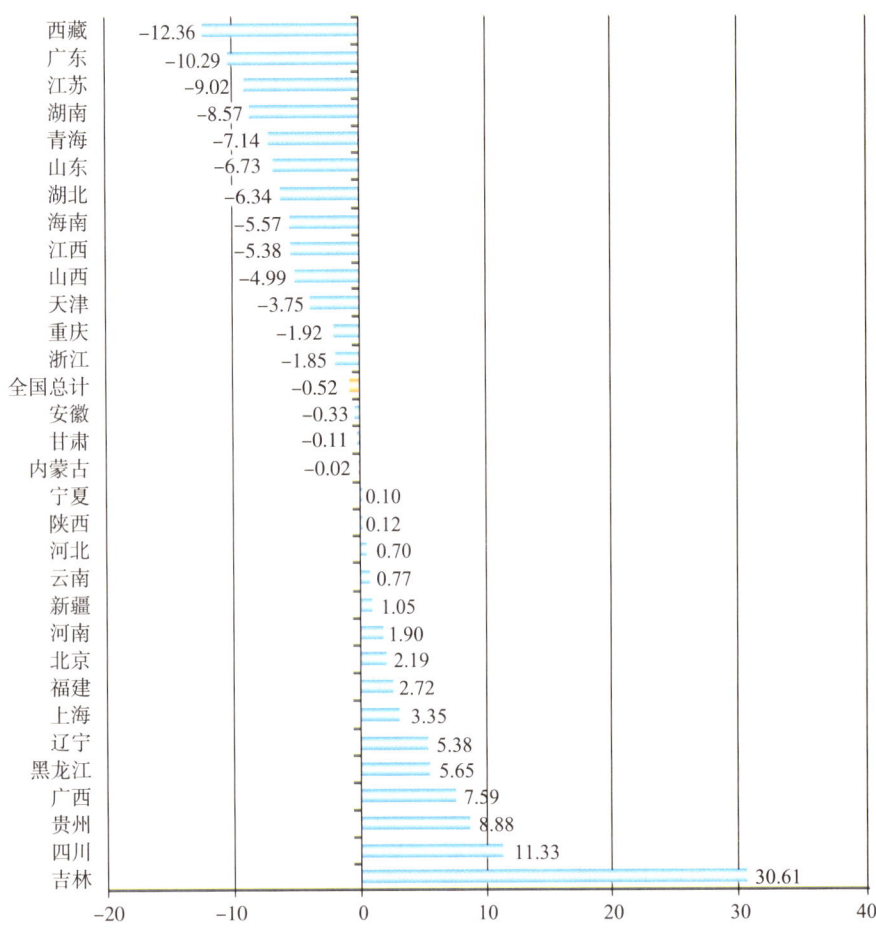

图19 2011年各个省份新型农村社会养老保险达到领取待遇年龄人数占参保人数的比例变动（单位：%）

资料来源：由人力资源和社会保障部提供。

分报告二

2011年基本养老保险基金运行状况评估

——基金累计结余规模继续扩大，财务状况省际差异日益突出

摘要：2011年，城镇职工基本养老保险基金收入的增长速度加快，且其中的利息收入和其他收入增长速度更为迅猛，但是，正常缴费和预缴费用在城镇职工基本养老保险征缴收入中所占比重下降。各个省份城镇职工基本养老保险基金收入状况差异十分显著，体现在基金收入及其增长率等四个方面。城镇职工基本养老保险基金支出增长平稳且具有四个特点。城镇职工基本养老保险基金当期结余增长十分迅猛，但少数省份当期结余状况恶化。城镇职工基本养老保险基金累计结余保持快速增长，基金支付能力继续增强，但地区差异更为显著。城镇职工基本养老保险个人账户的管理状况有所改善，但仍然不容乐观。新型农村社会养老保险基金收支结余规模急剧扩张，省际差异已经显现。

关键词：基本养老保险基金　累计结余　支付能力　省际差异

2011年，有关基本养老保险基金未来收支缺口的争论掀起了轩然大波，并带来了有关延迟法定退休年龄的更大范围的争论。不过，当年基本养老保险基金运行情况看上去还不错。城镇职工基本养老保险基金收入增长速度快于支出增长速度，使得当期结余大幅度增长，累计结余规模继续扩大，支付能力得到提升。新农保的基金收入和基金累计结余均已经超过1000亿元。这说明，尽管存在问题与挑战，但对未来还是应该充满信心。

一、城镇职工基本养老保险基金收入加速增长，存在一喜一忧

2011年，城镇职工基本养老保险基金收入达到16895亿元，比2010年增加了3475亿元，增长率为25.89%，比2010年提高了9.1个百分点。其中，企业部门基本养老保险基金收入为15485亿元，占91.65%，比2010年企业部门基金收入增加了3267亿元，增长率为26.74%；机关事业单位基本养老保险基金收入为1410亿元，占8.35%，比2010年机关事业单位基金收入增加了209亿元，增长率为17.40%。具体而言，存在一喜一忧：

(一) 虽然征缴收入仍然占有很高的比重，财政补助也占有相当的比重，但利息收入和其他收入的增长速度要快得多

从收入来源看，2011年，城镇职工基本养老保险的征缴收入为13956亿元，占82.60%，比2010年增加了2846亿元，增长率为25.62%；财政补助为2272亿元（当年实际到账），占13.45%，比2010年增加了318亿元，增长率为16.27%；利息收入为446亿元，占2.64%，比2010年增加了172亿元，增长率为62.77%；其他收入为221亿元，占1.31%，比2010年增加了140亿元，增长率为172.84%（见图1）。

具体到企业部门①，呈现类似的情况。2011年，企业部门基本养老保险的征缴收入为12750亿元，占82.34%，比2010年增加了2683亿元，增长率为26.65%；财政补助为2096亿元（当年实际到账），占13.54%，比2010年增加了281亿元，增长率为15.48%；利息收入为423亿元，占2.73%，比2010年增加了163亿元，增长率为62.69%；其他收入为216亿元，占1.39%，比2010年增加了140亿元，增长率为184.21%（见图2）。

这里需要强调的是，在对企业部门职工基本养老保险的财政补助中，中央财政占绝大部分（2011年中央财政补助资金为1847亿元，占财政补助总额的88.33%。在2006~2011年，中央财政补助尽管由774亿元增加到1847亿元，但是占整个企业养老保险基金总收入的比重却在不断下降。地方财政补助在2009~2011年从318亿元下降到244亿元，主要是因为地方各级财政对养老保险配套资金的投入没有形成相应的增长机制。2011年地方财政投入在10亿元以上的省份只有上海（54亿元）、湖北（37亿元）、江苏（28亿元）、湖南（25亿元）、重庆（15亿元）、天津（15亿元）、辽宁（13亿元）7个。

上述数据表明，征缴收入是城镇职工基本养老保险基金收入的主渠道，应该通过扩面、强化征缴力度等手段加以巩固；财政补助绝对额虽然有所增加（主要是调整待遇资金补助的增加），但占总收入的比重呈逐年下降的趋势，需要引起各级政府重视，并在来年加大投入；利息收入和其他收入的高速增长是一个好兆头，应该调整相关政策以增强其可持续性。

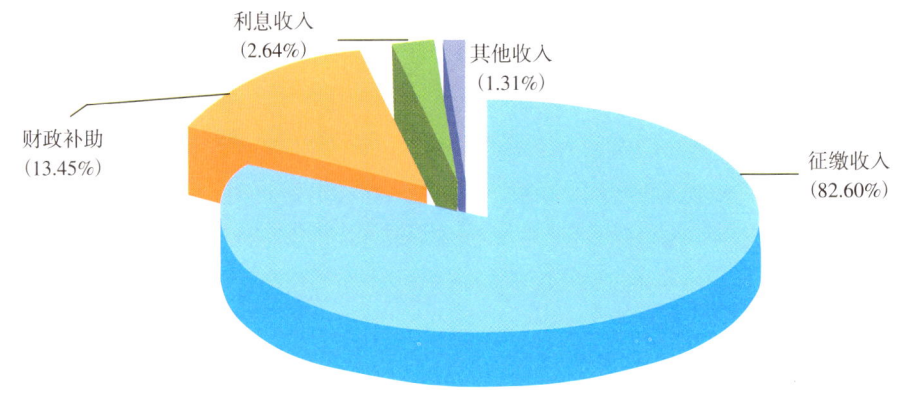

图1 2011年城镇职工基本养老保险基金总收入中各因素所占比例

资料来源：由人力资源和社会保障部提供。

---

① 本文中的企业部门包括企业和以个体身份参保者。

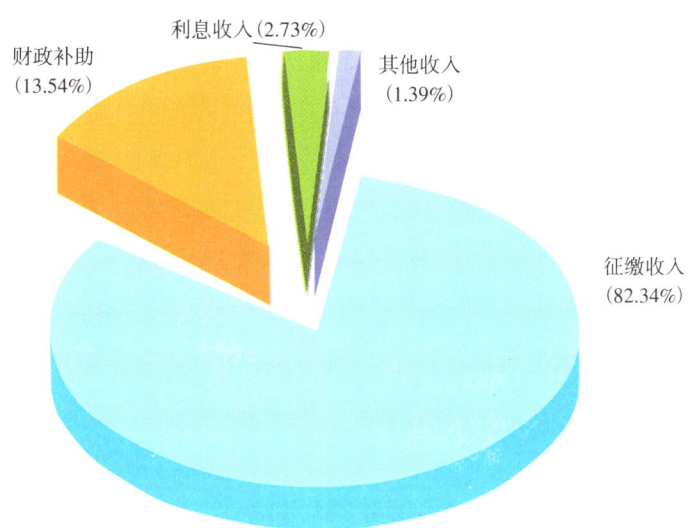

图2　2011年企业部门基本养老保险基金总收入中各因素所占比例

资料来源：由人力资源和社会保障部提供。

（二）正常缴费和预缴费用在城镇职工基本养老保险征缴收入中所占比重下降

在城镇职工基本养老保险征缴收入中，正常缴费12058亿元，占86.40%；非正常缴费1898亿元，占13.60%。在非正常缴费中，预缴75亿元，补缴1511亿元，清理历史欠费273亿元，其他39亿元，占征缴收入的比重分别为0.54%、10.83%、1.96%和0.28%（见图3）。与2010年相比，正常缴费和预缴费用所占比重下降了1.88个和0.15个百分点；而补缴、清欠和其他所占比重分别上升了1.75个、0.12个和0.15个百分点。

在企业部门城镇职工基本养老保险征缴收入中，正常缴费10893亿元，占85.44%；非正常缴费1857亿元，占14.56%。在非正常缴费中，预缴72亿元，补缴1482亿元，清理历史欠费264亿元，其他39亿元，占征缴收入的比重分别为0.56%、11.62%、2.07%和0.31%（见图4）。与2010年相比，正常缴费和预缴费用所占比重下降了1.93个和0.16个百分点；而补缴、清欠和其他所占比重分别上升了1.78个、0.12个和0.19个百分点。

这种正常缴费和预缴费用所占比重下降的状况应该采取措施尽快加以扭转，否则会对城镇职工基本养老保险制度的财务状况产生不良影响。

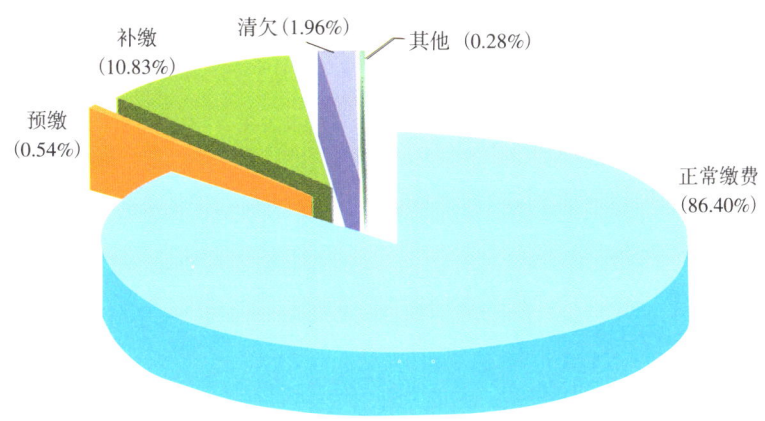

图3　2011年城镇职工基本养老保险基金征缴收入中各因素所占比例

资料来源：由人力资源和社会保障部提供。

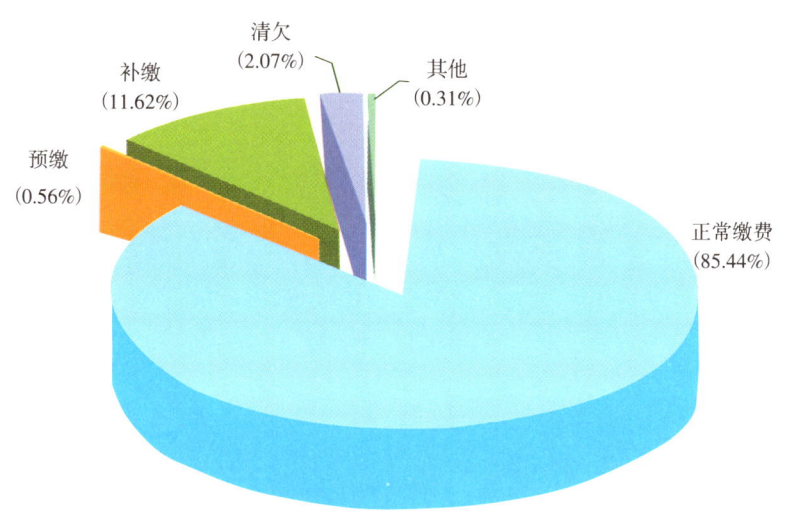

图4 2011年企业部门城镇职工基本养老保险基金征缴收入中各因素所占比例

资料来源：由人力资源和社会保障部提供。

二、各个省份城镇职工基本养老保险基金收入状况差异显著

各个省份城镇职工基本养老保险基金收入状况差异很大，体现在以下四个方面：

（一）基金收入及其增长率

广东、江苏、山东、上海、四川和辽宁5个省份的基金收入都超过1000亿元，青海和西藏分别只有75.03亿元和15.49亿元。全国有14个省份基金收入的增长率高于全国平均水平（25.90%），其中，浙江、湖北、青海、海南和四川都超过了40%；而广西却减少了3.23%，成为唯一的负增长省份，西藏也只增长了9.87%（见表1）。

表1　　2011年各个省份城镇职工基本养老保险基金收入及其增长率

省份	基金收入（亿元）	增长率（%）	省份	基金收入（亿元）	增长率（%）
浙江	901.22	48.93	北京	812.78	23.35
湖北	733.87	46.20	广东	1400.33	22.93
青海	75.03	44.76	上海	1089.15	22.39
海南	115.69	44.21	陕西	368.11	21.59
云南	277.35	42.97	吉林	350.40	20.92
四川	1085.61	35.03	天津	335.82	20.43
甘肃	223.35	34.49	新疆兵团	117.36	20.16
重庆	415.27	33.63	湖南	541.60	19.74
宁夏	113.15	33.54	山西	483.87	19.67
内蒙古	355.43	33.18	江西	275.97	19.14
福建	266.19	30.44	河北	684.45	17.09
安徽	445.34	30.37	河南	608.21	17.01

续表

省份	基金收入（亿元）	增长率（%）	省份	基金收入（亿元）	增长率（%）
山 东	1191.12	26.39	中国农业发展银行	3.29	13.46
江 苏	1284.92	26.14	黑龙江	591.92	12.93
辽 宁	1038.98	24.56	西 藏	15.49	9.87
新 疆	235.59	24.12	广 西	278.61	−3.23
贵 州	179.24	23.99	全国总计	16894.73	25.90

（二）征缴收入及其增长率

全国有广东（1224亿元）、江苏（1115亿元）2个省份的征缴收入超千亿元，占全国征缴收入的18.4%；有7个省份的征缴收入在500亿元（含）至1000亿元（不含）之间，分别是上海（879亿元）、山东（859亿元）、四川（804亿元）、北京（795亿元）、浙江（780亿元）、辽宁（672亿元）、湖北（524亿元），占全国征缴收入的41.7%；有18个省份的征缴收入在100亿元（含）至500亿（不含）之间，占全国征缴收入的37.8%；100亿元以下的有5个省份，分别是宁夏（99亿元）、青海（59亿元）、海南（58亿元）、新疆兵团（51亿元）、西藏（12亿元），占全国征缴收入的2.1%。从以上数据看出，全国9个省份的征缴收入就占到全国征缴收入的60.1%，充分说明各地经济发展水平的区域性差异，要更大限度地发挥基金的互济功能，实现养老保险制度的可持续发展，应抓紧推进实施全国统筹。

全国有14个省份的征缴收入增长率高于全国平均水平（26.6%），其中，青海（53.8%）、云南（52.5%）、浙江（50.5%）、湖北（49.6%）、海南（48.6%）、重庆（42.8%）6个省市增长率在40%以上。黑龙江（6.3%）、新疆兵团（2.3%）、广西（−3.6%）3个省份的增长率在10%以下。黑龙江省的"五七工"、"家属工"在2009年、2010年绝大多数已经纳入养老保险，这些人员主要在当年进行补缴，致使其2011年的补缴收入比2010年减少24亿元，比2009年减少48亿元。新疆兵团的"五七工"、"家属工"在2010年绝大多数已经纳入养老保险，致使2011年的补缴收入同比减少6亿元。广西征缴收入出现负增长的主要原因与上述情况类似，2011年一次性补缴收入同比减少了41.2亿元。

（三）两种征收制度的情况

企业职工基本养老保险实行社保征收的省份有15个（北京、天津、山西、吉林、上海、江西、山东、河南、湖南、广西、四川、贵州、西藏、新疆和新疆兵团），2011年征收企业职工基本养老保险费6858亿元，占全国征缴收入的53.8%；实行税务征收的省（市、区）有17个（河北、内蒙古、辽宁、黑龙江、江苏、浙江、安徽、福建、广东、陕西、甘肃、青海、重庆、湖北、云南、海南、宁夏），2011年征收企业职工基本养老保险费5893亿元，占全国征缴收入的46.2%。社保征收地区的征收额高于税务征收地区7.6个百分点。在2009~2011年征收的31414亿元企业职工基本养老保险费中，社保经办机构征收了16990亿元，年均增长率为21.8%；税务部门征收了14424亿元，年均增长率为20.3%，低于社保征收3年平均增长率1.5个百分点。

（四）征缴收入占基金收入的比重

从征缴收入占基金收入的比重看，北京高达97.78%，福建、中国农业发展银行、浙江、江苏、山东和广东也都超过了90%；而新疆兵团只有43.28%，海南和辽宁也低于70%（见图5）。这种差异主要是由各地所得到的财政补助差异造成的。

图5 2011年各个省份城镇职工基本养老保险基金征缴收入占基金收入的比例（单位：%）

资料来源：由人力资源和社会保障部提供。

三、城镇职工基本养老保险基金支出增长平稳，且具有四个特点

2011年城镇职工基本养老保险基金支出达到了12765亿元，比2010年增加了2210亿元，增长率为20.94%。其中，企业部门的基金支出为11426亿元，占89.51%，比2010年增加了2016亿元，增长率为21.42%；机关事业单位的基金支出为1339亿元，占10.49%，比2010年增加了194亿元，增长率为16.94%。

基金支出具有以下四个特点：

（一）城镇职工基本养老保险基金支出的绝对值和增长率均存在一定的省际差异

从基金支出的绝对值看，上海最高，已经达到993.51亿元，江苏、辽宁和山东也都超过了800亿元；而中国农业发展银行和西藏的基金支出分别为2.44亿元和10.61亿元，海南、宁夏和青海也都低于100亿元。从增长率看，西藏和宁夏分别高达39.50%和39.07%，新疆也超过了30%；而天津只有15.90%，北京等其他10个省份也都低于20%（见表2）。

表2　　2011年各个省份城镇职工基本养老保险基金支出及其增长率

省份	基金支出（亿元）	增长率（%）	省份	基金支出（亿元）	增长率（%）
西　藏	10.61	39.50	广　东	764.51	21.79
宁　夏	67.87	39.07	甘　肃	153.96	21.01
新　疆	161.98	32.32	江　西	233.36	20.93
海　南	95.16	28.46	黑龙江	603.94	20.76
内蒙古	269.62	26.80	河　南	506.29	20.46
浙　江	543.21	26.60	江　苏	898.76	19.31
广　西	243.63	25.94	安　徽	319.99	18.87
湖　北	523.39	24.67	贵　州	127.55	18.72
河　北	561.73	24.34	山　东	886.85	18.53
新疆兵团	110.87	24.10	云　南	170.77	18.41
陕　西	328.32	23.88	中国农业发展银行	2.44	18.00
四　川	753.93	23.85	湖　南	416.61	17.33
青　海	53.63	23.67	上　海	993.51	17.23
重　庆	336.07	22.84	辽　宁	883.14	16.85
福　建	229.88	22.47	北　京	560.83	16.26
山　西	329.34	22.26	天　津	315.07	15.90
吉　林	308.12	21.89	全国总计	12764.95	20.94

资料来源：由人力资源和社会保障部提供。

（二）企业部门基本养老保险基金支出增长主要受三个因素影响

一是养老金水平提高。由于养老金水平调整，企业退休人员月人均养老金比上年增加149元，导致养老金增支1032亿元，占整个养老金增支额的51.2%。二是离退休人员增加。离退休人数较上年底增加502万人，使养老金增支832亿元，占整个养老金增支额的41.3%。三是其他因素的影响。由于在职死亡、丧葬抚恤补助等其他因素使养老金增支152亿元，占整个养老金增支额的7.5%。

（三）离退休人员待遇得到进一步改善

2011年，各地实发离退休人员（包括纯企业单位、其他以个体身份参保人员和机关事业单位的离退休人员）基本养老金12359亿元，人均离退休金1574元/月。2011年，各地应发企业部门离退休人员基本养老金11039亿元，实发11039亿元，人均离退休金1528元/月。从2004年起已连续8年当期发放无拖欠。而且，在2007~2011年，企业部门退休人员人均基本养老金一直保持快速上升的态势，从925元上升至1511元，一共上升了63.35%；不过，2008年以来的年度增长率呈下降趋势（见图6）。与此同时，企业退休人员基本养老金的替代率有所下降，主要原因是缴费工资增长更快；另一个原因是未参保集体企业退休人员被纳入，他们的养老金水平较低，拉低了企业退休人员养老金的平均水平。

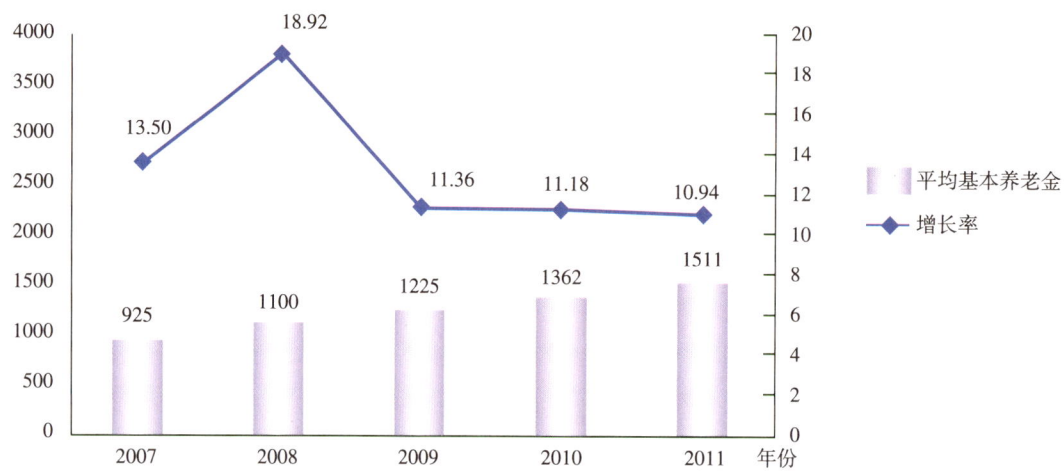

图6 2007~2011年企业部门退休人员人均基本养老金及其增长率（单位：元/月、%）

资料来源：由人力资源和社会保障部提供。

（四）非基本养老金支出所占比重有所上升，但各个省份差异较大

2011年全国非基本养老金支出占基金支出的比重达到了3.18%，比2010年上升了0.71个百分点。对于各个省份而言，这一比例值存在比较显著的差异。2011年，西藏非基本养老金支出所占比重高达7.58%，广东也有6.39%，新疆兵团、湖北、宁夏和新疆也都超过了4%；而陕西只有0.83%，北京、天津、青海、河北和湖南也都低于2%。

另外，与2010年相比，一些省份出现了较大幅度的上升，例如，西藏和新疆兵团分别上升了4.23和3.08个百分点，新疆、山西和广东也都上升超过了2个百分点；而广西下降了1.10个百分点，河北、中国农业发展银行、内蒙古、重庆和贵州也都出现了不同程度的下降（见表3）。各级主管部门应该尽快采取措施，扭转非基本养老金支出所占比重上升的趋势或继续降低非基本养老金支出所占比重，以促进基本养老保险基金尽可能被用于基本养老金发放。

表3   2010年和2011年各个省份非基本养老金支出占基金支出的比重   单位：%

省份	2010年	2011年	变动	省份	2010年	2011年	变动
西藏	3.35	7.58	4.23	重庆	3.29	3.10	-0.20
广东	4.21	6.39	2.18	内蒙古	3.42	3.00	-0.42
新疆兵团	1.70	4.78	3.08	甘肃	2.68	2.98	0.31
湖北	3.97	4.54	0.57	四川	2.47	2.74	0.28
宁夏	4.31	4.48	0.17	江西	1.49	2.65	1.16
新疆	1.62	4.42	2.80	广西	3.72	2.62	-1.10
辽宁	3.14	3.92	0.78	吉林	2.29	2.37	0.09
贵州	3.96	3.91	-0.05	云南	2.07	2.25	0.17
海南	3.58	3.89	0.31	中国农业发展银行	2.86	2.19	-0.66
山西	1.55	3.89	2.34	福建	1.17	2.09	0.92
河南	3.31	3.83	0.52	黑龙江	1.21	2.08	0.88
江苏	1.95	3.63	1.68	湖南	1.84	1.93	0.09
安徽	2.80	3.59	0.79	河北	2.51	1.54	-0.97
上海	2.68	3.48	0.80	青海	0.92	1.24	0.32

续表

省份	2010年	2011年	变动	省份	2010年	2011年	变动
浙 江	2.03	3.41	1.38	天 津	0.84	1.11	0.27
山 东	3.12	3.37	0.25	北 京	0.59	1.07	0.48
全国总计	2.48	3.18	0.71	陕 西	0.54	0.83	0.30

资料来源：由人力资源和社会保障部提供。

四、城镇职工基本养老保险基金当期结余增长十分迅猛，但少数省份当期结余状况恶化

由于城镇职工基本养老保险基金当期收入增长快于当期支出增长，2011年的当期结余高达4130亿元，比2010年的当期结余增加了1825亿元，增长率为79.17%。各个省份的当期结余差距很大。广东的当期结余最多，高达635.82亿元，江苏、浙江、四川和山东的当期结余也都超过了300亿元；而黑龙江的当期支出比当期收入多12.02亿元，成为全国唯一的当期结余负增长的省份，主要原因有两个：一是征缴收入增长率过低，二是将未参保集体企业退休人员等群体纳入养老保险，致使养老金支出增幅较大；中国农业发展银行、西藏和新疆兵团的当期结余也都低于10亿元。与2010年相比，天津当期结余增长了689.16%，是增速最快的省份，海南也增长了558.31%；而黑龙江却减少了371.00%，广西、西藏和新疆兵团也分别减少了42.42%、21.04%和15.17%（见表4）。

表4　　　　2011年各个省份城镇职工基本养老保险基金当期结余及其增长率

省份	当期结余（亿元）	增长率（%）	省份	当期结余（亿元）	增长率（%）
天 津	20.74	689.16	江 苏	386.17	70.93
海 南	20.53	558.31	贵 州	51.68	67.87
吉 林	42.28	261.02	湖 南	124.99	60.82
重 庆	79.20	258.80	北 京	251.95	50.86
湖 北	210.48	253.54	广 东	635.82	46.32
青 海	21.40	221.49	山 西	154.53	39.23
辽 宁	155.84	217.14	河 南	101.92	34.82
上 海	95.64	215.66	江 西	42.62	32.86
福 建	36.31	196.21	宁 夏	45.28	30.90
云 南	106.58	153.03	新 疆	73.61	22.33
浙 江	358.01	146.15	河 北	122.71	19.59
甘 肃	69.40	126.29	中国农业发展银行	0.85	19.54
安 徽	125.35	112.09	新疆兵团	6.49	-15.17
陕 西	39.80	110.97	西 藏	4.88	-21.04
四 川	331.68	101.21	广 西	34.98	-42.42
山 东	304.27	82.63	黑龙江	-12.02	-371.00
内蒙古	85.81	78.34	全国总计	4129.78	79.17

资料来源：由人力资源和社会保障部提供。

从当期结余率(当期基金结余与当期基金收入之比)看,2011年全国城镇职工基本养老保险基金当期结余率为24.44%,比2010年提高了7.24个百分点,这意味着基金当期收支结余状况得到了极大的改善。

不过,各个省份的基金结余率仍然差异很大。广东的基金结余率最高,达到了45.41%,宁夏也有40.02%,浙江等其他9个省份也都超过了30%;而黑龙江为-2.03%,新疆兵团、天津和上海也都在10%以下(见图7)。

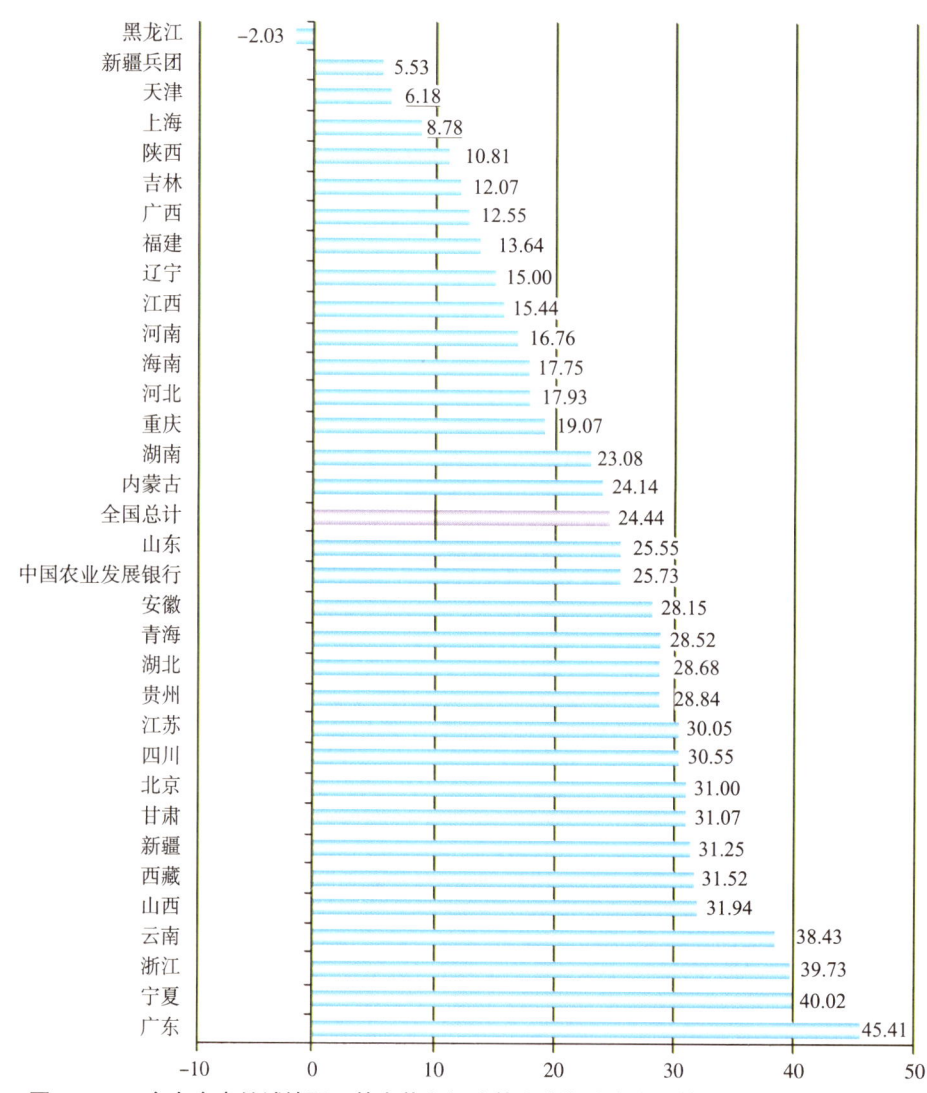

图7 2011年各个省份城镇职工基本养老保险基金当期结余率(单位:%)

资料来源:由人力资源和社会保障部提供。

另外,与2010年相比,2011年一些省份城镇职工基本养老保险基金当期结余率发生了比较显著的变化。一些省份的基金结余率大幅度上升,例如,湖北和云南分别提高了16.82和16.72个百分点,浙江等其他7个省份也都提高了超过10个百分点;而另外一些省份的基金结余率却出现了不同程度的下降,西藏和广西分别下降了12.34和8.55个百分点,黑龙江、新疆兵团、宁夏和新疆分别下降了2.88、2.30、0.81和0.46个百分点(见图8)。当期结余率大幅度上升的省份,如果能够保持下去,将会为基金平稳运行创造更为有利的条件;而当期结余率下降的省份则需要采取措施加以扭转,否则将为基金长期可持续运转埋下隐患。

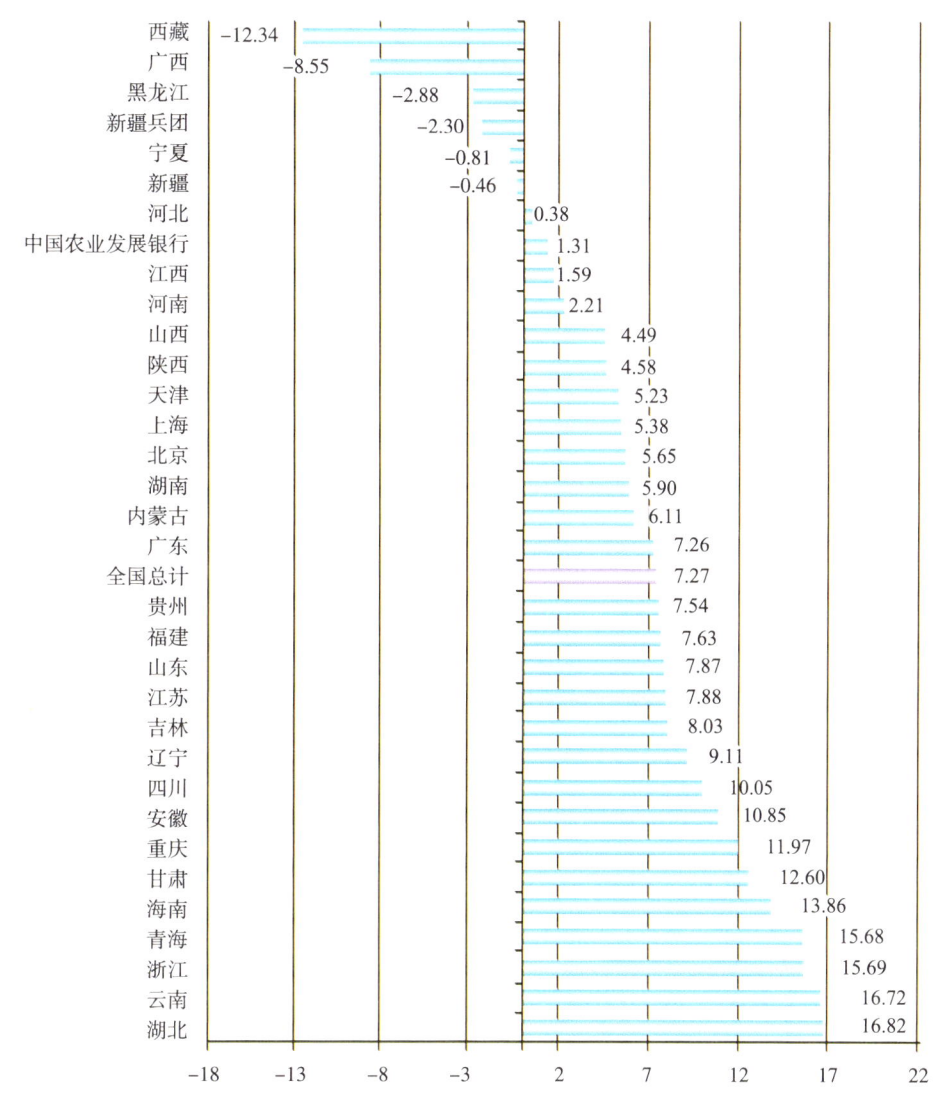

图 8　2011 年各个省份城镇职工基本养老保险基金当期结余率的变化（单位：%）

资料来源：由人力资源和社会保障部提供。

如果只考虑征缴收入（不含财政补助等），2011 年全国城镇职工基本养老保险基金当期结余只有 1191 亿元。18 个省份征缴收入大于支出，其中，广东仍然高达 518.58 亿元，浙江、江苏、北京和山东也在 200 亿~300 亿元之间。13 个省份和新疆兵团收不抵支，缺口共计 766.52 亿元，其中，辽宁和黑龙江的缺口均超过 100 亿元，天津、新疆兵团和吉林的缺口均在 50 亿~100 亿元之间，河南、陕西、江西、湖南、广西、上海、海南和重庆的缺口均在 10 亿~50 亿元之间，河北的缺口是 1.62 亿元（见表 5）。

仅就企业部门而言，征缴收入减总支出的当期结余已经从 2006 年的 294 亿元增加到 2011 年的 1324 亿元，增加了 1030 亿元；负结余省份也从 2006 年的 21 个下降到 2011 年的 12 个，但是负结余的绝对值不降反升，从 2006 年的 -268 亿元上升到 2011 年的 -701 亿元，说明负结余有越来越集中的趋势。2011 年有 20 个省份征缴收入大于总支出，其中，广东最多，有 204.78 亿元，浙江（301.84 亿元）、江苏（300.19 亿元）、北京（233.92 亿元）、山东（229.89 亿元）和四川（117.98 亿元）也都有较多结余。11 个省份和兵团收不抵支，共计 701 亿元，比 2010 年同期增加 22 亿元，其中，黑龙江（-191.59 亿元）和辽宁（-126.45 亿元）超过了 100 亿元，天津、新疆兵团和吉林也超过了 50 亿元。

这种部分省份大量结余、部分省份严重收不抵支的状况应该引起决策部门的高度重视，并采取措施加以应对。

表5　　　　　2011年各个省份城镇职工基本养老保险征缴收入减总支出的结余情况　　　　　单位：亿元

省份	结余	省份	结余	省份	结余
广　东	518.58	湖　北	27.02	上　海	-25.08
浙　江	294.11	新　疆	24.83	广　西	-26.95
江　苏	293.32	福　建	24.23	湖　南	-32.44
北　京	233.92	贵　州	12.63	江　西	-36.74
山　东	205.73	内蒙古	5.82	陕　西	-40.91
四　川	116.36	青　海	5.55	河　南	-44.81
山　西	51.20	西　藏	0.95	吉　林	-56.93
云　南	47.50	中国农业发展银行	0.62	新疆兵团	-60.08
安　徽	36.24	河　北	-1.62	天　津	-71.60
宁　夏	31.62	重　庆	-10.82	辽　宁	-155.98
甘　肃	27.46	海　南	-19.72	黑龙江	-182.83

资料来源：由人力资源和社会保障部提供。

五、城镇职工基本养老保险基金累计结余保持快速增长，基金支付能力继续增强，但地区差异更为显著

由于2011年当期结余高达4130亿元，截至2011年底城镇职工基本养老保险基金累计结余已经达到19496.60亿元，比2010年底增长了26.89%。然而，各个省份的累计结余状况差异很大。截至2011年底，广东的累计结余已经高达3108.15亿元，江苏、浙江、山东和四川也都超过了1000亿元，这5个省份加起来一共有8928.23亿元，占全国基金累计结余总额的45.79%。中国农业发展银行和西藏分别只有8.13亿元和14.54亿元，新疆兵团、青海和海南也都低于100亿元。与2010年相比，2011年累计结余增长最快的是西藏，增长率为50.55%；湖北、新疆兵团、云南、青海、宁夏和北京的增长率也都超过了40%。而黑龙江成为唯一的负增长省份，增长率为-2.51%；广西的增长率只有9.23%，天津、中国农业发展银行、吉林、陕西和新疆的增长率也都低于20%（见表6）。

表6　　　　　2011年各个省份城镇职工基本养老保险基金累计结余及其增长率

省份	累计结余（亿元）	增长率（%）	省份	累计结余（亿元）	增长率（%）
广　东	3108.15	25.76	吉　林	394.08	12.02
江　苏	1658.00	30.36	内蒙古	343.68	33.28
浙　江	1520.15	30.81	云　南	335.87	46.48
山　东	1381.89	28.24	重　庆	334.83	30.98
四　川	1260.04	35.73	陕　西	256.20	18.75
辽　宁	895.15	21.08	甘　肃	247.61	38.94
北　京	869.84	40.78	江　西	246.29	20.98
山　西	791.83	24.24	贵　州	229.54	29.06
河　北	685.59	21.80	天　津	223.75	10.22

续表

省份	累计结余（亿元）	增长率（%）	省份	累计结余（亿元）	增长率（%）
湖 北	638.06	49.23	福 建	177.53	25.71
河 南	600.95	20.42	宁 夏	153.94	41.67
湖 南	580.84	27.42	海 南	85.40	31.65
上 海	557.64	20.70	青 海	71.98	42.32
安 徽	478.32	35.51	新疆兵团	20.20	47.32
黑龙江	466.99	-2.51	西 藏	14.54	50.55
新 疆	445.63	19.79	中国农业发展银行	8.13	11.61
广 西	413.95	9.23	全国总计	19496.60	26.89

资料来源：由人力资源和社会保障部提供。

由于累计结余大幅度增加，2011年城镇职工基本养老保险基金的支付能力得到进一步增强，可支付月数已经达到18.33，比2010年提高了0.86。但是，各个省份之间的差异仍然很大。广东的可支付月数最高，达到了48.79；中国农业发展银行、浙江和新疆的可支付月数也都超过了30。而新疆兵团的可支付月数只有2.19；上海、天津、福建、黑龙江和陕西的可支付月数也都低于10（见表7）。

表7　　　　　　2011年各个省份城镇职工基本养老保险基金累计结余的可支付月数

省份	可支付月数	省份	可支付月数	省份	可支付月数
广 东	48.79	山 东	18.70	辽 宁	12.16
中国农业发展银行	39.96	北 京	18.61	重 庆	11.96
浙 江	33.58	安 徽	17.94	海 南	10.77
新 疆	33.01	湖 南	16.73	陕 西	9.36
山 西	28.85	西 藏	16.45	黑龙江	9.28
宁 夏	27.22	青 海	16.11	福 建	9.27
云 南	23.60	吉 林	15.35	天 津	8.52
江 苏	22.14	内蒙古	15.30	上 海	6.74
贵 州	21.60	河 北	14.65	新疆兵团	2.19
广 西	20.39	湖 北	14.63	全国总计	18.33
四 川	20.06	河 南	14.24		
甘 肃	19.30	江 西	12.67		

资料来源：由人力资源和社会保障部提供。

与2010年相比，2011年一些省份的城镇职工基本养老保险基金可支付月数发生了明显的变化。23个省份和新疆兵团的可支付月数得到了提高，其中，云南由19.08个月提高到23.60个月，提高了4.52个月；北京提高了3.24个月；青海、安徽、湖北和甘肃也都提高了超过2个月。7个省份和中国农业发展银行的可支付月数降低，其中，新疆和广西分别由36.47个月和23.51个月下降为33.01个月和20.39个月，分别下降了3.45和3.12个月；中国农业发展银行和黑龙江也都分别下降了超过2个月。河南的可支付月数没有明显变化（见图9）。

仅就企业部门而言，截止到2011年底，城镇职工基本养老保险基金累计结余为18608亿元，同比增加4060.88亿元，增长27.92%。广东（2893.91亿元）、江苏（1604.03亿元）、浙江（1464.34亿元）、山东（1336.66亿元）、四川（1202.88亿元）5个省份的累计结余均超过了1000亿元，共计8538亿元，占全部累计结余的45.9%。西藏（14.54亿元）、青海（71.98亿元）、海南（86.24亿元）和新疆兵团（20.05亿元）均低于100亿元。与2010

年相比，湖北和西藏的累计结余增长率均超过了50%；而黑龙江出现了负增长（-5.5%），广西的增长率也只有9.23%。需要注意的是，如果剔除1998年以来中央财政补助，有14个省份的累计结余将为负数，合计-2066亿元，可见，财政补助掩盖了企业基本养老保险基金当期收支存在缺口的矛盾。

全国企业城镇职工基本养老保险基金的支撑能力在2006~2011年逐年提高，平均可支付月数从2006年的13.6个月提高到2011年的19.5个月。从各省份看，全国有广东（48.26个月）、浙江（36.74个月）、山西（32.44个月）、新疆（31.86个月）4个省份的可支付月数在30个月以上；而天津（8.80个月）、黑龙江（9.12个月）、福建（9.94个月）、上海（7.84个月）、陕西（9.71个月）5个省份和新疆兵团（2.17个月）的可支付月数在10个月以下，比2010年增加了2个省份。

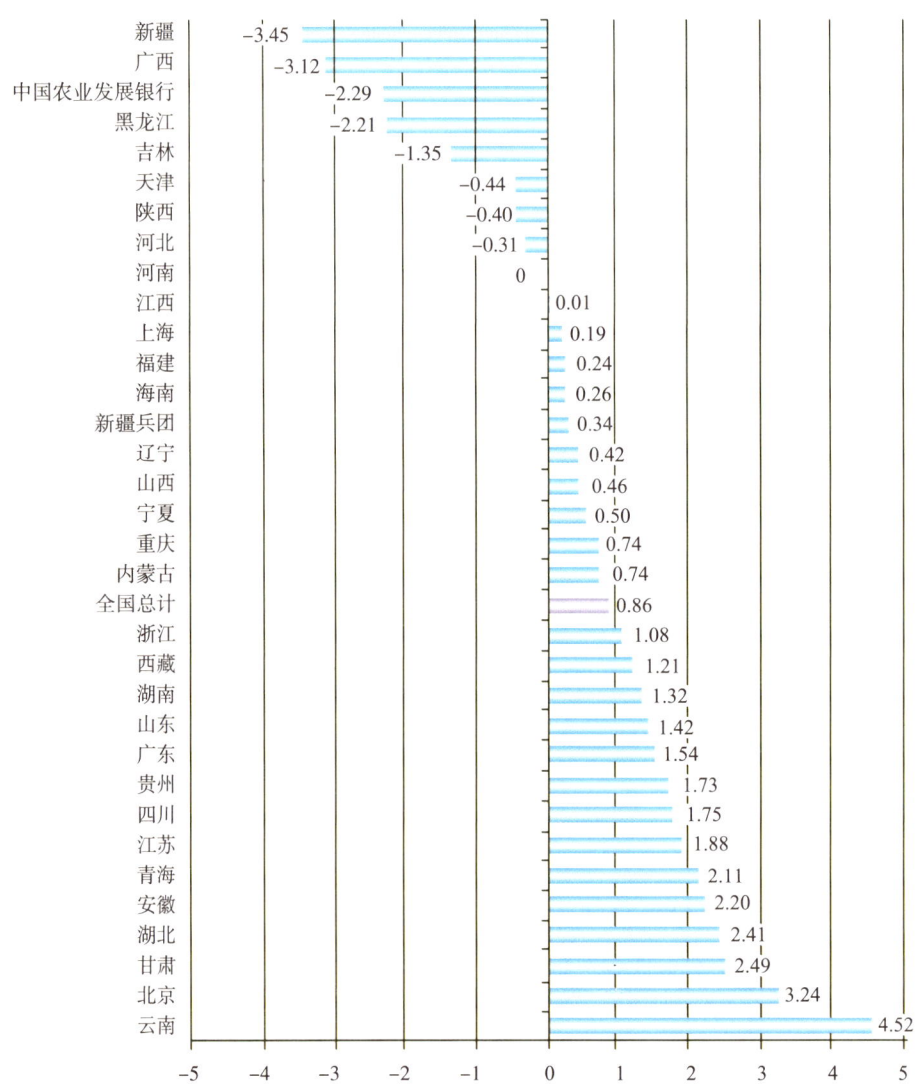

图9　2011年各个省份城镇职工基本养老保险基金可支付月数的变动

资料来源：由人力资源和社会保障部提供。

六、城镇职工基本养老保险个人账户的管理状况有所改善,但仍然不容乐观

2011年城镇职工基本养老保险个人账户累计记账额达到了24859亿元,比2010年增加4073亿元,增长率为19.6%。其中,企业部门2011年基本养老保险个人账户累计记账额为23562亿元,比2010年增加3966亿元,增长20.2%,增长率为近年最高,比2010年提高1.8个百分点。与2011年企业部门城镇职工基本养老保险基金累计结余额(18608亿元)相比,企业部门基本养老保险个人账户累计记账额要超出4954亿元。也就是说,即使把目前企业部门城镇职工基本养老保险基金积累的所有资金用于填补个人账户,个人账户仍然会有空账。

各地个人账户累计记账额和累计结余额占累计记账额的比例差异很大。2011年,有8个省份个人账户累计记账额超过1000亿元,其中,辽宁、四川为新增;湖北等9个省份在500亿~1000亿元之间,其中,安徽、山西、天津、湖南、吉林为新增;重庆等7省份在300~500亿元之间,其中,江西为新增;新疆等5省份(单位)在100亿~300亿元,其中,宁夏、兵团为新增;青海、海南2个省份在100亿元以下。从个人账户基金累计结余额占个人账户累计记账额的比例看(不含西藏),新疆、山西、宁夏、四川、广东、甘肃、湖南、广西和浙江9个省份累计结余额超过了累计记账额(与2010年相比,增加了四川、甘肃、湖南和浙江);贵州等5个省份累计结余额相当于累计记账额80%~100%;吉林等13个省份累计结余额相当于累计记账额50%~80%;累计结余额相当于累计记账额50%以下的有天津、福建、上海和兵团4个省份和单位。

另外,有三个方面的改善值得注意:

第一,在经过2009年和2010年企业部门城镇职工基本养老保险个人账户当期新增结余额低于当期新增记账额之后,2011年的当期新增结余额再次超过当期新增记账额。2011年当期记账额为3966亿元,比2010年增加927亿元,增长30.5%;而当期结余额为4059亿元,比当期记账额多93亿元(见图10)。

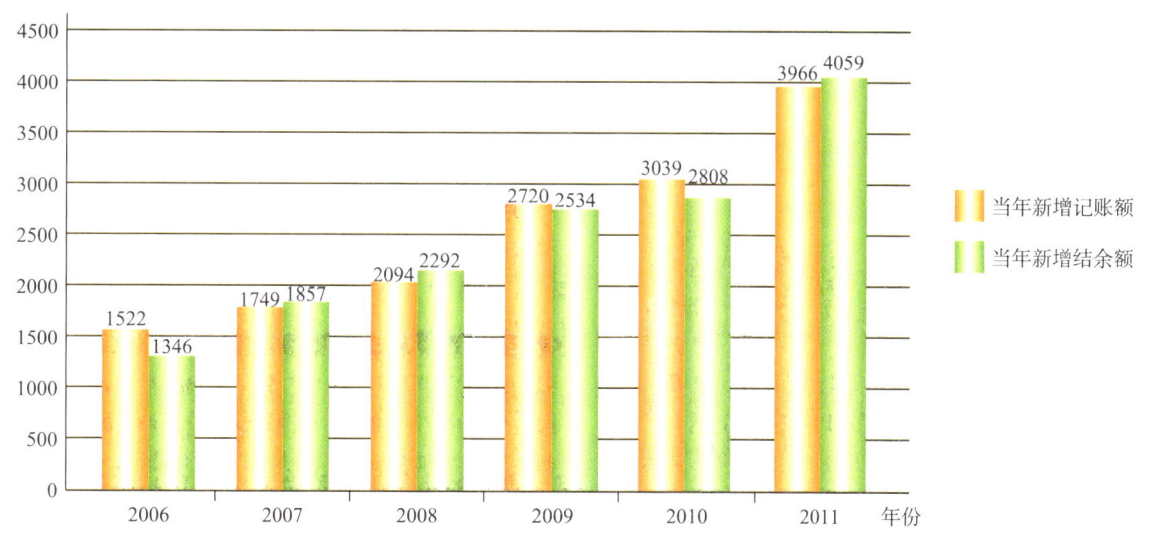

图10 2006~2011年企业部门基本养老保险个人账户当年新增记账额和当年新增结余额(单位:亿元)

资料来源:由人力资源和社会保障部提供。

第二,做实个人账户工作仍然处于艰难推进之中。2011年做实企业基本养老保险个人账户试点的13个省份中,基金收入共计569亿元,其中地方实际归集390亿元(基金收入329亿元,直接从统筹基金划入61亿元),财政补贴到账119亿元(中央90亿元,地方29亿元),利息收入56亿元,转移收入4亿元。支出22亿元,其中个人账户养老金支出18亿元,转移支出4亿元。截至2011年底,做实个人账户基金累计结余2703亿元,比2010年

增加了 664 亿元。

第三，做实的个人账户基金的投资运营取得了一定进展。2011 年，共有 2285 亿个人账户基金用于投资运营，其中，定期存款 703 亿元，占 30.77%；协议存款 634 亿元，占 27.75%；委托全国社保基金理事会管理 546 亿元，占 23.89%；活期存款 294 亿元，占 12.86%；国债 48 亿元，占 2.10%；其他投资 60 亿元，占 2.63%（见图 11）。特别是其中委托全国社保基金理事会进行投资管理的资金，可以为下一步探索基本养老保险基金投资改革积累经验。

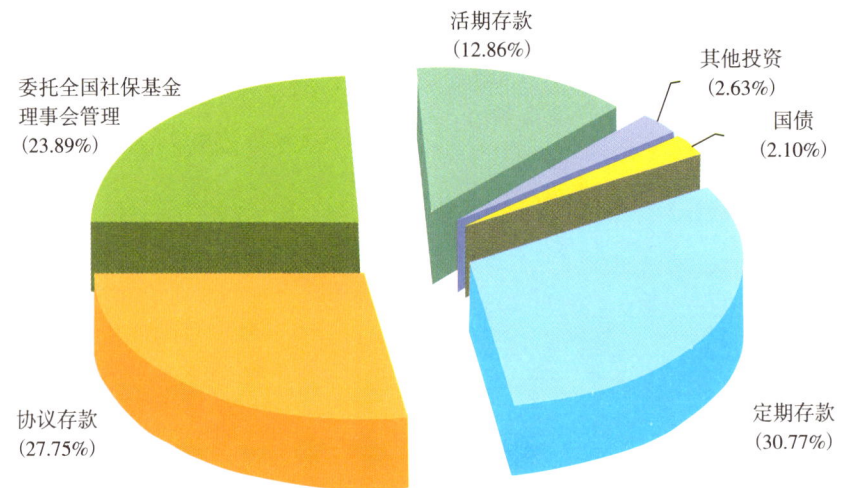

图 11　2011 年企业部门城镇职工基本养老保险个人账户基金投资组合情况

资料来源：由人力资源和社会保障部提供。

七、新型农村社会养老保险基金收支结余规模急剧扩张，省际差异已经显现

2011 年，全国新型农村社会养老保险基金收入已经达到 1069.68 亿元，是 2010 年基金收入的 11.77 倍；基金支出为 587.69 亿元，是 2010 年基金支出的 19.39 倍；基金累计结余为 1199.18 亿元，比 2010 年增加了 776.68 亿元，增长率为 183.83%。

新型农村社会养老保险基金收支结余在各个省份之间的差异已经显现。这一点至少可以从以下两个方面反映出来：

（一）各个省份新型农村社会养老保险基金的累计结余差异显著

江苏和山东已经分别高达 174.94 亿元和 161.50 亿元，天津、浙江、河南、四川、上海和北京也在 50 亿~80 亿元之间；而西藏只有 1.10 亿元，海南、青海、吉林和宁夏也都低于 6 亿元（见表 8）。

表8　2011年各个省份新型农村社会养老保险基金累计结余　　　单位：亿元

省份	累计结余	省份	累计结余	省份	累计结余
江 苏	174.94	甘 肃	36.26	重 庆	14.88
山 东	161.50	陕 西	35.16	内蒙古	13.24
北 京	75.36	湖 北	32.71	辽 宁	13.22
上 海	69.91	山 西	27.17	黑龙江	12.29
四 川	69.15	湖 南	25.66	宁 夏	5.92
河 南	62.82	云 南	24.11	吉 林	5.61
浙 江	61.63	江 西	23.15	青 海	5.14
天 津	55.97	广 西	16.74	海 南	4.14
河 北	47.82	贵 州	15.69	西 藏	1.10
广 东	39.85	福 建	15.69	合 计	1199.18
安 徽	37.28	新 疆	15.05		

资料来源：由人力资源和社会保障部提供。

（二）各个省份之间新型农村社会养老保险基金的支出占收入比重差异显著

重庆新型农村社会养老保险基金的支出占收入比重已经高达94.32%，上海达到了82.82%，江苏和贵州也超过了70%；而甘肃只有23.49%，广东、宁夏、黑龙江、天津和江西也都低于40%（见表9）。

表9　2011年各个省份新型农村社会养老保险基金支出占收入的比重　　　单位：%

省份	支出收入比	省份	支出收入比	省份	支出收入比
重 庆	94.32	广 西	56.94	湖 北	48.63
上 海	82.82	全国总计	54.94	北 京	45.11
江 苏	74.08	安 徽	54.35	山 西	43.31
贵 州	70.13	青 海	52.96	新 疆	41.53
浙 江	67.84	辽 宁	52.53	江 西	39.43
海 南	66.48	福 建	51.80	天 津	36.89
湖 南	65.09	河 南	50.79	黑龙江	36.29
内蒙古	61.86	云 南	49.70	宁 夏	36.20
吉 林	60.17	河 北	48.82	广 东	30.21
西 藏	59.80	山 东	48.72	甘 肃	23.49
四 川	57.80	陕 西	48.71		

资料来源：由人力资源和社会保障部提供。

分报告三
2011年企业年金基金市场状况评估
——投资业绩再现负增长，规模激增扩面贡献大

摘要： 中国企业年金基金市场在2011年经历了不同寻常的一年，主要表现在以下四个方面：一是由于欧债危机阴霾不散和低迷的市场信心，中国资本市场遭遇了"股债双熊"行情，导致继2008年之后企业年金基金投资业绩再一次出现了负增长；二是因为参加企业年金职工人数的增长，使得企业年金基金规模有了较大幅度增加；三是覆盖面仍然十分狭窄，对经济和资本市场的影响十分有限，在现有政策条件下很难指望企业年金承担多支柱养老保障体系的建设重任；四是从市场集中度上看，投资管理人市场竞争仍然最为充分，而其他三个市场的竞争程度也在合理范围内。

关键词： 企业年金基金　投资业绩　市场竞争　多支柱

一、中国企业年金基金市场总体状况

(一) 2008年以后投资业绩首次出现了负增长

2011年中国资本市场经历了少见的"股债双熊"行情，各家企业年金基金投资管理人的投资操作空间有限，导致业绩普遍较差。全年企业年金基金加权平均收益率为-0.78%，相对于2010年3.41%的加权平均收益率，业绩下滑了4.19%，成为2008年以后企业年金基金投资收益首次出现负增长的年份（见表1）。

众所周知，2008年全球金融危机开始爆发，中国资本市场也目睹了过山车般的惊险，上证A股综合指数从年初的5797点狂泻到年底的2206点，折损大半，因此2008年企业年金基金加权平均收益率低至-1.83%。2009年，中央实施了积极的财政政策和宽松的货币政策，政府主导的固定资产投资强劲增长，带动了资本市场的迅速回升，上证A股综合指数在年末一度高达3497点，因此该年企业年金基金的加权平均收益率急速拉高至7.78%。2010年，经济刺激政策的效果开始减弱，股市呈现出一定的震荡下行走势，全年企业年金基金加权平均收益率降至3.41%。2011年，面对阴霾不散的欧债危机和越来越低迷的市场信心，之前的经济刺激政策负面效果开始显现，进一步的宏观调控政策空间已经非常有限，股市在悲观的预期下几乎一路下行，上证A股综合指数全年累跌21.68%。在这种背景下，2011年企业年金基金加权平均收益率出现上述轻微负增长已不可避免[①]。

表1 2008~2011年企业年金基金投资收益率

年份	2008	2009	2010	2011
加权平均收益率（%）	-1.83	7.78	3.41	-0.78

资料来源：由人力资源和社会保障部提供。

(二) 基金规模激增主要得益于参保职工人数的增加

截至2011年底，企业年金基金累计结存3570亿元，相对于2010年的2809亿元增长了27.09%，远远高于2010年10.90%的增长率，四年来仅低于2009年32.55%的增长率（见图1）。理论上讲，企业年金基金规模的增长来自三个方面：一是参加企业年金职工人数的增长；二是参加企业年金职工工资（费基）的提高；三是企业年金基金投资收益的增加。但是，2011年企业年金基金出现了轻微的负收益（见表1），所以只有前两个因素对该年企业年金规模的较快增长做出了贡献。

首先，从参保职工人数增长上看，建立企业年金的企业数和参加企业年金的职工人数从2010年的3.71万个和1335万人分别提高到2011年的4.49万个和1577万人，增长幅度分别为21.02%和18.13%（前者高于后者说明新建立企业年金企业的职工人数规模在下降）[②]。其次，如果不考虑投资收益的变化（投资收益率绝对值很小），那么不难近似地估算出，参加企业年金的职工工资（费基）增长只有7.59%[③]。显然，企业年金基金规模的激增主要得益于参加企业年金职工人数的增长。

[①][②] 上证综合指数的数据来自中国人民银行网站，历年《全国股票交易统计表》，其他数据由人力资源和社会保障部提供。
[③] 因为无法获得详细数据，只能按如下公式粗略估算：费基增长率 =（1+27.09%）÷（1+18.13%）-1。

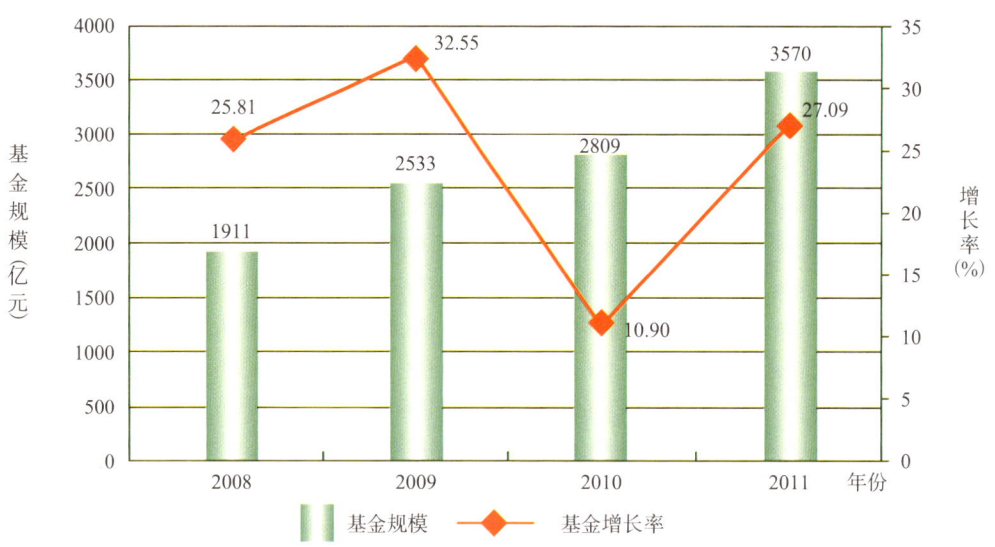

图 1　2008~2011 年企业年金基金规模增长情况

资料来源：根据历年《人力资源和社会保障事业发展统计公报》等有关资料整理。

(三) 企业年金远未担负起构建多支柱体系的重任

尽管 2011 年企业年金基金规模大幅提高，而且主要得益于覆盖人数的增长，但其覆盖面仍然十分狭窄，对经济和资本市场的影响也十分有限。如果没有大的政策出台，很难指望企业年金在人口老龄化越来越严重的未来几十年担负构建多支柱养老保障体系的重任。

首先，企业年金覆盖面极为狭窄。从企业参保率上看，尽管从 2010 年的 0.33% 增加到 2011 年的 0.36%，但显然绝大多数企业仍然没有建立企业年金计划；从城镇就业人口参保率来看，虽然这几年不断提高，但目前只有不到 5% 的城镇就业人口参加了企业年金计划；从基本养老保险职工参保率来讲，到 2011 年也不过是 7.31%，说明大多数人退休后仍然只能依靠基本养老保险提供晚年收入保障。其次，企业年金基金对经济和资本市场的影响微乎其微。从企业年金基金占 GDP 比率上看，几年来一直低于 1%，几乎可以忽略不计，根本无法对国民经济产生积极影响；从基金占股市市值比率上来分析，2011 年虽然相对前两年有了较大提高，但也仅仅为 1.66%，难以在资本市场发挥主导作用，也不可能对改善上市公司治理结构做出相应贡献（见表 2）。

表 2　2009~2011 年企业年金各项覆盖率和影响程度指标　　　　　　　　单位：%

年份	2009	2010	2011
企业参保率	—	0.33	0.36
城镇就业人口参保率	3.54	3.85	4.39
基本养老保险职工参保率	6.64	6.88	7.31
基金占 GDP 比率	0.76	0.71	0.76
基金占股市市值比率	1.04	1.06	1.66

注："企业参保率"是指建立企业年金的企业数占全国企业数（含分支机构）的比率；"城镇就业人口参保率"是指参加企业年金职工人数占城镇就业人数的比率；"基本养老保险职工参保率"是指参加企业年金职工人数占参加基本养老保险职工人数的比率；"基金占 GDP 比率"是指企业年金基金占 GDP 的比率；"基金占股市市值比率"是指企业年金基金占沪、深两市股市市值的比率。

资料来源：笔者计算。所用数据分别来自人力资源和社会保障部网站，历年《人力资源和社会保障事业发展统计公报》；国家工商行政管理总局网站，历年《市场主体统计分析》；国家统计局网站，历年《国民经济和社会发展统计公报》；中国人民银行网站，历年《全国股票交易统计表》。

(四) 企业年金基金市场竞争依然充分

在企业年金基金投资运营过程中涉及到四种业务类型，并由取得相应资格的机构来分别经营，因此整个企业年金市场可以细分为受托人市场、账户管理人市场、托管人市场和投资管理人市场四个相对独立的子市场。根据中国社会科学院世界社保研究中心编制的中国企业年金市场集中度指数，2011年受托人市场、账户管理人市场、托管人市场和投资管理人市场都继续保持较强的竞争格局（见表3）。具体情况如下：

- 受托人市场集中度指数只是从2010年的162点微幅提高到2011年的165点，说明受托人市场竞争程度仍然较高；
- 账户管理人市场集中度指数在这几个子市场中最高，但2011年该指数为259点，比2010年的270点下降了11个点，说明账户管理人市场的竞争程度在加强；
- 托管人市场集中度指数在这几个子市场中也较高，2010年为216点，2011年虽提高到220点，但没有出现实质性变化；
- 投资管理人市场集中度指数在这几个子市场中最低，2011年仅为80点，比2010年的82点还低2个点，说明市场竞争程度也在不断加强。

比较而言，投资管理人市场竞争最为充分，而其他三个市场集中度指数虽然相对较高，但鉴于目前中国企业年金市场规模非常有限，我们认为较高的集中度指数也是完全可以接受的。

表3   2010~2011年中国企业年金市场集中度指数

年份	2010	2011
受托人市场集中度指数	162	165
账户管理人市场集中度指数	270	259
托管人市场集中度指数	216	220
投资管理人市场集中度指数	82	80

注：市场集中度指数反映了企业年金各个子市场的竞争程度，取值区间均为0~1000，数值越大说明市场集中度越高，反之则越小。中国社会科学院世界社保研究中心认为：如果集中度指数低于100则意味着市场竞争非常充分；如果集中度指数介于100~300之间则意味市场竞争不够充分，但可以接受；如果集中度指数高于300，则认为市场已经出现了垄断倾向或实质上的垄断。

资料来源：中国社会科学院世界社保研究中心研究并编制（CISS Index Series）。

二、2011年企业年金基金受托管理市场分析

(一) 市场份额

2011年共有11家法人受托机构参与企业年金受托管理，接受受托管理的全部企业数、职工数和基金额分别为38890个、748.14万人和2050.96亿元。

1. 受托管理的企业数量

从各受托人受托管理的企业数上看，具有一定的集中化倾向。其中，排在第1位的平安养老保险股份有限公司管理的企业数高达18533个，占全部法人受托企业数的48%，接近一半的市场份额；排在第2位和第3位的太平养老保险股份有限公司和长江养老保险股份有限公司也取得了较大的市场份额，即分别得到的企业数为6764个和5300个，分别占有的市场份额为17%和14%；排在第4位的中国人寿养老保险股份有限公司管理的企业数和市场份额为3948个和10%；排在第5位的泰康养老保险股份有限公司管理的企业数和市场份额为2832个和7%。进一步，将排在前5位的受托人管理的企业数和市场份额加总后发现，前5家受托人管理的企业数高达37377个，占全部市场份额的96%，也就是说，其余6家法人受托机构仅仅分享全部市场份额的4%（见图2）。

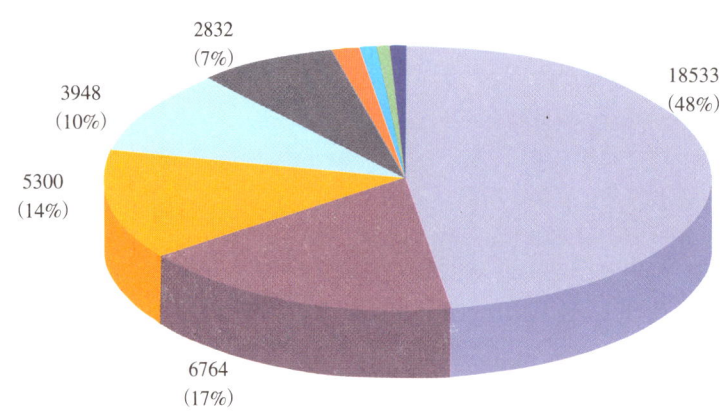

图 2　2011 年底受托人管理的企业数（个）和份额

资料来源：由人力资源和社会保障部提供。

2. 受托管理的职工数量

从各法人受托机构获得的参加企业年金的职工数上来分析，前 5 家受托人均占有较大的市场份额。其中，排在第 1 位和第 2 位的中国人寿养老保险股份有限公司和平安养老保险股份有限公司对应的职工数分别为 184.41 万人和 169.15 万人，分别占所有参保职工数的 25% 和 23%；排在第 3 位和第 4 位的太平养老保险股份有限公司和中国工商银行股份有限公司也取得了较大的市场份额，即分别对应的职工数为 98.79 万人和 97.29 万人，分别占到市场份额的 13% 左右；排在第 5 位的长江养老保险股份有限公司管理的职工数为 79.11 万人，相应的市场份额为 10%。可以看出，前 5 家受托人对应的职工数高达 628.75 万人，占全部市场份额的 84%，而余下 16% 的市场份额被其他的 6 家受托人分享（见图 3）。

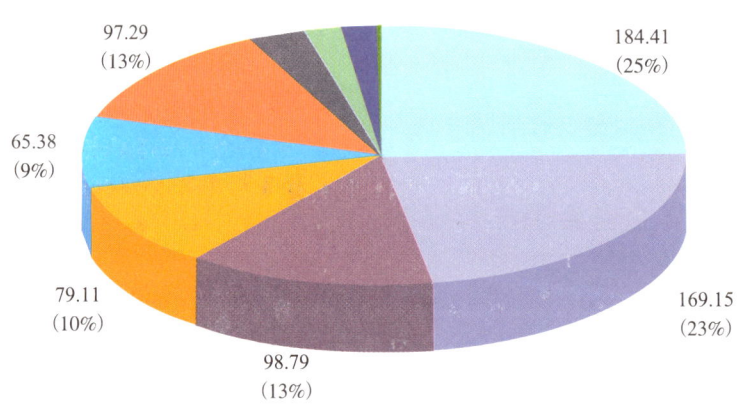

图 3　2011 年底受托人管理的职工数（万人）和份额

资料来源：由人力资源和社会保障部提供。

3. 受托管理的资产规模

从各法人受托机构管理的基金额上来看，前 5 家受托人占有的市场份额较为均衡。其中，排在第 1 位和第 2 位的中国人寿养老保险股份有限公司和中国工商银行股份有限公司管理的基金额分别为 514.48 亿元和 380.89 亿元，分别占到全部受托基金额的 25% 和 19%；排在第 3 位和第 4 位的平安养老保险股份有限公司和长江养老保险股份有限公司也取得了不错的市场份额，即分别管理的基金额为 374.00 亿元和 272.58 亿元，分别占有市场份额的 18% 和 13%；排在第 5 位的太平养老保险股份有限公司管理的基金额和市场份额为 178.27 亿元和 9%。可以看出，排在前 5 位的受托人管理的基金额达到 1720.22 亿元，占全部市场份额的 84%，而剩下的 6 家受托人共同分享了 16% 的市场份额（见图 4）。

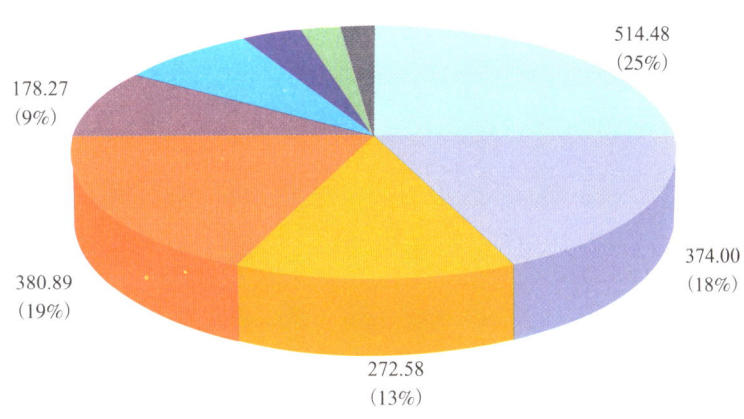

图4 2011年底受托人管理的基金额（亿元）和份额

资料来源：由人力资源和社会保障部提供。

（二）市场分析

总体来看，2011年企业年金基金受托市场取得了较快的发展，全部受托人管理的企业数和职工数比2010年分别增加了5680个和184.69万人，增长幅度相应为17.10%和32.78%；全部受托金额比2010年增加了576.31亿元，实现了39.08%的较高增长幅度。

1. 受托管理的企业数量

从各受托人管理的企业数来看，2011年所有管理人的市场排名均与2010年一致。但是，长江养老保险股份有限公司、中国建设银行股份有限公司和上海国际信托有限公司均出现了负增长①，所管理的企业数分别减少了210个、146个和2个，下降幅度分别为-3.81%、-32.23%和-14.29%。与之相对比，泰康养老保险股份有限公司受托管理的企业数增加了2046个，增长了2.6倍之多，表现的非常抢眼。另外，中国人寿养老保险股份有限公司、招商银行股份有限公司和华宝信托有限责任公司也取得不错的业绩，新增企业数分别为1748个、131个和95个，增幅分别达到79.45%、91.61%和45.02%。

2. 受托管理的职工数量

从各受托人管理的职工数来看，2011年市场排名进入前5位的管理人依次是中国人寿养老保险股份有限公司、平安养老保险股份有限公司、太平养老保险股份有限公司、中国工商银行股份有限公司和长江养老保险股份有限公司，与2010年相比有所变动。其中，排名前两位的中国人寿养老保险股份有限公司和平安养老保险股份有限公司继续保持较快的增长速度，新增受托职工人数分别为47.08万人和33.88万人，分别增长了34.28%和25.05%；特别要注意的是中国工商银行股份有限公司，这一年该公司新增受托职工数为65.50万人，增幅高达206.04%。另外，排名靠后的招商银行股份有限公司所占市场份额较少，受托管理的职工人数虽然只增加了5.09万人，但增幅却高达50.70%（见表4）。

表4　2011年底企业年金基金法人受托市场的动态变化（企业数和职工数）

管理人	2011年底 企业数（个）	2011年底 职工数（万人）	2010年底 企业数（个）	2010年底 职工数（万人）	企业数变化 个	企业数变化 %	职工数变化 万人	职工数变化 %
平安养老保险股份有限公司	18533	169.15	16842	135.27	1691	10.04	33.88	25.05
太平养老保险股份有限公司	6764	98.79	6537	89.35	227	3.47	9.44	10.57
长江养老保险股份有限公司	5300	79.11	5510	78.41	-210	-3.81	0.70	0.89
中国人寿养老保险股份有限公司	3948	184.41	2200	137.33	1748	79.45	47.08	34.28
泰康养老保险股份有限公司	2832	23.40	786	11.86	2046	260.31	11.54	97.30
中国工商银行股份有限公司	585	97.29	487	31.79	98	20.12	65.50	206.04
中国建设银行股份有限公司	307	65.38	453	57.07	-146	-32.23	8.31	14.56

---

① 据了解，长江养老保险股份有限公司和中国建设银行股份有限公司受托管理企业数下降是口径调整、系统清理和升级造成，并非实际业务量变化。

续表

管理人	2011 年底		2010 年底		企业数变化		职工数变化	
	企业数（个）	职工数（万人）	企业数（个）	职工数（万人）	个	%	万人	%
华宝信托有限责任公司	306	14.59	211	11.48	95	45.02	3.11	27.09
招商银行股份有限公司	274	15.13	143	10.04	131	91.61	5.09	50.70
中信信托有限责任公司	29	0.84	27	0.80	2	7.41	0.04	5.00
上海国际信托有限公司	12	0.05	14	0.05	-2	-14.29	0.00	0.00
总计	38890	748.14	33210	563.45	5680	17.10	184.69	32.78

资料来源：由人力资源和社会保障部提供。

3. 受托管理的资产规模

从各受托人管理的基金额上来分析，2011 年市场排名进入前 5 位的管理人依次是中国人寿养老保险股份有限公司、中国工商银行股份有限公司、平安养老保险股份有限公司、长江养老保险股份有限公司和太平养老保险股份有限公司。其中，中国人寿养老保险股份有限公司继续保持较快的增长业绩，管理的资金额比 2010 年增加了 195.53 亿元，增长幅度高达 61.30%；而表现同样突出的是中国工商银行股份有限公司，管理的基金额比 2010 年增加了 138.02 亿元，增长幅度高达 56.83%，从 2010 年的第 4 位一举上升到 2011 年的第 2 位。另外，泰康养老保险股份有限公司、华宝信托有限责任公司和招商银行股份有限公司也表现不俗，其管理的基金额分别增长了 15.78 亿元、19.19 亿元和 27.14 亿元，增长幅度分别为 69.92%、65.12%和 55.71%（见表 5）。

表 5　2011 年底企业年金基金法人受托市场的动态变化（受托管理的基金额）

管理人	2011 年底受托管理金额（亿元）	2010 年底受托管理金额（亿元）	受托管理金额变化	
			亿元	%
中国人寿养老保险股份有限公司	514.48	318.95	195.53	61.30
平安养老保险股份有限公司	374.00	298.07	75.93	25.47
长江养老保险股份有限公司	272.58	257.81	14.77	5.73
中国工商银行股份有限公司	380.89	242.87	138.02	56.83
太平养老保险股份有限公司	178.27	135.27	43.00	31.79
中国建设银行股份有限公司	165.75	119.33	46.42	38.90
招商银行股份有限公司	75.86	48.72	27.14	55.71
华宝信托有限责任公司	48.66	29.47	19.19	65.12
泰康养老保险股份有限公司	38.35	22.57	15.78	69.92
中信信托有限责任公司	2.07	1.55	0.52	33.55
上海国际信托有限公司	0.05	0.05	0.00	0.00
总计	2050.96	1474.66	576.31	39.08

资料来源：由人力资源和社会保障部提供。

三、2011年企业年金基金账户管理市场分析

(一) 市场份额

2011年底共有15家账户管理人开展了企业年金基金账户管理业务，全部账户管理业务涉及到44943个企业账户和1576.53万个个人账户。

1. 账户管理的企业数量

从各账户管理人管理的企业账户数上来看，具有一定的集中化倾向。其中，排在第1位的中国工商银行股份有限公司获得的企业账户数高达20031个，占全部企业账户数的45%，优势非常明显；排在第2位的长江养老保险股份有限公司也取得了较大的市场份额，即得到的企业账户数为5639个，占有13%的市场份额；排在第3位和第4位的中国银行股份有限公司和中国建设银行股份有限公司管理的企业账户数分别为4237个和4009个，分别占到市场份额的9%左右；排在第5位的交通银行股份有限公司管理的企业账户数和市场份额为2906个和6%。将排在前5位的账户管理人管理的企业账户数和市场份额加总后发现，前5家账户管理人管理的企业账户数高达36822个，占全部市场份额的82%，而剩下18%的市场份额被余下的10家账户管理人不同程度地分享（见图5）。

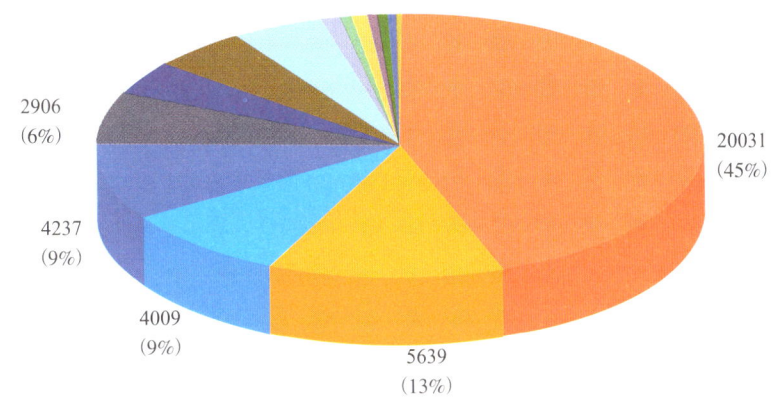

图5　2011年底企业账户数（个）和份额在各账户管理人之间的分布

资料来源：由人力资源和社会保障部提供。

2. 账户管理的职工数量

与企业账户数在各家账户人之间的分布类似，各账户管理人管理的个人账户数也具有一定的集中化倾向。其中，排在第1位的中国工商银行股份有限公司获得的个人账户数高达740.67万个，占全部个人账户数的47%，接近一半的市场份额；排在第2位的中国建设银行股份有限公司也取得了很好的市场份额，即得到的个人账户数为203.92万个，占有13%的市场份额；排在第3位的招商银行股份有限公司管理的个人账户数和市场份额为123.96万个和8%；排在第4位和第5位的中国银行股份有限公司和交通银行股份有限公司管理的个人账户数分别为117.92万个和78.13万个，分别占到市场份额的7%和5%。将排在前5位的账户管理人得到的个人账户数和市场份额加总后发现，前5位账户管理人管理的个人账户数高达1264.60万个，超过全部市场份额的80%，而剩下不到20%的市场份额被余下的10家账户管理人分别获得（见图6）。

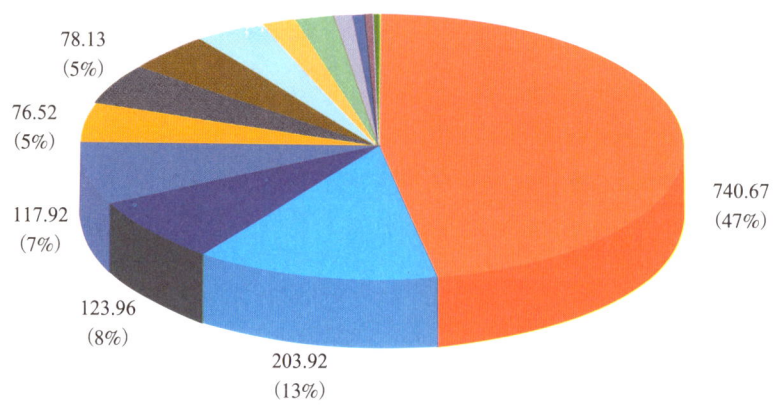

图6 2011年底个人账户数和份额（万个）在各账户管理人之间的分布

资料来源：由人力资源和社会保障部提供。

（二）市场分析

总体来看，2011年企业年金基金账户管理市场继续保持较快的发展速度，全部管理人管理的企业账户数和个人账户数比2010年分别增加了7890个和241.94万个，增长幅度相应为21.29%和18.13%。总的来看，各家管理人市场份额和排名基本变化不大。

1. 账户管理的企业数量

从各账户管理人管理的企业账户数来看，2011年排名第1位的中国工商银行股份有限公司依然取得了较好的成绩，管理的企业账户数增加了4299个，增长幅度为27.33%。2011年排名第2位的长江养老保险股份有限公司与2010年的名次虽然没有变化，但增长幅度非常有限，管理的企业账户数只增加了130个，增幅为2.36%。2011年排名第3位和第4位的中国银行股份有限公司和中国建设银行股份有限公司都取得非常显著的成绩，分别比2010年增长了1281个和988个，增幅也分别达到了43.34%和32.70%。交通银行股份有限公司在2011年管理的企业账户数只是略有增长，仅增加了143个，增幅也只为5.18%。此外，2011年市场份额出现显著增加的管理人有中国人寿养老保险股份有限公司、中国民生银行股份有限公司和上海浦东发展银行股份有限公司，增长幅度分别为101.11%、89.72%和69.03%。相比之下，2011年市场份额出现明显下降的管理人有招商银行股份有限公司和新华人寿保险股份有限公司，增长幅度分别为-21.72%和-2.83%。

2. 账户管理的职工数量

从各账户管理人管理的个人账户数来分析，2011年市场排名前5位的管理人依次为中国工商银行股份有限公司、中国建设银行股份有限公司、招商银行股份有限公司、中国银行股份有限公司和交通银行股份有限公司。其中，排名前4位的管理人和2010年完全一致；2010年市场排名第5位的长江养老保险股份有限公司管理个人账户数在2011年只增加了4.59万个，增长幅度仅为6.38%，2011年被挤出市场前5位。另外，市场排名靠后的中国民生银行股份有限公司管理的个人账户数增加了4.52万个，由于基数较小，因此取得了高达73.50%的增长幅度。与之对比，2011年同样市场排名靠后的新华人寿保险股份有限公司市场份额出现了明显下降，管理的个人账户数比2010年下降了0.45万个，变化幅度为-23.68%（见表6）。

表6 2011年底企业年金基金账户管理市场的动态变化

管理人	2011年底		2010年底		企业账户数变化		个人账户数变化	
	企业账户数（个）	个人账户数（万）	企业账户数（个）	个人账户数（万）	个	%	万	个
中国工商银行股份有限公司	20031	740.67	15732	646.76	4299	27.33	93.91	14.52
长江养老保险股份有限公司	5639	76.52	5509	71.93	130	2.36	4.59	6.38
中国建设银行股份有限公司	4009	203.92	3021	168.39	988	32.70	35.53	21.10

续表

管理人	2011年底		2010年底		企业账户数变化		个人账户数变化	
	企业账户数(个)	个人账户数(万)	企业账户数(个)	个人账户数(万)	个	%	万	个
中国银行股份有限公司	4237	117.92	2956	73.04	1281	43.34	44.88	61.45
交通银行股份有限公司	2906	78.13	2763	69.12	143	5.18	9.01	13.04
招商银行股份有限公司	1788	123.96	2284	112.13	-496	-21.72	11.83	10.55
中国光大银行	2255	74.11	2235	62.13	20	0.89	11.98	19.28
中国人寿养老保险股份有限公司	2174	58.20	1081	42.35	1093	101.11	15.85	37.43
平安养老保险股份有限公司	467	15.98	407	13.42	60	14.74	2.56	19.08
华宝信托投资有限责任公司	269	32.52	249	23.52	20	8.03	9.00	38.27
上海浦东发展银行股份有限公司	382	30.23	226	26.39	156	69.03	3.84	14.55
泰康养老保险股份有限公司	218	6.39	186	5.41	32	17.20	0.98	18.11
中信信托有限责任公司	262	5.86	175	5.11	87	49.71	0.75	14.68
中国民生银行股份有限公司	203	10.67	107	6.15	96	89.72	4.52	73.50
新华人寿保险股份有限公司	103	1.45	106	1.90	-3	-2.83	-0.45	-23.68
总计	44943	1576.53	37053	1334.58	7890	21.29	241.95	18.13

资料来源：由人力资源和社会保障部提供。

四、2011年企业年金基金托管市场分析

(一) 市场份额

2011年共有10家金融机构对企业年金基金提供托管服务，全部托管金额为3570.34亿元，除1家金融机构取得较多企业年金基金托管业务外，其余9家金融机构获得的托管业务较为均衡。具体来看，排在第1位的中国工商银行股份有限公司获得的基金额高达1474.02亿元，占全部托管基金额的41%，优势特别明显；排在第2位的中国建设银行股份有限公司也取得了较大的市场份额，即得到的企业年金基金额为481.82亿元，占有14%的市场份额；排在第3到5位的中国银行股份有限公司、招商银行股份有限公司和交通银行股份有限公司获得的基金额分别为325.00亿元、316.18亿元和308.29亿元，分别占到市场份额的9%左右。将排在前5位的金融机构托管的企业年金基金额加总后发现，前5家托管人获得的企业年金基金托管业务高达2905.31亿元，超过全部市场份额的81%，而剩下不到19%的市场份额被余下5家托管人不同程度地分享（见图7）。

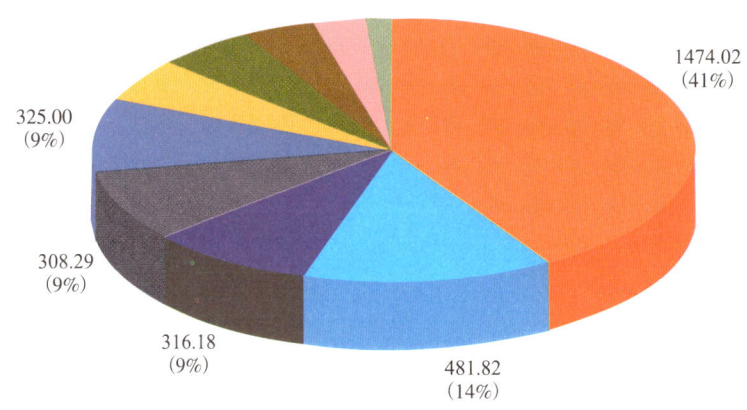

图7 2011年底各托管人管理的基金额（亿元）与份额

资料来源：由人力资源和社会保障部提供。

（二）市场分析

2011年企业年金基金托管总额比2010年增长了761.10亿元，增幅为27.09%。就各家托管人市场占有份额上来看，格局未发生太明显改变。具体来看，市场排名前5位的托管人位置只发生了一些细微变化。其中，2011年托管市场排名第1位和第2位的仍然是中国工商银行股份有限公司和中国建设银行股份有限公司，托管金额分别增加了331.16亿元和115.34亿元，增长幅度分别高达28.98%和31.47%。2010年市场排名第5位的中国银行股份有限公司在2011年也取得较好的成绩，其托管金额增加了75.39亿元，增长了30.20%，因此该托管人的市场份额迅速升至第3位。另外，2011年排名最后两位的中信银行股份有限公司和中国民生银行股份有限公司的市场份额仍然继续大幅提升，即分别增加了38.17亿元和15.06亿元，增长幅度分别高达58.37%和45.49%（见表7）。

表7　2011年底企业年金基金托管市场的动态变化

管理人	2011年底托管金额（亿元）	2010年底托管金额（亿元）	托管金额变化	
			亿元	%
中国工商银行股份有限公司	1474.02	1142.86	331.16	28.98
中国建设银行股份有限公司	481.82	366.47	115.34	31.47
招商银行股份有限公司	316.18	264.08	52.11	19.73
交通银行股份有限公司	308.29	257.70	50.58	19.63
中国银行股份有限公司	325.00	249.61	75.39	30.20
上海浦东发展银行股份有限公司	187.68	176.95	10.73	6.07
中国农业银行股份有限公司	192.50	139.02	53.48	38.47
中国光大银行股份有限公司	133.11	114.04	19.07	16.72
中信银行股份有限公司	103.56	65.39	38.17	58.37
中国民生银行股份有限公司	48.17	33.11	15.06	45.49
总计	3570.34	2809.24	761.10	27.09

资料来源：由人力资源和社会保障部提供。

五、2011年企业年金基金投资管理市场分析

(一) 市场份额

2011年共有21家金融机构参与企业年金基金投资管理，全部投资组合数量和资产规模分别为1882个和3325.48亿元。无论从各投资管理人管理的投资组合数量来看，还是从这些投资管理人持有的资产规模上来分析，整个市场没有出现过分集中现象。

1. 投资管理的组合数量

就各投资管理人管理的基金组合数量看，排在第1位的中国人寿养老保险股份有限公司管理的基金组合数量为333个，占全部组合数量的18%；排在第2位和第3位的平安养老保险股份有限公司和太平养老保险股份有限公司也持有较多的组合数量，即分别管理组合数量为268个和203个，分别占有市场全部组合数量的14%和11%；排在第4位和第5位的泰康资产管理有限责任公司和博时基金管理有限公司管理的组合数量分别为138个和137个，分别占到全部组合数量的7%左右。如果把排在前5位的受托人管理的企业数和市场份额加总后将会发现，前5家投资管理人管理的组合数量为1079个，占全部市场份额的57%，超过全部组合数量的一半以上，而剩下43%的组合数量由其他16家投资管理人共同分享（见图8）。

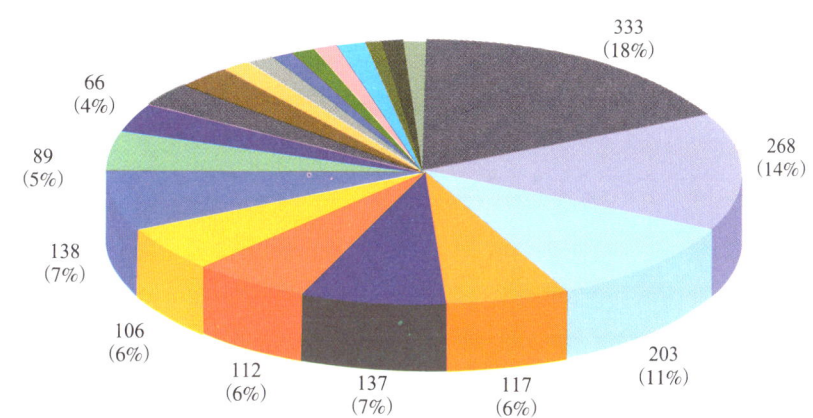

图8 2011年底各投资管理人管理的投资组合数（个）与份额

资料来源：由人力资源和社会保障部提供。

2. 投资管理的资产规模

再从投资管理人管理的企业年金资产规模上来看，排在第1位的平安养老保险股份有限公司管理的资产规模为539.30亿元，占全部资产规模的16%；排在第2位和第3位的中国人寿养老保险股份有限公司和华夏基金管理有限公司也取得了较大的市场份额，即管理的资产规模分别为389.21亿元和288.55亿元，分别占有的市场份额为12%和9%；排在第4位和第5位的嘉实基金管理有限公司和博时基金管理有限公司管理的资产规模分别为238.01亿元和231.73亿元，分别占到总市场份额的7%左右。进一步，将排在前5位的投资管理人管理的资产规模加总后发现，前5家投资管理人管理的资产规模为1686.80亿元，几乎占到全部市场份额的51%，也超过市场份额的一半以上，而剩下49%的市场份额由其他16家投资管理人共同分享（见图9）。

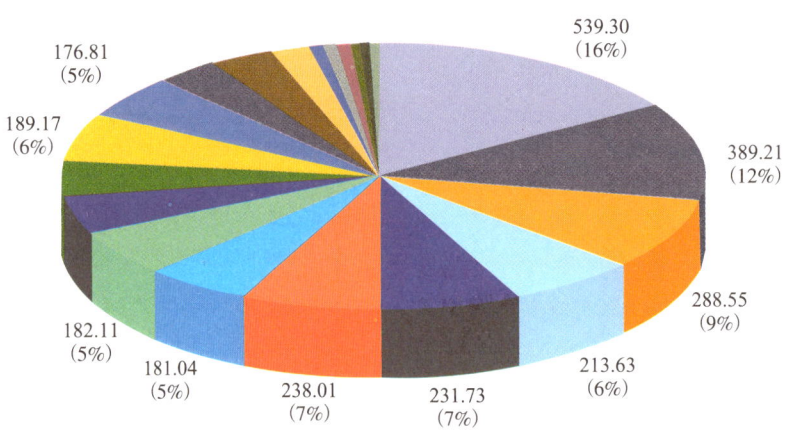

图9 2011年底各投资管理人管理的资产规模（亿元）与份额

资料来源：由人力资源和社会保障部提供。

（二）市场分析

总体来看，2011年企业年金基金投资组合数量和资产规模都有较大幅度的增加。其中，企业年金基金投资组合数量由1504个增加到1882个，增加了378个，增长幅度为25.13%；企业年金基金资产规模由2452.98亿元增加到3325.48亿元，增加了872.50亿元，增长幅度高达35.57%。

1. 投资管理的组合数量

就各家投资管理人的具体变化来看，与2010年相比，2011年持有组合数量前5位的投资管理人数量发生了一定变化。其中，中国人寿养老保险股份有限公司表现较为突出，2011年新增组合数量为83个，居各家投资管理人之首，增长幅度高达33.20%，继续占据第1的位置；泰康资产管理有限责任公司管理的组合数量也显著增加，由2010年的87个增加到2011年的138个，增长幅度更是高达58.62%，一举跨入持有组合数量前5强行列。另外，一些排名靠后的投资管理人，由于往年持有的组合数量基数小，2011年在增长幅度上也表现得极为抢眼，例如广发基金管理有限公司、中国人保资产管理股份有限公司、长江养老保险股份有限公司、银华基金管理有限公司和工银瑞信基金管理有限公司等几家管理人持有的组合数量增幅均超过40%，尤其是广发基金管理有限公司管理的资产组合增长幅度高达110.00%，成为当年增长幅度最大的投资管理人。比较而言，招商基金管理有限公司、华夏基金管理有限公司和南方基金管理有限公司持有的组合数量增长有限，2011年组合数量增长幅度均没有超过10%，招商基金管理有限公司甚至出现了负增长。

2. 投资管理的资产规模

从企业年金投资资产规模增长情况来看，资产管理规模较大的企业年金基金投资管理人在业务开拓方面保持了相当的优势，企业年金基金投资管理业务发展较快。与2010年相比，2011年排在前3位的资产管理人并没有发生变化，依然是平安养老保险股份有限公司、中国人寿养老保险股份有限公司、华夏基金管理有限公司，但本年度嘉实基金管理有限公司的资产管理规模迅速增加了72.27亿元，增长幅度高达43.60%，市场排名跃升至第4位。在资产管理规模较小的企业年金基金投资管理人中，广发基金管理有限公司、银华基金管理有限公司和工银瑞信基金管理有限公司管理的企业年金基金资产规模增长情况表现的非常突出，增长幅度分别达到了134.06%、119.25%和113.44%，另外，增长幅度在50%以上的还有泰康资产管理有限责任公司、中国人保资产管理股份有限公司、中信证券股份有限公司、华泰资产管理有限公司和富国基金管理有限公司（见表8）。

表8　　2011年底企业年金基金投资管理市场的动态变化

管理人	2011年底		2010年底		组合数量变化		资产规模变化	
	组合数量（个）	资产规模（亿元）	组合数量（个）	资产规模（亿元）	个	%	亿元	%
平安养老保险股份有限公司	268	539.30	211	390.72	57	27.01	148.58	38.03
中国人寿养老保险股份有限公司	333	389.21	250	291.55	83	33.20	97.66	33.50
华夏基金管理有限公司	117	288.55	114	235.14	3	2.63	53.41	22.71
太平养老保险股份有限公司	203	213.63	178	188.29	25	14.04	25.34	13.46
博时基金管理有限公司	137	231.73	104	178.92	33	31.73	52.81	29.52
嘉实基金管理有限公司	112	238.01	90	165.74	22	24.44	72.27	43.60
长江养老保险股份有限公司	27	181.04	16	140.22	11	68.75	40.82	29.11
南方基金管理有限公司	89	182.11	85	137.37	4	4.71	44.74	32.57
海富通基金管理有限公司	66	158.87	59	136.07	7	11.86	22.80	16.76
中国国际金融有限公司	22	137.52	19	121.88	3	15.79	15.64	12.83
中信证券股份有限公司	106	189.17	89	109.65	17	19.10	79.52	72.52
泰康资产管理有限责任公司	138	176.81	87	98.31	51	58.62	78.50	79.85
易方达基金管理有限公司	56	101.82	49	85.88	7	14.29	15.94	18.56
工银瑞信基金管理有限公司	52	113.08	36	52.98	16	44.44	60.10	113.44
富国基金管理有限公司	28	63.95	23	41.77	5	21.74	22.18	53.10
招商基金管理有限公司	20	23.38	22	20.86	-2	-9.09	2.52	12.08
国泰基金管理有限公司	28	22.51	23	18.79	5	21.74	3.72	19.80
华泰资产管理有限公司	15	21.98	11	13.38	4	36.36	8.60	64.28
中国人保资产管理股份有限公司	19	17.25	11	9.72	8	72.73	7.53	77.47
银华基金管理有限公司	25	17.43	17	7.95	8	47.06	9.48	119.25
广发基金管理有限公司	21	18.14	10	7.75	11	110.00	10.39	134.06
总计	1882	3325.48	1504	2452.98	378	25.13	872.50	35.57

资料来源：由人力资源和社会保障部提供。

分报告四
2011年全国社保基金投资管理状况评估

摘要：2011年是全国社会保障基金发展的关键一年，全国社保基金理事会积极筹措资金，支持地方养老金管理，审慎投资运营，提高内部管理水平，各项工作取得长足进步。

关键词：全国社保基金 地方养老金 投资运营

2011年是"十二五"规划的开局之年，也是社会保障基金改革发展的关键一年。一年来，社会保障基金会以科学发展观为指导，以建设一流社会保障资产管理机构为目标，以加强基金投资精细化管理为主线，在推进社保基金管理体制改革、加强投资管理和职工队伍建设等方面，都取了较好成绩。

一、国务院任命副理事长和聘任理事

理事大会是全国社会保障基金的最高决策机构，由理事长、副理事长、理事组成。理事大会的主要职责是：审议、通过全国社会保障基金管理运营的重大方针和战略；审议、通过全国社会保障基金年度运作计划和中长期发展规划；对全国社会保障基金年度运作计划的执行情况进行审查；审定全国社会保障基金年度运作报告；审定全国社会保障基金投资管理制度、全国社会保障基金风险管理制度、全国社会保障基金信息披露制度等重大管理制度；就全国社会保障基金管理运营中的情况和问题向国务院和国务院授权部门报告；制定、修改理事会章程。

国务院十分关心社保基金的发展和组织建设。2011年，经中央批准，于革胜同志从中共宁夏区委副书记调到社保基金会任党组成员、副理事长，沈小南同志提任社保基金会党组成员、副理事长，李克平同志调离社保基金理事会前往中国投资有限责任公司任职。

2011年3月，社保基金会顺利完成理事换届。经社保基金会申请，国务院继续聘任华建敏等16位同志为社保基金会第四届理事，其中增补三位理事。成功召开四届一次理事大会，张德江副总理出席会议并发表重要讲话。确定了第四届理事大会未来三年重点目标和任务。会议进一步明确了建设一流社会保障资产管理机构的中长期发展目标，确定2011~2013年是实现上述目标的关键时期，要争取在建设一流社会保障资产管理机构方面取得重大突破，并确定了基金筹集、投资运营、体制改革、队伍建设等方面的重点任务。

二、推动全国社保基金的资金筹集

（一）资金筹集的现有模式及规模

根据2001年财政部和劳动和社会保障部联合发布的《全国社会保障基金投资管理暂行办法》的规定，全国社会保障基金的主要资金来源包括：中央财政拨款，国有股减持、转持划入的资金及股权资产，经国务院批准以其他方式筹集的资金，投资形成的投资收益。

2000年，全国社保基金设立初期资金规模仅为200亿元。12年来，在党中央、国务院的关心下，在财政部、人社部的大力支持下，全国社保基金规模不断增加。截至2011年底，基金资产总规模达到8688.20亿元，权益总额为8385.58亿元。但与弥补未来养老金缺口的需求相比规模偏小，资金筹集存在来源渠道窄、拨入数量少、资金筹集不规范和部门职责不明确等问题。推动基金的资金筹集，有现实的紧迫性、必要性和重大意义。

（二）多渠道筹集全国社保基金的意义

张德江副总理在全国社保基金成立十周年座谈会上指出："建立社会保障基金是整个中国社会保障体系中的重要组成部分，不单单是社会保障基金本身的问题，关系到我国老百姓的根本需求问题，关系到整个国家的长治久安问题，也关系到整个社会主义道路能够健康、顺利发展的问题。它是保证我们国家健康平稳发展、社会和谐稳定的基础，在某种意义上讲是国家治国方略中的关键环节。"发展和壮大全国社保基金，是应对我国人口老龄化、完善社会保障体系、促进经济发展方式转变和改善收入分配的战略需要。

首先，多渠道筹集全国社保基金是应对我国人口老龄化挑战的需要。为缓解未来人口老龄化高峰时期财政支出的压力，保持我国养老保障体系可持续发展，可以采取多种措施以应对。一是进一步完善现行制度体系、增收节支；二是调整财政支出结构，提高养老保障支出占财政收入的比例；三是尽早尽快壮大全国社保基金规模，分担届时财政的养老保障支付压力。考虑到老龄化高峰将会持续30年到40年时间，因此宜统筹谋划，提早通过相应的制度做出明确安排，多渠道筹集和充实全国社保基金，有效发挥其保障作用。

其次，多渠道筹集全国社保基金是完善我国社会保障体系的重要组成部分。目前，我国社会保障体系还不完善，覆盖面小，保障水平低。党中央、国务院高度重视社会保障体系建设。一方面，通过扩大覆盖面、建立农民工养老保险、实施新农保和城镇居民养老保险、发放城镇困难群体补助、增加财政补贴等方式，逐步完善社会保障基本制度，增强社会保险的保障力度。另一方面，通过中央财政预算拨款、国有股减（转）持收入和彩票公益金等渠道筹集全国社保基金，并使之不断地发展完善，作为我国社会体系的重要组成部分，发挥第二道保护屏障的作用。多渠道筹集全国社保基金，不断夯实中央储备的保障力量，是完善我国社会保障体系的重要内容。

再次，多渠道筹集全国社保基金有利于促进经济发展方式转变。长期以来，我国经济发展过分依赖投资和出口，消费水平偏低，经济社会发展过程中出现了一系列深层次问题。为了实现社会经济的可持续发展和和谐社会的建设目标，今后的发展将更加注重提高消费在国民经济中的比重，加快转变经济发展方式，实现我国经济社会的可持续发展。当前，制约我国居民消费的一个重要原因是养老保障水平及其预期过低，城乡居民在养老、医疗方面有后顾之忧，被迫进行更多的预防性储蓄。加快全国社保基金积累，可以有效改善国民对未来社会保障资金保障能力的预期，增强消费信心，提高消费意愿，有利于促进经济走上内需驱动的发展轨道。

最后，多渠道筹集社保基金，有利于改善收入分配，提升社会公平。近年来，我国收入差距不断扩大，收入分配不公平问题突出。2010 年，中国基尼系数已由改革开放前的 0.16 上升至 0.5，收入分配差距进一步拉大。此外，无论是对比城乡居民收入差距，还是不同行业间工资差距，统计结果都高于世界上大多数国家。从发达国家的实践经验看，缩小收入分配差距可以通过税收和社会保障制度来实现，其中社会保障制度的调节作用相对更大。多渠道筹集全国社保基金，发挥养老储备基金的补充和调剂作用，将有助于改善我国收入分配结构，促进社会公平。

（二）基金各类资金来源统计

2011 年，按照国务院领导的批示要求，社保基金资金筹集工作开展顺利，取得了良好成效。2011 年，财政性净拨入累计增加社保基金资产 482.79 亿元。其中财政预算拨款 150 亿元，比 2010 年增加 50 亿元，结束了连续六年预算拨款无增长的局面；彩票公益金 171.63 亿元，拨款时间提前且规模有所增加；国有股减（转）持 161.16 亿元。

自全国社保基金成立以来，累计财政性净拨入社保基金 4919.79 亿元。其中，中央财政预算拨款 1898.36 亿元，国有股减（转）持 2135.13 亿元，彩票公益金 902.79 亿元，因实业投资执行国有股减持政策而减少的国有股份 9.68 亿元，财政调回 6.81 亿元。

三、积极支持地方养老金管理

（一）成功受托管理试点省、市个人账户中央补助资金

我国《社会保险法》指出，养老保险基金按照国务院规定投资运营实现保值增值。"十二五"规划纲要提出要"积极稳妥推进养老金投资运营"。养老保险基金投资运营，实现保值增值的方向非常明确。

2006 年，经国务院批准，天津、山西、河南、新疆、吉林、黑龙江、山东、湖南和湖北 9 个试点省（区、市）做实企业职工基本养老金个人账户中央补助资金委托社保基金会开展投资运营。

2011 年，个人账户基金累计划入资金 87.04 亿元。截至 2011 年底，社保基金会共受托管理做实个人账户中央补助资金 543.62 亿元，获得记账收益及风险准备金 114.31 亿元，年均投资收益率为 10.27%，超过同期通货膨胀率近 8 个百分点，比承诺收益率高出 6.8 个百分点。9 个试点省、市对上述收益率表示满意，表示结算期满后愿意继续委托给社保基金会运营。财政部等部门对做实个人账户中央补助资金委托社保基金管理取得的成绩给予了充分肯定。

（二）积极推进广东省部分基本养老金受托管理工作

按照"十二五"规划"积极稳妥推进养老金投资运营"的要求，为促进养老保险基金保值增值，2011 年社保基金会积极推进受托管理广东省部分基本养老保险基金工作。经过多轮的沟通协商，财政部、人力资源和社会保障部同意社保基金会受托管理广东省 1000 亿元基本养老保险基金，委托期暂定为 2 年。2012 年 2 月 10 日，委托投资协议获得人社部、财政部正式批准。2012 年 3 月 19 日，社保基金会与广东省签订委托投资协议。

广东省基本养老保险结余资金委托社保基金会投资，是认真贯彻落实"十二五"规划，扩大基本养老保险基金投资运营，促进养老金保值增值的一项重大突破。对于增强中国养老保险基金的保值增值，促进资本市场的稳定健康发展有着重要而深远的影响。

四、社保基金应对国内外市场的复杂形势，审慎投资运营

2011 年，主要发达经济体缓慢增长，新兴经济体通胀高企、增长放缓。A 股上证指数从年初的 2808 点下跌至年末的 2199 点，跌幅达 22%。基金行业整体出现较大亏损。面对严峻形势，社保基金会坚持审慎投资方针，先后多次召开投决会和风险管理委员会会议，加强研究分析和市场判断，集中精力搞好投资运营。

（一）科学制定和执行各类资产配置计划

社保基金对 2009 年制定的战略资产配置计划进行了重新审视，2011 年初对战略资产配置计划进行了一定调整，增加权益类资产比重 7 个百分点，使权益类资产与固

定收益类资产比重调整为59：41。在此基础上，编制完成了2011年战术资产配置计划。在计划执行过程中，及时根据市场变化进行动态调整。首次制定2011年境内股票动态配置策略。通过对股票市场估值、盈利增长和振幅的分析研究，及时调整境内股票动态配置策略和投资策略，取得了较好效果。

（二）扩大债券等固定收益类投资

2011年，我国进入加息周期，银行利率上升。社保基金适度上调固定收益类资产的配置比例，变现部分债券并置换成银行存款，通过内部优化提高了固定收益资产的收益水平。同时，针对协议存款利率较高的特点，适度增加协议存款的投资规模，为稳定基金整体收益发挥了重要作用。

（三）把握市场时机，审慎做好股票投资

面对股票市场的严峻形势，基金坚持及时分析、及时总结、及时反映。先后两次举办投资管理人座谈会，完善月度分析制度，科学调配可用资金，适当调整股票持仓结构。下半年市场跌幅较大，部分股票的投资价值凸显。经投决会审议，在12月分两批进行了约100亿元的加仓。

（四）加大实业投资力度，加强投后管理

直接股权投资方面，先后签署了对国家开发银行、中国人保集团和信达资产管理公司的投资协议，投资额分别为100亿元、100亿元和50亿元。股权基金投资方面，先后向鼎辉二期、联想二期等5家基金承诺出资70亿元。与亚洲开发银行合作开展了中国"养老社区"技术援助项目。2011年，根据党中央、国务院关于加快建设保障性住房的决策，社保基金主动调整了信托贷款的投资结构，大力支持保障房建设，先后向南京、天津、重庆和遵义等四地投资120亿元，取得了较好的投资收益和社会反响。

（五）加强研究，丰富产品，审慎推进境外投资

在对全球经济和市场研究的基础上，提出了4个境外新产品投资计划，评选产生了15家境外管理人。把握投资机遇，新设立4个被动股票投资产品，全年共向被动投资产品组合注资4.63亿美元，向主动性股票产品组合注资3亿美元。

（六）克服股票市场大幅下跌的不利形势，投资运营取得较好收益

通过加强主动管理，社保基金投资取得了较好的业绩。2011年12月底，社保基金管理的总资产为8688.20亿元。基金2011年投资收益为74.17亿元，投资收益率0.85%；当年基金已实现收益430.95亿元，已实现收益率5.58%。从社保基金设立到2011年，年均收益率为8.40%，比同期年均通货膨胀率高出6个百分点（见表1）。

表1　　　　　　　　　　　　　　　基金历年收益情况

年 份	投资收益额（亿元）	投资收益率（%）	通货膨胀率
2000	0.17	—	—
2001	7.42	1.73	0.70
2002	19.77	2.59	−0.80
2003	44.71	3.56	1.20
2004	36.72	2.61	3.90
2005	71.22	4.16	1.80
2006	619.79	29.01	1.50
2007	1453.50	43.19	4.80
2008	−393.72	−6.79	5.90
2009	850.43	16.12	−0.70
2010	321.22	4.23	3.30
2011	73.37	0.84	5.40
累计投资收益	2845.93	8.40（年均）	2.43（年均）

五、落实精细化管理要求，提高内部各项管理水平

经过11年的探索，社保基金会在投资理念、投资方针、资产配置、投资方式等方面积累了宝贵经验，较好地实现了保值增值的目标。但是，基金投资管理还存在不够完善之处，提高投资收益率的潜力还很多。为此，基金提出把加强基金投资精细管理作为当前和今后的一项重大任务。2011年3月，理事长办公会听取了各部门关于落实精细管理具体举措的专题汇报。经过多次讨论和征求意见，最终形成了《全国社会保障基金理事会基金投资精细管理实施办法》，内容涵盖资产配置、投资运营、内部管理、奖惩制度等方面，共计12个部分34条。经过2011年8月的年中理事座谈会审议后实施。经过半年的落实，一些工作已经取得了初步成效。

（一）初步建立了投资项目储备库和项目管理责任制

在制定和实施《实业投资项目库管理办法》的基础上，社保基金会加强与转持企业、被投金融企业、有关投资银行的联系接洽，按照每年实际投资额2倍以上规模，初步建立了实业投资项目库，并根据项目进展情况分为已立项项目、计划立项项目和初步接触项目三种，项目数量超过30个，规模超过300亿元。同时，颁布实施《投资项目负责人试行办法》，明确项目投资的主要范围及项目负责人的选任标准与程序，初步建立了投资项目负责制。

（二）各类分项投资收益评估和分析制度逐步健全

认真落实2010年出台的《基金资产配置办法》、《基金投资基准（试行）》和《基金绩效评估工作暂行办法》。按照新的绩效评估框架，完成《2010年社保基金绩效评估报告》，对基金总体和各类资产短期、中期和长期的绩效情况进行了归因分析。健全了季度和月度投资分析会制度，对各大类资产和各分项投资收益进行比较分析，挖掘提高投资收益的潜力。完善绩效考核办法，鼓励各部门提高投资精细管理水平。

（三）信息系统建设取得了新成效

南京备灾中心基本建成并圆满完成了备灾系统的首次技术演练。建立了社保基金会信息系统应急管理组织架构，组建了高规格的信息系统应急指挥组和应急管理办公室。

（四）顺利完成厘清岗位职责和编制岗位说明书工作

按照先行试点、制定方案、部署动员等9道程序，编制完成了178个岗位的岗位说明书，编印了内设机构职责和岗位说明书汇编，逐步建立科学的岗位动态管理机制。

分报告五
养老金与资本市场良性互动
——国际经验与中国的阶段性实践

摘要：养老保障体系是社会管理的重要基础，也是资本市场长期健康稳定发展不可缺少的重要组成部分。探讨中国养老金与资本市场的互动关系具有十分重要的现实意义。国内外经验表明，养老基金与资本市场存在良性互动关系。无论是发达国家还是发展中国家，养老基金作为长期投资者，充当了资本市场的稳定剂。随着我国基本养老金收支结余规模的不断扩大，养老资金面临保值增值的巨大压力和投资需求。在保证安全性的前提下，养老金参与资本市场投资的渠道和范围不断拓宽，养老金的运营逐步向多元化和国际化发展，迫切需要通过进一步发展和完善我国养老保障体系和资本市场，推动养老金与资本市场协同健康发展。

关键词：养老基金　资本市场　国际经验

一、中国养老金发展壮大带来巨大的投资需求

（一）我国养老金规模不断扩大

伴随着经济发展和社会转型，经过多年持续建设和发展改革，我国初步建立了覆盖城乡的养老保障体系，为推动经济持续发展和社会和谐稳定做出了重要贡献。截至2012年9月底，全国城乡居民两项养老保险的参保人数达到4.49亿人，加上企业职工养老保险，总计覆盖人数超过7亿人。我们已建立了世界上最大的社会养老保险体系，人人享有养老保险成为现实[①]。

我国城镇养老保障体系改革始于20世纪90年代。1995年，国务院《关于深化企业职工养老保险制度改革的通知》指出："国家在建立基本养老保险、保障离退休人员基本生活的同时，鼓励建立企业补充养老保险和个人储蓄性养老保险，构建保障方式多层次的养老保险体系"。随后，1997年，国务院《关于建立统一的企业职工基本养老保险制度的决定》拉开了养老保障制度改革的序幕。2005年，国务院《关于完善企业职工基本养老保险制度的决定》的颁布，标志着"社会统筹与个人账户相结合"的基本养老保险制度在我国基本确立。随着城镇养老保险制度不断完善，我国基本养老保险覆盖人群持续扩大，基本养老保险基金规模快速增加。截止2011年，我国基本养老保险覆盖人群和基金规模如表1所示。

表1　历年基本养老保险基金收支及结余状况　　单位：亿元

年份	收入	支出	累计结余	年份	收入	支出	累计结余
1990	178.8	149.3	97.9	2001	2489.0	2321.3	1054.1
1991	215.7	173.1	144.1	2002	3171.5	2842.9	1608.0
1992	365.8	321.9	220.6	2003	3680.0	3122.1	2206.5
1993	503.5	470.6	258.6	2004	4258.4	3502.1	2975.0
1994	707.4	661.1	304.8	2005	5093.3	4040.3	4041.0
1995	950.1	847.6	429.8	2006	6309.8	4896.7	5488.9
1996	1171.8	1031.9	578.6	2007	7834.2	5964.9	7391.4
1997	1337.9	1251.3	682.8	2008	9740.2	7389.6	9931.0
1998	1459	1511.6	587.8	2009	11490.8	8894.4	12526.1
1999	1965.1	1924.9	733.5	2010	13419.5	10554.9	15365.3
2000	2278.5	2115.5	947.1	2011	16895.0	12765.0	19497.0

资料来源：历年《人力资源与社会保障事业发展统计公报》。

企业年金是我国城镇养老保障体系重要组成部分。2004年5月1日我国开始实施《企业年金试行办法》和《企业年金基金管理试行办法》，2011年新修订了《企业年金基金管理办法》，促进了我国企业年金计划发展，经过数年发展，也形成了一定规模基金结余（见表2）。

表2　2006~2011年企业年金发展状况

年份	企业数（万家）	参保人数（万人）	基金规模（亿元）
2006	2.4	964	910
2007	3.2	929	1519
2008	3.3	1038	1911
2009	3.35	1179	2533
2010	3.71	1335	2809
2011	4.49	1577	3570

资料来源：2006~2011年《人力资源与社会保障事业发展统计公报》。

[①] 温家宝总理于2012年10月12日《在全国新型农村和城镇居民社会养老保险工作总结表彰大会上的讲话》。

此外，2011年6月，国务院《关于开展城镇居民社会养老保险试点的指导意见》颁布，当年末全国有27个省、自治区和4个直辖市部分区县开展城镇居民社会养老保险试点。全年城镇居民社会养老保险基金收入40亿元，其中个人缴费6亿元。基金支出11亿元，累计结存32亿元。

在农村，2009年9月1日，国务院《关于开展新型农村社会养老保险试点的指导意见》颁布，2011年末全国有27个省、自治区的1914个县（市、区、旗）和4个直辖市部分区县开展国家新型农村社会养老保险试点。全年新型农村社会养老保险基金收入1070亿元，比上年增长135.9%。其中个人缴费415亿元，比上年增长84.0%。基金支出588亿元，比上年增长193.3%。基金累计结存1199亿元（见表3）。

表3 2006~2011年新型农村养老保险基金收支情况

年份	收入	支出	结余
2009	—	76	681
2010	453	200	423
2011	1070	588	1199

资料来源：2006~2011年《人力资源与社会保障事业发展统计公报》。

在建立并完善上述养老保险制度之外，为了应对未来的人口老龄化带来的养老金支付高峰，2000年我国成立了全国社会保障基金理事会，通过多渠道筹集资金，投资运作积累资金。截止2011年底，全国社会保障基金理事会管理的基金总规模为8700亿元，其中全国社会保障基金收益为7810亿元，设立11年来，累计投资收益2809亿元，年均投资收益率为8.41%。

上述各项养老保险基金结余规模巨大。2011年底各项基金的累计结余为32116亿元，占当年GDP总额471564亿元的6.81%；占当年国家公共财政收入103740亿元的30.9%。国家《人力资源与社会保障部"十二五"规划》指出，预计"十二五"末将有超过8亿人纳入国家的养老保险体系。可以预见，随着参保人群覆盖面不断扩大，养老保险基金规模还将持续增加。

（二）养老保险基金面临保值增值巨大压力和需求

我国城镇职工基本养老保险、新型农村养老保险和城镇居民养老保险基金构成了我国养老保障体系的主体，都采取了社会统筹与个人账户相结合的部分积累模式。该模式最大的特点就是将现收现付制和基金积累制相融合，基金一部分支付当期退休人员养老金待遇；另一部分进入个人账户的基金形成积累，在该参保人员退休后进行养老金支付。尽管社会统筹账户养老保险基金用于当期支付，但是由于参保在职人群持续扩大，而参保退休人群增长相对缓慢等原因，在未来一段时期内社会统筹账户养老保险基金同样会形成大量结余。因此，养老保险基金具有规模大和存续跨度长的特点。这为社会经济发展提供了一个稳定长期的资金来源，但另一方面，在长期存续过程中，容易受到经济波动和通货膨胀等因素影响，面临资金贬值的风险。而养老保险基金作为老百姓的养命钱，具有通过合适渠道进行投资，以实现保值增值的内在动力和现实需求。

还应该指出的是，我国城镇职工基本养老保险还面临巨大的隐性债务和养老金缺口。人保部社保所、世界银行及原国家体改办都对养老金隐性债务规模进行了测算，大约在2万亿~6.7万亿元之间。养老金缺口方面，仅仅个人账户养老金缺口在2011年底就达到1.7万亿元。随着我国社会经济不断发展和养老金体系不断完善，隐性债务和养老金缺口将逐步得到充实和补足。这部分资金同样具有保值增值的客观需要。

从我国实际来看，不同类型养老保险基金的管理运作方式不同。城镇职工基本养老保险、新型农村养老保险、城镇居民养老保险基金按照当前相关规定，都进入财政专户，只能购买国债或者按照同期银行存款计息。然而，2001~2011年，CPI指数有9年大于同期活期存款利率，有6年大于一年期定期存款利率，而且近年来差距持续扩大。总体来看，2001~2010年10年间，上述养老保险基金年均收益率不足2%，而同期年均通货膨胀率为2.14%。这部分养老保险基金保值面临挑战，增值更是难以实现。

与上述养老保险基金的管理方式不同，企业年金基金和全国社会保障基金采取了相对市场化的投资运行模式，并获得了较好的投资回报。截至2010年，全国社会保障基金累计投资收益2771亿元，年均投资收益率为9.17%，比同期通货膨胀率2.14%高出7.0%。就企业年金基金来看，截至2010年底，年均投资收益率约为6%，同样显著高于通货膨胀率。

可见，虽然进入资本市场进行运营投资的具体手段有所不同，但是在此过程中企业年金和全国社会保障基金都实现了保值增值，并取得较好收益。这与基本养老保险基金当前实际上处于缩水和贬值的状态形成鲜明对比。因此，社会各界对于基本养老保障资金能否通过资本市场提升投资回报，实现保值增值给予了高度关注。

二、境内外养老金参与资本市场实践

（一）养老基金与资本市场的良性互动

养老基金与资本市场有天然的联系，两者的发展相辅相成。养老基金作为资本市场的重要参与者，其资金性质、资金规模、资金管理模式和投资行为等不可避免会对资本市场产生广泛影响。养老基金具有长期性、稳定性、规模性和规范性等特征，不仅有利于促进资本市场规模和容量的持续扩大，还有利于增强资本市场的稳健性和有效性。养老基金进入资本市场投资，可以将居民储蓄中用于养老的长期性储蓄资产从银行体系分流出来，推动国民储蓄向社会投资转化，进而推动金融结构变迁，强化资本市场在金融资源配置方面的地位和作用。养老基金投资范围和投资工具的不断增多，客观上推动了资本市场的产品和服务的创新。同时，养老基金的发展也离不开资本市场环境的支持。养老基金的保值增值与资本市场基础设施不断完善、金融产品不断创新、监管制度不断加强等方面联系密切。

从国际经验来看，养老资金为资本市场发展和体制完善注入了持久驱动力，成为资本市场发展最稳定的基石。养老资金也是美国资本市场最稳定的基石，在过去30年中，美国普通老百姓的"401K"计划中的养老资金与美国道·琼斯指数的相关系数达到90%以上。智利近30年的养老金制度改革也是一个良好的例证。智利养老基金作为证券市场的重要机构投资者，自1981年以来，在证券市场上的投资规模不断扩大，占主要市场规模的比重不断增加，特别是在政府债券市场、抵押债券市场和公司债券市场中的比重增加显著；促进了证券市场的飞速发展。智利案例说明，对于资本市场处于初始发展期的发展中国家而言，养老基金可以成为促进资本市场发展的重要力量。

从国内经验来看，自社保基金和企业年金入市以来，在促进我国资本市场发展、效率和稳定性等方面的作用逐步显现。但中国养老资金的规模占GDP比重仅为7%，远低于OECD国家的平均水平。2012年上半年社保基金和企业年金持有已上市流通A股市值分别为1639.4亿元和164.9亿元，仅占A股总市值的0.94%和0.09%。养老资金规模占GDP比重较低，资本市场与养老基金的互动发展效果尚不明显。对于金融市场不发达、金融产品匮乏、监管力量薄弱的经济而言，养老基金的投资会受到很大的制约。

养老基金与资本市场的互动发展，最终目标还是维持参保人的利益和保证养老保障体系的可持续发展。国内学者张松（2006）[1]运用Granger因果关系检验法对部分OECD国家和拉美国家的养老金和资本市场的关系进行了检验，结果发现市场主导的基金积累制与资本市场之间往往能够出现互动关系，而政府主导的基金积累制改革与资本市场之间往往缺乏互动关系；在资本市场不发达的发展中国家在市场化基金积累制的初期，养老金与资本市场可能更多地表现为养老金促进资本市场发展的单向因果关系。因此，养老金能否与资本市场和谐互动发展往往与养老资金的筹集方式、投资渠道和范围以及投资管理方式等制度性的因素有关。

（二）境外养老基金参与资本市场的特点

养老金体系的发展壮大与成熟资本市场是不可分的。海外经验显示，养老金入市后能够带动资本市场的蓬勃发展，成为资本市场稳定的基石。以美国401（k）计划为代表的私人养老金计划问世后，持续不断地注入资金，美国共同基金业和资本市场才真正走上持续繁荣的发展道路。资本市场的发展也为养老资金提供了保值增值的投资平台，进一步促进了养老体系的发达完善。更为重要的是，私人养老基金携手资本市场，共同推动了美国金融结构的变迁和经济结构的转型。养老金作为长期投资者，对智利等新兴经济的资本市场也功不可没。

养老基金的运营也逐步从简单化走向多元化、证券化和国际化，既有利于分散风险，又可以保证较为合理的收益（见图1）。20世纪70年代以前，西方各国养老基金承受的支付压力并不大，其运营也未受到足够重视。这一阶段养老基金投资的方式比较简单，主要用于购买国债、保险和存银行，投资效益不高。70年代以后，在人口老龄化浪潮的冲击下，现收现付制度、确定待遇（DB）的企业养老金计划都面临支付危机，养老金进行市场化投资运营的呼声日益高涨。

---

[1] 张松：《养老基金与资本市场互动的理论与实证研究——兼论中国养老基金与资本市场良性互动的政策思路》，博士论文，2005年。

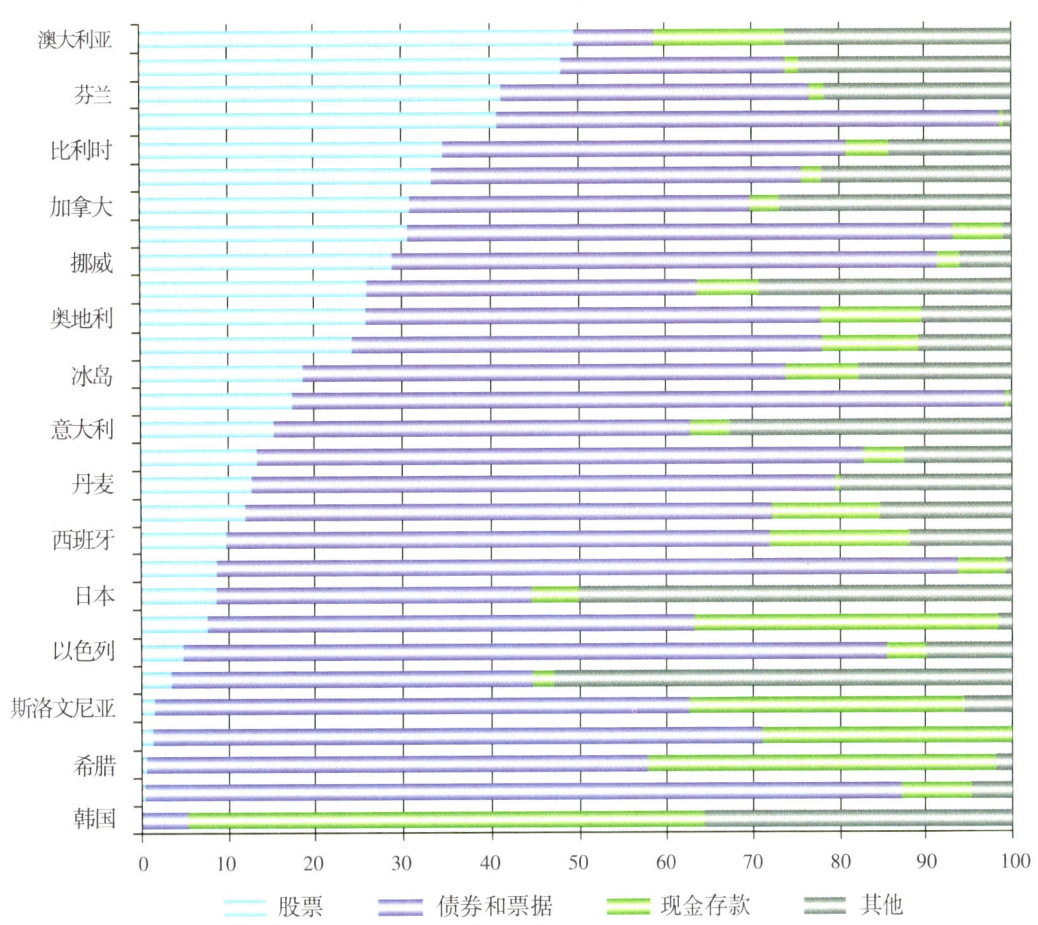

图1 部分 OECD 国家 2011 年养老基金资产配置比例（单位：%）

资料来源：Pension Markets in Focus, OECD, 2012.

世界各国公共养老基金进入资本股票市场进行市场化投资成为主流趋势。公共养老基金分为两类：一类是现收现付体制收支余额形成的基金储备"社保储备基金"；另一类是为应对人口老龄化而建立的养老储备基金"主权养老基金"。大部分 OECD 国家的社保储备基金实行了市场化投资策略，如日本、韩国、加拿大和瑞典（投资股市比例最高，50%）；而另一些国家没有实施市场化投资策略，如美国和西班牙全部投资于国债。各国的主权养老基金全部实施了市场化投资策略。我国地方基本养老保险结余相当于"社保储备基金"，尚未开展市场化投资策略；而担任"主权投资基金"角色的社保基金则广泛投资，获取了相当不错的收益。

养老基金投资的渠道和范围不断扩大。以智利为例，在养老金制度建立初期，养老金只允许投资于包括国债、金融机构债以及公司债券等在内的固定收益类工具；从 1985 年开始可以投资于股票；1990 年可以投资国外证券。中国社保基金的投资也类似，逐步扩大投资范围和投资工具。为了分散国内市场的风险，许多国家还允许企业年金进行海外投资，美国、英国是企业年金海外投资最多的国家。

多种债券品种将提供丰富的投资选择和稳定的收益。在多数国家公共养老金开始市场化和多元化的投资趋势以来，仅有少数国家坚守非市场化的国债型投资体制国家，如美国、英国、爱尔兰和西班牙。四国基金存量总规模在全球 5.6 万亿美元基本养老保险基金存量中占 56%。2008 年金融危机时，四国不但没有任何损失，而且利息收入高达 2600 亿美元。四国待遇确定型现收现付制的基本养老保险基金资产虽然完全持有国债，但其收益率平均为 4%~6%，不仅高于通胀率，而且还高于其社会平均工资增长率，实现了养老保险基金保值增值的制度目标。我国资本市场今年来虽然实现了快速发展，但是相对于间接融资，直接融资还相对落后；同时在直接融资中，相对于股本融资，债券融资还有待进一步加强。成熟的债券市场是养老资金保值增值的基本保障。

投资监管政策的松紧与资本市场的完善程度相关。在中东欧国家，由于金融市场发育落后，资本市场规模小且风险性高，各国政府对个人账户资金都实行了较为严格的管制措施，这些措施具体体现在投资范围、费用和担保机制等方面。一般股票的投资份额最能反映投资政策的自由性。例如，捷克并未对养老金投资股票份额设上限，斯洛伐克为80%，匈牙利和罗马尼亚都为50%。而在金融市场成熟的国家中，养老基金普遍对投资证券市场比例无限制。根据2011年6月公布的经济合作与发展组织（OECD）30个国家养老基金投资监管调查数据显示，18个国家（60%）对其养老基金投向证券市场的比例没有限制，6个国家对其养老基金投向OECD国家证券市场的比例没有限制，两个国家对其养老基金投向EU、EEA国家或者评级A-以上国家证券市场的比例没有限制。

（三）国内养老金参与资本市场实践

近年来，我国社保基金和企业年金在资本市场上取得了优异的投资收益率，充分说明了我国资本市场的长期投资价值已经形成，资本市场也推动了我国养老金体制向着公开化、透明化和市场化的方向发展。但两者的规模相对于资本市场的规模基本很小，未能构成重要的长期机构投资者。

1. 基本养老保险投资体制有待改革

我国的基本养老保险制度采取了社会统筹与个人账户相结合的部分积累制度，其中社会统筹部分实行的是待遇确定型的现收现付制，个人账户部分实行缴费确定型的完全积累制。账户基金与统筹基金的投资政策始终如一，并采取相同、没有任何差别的投资体制和投资政策，并没有体现当初设立个人账户的初衷。目前，个人账户基金累计余额已达2703亿元，但投资工具主要是银行协议存款和购买国债。投资体制和投资政策远落后于基金规模的不断扩大和保值增值的需要，随着基金规模的扩大，投资收益率的过低导致的损失就越大。

基金的规模越大，贬值风险就越大。不到2%的名义收益率既低于国外任何一个实行国债投资体制的收益率，也低于国外任何一个实行市场化和多元化投资体制的收益率，几乎是世界上收益率最低的社会保险基金。

此外，我国的基本养老保险高度依赖于财政补贴。自1998年起，我国对基本养老保险的财政转移支付逐年增加，连续12年财政补贴总计8300亿元，占2009年年底基本养老保险制度累计结余1.25亿元的比例高达66.4%。2010年爆发的希腊和爱尔兰主权债务危机震惊世界，养老保险制度的结构改革问题再次被提到各国政府的案头。

2. 社保基金参与资本市场收益显著

从2001年国务院批准社保基金入市以来，社保基金经历了一个从无到有、从少到多的发展历程；目前，它已经成为了长期资金进入股市的主力军，也是我国A股市场机构投资者的主要参与者。总体来看，从成立以来社保基金实现年均投资收益率为9.17%，远远超过同期的年均通货膨胀率。

社保基金在过去10年中，在严格控制风险的基础上，不断扩大投资范围，借鉴了国际通行的资产配置、管理人选择、风险管理、绩效评估等一整套方法。投资领域从初期的银行存款、国债和其他具有良好流动性的金融工具，扩大至中央企业股权投资、股权投资基金等；规定了各类资产配置的上限或区间。通过股票和债券等各类资产组合投资，大致实现了年均9%的收益。同时，社保基金的实业投资规模不断扩大，截至2011年底为1375.72亿元，先后投资交行、工行、中国人保等金融企业及京沪高铁、中航国际等工商企业，并参与了交通银行、中国南车的定向增发。

社保基金投资包括直接投资和委托投资。股票投资主要采用委托投资方式。社保基金理事会的直接投资包括银行存款、固定收益、股权投资以及部分股票投资等。从近5年全国社保资金资产收益情况来看，委托投资的资产占比相对稳定，维持在40%左右。从已实现投资收益率来看，在投资环境较好的2007年，社保资金实现了38.93%的年投资收益，分享了证券市场的繁荣。2008年由于受全球金融危机的影响，年收益急速回落至5.2%，未跑赢当年5.9%的通货膨胀率。但相对于上证A股全年-65%的跌幅来说，社保基金实现了正的绝对收益，这已经显示其稳健的投资运作能力：牛市期间具有良好的资产增值能力，熊市具有良好的资产保值能力。

3. 企业年金市场化运作，规模有待扩大

2004年原劳动和社会保障部发布了《企业年金试行办法》和《企业年金基金管理试行办法》，首次将传统的企业养老补充保险规范为完全积累的缴费确定型（DC）信托制模式，建立了以信托关系为核心的市场化运作、投资、管理框架。2011年新修订的《企业年金基金管理办法》针对企业年金运行6年以来存在的问题和市场供需情况的新变化，进一步优化和完善了我国企业年金制度的基本框架和制度建设，加强了监督管理的力度，使企业年金基金的管理和投资运营更加规范。规范办法出台后，企业年金的管理开始由各地社保部门移交至获得企业年金管理资格的金融机构管理，向更加市场化的运作迈进。

由于政策的大力推动，作为城镇职工养老保险体系的"第二支柱"的企业年金规模迅速增长，但覆盖范围有限。2004年底年金规模仅为498亿元，2011年末企业年金基金累计结存3570亿元；但全国参与企业年金的企业仅为4.47万家，参与职工只有1577万人。企业年金基金积累规模较小，市场总体规模有限，导致了每家投资管理人的基金额较低，投资业绩不理想。

企业年金实行的是完全的市场化运营，为了维护企业年金基金的安全性，国家对基金的投资范围和投资比例做了严格的限制。随着投资渠道的逐步放宽，企业年金基本已涉及所有的投资工具，包括银行存款、政府债券、企业债券、贷款合同、股票及衍生工具等在内的金融工具和包括房地产、基础设施建设等在内的实业工具。虽然实业投资周期长、流动性差，但在一定程度上具有防范通胀的功能，因此也成为企业年金的投资工具。与社保基金的投资管理相比，企业年金的投资运营更为谨慎，对股票等高风险品种投资比例的限制更大。

虽然企业年金在股票市场上的规模偏小，对股市影响力有限；但快速发展的年金市场为我国公募基金业的发展提供契机。在企业年金基金资产组合中，权益类产品占比越高，企业年金的投资收益率也越高（郑秉文，2011）。这给我们的重要启示是，在政策允许和风险可控的前提下，应该增加资产组合中权益类产品和投资比重，这既能适应企业年金基金的长期性、稳定性和规模性的特点，又能获取较高的投资收益率，从而有利于增强企业年金的市场信心，进一步扩大企业年金的覆盖范围，让更多的参保职工享受经济发展的成果。

三、推动养老金与资本市场协同健康发展

养老金体系与资本市场是互相推动，互相促进的关系。因此，无论是从完善养老金体系还是发展资本市场的角度讲，都需要实现两者的协同与健康发展。从当前政策实践来看，应该主要从以下几方面入手：

第一，发展和完善城乡养老保障体系。我国现有的养老保障体系分为两类：以非就业者为对象的新型农村养老保险和城镇居民养老保险制度，但待遇水平较低。如2011年新型农村养老保险年均养老金水平仅为690元。因此，新农保当前的主要任务提高待遇水平。城镇居民养老保险制度2011年7月开始试点，年底参保人口规模仅为539万人。因此，城镇居民养老保险的主要目标是扩大参保人群，实现制度全覆盖。

以就业者为对象的城镇职工养老保障体系，包括基本养老保险与企业年金两部分。职工基本养老保险中，截止2011年底，我国个人账户应记账额累计2.5万亿元，而实际累计仅2703亿元。因此，进一步做实个人账户并提高基本养老金水平，是职工基本养老保险工作的重点。

企业年金近些年面临发展趋缓的困境。2005~2011年，企业年金参保人数仅占基本养老保险参保人数的5%左右，基金规模仅占基本养老保险基金的20%左右。与此形成鲜明对比的是，美国2010年底401（K）金规模达到3.1万亿元，占GDP的21%，占美国养老金总资产的31%。可见，企业年金作为我国城镇养老保障体系的第二层次，基础还比较薄弱，发展相对缓慢。因此必须加快发展企业年金制度，使其成为多层次养老保险体系的重要支撑。

第二，进一步发展和完善资本市场。经过多年发展，我国资本市场取得巨大成就。首先是规模跃居世界前列。从股票市场看，2011年底中国股票总市值和公司信用类债券余额全球排名第三。到2012年6月底，沪深两市上市公司达到2444家，总市值22.6万亿元；全国债券市场托管量达到23万亿元。商品期货和金融期货规模同样名列世界前茅。其次是市场体系逐步完善。经过多年努力，我国覆盖股权和债权的多层次资本市场已经初步形成。截至2012年6月底，沪深市场主板、中小板、创业板上市公司分别为1429家、683家和332家，在区域性股权转让市场和产权交易市场挂牌的企业数千家；交易所和银行间市场合计的债券存量，国债是7万亿元，地方债4547亿元，金融债（含央票、政策性银行债、商业银行债、非银行金融机构债）10万亿元，公司信用债近6万亿元。

但是与国外成熟市场相比，中国资本市场起步晚，仍然存在诸多问题。一是资本市场的自身结构不平衡。首先表现为股票债券比例失调。2011年底公司类信用债的余额不到股票市值的1/4；债券市场仍以国债、金融债、政策性银行发的债为主，公司类信用债券仅占全部债券市场的1/5左右。其次是股价结构不平衡。2011年新股平均发行市盈率为48倍，而沪深市场的全年平均市盈率只有17.76倍。二是服务实体经济的能力相对较弱。资料显示，我国

实体经济中的大、中、小微型企业分别有数千家、数十万家和1000多万家，这种企业层次在客观上需要一种"金字塔"形的资本市场体系与之匹配。但是，我国市场的主板（含中小板）、创业板、代办股份转让系统却呈"倒金字塔"形，现有的上市公司主要是大中型、成熟型企业，场外市场功能也尚未有效发挥。

因此，必须加快发展和完善资本市场，促使市场结构更加合理和平衡，金融产品更加丰富，交易机制更加完善和高效，逐步形成由交易所市场、场外市场、区域性市场、无形市场等形成的多层次、高效率、全覆盖的市场体系，以满足多元化的投融资需求。并为养老保险基金等长期资金创造实现"专业投资、分散投资、组合投资"的市场基础。

第三，培育和发展相关机构和主体。我国资本市场不完善另一个突出表现是投资者结构不合理，专业机构发展滞后。2011年底，我国股市内证券投资基金、社保基金、保险机构、信托机构等机构投资者占比为15.6%，境外专业机构只有1%。更不合理的是，A股市场个人投资者持有市值占26%，完成交易额却占到全市场的85%左右。在欧美等发达市场，机构投资者占有的市值达70%左右。和发展中国家比较，我们也有很大差距。国际证监会组织的数据显示，2010年马来西亚的境内专业机构持股市值占总市值的69%，境外机构占22%，境内企业和个人仅占9%；韩国的境外机构占36%，境内机构占23%；阿联酋的境外机构占11%，境内机构占34%。可见，培育和发展长期机构投资者，对于促进我国资本市场完善具有重要意义，也是实现资本市场与养老金良性互动的前提条件。

第四，改革和完善相关体制机制。一是建立和完善养老保险基金管理运营制度。我国职工基本养老保险基金分为两部分：一部分是社会统筹账户资金，截止2011年底累计结余16895亿元。我国目前绝大部分以银行存款的形式存在。国外相似性质的基金，一般都投资于特种债券，如美国OASDI基金。另一部分的个人账户基金2011年底结余2703亿元，如果个人账户资金全部做实，规模大约2万亿元，目前除了一小部分由全国社会保障基金理事会进行市场化投资外，其他同样存在银行。如果说社会统筹账户养老保险基金要进行当期支付，对基金安全性要求比较高，因此需要存在银行。而个人账户基金是一笔长期的较大规模基金，应该进行适当投资实现保值增值。然而当期的个人账户基金和社会统筹账户基金一样存入财政专户，投资收益低下。此外，企业年金作为我国养老保障体系的重要组成部分，这些年来发展相对滞后，而从国外实践来看，税收优惠是企业年金制度发展的重要动力。因此，有必要明确和完善相关延迟纳税和税收优惠政策来进一步推动企业年金制度发展。

二是扫除影响养老金和资本市场良性互动的一些技术性障碍。首先从相关法规制度来看，与欧美成熟资本市场相比，我国除基本养老金投资证券市场存在限制之外，企业年金投资股票还存在结构限制，投资比例较低。尽管经过修订，企业投资于股票市场的比例限制从20%提高到30%，但是与国外相比，仍然较低。此外，从投资管理体制上来看，当前的企业年金运作主体分为4个，分别为受托人、账户管理人、投资管理人和托管人，体现的是传统的分类经营、分业管理的模式，增加了养老基金运作管理成本和复杂性，因此，在提高行业混业经营水平和相关部门监管水平的基础上，必须简化管理体制，提高运营效率，为养老金与资本市场的良性互动创造良好的外部环境。

第五，增强相关主体的管理和运营能力。从管理者角度来讲，资本市场监管层既要不断提高资本市场治理水平，增加市场的透明度，强化保护投资者机制；同时还要发展和提高长期机构投资者的理财服务能力，创新和丰富金融产品。养老保障体制管理层必须加强与养老金投资相关的制度建设，建立资产配置、管理人选择、风险管理、绩效评估等一整套方法，通过专业投资者来进行专业投资。同时，个人投资者的委托机制和自主选择机制必不可少。

第六，澄清和纠正一些观念上的误区。当前社会上存在一些对养老金与资本市场关系的不正确认识。其一是把养老金入市狭隘地理解为"入股市"。事实上，养老金入市并不仅仅是买股票，还包括政府债、企业债、信托投资、资产证券化投资、直接股权投资、股权投资基金投资、境外投资和银行存款等。在实业投资、固定收益投资和股票投资的资产配置中，股票投资仅是一小部分而已。其二是把养老金入市错误地理解为"救股市"。这种认识把养老金和资本市场之间互相推动、互相促进的关系对立起来，事实上养老金入市，在推动资本市场发展和完善的同时，也是实现养老金保值增值的客观要求。其三是入市后会影响养老金发放，甚至担心股市"吃掉"养老金。实际上，我国职工基本养老保险基金采取的是社会统筹与个人账户相结合的模式，尽管个人账户还未完全做实，但是无论从当年看，还是从历年累积看，当前社会统筹账户与个人账户都有大量基金结余，养老金入市指的仅仅是这部分结余资金，不会影响当期养老金发放。

总之，从国外成熟经济体的发展历程和我国已有相关实践来看，养老金和资本市场之间，是一个互相推动、互相促进的过程。如果没有资本市场的规范发展和健康成长，那么养老保险基金实现保值增值的目标就无从实现；如果没有养老金等长期资金的支持，资本市场就缺少专业的、大型的长期机构投资者，资本市场也不可能健康发展。因此，养老金与资本市场之间不能互相等待，要共同推动。

《中国老龄事业发展"十二五"规划》提出"在完善法规、严格监管的前提下，适当拓宽基本养老保险基金投资渠道，实现保值增值"。《社会保障"十二五"规划纲要》同样指出，要积极稳妥推进基本养老保险基金投资运营，为应对人口老龄化高峰提供制度和资金保障。可见，各方已经达成推进养老金运营管理的共识，与此同时，资本市场也具有培育和发展养老金等长期机构的内在要求。因此，我们应该汇集各方力量，优化制度顶层设计，共同促进养老金体系与资本市场的良性互动和协同发展。

第二部分
养老金改革篇

分报告六
部分省份城镇职工基本养老保险基金收不抵支制度参数分析

摘要： 自1991年以来，全国城镇职工基本养老保险基金的收支规模不断扩大，尤其是近10年来随着制度覆盖面的扩展，基金结余量迅猛增长。但是，部分省份当期"收不抵支"的财务失衡现象问题也越来越突出。本报告对全国32个省级统筹单位（包括新疆兵团）近10年来的财务收支状况进行了总结回顾，运用养老基金征缴收入、基金总支出和当期收支结余三个指标分析了各省养老基金财务收支状况的历史变化，从缴费率、替代率和赡养率等主要制度运行参数角度，解读分析了部分省份"收不抵支"的成因。从近10年的变化趋势看，全国越来越多的省份走出了"收不抵支"的困境，亏损省份由2002年的29个减少到2011的14个（包括兵团在内），但当期收支亏损额却逐年扩大，由2002年的476.6亿元上升到2011年的766.5亿元，说明"收不抵支"现象向少数省份集中（尤其是老工业基地）的趋势越来越明显。预测表明，未来5年内，这种趋势会进一步加剧，扩面"窗口期"并不能从根本上改变少数省份"收不抵支"的财务失衡现象。

关键词： 征缴收入 养老基金支出 收不抵支 缴费率 替代率 赡养率

据全国人力资源和社会事业发展统计公报及人力资源和社会保障部最新数据显示，2011年全国城镇职工基本养老保险制度（以下简称"城镇制度"）当年基金收支结余为1191亿元，其中18个省份当年征缴收入大于基金支出，而14个统筹单位（13个省和新疆兵团）基金支出大于征缴收入，收支缺口共计766.5亿元[1]。事实上，由于长期以来"城镇制度"统筹层次局限于地方省级或市县级单位，历史上各省份都不同程度存在着当期收不抵支的财务失衡现象，影响到基本养老保险制度的财务可持续性。本报告分析近10年来地方基本养老保险基金的收支状况、制度运行的参数变化以及未来的发展趋势。

一、"城镇制度"历史财务收支状况
（一）基金收支和结余情况

表1说明自1991年以来"城镇制度"养老基金历年的当期征缴收入、基金总支出、当期结余和累计结余情况。从总量上看，在过去21年，制度征缴收入、基金支出和累计结余规模都呈现出快速增长趋势，分别由1991年的215.7亿元、173.1亿元和144.1亿元增加到2011年的1.39万亿元、1.27万亿元和1.94万亿元，年均增长速度分别达到了21.9%、22.7%和26.3%。从当期收支结余规模变化看，这21年可分为三个明显的发展阶段：

第一阶段：1991~1997年，基金收支水平较低，基本维持平衡。至1996年，基金收入和支出的规模分别都达到了1000亿元。这段时期可称为城镇制度的"探索试点期"，特点是覆盖面和支出规模都较小，结余量也较低。自1991年国务院颁布《关于企业养老保险制度改革的决定》，到1997年《国务院关于建立统一的企业职工基本养老保险制度的决定》的出台，"城镇制度"的框架基本确立。在此阶段，各省养老保险制度改革的一个主要目标是进行退休费用的社会统筹，参保单位以国有企业为主，同时向城镇集体企业扩展，此阶段原11个行业统筹的职工也加入全国社会统筹。

第二阶段：1998~2003年，基金连续6年出现收支逆差。一方面，此阶段恰逢国有企业关、停、并、转改革进程加速推进，大批企业职工下岗，部分企业因经营困难，造成基本养老保险欠费现象突出，基金收入受到影响；另一方面，退休金制度并轨后，原来企业负担的退休金开始由社会保险统筹支付，支出大规模增加。在此期间，全国大部分省份出现当期收不抵支，不少省份拖欠养老金发放，或不能全额发放。例如，仅1999年，全国补发的拖欠养老金就达133.4亿元[2]。与此同时，"城镇制度"的参保覆盖面也在逐步扩展，到1999年，制度参保范围扩大到外商投资企业、城镇私营企业，部分地方将覆盖面扩大到城镇个体工商户，2002年进一步扩大至城镇灵活就业人员。从20世纪90年代中期开始，部分省份也开始试点事业单位基本养老保险制度改革。到2003年，"城镇制度"的收入和支出规模都达到3000亿元以上。

第三阶段：2004年至今，基金收支规模加速增长，结余额大幅上升。2004年"城镇制度"开始恢复当期收支平衡，随后7年内，基金征缴收入和支出增长迅猛，年均增速分别达到了21.4%和20.3%。至2010年，基金收支规模都已超过了万亿元。此期间，基金历年的当期结余量不断增加，至2011年达到了1191亿元。同时，"城镇制度"养老基金累计结余也呈现出显著的上升趋势。至2011年，基金累计结余达到了1.94万亿元的历史最高水平，7年来的年均增速高达30.8%。

---

[1] 人力资源和社会保障部2012年提供数据；2012年《人力资源和社会事业发展统计公报》。
[2] 人力资源和社会保障部（原劳动和社会保障部），1999年《劳动和社会保障事业发展统计公报》。

分报告六 部分省份城镇职工基本养老保险基金收不抵支制度参数分析

表1 城镇职工基本养老保险历年收支和结余情况

年份	当年征缴收入		当年基金总支出		当年结余（亿元）	累计结余	
	总量（亿元）	同比增速（%）	总量（亿元）	同比增速（%）		总量（亿元）	同比增速（%）
1991	215.7	—	173.1	—	42.6	144.1	—
1992	365.7	70	321.9	86	43.8	220.6	53
1993	503.5	38	470.6	46	32.9	258.6	17
1994	707.4	40	661	40	46.4	304.8	18
1995	950.1	34	847.6	28	102.5	429.8	41
1996	1171.8	23	1031.9	22	139.9	596.2	39
1997	1337.9	14	1251.3	21	86.6	682.8	15
1998	1353.0	1	1511.6	21	−158.6	587.8	−14
1999	1595.0	18	1924.9	27	−329.9	733.5	25
2000	1869.0	17	2115.5	10	−246.5	947.1	29
2001	2091.8	12	2321.3	10	−229.5	1054.1	11
2002	2551.4	22	2842.9	22	−291.5	1608	53
2003	3044	19	3122	10	−78	2207	37
2004	3585	18	3502	12	80	2975	35
2005	4312	20	4040	15	272	4041	36
2006	5215	21	4897	21	308	5489	36
2007	6494	25	5965	22	529	7391	35
2008	8016	23	7390	24	626	9931	34
2009	9534	19	8894	20	640	12526	26
2010	11110	17	10555	19	555	15365	23
2011	13956	26	12765	21	1191	19497	27

注：1991~1997年期间的征缴收入采用的是"城镇基本养老保险基金收入"大口径数据，基金收入项目包括征缴收入、利息收入和其他收入等，在1997年之前各级财政对"城镇制度"未进行补贴。

资料来源：2011年数据来自人力资源和社会保障部；其他年份数据来自：1991~1998年《中国劳动年鉴》、1999~2008年《中国劳动和社会保障年鉴》、2009~2011年《中国人力资源和社会保障年鉴》和历年中国劳动（人力资源）和社会事业发展统计公报。

（二）财政补贴情况

从1998年开始，各级财政开始通过转移支付方式对"城镇制度"基金支出进行补贴。图1说明了自1998年以来，各级财政对"城镇制度"补贴规模的变化趋势。在1998~2011年的12年间，各级财政累计补贴额达到了1.26万亿元，占到2011年全国"城镇制度"累计结余额的64.9%。如果用2011年累计结余扣除历年的财政补贴额之和，"城镇制度"的净累计结余为6850亿元。也就是说，如果没有这14年的财政补贴，"城镇制度"的基金累计结余总量将缩水2/3。

从图1可以看出，财务补贴额呈现出逐年上升势头，由1998年最初的24亿元，增加到了2011年的2272亿元，自1999年以来的年均增速达到了20.9%。在各级财政补贴中，来自中央财政的补贴额占据了主导地位，从图1附表中可以看出，除2006~2008年外，历年来自中央财政的补贴比例都超过了80%。自1998年以来，来自中央财政的补贴额合计达到了10363亿元，占全部财政补贴资金的比重为82%；来自地方财政的补贴为2285亿元，仅占18%。

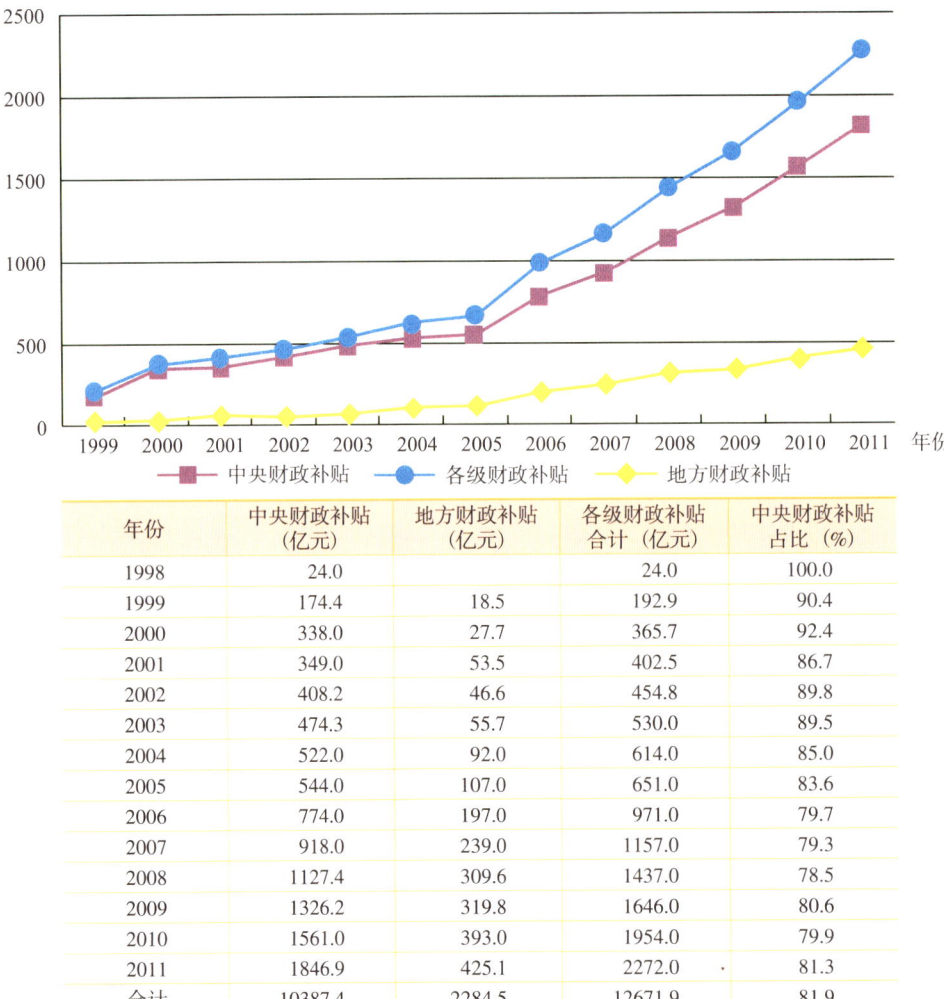

年份	中央财政补贴（亿元）	地方财政补贴（亿元）	各级财政补贴合计（亿元）	中央财政补贴占比（%）
1998	24.0		24.0	100.0
1999	174.4	18.5	192.9	90.4
2000	338.0	27.7	365.7	92.4
2001	349.0	53.5	402.5	86.7
2002	408.2	46.6	454.8	89.8
2003	474.3	55.7	530.0	89.5
2004	522.0	92.0	614.0	85.0
2005	544.0	107.0	651.0	83.6
2006	774.0	197.0	971.0	79.7
2007	918.0	239.0	1157.0	79.3
2008	1127.4	309.6	1437.0	78.5
2009	1326.2	319.8	1646.0	80.6
2010	1561.0	393.0	1954.0	79.9
2011	1846.9	425.1	2272.0	81.3
合计	10387.4	2284.5	12671.9	81.9

资料来源：历年《中国财政年鉴》，历年劳动（人力资源）和社会保障事业发展统计公报，历年《中国劳动（人力资源）和社会保障年鉴》。

图1 历年各级财政对基本养老保险制度的补贴（亿元）

（三）近10年来的制度参数分析

表2　"城镇制度"基本运行参数

年份	2002	2003	2004	2005	2006	2007	2008	2009	2010	2011	年均
一、基金征缴收入方关联性指标											
1. 征缴收入年增收额（亿元）	459.6	492.6	541.0	727.0	903.0	1279.0	1522.0	1518.0	1576.0	2846.0	1186.4
2. 征缴收入年增速（%）	22.0	19.0	18.0	20.0	21.0	25.0	23.0	19.0	17.0	26.0	20.8
3. [（平均工资增长率+1）×（参保职工增长率+1）]−1	15.9	18.3	20.0	22.7	23.2	27.6	28.1	19.8	24.1	27.0	
4. 参保职工数量（万人）	11129	11646	12250	13120	14130	15183	16587.5	17743.0	19402.3	21565	

续表

年份	2002	2003	2004	2005	2006	2007	2008	2009	2010	2011	年均
5. 参保职工人数年增长率（%）	3.0	4.7	5.2	7.1	7.7	7.5	9.3	7.0	9.4	11.2	7.6
6. 参保职工人均缴费（元）	2293	2614	2927	3287	3691	4277	4833	5373	5726	6472	
7. 城镇在岗职工平均工资（元）	12422	14040	16024	18364	21001	24932	29229	32736	37147	42459	
8. 城镇在岗职工平均工资年增长率（%）	12.5	13.0	14.1	14.6	14.4	18.7	17.2	12.0	13.5	14.3	14.6
9. 人均缴费率估算（%）	21.1	21.0	20.8	20.5	20.1	20.4	19.4	18.4	17.5	17.4	
10. 缴费工资基数估算（元）	8750	9976	11170	12544	14087	16325	18445	20509	21855	24701	
11. 缴费工资基数/城镇在岗职工工资（%）	70.4	71.1	69.7	68.3	67.1	65.5	63.1	62.7	58.8	58.2	
二、基金支出方关联性指标											
12. 基金支出年增支额（亿元）	521.6	279.1	380.0	538.0	857.0	1068.0	1425.0	1504.0	1661.0	2210.0	1044.4
13. 基金支出年增速（%）	22.0	10.0	12.0	15.0	21.0	22.0	24.0	20.0	19.0	21.0	18.2
14. 离退休职工数量（万人）	3607.8	3860.2	4103	4367.5	4635	4953.7	5303.6	5806.9	6305.0	6826.2	
15. 离退休职工人数年增长率（%）	6.7	7.0	6.3	6.5	6.1	6.9	7.1	9.5	8.6	8.3	7.3
16. 人均养老金支出（元）	7879	8087	8536	9250	10564	12042	13933	15316	16740	18700	
17. 人均养老金支出增长率（%）	14.7	2.6	5.6	8.4	14.2	14.0	15.7	9.9	9.3	11.7	10.1
18. 历年人均养老金支出/上年度城镇在岗职工平均工资（%）	72.9	65.1	60.8	57.7	57.5	57.3	55.9	52.4	51.1	50.3	
19. 历年人均养老金支出/缴费工资基数估算（%）	90	81.1	76.4	73.7	75.0	73.8	75.5	74.7	76.6	75.7	
20. 制度赡养率（%）	32.4	33.1	33.5	33.3	32.8	32.6	32.0	32.7	32.5	31.7	

注："城镇在岗职工平均工资"数据引自历年《中国统计年鉴》；自 2009 年始，"城镇在岗职工平均工资"采用"城镇单位就业人员平均工资"指标数字。

资料来源：1991~1998 年《中国劳动年鉴》；1999~2008 年《中国劳动和社会保障年鉴》；2009~2011 年《中国人力资源和社会保障年鉴》；历年中国劳动（人力资源）和社会保障事业发展统计公报；历年《中国统计年鉴》。

表 2 说明了自 2002 年以来"城镇制度"主要运行参数的历史变化情况，以基金征缴收入方关联性指标和基金支出方关联性指标两组数据，来解释近 10 年来"城镇制度"基金收支的变化趋势。

1. 征缴收入和基金支出增速比较

近 10 年来，基金收支都处于一个快速增长期，征缴收入（指标 2）和基金支出（指标 13）的年均增速分别为 20.8% 和 18.2%。除 2002 年和 2010 年外，历年的征缴收入增长额（指标 1）都超过了支出增长额（指标 12）；此 10 年间，征缴收入年增额平均为 1186.4 亿元，支出年增额平均为 1044.4 亿元，因此当期结余额逐年增加。

2. 影响征缴收入增速的因素分析

征缴收入的增长主要分解为两个因素：一是历年参保人数的增速（指标 5），10 年间年均为 7.6%，2011 年参保人数较 2002 年增加了 93.7%；二是历年缴费基数的增速，这里采用"城镇在岗职工平均工资"增长率指标代表费基增长率（指标 8），10 年间年均增速为 14.6%。在表 2 中的指标 3 一栏中，将参保职工人数增长率与城镇在岗职工平均工资年增长率进行复合计算，可以得出征缴收入年增长率理论值，该数值与实际征缴收入增速（指标 2）偏差不大，除 2002 年、2008 年、2010 年三年外，大部分年份内理论值与实际值上下波动幅度不超过 3 个百分点，并且有 3 个年份（2003 年、2009 年和 2011 年）二者数字基本一致（差幅在 1 个百分点内）。这说明参保职工人数增长率和城镇职工收入增长率两个指标能够基本解释征缴收入增长率的实际变化。

人均缴费率。人均缴费率（指标 9）是人均缴费量相对于上年度工资收入基数的比例。其计算公式为：

人均缴费率=（当年度征缴收入总量/当年度年末参保职工人数）/上年度城镇在岗职工平均工资。

从指标 9 可以看出，10 年间实际人均缴费率与法定缴费率有较大差距，并呈微幅下降趋势，由 2002 年的

21.1%下降到2011年的17.4%。

缴费工资基数。缴费工资基数是根据法定缴费率计算出的实际缴费工资基数（理论估算值）。其计算公式为：

缴费工资基数=参保人员人均缴费/法定缴费率。

按照目前的缴费政策，假定全国单位职工平均缴费率为28%，以个体身份参保者缴费率为20%。2011年全国单位职工参保人数比例为78.3%，以个体身份参保者人数比例为21.7%[①]，由此计算出的加权平均缴费率为28%×0.783+20%×0.217=26.2%。

从指标11可以看出，历年缴费工资基数占城镇在岗职工平均工资的比率呈逐年下降趋势，由2002年的70.4%下降到2011年的58.2%。

因此，无论是从缴费率角度分析，还是从缴费工资基数角度分析，"城镇制度"的征缴率都呈下降趋势，其中可能的原因在于：一是随着"城镇制度"覆盖面的扩展，越来越多非正式部门就业者加入制度，降低了总体缴费基数水平；二是制度本身存在的逃、漏费现象造成了名义缴费基数与实际缴费二者差距过大的现象。

3. 影响基金支出规模增速的因素

近10年来基金收入快速增长的同时，基金支出规模也保持了高速增长，年均增速达到了18.2%。其中原因可分解为两方面因素：一是离退休职工人数的增加，年均增速达到了7.3%；二是退休金水平的上升，10年间的人均养老金年均增速为10.1%。虽然退休金绝对水平呈逐年上升趋势，但由于其增长速度低于城镇在岗职工平均工资增速，因此，退休金替代率（相对于社会平均工资）呈逐年下降趋势。以人均养老金支出相对于上年度城镇在岗职工平均工资的比重（指标18）为例，该数字由2002年的72.9%下降到2011年的50.3%。以人均养老金支出相对于当年缴费工资基数的比重（指标19）为例，该数字由2002年的90%下降到2011年的75.7%。

从制度赡养率上看，10年间"城镇制度"的赡养率（指标20）变化不大，保持在31%~34%之间，负担水平约为3位参保者抚养1位退休者；制度赡养率由2002年的32.4%下降到2011年的31.7%的趋势说明，近10年来制度覆盖面的扩展速度略高于退休人员数量的增速，可以说制度赡养率的稳定主要得益于覆盖面的扩展。

二、各省份"城镇制度"近10年来的财务收支状况

（一）基金征缴收入

表3汇总了各省、直辖市、自治区和新疆兵团等32个统筹单位自2002年以来历年的基金征缴收入数据，并以2011年的征缴收入为基准，将各省进行了排序。由于数据统计来源的原因，对各省使用的数据做以下几点说明：第一，2011年的数据全部为当年养老基金实际征缴收入。第二，在2011年以前年份的数据中，山东、北京、浙江三地的数据为各省的全部养老基金收入数字，由于这三个省市历年当期养老基金都有着正向结余，因此，不享受中央政府的财政补贴，各省的征缴收入占全部基金收入的比例一般为95%左右，采用"全部养老基金收入"指标代替征缴收入指标，误差为5%左右，影响不大；此外，重庆市在2011年以前年份的征缴收入数据仅为企业单位（含其他）参保职工养老基金的征缴额，不包括机关和事业单位，由于重庆市机关、事业单位参保职工历年的养老基金征缴额占全部单位养老基金征缴额的比例较低（例如，2011年仅为1.2%），因此，采用该项指标误差也较小。第三，部分省份个别年份数字为估算数值。主要估算依据为：该年份全部养老基金收入×征缴收入占比；该年份的"征缴收入占比"由相邻年份内的数字估算得出。从历史经验值观察，除非该年份内有特殊性因素（如制度外群体加入、一次性大量补缴、清欠等），该项指标的波动幅度较小。

从表3统计数据中可以看出，各省（含兵团）的征缴收入规模差别是很大的，2011年最高的为广东省，达到了1283.05亿元，而西藏仅为11.56亿元。从绝对量上比较，2011年征缴收入排名前五位的分别为：广东、江苏、山东、上海和四川；最后五位的分别为：宁夏、海南、青海、新疆兵团和西藏。总体来看，征缴收入量反映出了各省的参保职工总量和经济发展水平，东部沿海省份和人口大省排位靠前，中西部地区省份则排名靠后。从增长速度上看，2002年以来各地的征缴收入年均增速都保持在10%以上，全国平均水平为20.8%，这主要得益于保费收入规模较大的省份所做出的贡献，在广东、江苏、山东、浙江和北京等外来人口较多的省份，征缴收入年均增速都在19%以上。

[①] 人力资源和社会保障部提供数据（2011年）。

表3　　各省（含兵团）近10年养老基金历年征缴收入情况　　单位：亿元

	年份	2011	2010	2009	2008	2007	2006	2005	2004	2003	2002	年增速
	全国合计	13956	11099	9452	7918	6441	5164	4281	3558	3011	2544	20.8%
1	广东	1283.08	1053.47	840.17	734.66	596.07	532.14	433.55	353.98	305.53	226.62	21.2%
2	江苏	1192.08	959.64	841.80	731.03	592.23	453.40	365.00	298.59	246.76	215.62*	20.9%
3	山东	1092.58	942.40	824.70	613.40	591.30	440.70	360.17	300.00*	242.30*	209.50*	20.1%
4	上海	968.43	707.93	618.73	526.59	452.57	403.32	354.06	310.10*	274.20*	241.54	16.7%
5	四川	870.29	670.90	606.20	426.60	315.80	235.80	189.90	150.50	137.60	108.40	26.0%
6	浙江	837.32	605.10	526.50	496.84	415.00	352.70	289.58	237.00	217.35	173.75	19.1%
7	北京	794.75	659.24	528.90	442.48	357.16	289.08	241.44	191.85	166.49	128.02	22.5%
8	辽宁	727.16	583.10	524.60	464.20	352.00	294.40	250.50	213.20	178.20	162.20	18.1%
9	河北	560.11	482.76	398.98	326.72	262.49	204.47	171.05	146.33	114.16	98.28	21.3%
10	湖北	550.40	375.40	314.70	267.00	184.60	146.78	144.40	103.50	92.60	79.10	24.1%
11	河南	461.49	388.88	312.75	265.43	225.80	188.76	158.97	136.21	113.80	99.23	18.6%
12	黑龙江	421.11	379.70	274.70	237.90	200.20	155.60	127.00	124.70	96.90	85.20	19.4%
13	湖南	384.17	320.07	271.19	240.89	195.65	149.99	136.32	126.00	96.94	86.76	18.0%
14	山西	380.54	320.30*	259.61	216.14	184.33	132.30	103.40	81.82	75.13	59.20	23.0%
15	安徽	356.23	263.01	240.61	213.36	165.47	128.60	96.10	74.80	61.20	49.60	24.5%
16	重庆	325.25	225.14	254.00	156.21	110.21	79.46	57.25	44.52	39.01	26.96	31.9%
17	陕西	287.41	239.43	182.14	155.81	120.56	103.46	80.01	63.89	51.62	43.26	23.4%
18	内蒙古	275.43	197.27	162.19	136.19	104.89	85.54	61.62	48.85	42.21	36.08	25.3%
19	福建	254.12	199.46	190.53	166.60	144.36	118.90	101.51	80.37	69.49	61.44	17.1%
20	吉林	251.19	202.30	180.23	151.79	111.00	86.00	75.97	66.38	57.91	52.68	19.0%
21	天津	243.47	205.34	185.70	176.70	151.90	119.23	102.20	78.90	62.00	52.00	18.7%
22	云南	218.27	144.78	124.61	98.08	81.40	66.44	58.70	52.10	42.20	45.14	19.1%
23	广西	216.68	224.67	182.79	154.90	108.99	65.41	56.50	48.87	42.24	35.62	22.2%
24	江西	196.61	162.53	134.40	113.58	90.18	73.80	59.07	48.86	40.77	35.42	21.0%
25	新疆	186.80	126.04	110.15	92.61	73.93	61.17	49.43	43.08	31.56	32.04	21.6%
26	甘肃	181.42	132.72	107.00	91.84*	78.00	59.05	48.70*	43.04*	33.27	29.86	22.2%
27	贵州	140.18	112.98*	96.94	78.70	60.47	45.76	35.42	29.44	25.22	21.70	23.0%
28	宁夏	99.49	74.81*	44.83*	41.66*	30.80	19.42	15.84	11.90	10.20	9.12	30.4%
29	海南	75.44	53.74*	46.05*	42.38*	34.52	28.70	21.41	19.05	17.03	15.03	19.6%
30	青海	59.18	43.09*	31.91*	28.85	24.03	21.12	16.89	11.38	9.14	8.50	24.1%
31	新疆兵团	50.79	32.48	27.92	23.16	21.50	19.48	16.18	16.12	15.61	13.89	15.5%
32	西藏	11.56	9.87*	7.42*	6.10	3.80	3.08	3.31	2.61	2.77	2.70	17.5%

注：1. 北京、浙江、山东的征缴收入数据为全部"养老基金收入"，征缴收入/养老基金收入的比例一般在90%以上。2. 带*数字为估算数据，主要估算方法为：根据邻近年度（征缴收入/养老基金收入）的平均比例，与当年基金收入相乘计算得出。3. 重庆2010年以前的数字仅为企业部门养老金征缴收入，不包括事业单位。

资料来源：历年《中国劳动和社会保障年鉴》《中国劳动统计年鉴》《中国财政年鉴》《中国税务年鉴》，各省《统计年鉴》，各省《年鉴》，各省《财政年鉴》，各省劳动（人力资源）与社会保障事业发展统计公报，各省《社会保险基本情况》信息披露，各省人力资源和社会保障厅网页（统计公报、工作总结、年度计划完成情况、工作报告），各省税务部门代征养老保险缴费情况，新闻报道等。

（二）基金支出

表4　　　各省（含兵团）近10年养老基金支出情况　　　　单位：亿元

年份		2011	2010	2009	2008	2007	2006	2005	2004	2003	2002	年增速
	全国合计	12765	10527	8856	7358	5960	4889	4036	3501	3125	2841	18.2%
1	上海	993.51	847.47	710.59	615.22	502.12	413.99	362.12	319.90	289.58	264.95	15.8%
2	江苏	898.76	753.29	645.91	549.84	448.62	381.14	309.91	271.50	233.26	219.28	17.0%
3	山东	886.85	748.23	621.67	529.86	443.94	351.79	295.88	245.10	219.10	202.08	17.9%
4	辽宁	883.14	755.80	644.08	526.67	428.34	351.63	287.19	245.60	217.38	200.69	17.9%
5	广东	764.51	627.74	553.10	448.65	383.49	307.28	279.94	233.50	197.21	162.01	18.8%
6	四川	753.93	608.74	490.54	372.44	287.49	228.20	180.62	152.70	145.18	113.24	23.4%
7	黑龙江	603.94	500.11	400.73	307.84	242.76	203.71	167.25	147.80	135.18	125.88	19.0%
8	河北	561.73	451.76	390.02	336.73	263.73	214.73	165.87	139.10	123.08	117.26	19.0%
9	北京	560.83	482.40	415.69	355.55	273.63	228.73	195.57	174.20	147.54	131.21	17.5%
10	浙江	543.21	429.07	369.67	319.30	265.56	221.94	191.68	164.10	149.31	137.18	16.5%
11	湖北	523.39	419.80	350.59	294.89	243.48	201.87	153.97	133.70	117.62	105.24	19.5%
12	河南	506.29	420.30	363.55	296.89	237.24	190.07	151.17	132.20	120.33	112.91	18.1%
13	湖南	416.61	355.07	307.86	263.64	223.33	181.32	151.99	130.30	118.99	103.72	16.7%
14	重庆	336.07	260.85	230.94	150.69	110.76	91.10	65.42	60.80	53.63	50.64	23.4%
15	山西	329.34	269.37	219.18	189.10	154.00	114.68	89.66	76.10	70.90	63.03	20.2%
16	陕西	328.32	265.03	201.20	170.80	134.55	105.78	83.22	75.80	68.54	64.77	19.8%
17	安徽	319.99	258.70	232.20	196.16	153.05	129.45	100.53	86.90	74.03	67.29	18.9%
18	天津	315.07	271.84	230.09	195.33	151.81	130.02	102.07	94.10	81.72	66.97	18.8%
19	吉林	308.12	252.78	205.06	175.25	143.27	111.04	100.78	89.20	81.11	79.77	16.2%
20	内蒙古	269.62	212.64	171.85	145.40	117.45	96.17	79.28	64.50	53.11	50.16	20.5%
21	广西	243.63	193.45	147.17	111.07	84.70	71.34	58.41	49.70	46.25	43.83	21.0%
22	江西	233.36	192.97	160.08	130.39	105.15	84.54	68.63	56.80	53.63	48.48	19.1%
23	福建	229.88	187.70	171.52	143.81	122.97	103.18	84.80	74.40	66.32	62.92	15.5%
24	云南	170.77	144.22	126.81	112.82	96.53	85.95	71.33	67.10	61.66	59.53	12.4%
25	新疆	161.98	117.69	87.63	72.01	58.66	48.93	43.26	36.09	37.09	35.23	18.5%
26	甘肃	153.96	127.22	106.64	90.53	71.33	61.37	50.40	46.40	42.72	40.68	15.9%
27	贵州	127.55	107.44	89.91	74.99	61.80	53.65	43.36	38.00	34.83	32.60	16.4%
28	新疆兵团	110.87	91.70	70.17	60.40	50.80	43.17	33.51	35.01	32.57	31.57	15.0%
29	海南	95.16	74.07	57.78	50.36	43.29	34.29	28.32	25.60	21.01	18.81	19.7%
30	宁夏	67.87	48.81	38.13	33.40	23.83	20.31	15.93	13.30	11.45	10.67	22.8%
31	青海	53.63	43.36	36.92	31.41	25.55	22.95	18.80	16.50	15.67	13.98	16.1%
32	西藏	10.61	7.61	8.51	6.83	6.89	5.11	5.56	5.10	4.82	4.22	10.8%

资料来源：历年《中国劳动（人力资源）和社会保障年鉴》，历年各省劳动（人力资源）与社会保障事业发展统计公报。

表4汇总了32个省级统筹单位自2002年以来"城镇制度"的基金支出数据。以2011年数据为基准，对各省进行了排序。可以看出，各省的基金支出规模差别很大，最高的为上海，达到了993.51亿元，而西藏仅为10.61亿元。从绝对量上看，基金支出量与基金征缴收入有很强的关联性，收入较高的省份，支出额也会较高。但通过与表3的对比发现，二者排名不尽一致，例如，收入额排名第一的广东，支出额排名第五；而收入额排名第四的上

海，支出额排名第一。一般来说，在国有企业比重较高的老工业基地和人口老龄化程度较高的省份（如东北三省、天津、重庆和上海市），基金支出的相对规模较大。从基金支出的增长速度上看，10年间，全国平均为18.2%，除云南和西藏外，其他省份的年均增速都在15%以上。

从支出结构上看，"城镇制度"的"基本养老保险基金支出"项目包括基本养老金支出、丧葬抚恤补助、转移支出和其他支出等项目。其中，基本养老金支出即退休金待遇的支出占据了绝大份额，以2010年和2011年为例，全部养老基金支出的数额分别为10555亿元和12765亿元，其中基本养老金支出分别为10294亿元和12539亿元，分别达到了总支出额的97.5%和98.2%，说明除少量其他开支外，养老保险基金几乎全部用于待遇发放。

（三）基金当期"收不抵支"状况

1. "收不抵支"省份的区域分布

表5　　各省份历年的"收不抵支"（征缴收入—基金总支出）情况　　　　单位：亿元

年份	2011	2010	2009	2008	2007	2006	2005	2004	2003	2002
北　京	233.92	176.84	113.21	86.93	83.53	60.34	45.86	17.65	18.96	-3.19
天　津	-71.60	-66.50	-44.39	-18.63	0.09	-10.79	0.13	-15.20	-19.72	-14.97
河　北	-1.62	31.00	8.96	-10.01	-1.24	-10.26	5.18	7.23	-8.92	-18.98
山　西	51.20	50.93	40.43	27.04	30.33	17.62	13.74	5.72	4.23	-3.83
内蒙古	5.82	-15.37	-9.66	-9.21	-12.56	-10.64	-17.66	-15.65	-10.89	-14.08
辽　宁	-155.98	-172.70	-119.48	-62.47	-76.34	-57.23	-36.69	-32.40	-39.18	-38.49
吉　林	-56.93	-50.48	-24.83	-23.46	-32.27	-25.04	-24.81	-22.82	-23.20	-27.09
黑龙江	-182.83	-120.41	-126.53	-69.94	-42.56	-48.11	-40.25	-23.10	-38.28	-40.68
上　海	-25.08	-139.54	-91.86	-88.63	-49.55	-10.67	-8.06	-9.80	-15.38	-23.41
江　苏	293.32	206.35	195.89	181.19	143.61	72.26	55.09	27.09	13.50	-3.66
浙　江	294.11	176.03	156.83	177.54	149.44	130.76	97.90	72.90	68.04	36.57
安　徽	36.24	4.31	8.41	17.16	12.42	-0.85	-4.43	-12.10	-12.83	-17.69
福　建	24.23	11.76	19.01	22.79	21.39	15.72	16.71	5.97	3.17	-1.48
江　西	-36.74	-30.44	-25.68	-16.81	-14.97	-10.74	-9.56	-7.94	-12.86	-13.06
山　东	205.73	194.17	203.03	83.54	147.36	88.91	64.29	54.90	23.20	7.42
河　南	-44.81	-31.42	-50.80	-31.46	-11.44	-1.31	7.80	4.01	-6.53	-13.68
湖　北	27.02	-44.40	-35.89	-27.89	-58.88	-55.07	-9.77	-30.20	-25.02	-26.14
湖　南	-32.44	-35.00	-36.67	-22.75	-27.68	-31.33	-15.67	-4.30	-22.05	-16.96
广　东	518.58	425.73	287.07	286.01	212.58	224.86	153.61	120.48	108.32	64.62
广　西	-26.95	31.22	35.62	43.83	24.29	-5.93	-2.11	-0.83	-4.01	-8.21
海　南	-19.72	-20.33	-11.73	-7.98	-8.77	-5.59	-6.91	-6.55	-3.98	-3.78
重　庆	-10.82	-35.71	23.06	5.52	-0.55	-11.64	-8.17	-16.28	-14.62	-23.68
四　川	116.36	62.16	115.66	54.16	28.31	7.60	9.28	-2.20	-7.58	-4.84
贵　州	12.63	5.54	7.03	3.71	-1.33	-7.89	-7.94	-8.56	-9.61	-10.90
云　南	47.50	0.56	-2.20	-14.74	-15.13	-19.51	-12.63	-15.00	-19.46	-14.39
西　藏	0.95	2.26	-1.09	-0.73	-3.09	-2.03	-2.25	-2.49	-2.05	-1.52
陕　西	-40.91	-25.60	-19.06	-14.99	-13.99	-2.32	-3.21	-11.91	-16.92	-21.51
甘　肃	27.46	5.50	0.36	1.31	6.67	-2.32	-1.70	-3.36	-9.45	-10.82
青　海	5.55	-0.27	-5.01	-2.56	-1.52	-1.83	-1.91	-5.12	-6.52	-5.48
宁　夏	31.62	26.00	6.70	8.26	6.97	-0.89	-0.09	-1.40	-1.25	-1.55
新　疆	24.83	8.35	22.52	20.60	15.27	12.24	6.17	6.99	-5.53	-3.19
新疆兵团	-60.08	-59.22	-42.25	-37.24	-29.30	-23.69	-17.33	-18.89	-16.96	-17.68

资料来源：作者根据表3和表4数据计算得出。

在表3和表4数据的基础上，表5计算得出了近10年来各省历年征缴收入与基金支出相抵后的当期收支结余额。全国各区域的情况如下：

在东北地区，黑龙江、吉林和辽宁三省历年都出现了缺口，收支缺口呈逐年扩大趋势，至2011年末，吉林的缺口在100亿元以下，而辽宁和黑龙江的缺口则在150亿元以上。

在华北地区，天津市在大部分年份内"收不抵支"；而河北、山西基本维持平衡；北京历年的结余则不断增多。

在华东地区的六省一市中，江苏、浙江、山东三省历年的结余额较为突出，并呈逐年增加势头，到2011年末三省的结余都达到了200亿元以上；上海市历年缺口较大，2010年达到140亿元；安徽、福建基金收支相抵后，出现了少量盈余，总体基本维持平衡，而江西历年则有小幅缺口。

在中南地区，除广东保持大量结余外，大部分省份出现收支缺口，但缺口额并不大，大都在50亿元以下。

在西南地区，大部分省份的收支状况都在逐年改善，在2002~2007年的前6年内，除四川外，四个省份都处于"收不抵支"状态；至2011年仅有重庆出现缺口，其他省份都有结余，其中四川的结余达到了百亿元以上。

在西北五个省区和兵团中，新疆兵团和陕西历年都出现了缺口，并逐步呈上升势头；其余四个省份的收支状况逐年改善，到2011年都有少量结余。

将2011年各地区中"收不抵支"省份的当年负结余额相加，可以整体判断该地区的财务失衡情况。负结余额最高的地区是东北地区，三省份的负结余额合计为395.8亿元；其次是中南四省（河南、湖南、广西、海南），负结余总额为123.9亿元；处于第三位的是西北地区（陕西和新疆兵团），负结余总额为100.98亿元；第四位是华北地区（天津和河北），负结余总额为73.2亿元；第五位是华东地区（上海和江西），负结余总额为61.8亿元；最后是西南地区，仅有重庆市出现负结余，为10.82亿元。可以看出，地区间的养老基金收支状况差别是非常明显的。

2. 各省份养老基金"收不抵支"的历史演进趋势

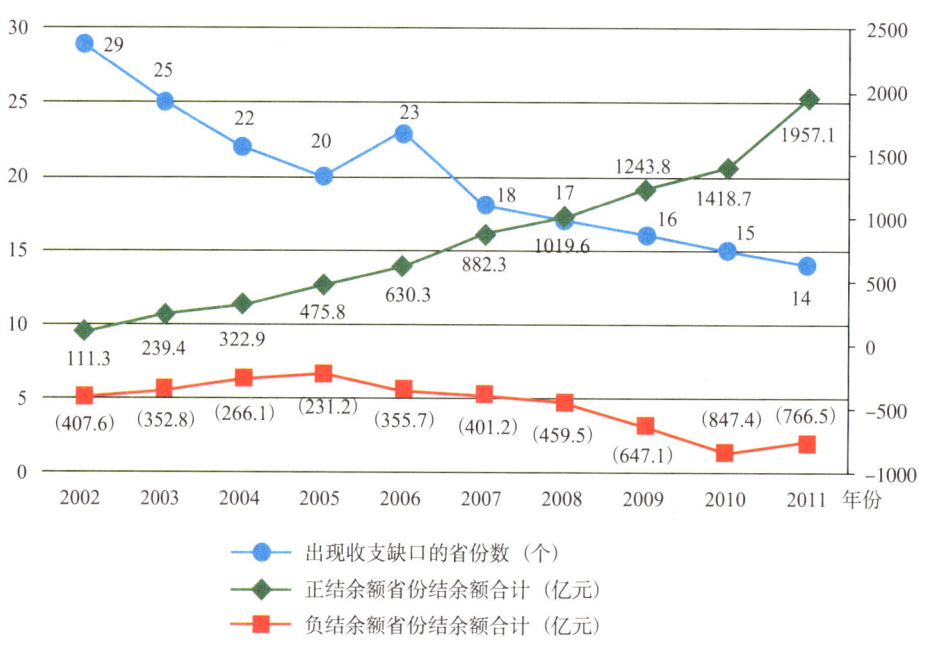

图2 历年全国"收不抵支"省份数和历年结余额变化趋势

资料来源：作者根据表5数据绘制。

图 2 说明了历年当期"收不抵支"省份的个数和当期结余额的变化趋势。近 10 年来,当期"收不抵支"的省份由 2002 年的 29 个下降到 2011 年的 14 个(包括兵团),数量呈逐年减少趋势,说明随着时间的推进,越来越多的省份走出了"收不抵支"的困境。但另一方面,在出现亏损的省份中,负结余规模不断扩大,亏损额由 2002 年的 407.6 亿元扩大到 2011 年的 766.5 亿元,说明负结余有越来越集中的趋势。同时,出现正结余省份的结余额逐年上升,从 2002 年的 111.3 亿元增加到 2011 年的 1957.1 亿元,与出现负结余的省份相抵后,历年全国当期收支结余呈正向增加趋势,由 2002 年的-296 亿元增加到 2011 年的 1190 亿元。

表 6　　各省养老基金当期收支结余　　单位:亿元

年份	2011	2010	2009	2008	2007	2006	2005	2004	2003	2002
黑龙江	-182.83	-120.41	-126.53	-69.94	-42.56	-48.11	-40.25	-30.20	-38.28	-40.68
辽　宁	-155.98	-172.70	-119.48	-62.47	-76.34	-57.23	-36.69	-32.40	-39.18	-38.49
天　津	-71.60	-66.50	-44.39	-18.63	0.09	-10.79	0.13	-15.65	-19.72	-14.97
新疆兵团	-60.08	-59.22	-42.25	-37.24	-29.30	-23.69	-17.33	-15.00	-16.96	-17.68
吉　林	-56.93	-50.48	-24.83	-23.46	-32.27	-25.04	-24.81	-18.89	-23.20	-27.09
河　南	-44.81	-31.42	-50.80	-31.46	-11.44	-1.31	7.80	-22.82	-6.53	-13.68
陕　西	-40.91	-25.60	-19.06	-14.99	-13.99	-2.32	-3.21	-12.10	-16.92	-21.51
江　西	-36.74	-30.44	-25.68	-16.81	-14.97	-10.74	-9.56	-8.56	-12.86	-13.06
湖　南	-32.44	-35.00	-36.67	-22.75	-27.68	-31.33	-15.67	-16.28	-22.05	-16.96
广　西	-26.95	31.22	35.62	43.83	24.29	-5.93	-2.11	-0.83	-4.01	-8.21
上　海	-25.08	-139.54	-91.86	-88.63	-49.55	-10.67	-8.06	-11.91	-15.38	-23.41
海　南	-19.72	-20.33	-11.73	-7.98	-8.77	-5.59	-6.91	4.01	-3.98	-3.78
重　庆	-10.82	-35.71	23.06	5.52	-0.55	-11.64	-8.17	-9.80	-14.62	-23.68
河　北	-1.62	31.00	8.96	-10.01	-1.24	-10.26	5.18	-3.36	-8.92	-18.98
西　藏	0.95	2.26	-1.09	-0.73	-3.09	-2.03	-2.25	5.72	-2.05	-1.52
青　海	5.55	-0.27	-5.01	-2.56	-1.52	-1.83	-1.91	-2.20	-6.52	-5.48
内蒙古	5.82	-15.37	-9.66	-9.21	-12.56	-10.64	-17.66	-6.55	-10.89	-14.08
贵　州	12.63	5.54	7.03	3.71	-1.33	-7.89	-7.94	-5.12	-9.61	-10.90
福　建	24.23	11.76	19.01	22.79	21.39	15.72	16.71	6.99	3.17	-1.48
新　疆	24.83	8.35	22.52	20.60	15.27	12.24	6.17	-1.40	-5.53	-3.19
湖　北	27.02	-44.40	-35.89	-27.89	-58.88	-55.07	-9.77	-23.10	-25.02	-26.14
甘　肃	27.46	5.50	0.36	1.31	6.67	-2.32	-1.70	-4.30	-9.45	-10.82
宁　夏	31.62	26.00	6.70	8.26	6.97	-0.89	-0.09	5.97	-1.25	-1.55
安　徽	36.24	4.31	8.41	17.16	12.42	-0.85	-4.43	-7.94	-12.83	-17.69
云　南	47.50	0.56	-2.20	-14.74	-15.13	-19.51	-12.63	-15.20	-19.46	-14.39
山　西	51.20	50.93	40.43	27.04	30.33	17.62	13.74	7.23	4.23	-3.83
四　川	116.36	62.16	115.66	54.16	28.31	7.60	9.28	-2.49	-7.58	-4.84
山　东	205.73	194.17	203.03	83.54	147.36	88.91	64.29	54.90	23.20	7.42
北　京	233.92	176.84	113.21	86.93	83.53	60.34	45.86	27.09	18.96	-3.19
江　苏	293.32	206.35	195.89	181.19	143.61	72.26	55.09	17.65	13.50	-3.66
浙　江	294.11	176.03	156.83	177.54	149.44	130.76	97.90	72.90	68.04	36.57
广　东	518.58	425.73	287.07	286.01	212.58	224.86	153.61	120.48	108.32	64.62

资料来源:根据数据表 5 整理。

表6以2011年当期收支结余额为基准，对各省的基金结余额（负结余采用红色数字标记）做了排序。2011年当期收支亏损额最高的前10个统筹单位分别为：黑龙江、辽宁、天津、新疆兵团、吉林、河南、陕西、江西、湖南、广西；2010年的排名则为：辽宁、上海、黑龙江、天津、新疆兵团、吉林、重庆、湖南、河南、江西。两年收支结余额排名变化较为明显的省份有上海、黑龙江和广西。其中，上海市的负结余由2010年的139.5亿元减少到2011年的25亿元，排名从第2位下移到10位之外。其主要原因在于：上海市在2011年将针对外来务工人员的"城镇综合保险"和针对城郊就业人员的"小城镇社会保险"纳入城镇职工养老保险制度，引致养老基金收入当年大幅增加，亏损额下降；黑龙江和广西的情况相类似，相比2010年，2011年的亏损额分别增加了62.4亿元和58.1亿元，其主要原因在于两地在2009年和2010年将大量"五七工"和"家属工"纳入城镇养老保险，并补缴了大量养老保险费，而2011年的基金征缴收入相比前两年增幅有所下滑，造成当期收支负结余增加。

从表6中可以看出，出现"收不抵支"的省份有越来越向部分省份集中的趋势，并且这些省份的负结余额呈逐年上升势头。2002年，全国只有山东、浙江和广东三个省份当期有正结余，其余省份都出现亏损；之后部分中西部省份的养老基金收支状况开始逐步改善，四川、甘肃、宁夏、安徽四省份于2006年末之前摆脱收支亏损的困境；而西藏、青海、内蒙古、贵州、湖北等省份也于近5年内基本实现收支平衡；在剩余省份中，尤其是上述2011年收支亏损额最高的前10位省中，历年的当期负结余额呈现出持续上升势头。

三、对各省份财务收支差异性的制度参数分析

"城镇制度"财务收支的地区性差异与各省的经济发展水平、历史债务水平、老龄化程度以及外来流动人口规模等各种因素相关联。以下从"城镇制度"的几个主要运行参数来分析各省当期收支结余出现差异的原因。

（一）当期收支结余率

采用当期结余率指标即当期基金结余相对于当期支出的相对比例，可以反映各地基金现收现付的财务可持续性，反映出了基金结余用于支付养老金支出的周期长短。其计算公式如下：

当期结余率 =（征缴收入-基金支出）/基金支出 =（征缴收入/基金支出）-1。

其中，征缴收入/基金支出 =（当期实际参保缴费人数×当期人均缴费）/（当期离退休职工人数×当期人均养老金支出）=（当期参保缴费人数×上年度城镇在岗职工平均工资×人均缴费率）/（当期离退休职工人数×上年度城镇在岗职工平均工资×替代率）=人均缴费率/（替代率×制度赡养率）。

因此，当期结余率=人均缴费率/（替代率×制度赡养率）-1。

其中，人均缴费率衡量的是参保职工平均缴费水平相对于上年度城镇在岗职工平均工资的相对比例，其计算公式为：

人均缴费率 = 人均缴费/上年度城镇在岗职工平均工资 =（当年征缴收入/当期参保缴费人数）/上年度城镇在岗职工平均工资。在计算过程中，以当年末参保职工数量代表当期参保缴费人数。

在养老金替代率指标的计算上，此处采用"上年度城镇在岗职工平均工资"为参保人员退休前的工资收入基数。该替代率指标衡量的是离退休职工人均养老金水平相对于上年度城镇在岗职工平均工资的比例，其计算公式为：

替代率=人均养老金支出/上年度城镇在岗职工平均工资 =（当年养老基金支出/当期离退休人员数）/上年度城镇在岗职工平均工资[①]。

[①] 北京、上海、天津三个直辖市在近4年中，基本养老保险缴费基数所采用的依据为各市人力资源与社会保障局每年公布的数字（低于上年度城镇在岗职工平均工资数），同时该公布数字也用于养老金待遇计算基准。因此，在本文的计算中，上述三市的基本养老保险缴费基数采用其公布数据，而非上年度城镇在岗职工平均工资。

表7　　2007年以来各省份"城镇制度"财务运行参数　　单位：%

年份	2007年 人均费率	替代率	赡养率	结余率	2008年 人均费率	替代率	赡养率	结余率	2009年 人均费率	替代率	赡养率	结余率	2010年 人均费率	替代率	赡养率	结余率	2011年 人均费率	替代率	赡养率	结余率
全国平均	20.2	57.3	32.6	8.1	19.2	55.7	32.0	7.6	18.2	52.2	32.8	6.7	17.5	51.0	32.5	5.4	17.4	50.0	31.7	10.1
新疆兵团	20	80.1	59.1	-57.7	18.2	80.9	58.6	-61.7	18.9	81.1	58.6	-60.2	18.2	79.7	64.5	-64.6	22.4	75.9	64.3	-54.2
黑龙江	21.1	58.1	44.1	-17.5	21.1	57.5	47.4	-22.7	20.3	52.1	56.9	-31.6	24.3	51.9	61.6	-24.1	23.7	53.7	63.2	-30.3
天津	29.6	56.0	52.8	0.1	26.8	56.6	52.3	-9.5	22.5	54.0	51.5	-19.3	21.3	56.5	49.9	-24.5	20.9	56.4	48	-22.7
海南	21.3	68.6	38.9	-20.3	19.2	61.9	36.8	-15.8	16.9	61.2	34.6	-20.3	15.9	65.4	33.5	-27.4	16	64.2	31.4	-20.7
吉林	18.9	58.5	41.8	-22.5	20	55	42	-13.4	20	51.0	44.7	-12.1	19.6	46.6	52.6	-20	21.6	47.4	55.8	-18.5
辽宁	20.1	53.5	45.8	-17.8	20.5	52.8	44	-11.9	18.8	51.7	44.6	-18.6	18.3	51.4	46.2	-22.8	19.4	51.8	45.5	-17.7
江西	16.2	56.9	33.2	-14.2	14.6	55.1	30.5	-12.9	14.3	56.1	30.5	-16	14.2	53.7	31.5	-15.8	14	47.5	34.8	-15.7
陕西	24.5	67.7	40.4	-10.4	23.7	64.5	40.3	-8.8	21.4	59.2	40	-9.5	19.8	58.4	37.6	-9.7	19.3	61.6	35.9	-12.5
广西	24.8	57	33.8	28.7	25.9	53.4	34.8	39.5	24.3	48.6	40.2	24.2	25.5	49.5	44.4	16.1	20.5	50.5	45.6	-11.1
河南	19.3	62.2	32.7	-4.8	17.3	59.3	32.6	-10.6	16.5	57.6	33.3	-14	17.6	56.8	33.4	-7.5	17.3	58	32.7	-8.9
湖南	19.7	55	40.8	-12.4	18.8	52	39.6	-8.6	17.2	50.3	38.9	-11.9	17.4	49	39.4	-9.9	17.7	49.2	39.1	-7.8
重庆	24.7	51.1	48.6	-0.5	24.6	49.9	47.5	3.7	29.8	48.5	55.8	10	18.6	43.8	49.1	-13.7	21.5	43.2	51.5	-3.2
上海	25.9	49.9	57.5	-9.9	24.9	49.5	58.7	-14.4	25.1	47.8	60.2	-12.9	25.2	50.5	59.7	-16.5	21.2	52.3	41.6	-2.5
河北	27	75.6	35.9	-0.5	25.6	75.9	34.8	-3	23.6	66.2	34.9	2.3	23.3	61.3	35.6	6.9	22.4	60.9	36.8	-0.3
内蒙古	20.7	65.8	35.2	-10.7	21.7	64.6	35.9	-6.3	20.8	58.3	37.9	-5.6	20.6	58.1	38.3	-7.2	24.6	55.6	43.3	2.2
湖北	17.7	64.5	36.1	-24.2	19.8	59	37	-9.5	19.5	56.4	38.6	-10.2	18.7	51.3	40.9	-10.6	21.9	47	44.3	5.2
西藏	23.6	72.9	58.8	-44.9	24.5	47.8	57.4	-10.7	25.7	58.1	50.2	-12.8	30.2	48.8	47.8	29.7	26.6	61	40	9
贵州	24.1	65	37.8	-2.1	24.3	61.2	37.9	4.9	22.9	57.6	36.9	7.8	21	56.8	35.2	5.2	21.1	56.9	33.8	9.9
青海	22.4	62.6	38.1	-6	22.2	64.5	37.4	-8.1	19.8	61.7	37.1	-13.6	23.6	64.6	36.8	-0.6	28.2	57.2	44.7	10.4
福建	18	64.9	23.7	17.4	16.4	62.9	22.6	15.8	15.5	61.7	22.6	11.1	13.3	57.7	21.7	6.3	13.5	59.6	20.5	10.5
安徽	23.9	58.9	37.6	8.1	22.9	56	37.6	8.7	19.9	52.0	37.0	3.6	18	49.1	36.1	1.7	19.3	48.7	35.6	11.3
新疆	26.4	68.4	30.7	26	25.4	64.9	30.4	28.6	25.1	65.1	-10.4	25.7	23.5	63.7	34.5	7.1	26.9	64.8	36	15.3
四川	27.3	59.8	41.6	9.8	28.1	57	43.1	14.5	30.9	49.8	50.3	23.6	27.3	48.5	50.9	10.2	26.3	46	49.6	15.4
山西	26.1	70	31.1	19.7	24.4	68.6	31.1	14.3	23.9	62.1	32.0	18.4	25.4	64.2	33.2	18.9	24.4	61.8	34.2	15.5
甘肃	30.6	68.2	41	9.4	27.9	67.4	40.8	1.4	27.3	65.7	41.3	0.3	28.5	65.7	41.6	4.3	34.5	61.1	47.8	17.8
山东	26.2	81.8	24	33.2	21.3	76	24.2	15.8	23.4	72.2	24.4	32.7	22.2	73	24.2	26	21.1	70.5	24.3	23.2
云南	22.7	58.9	45.7	-15.7	23.4	61.9	43.7	-13.1	24	58.9	41.7	-1.7	23.8	57.9	41	0.4	30.3	54.3	43.7	27.8
江苏	19.9	53.4	28.3	32	19.5	53.1	27.6	33	18.1	49.2	28.3	30.3	16.9	46.7	28.4	27.4	16.9	45.9	27.8	32.6
北京	19.8	44.3	34.3	30.5	19.2	49.5	31.9	24.4	18.5	49.4	29.5	27.2	17.3	50.9	24.9	36.7	17.5	55.3	22.7	41.7
宁夏	24.5	63.4	29.8	29.2	24.9	67.8	29.5	24.7	21	62.1	28.8	17.6	34.1	56.4	39.5	53.3	29.9	47.6	42.8	46.6
浙江	15.1	52.4	18.5	56.3	13.4	52.7	16.3	55.6	11.7	51.7	15.9	42.3	10.9	51.3	15.1	41	12.1	51.6	15.2	54.1
广东	11.6	56.9	13.1	55.4	11.5	55.8	12.6	63.7	10.5	54.9	12.1	51.9	10.1	50.8	11.8	67.8	9.3	50.8	10.9	67.8

资料来源：根据历年《中国统计年鉴》、《人力资源（劳动）与社会保障年鉴》整理计算得出；其中在北京市、上海市和天津市的人均费率和替代率计算中，使用的缴费工资基数数据来自各社会保障局网站公布的相关文件通知。

表7说明了2007年以来各省份上述三项参数指标以及基金结余率的变化情况。三项指标的变化趋势如下：

第一，从缴费率指标看，人均费率水平呈下降趋势。全国平均缴费费率从2007年的20.2%下降到2011年的17.4%。人均费率低于法定费率（单位职工参保者28%，个体参保者20%）的主要原因在于：①近年来部分基金结余量较大的省份下调了"城镇制度"的缴费率，如广东省各地市的缴费率一般都在20%以下；②在"制度扩面"过程中，大量农民工、以个体身份参保的人群加入制度，这部分群体选择了较低的缴费基数档次（一般为上年度社会平均工资的60%），使得制度的人均缴费水平下降；③由于"城镇制度"的法定费率偏高，征缴过程中普遍存在着逃、漏费以及中断缴费等现象，突出表现在私营企业和非正规部门中的少报缴费基数、拖欠缴费等缴费行为上。

从各省份的人均缴费率情况看，一般来说，基金负结余率高的省份人均缴费率水平也较高。例如，2011年新疆兵团、黑龙江、吉林等省份的人均缴费率都超过了20%；而在浙江、广东等正结余率较高的地区，人均缴费率均处于15%以下水平。同时，从各地缴费率的变化趋势看，负结余率较高的省份缴费率下降趋势并不明显，有些省份的实际缴费水平呈上升势头，如新疆兵团、黑龙江和吉林等省份，说明了这些地区为了实现制度收支平衡，不得不维持较高的缴费率水平；而在正结余率较高的省份，缴费率则呈明显下降趋势，例如浙江和山东等地，5年间费率下降了4个百分点以上。

值得说明的是，在部分西部省份（例如青海、宁夏和甘肃），个别年份人均缴费率出现了高于28%的现象，其中的主要原因在于：一方面，这些省份参保人数较少，并且大部分参保人口分布在正规部门，因此，整体缴费率较高；另一方面，2009年以来，部分省份通过新参保群体（例如五七工、家属工）的一次性缴费或者历年欠费的补缴等方式，当年度征缴收入大幅增长（见表3），使得计算出的人均缴费率显著上升。

第二，从替代率指标上看，全国的替代率整体水平呈下降趋势。5年间，人均养老金相对于上年度在岗职工平均工资的比率下降了7.3个百分点，主要原因在于人均养老金增长率低于同期社会平均工资增长率（见表2）。从各省的替代率绝对水平看，总体上，西部经济发展相对落后地区的替代率要高要于沿海经济发达省份。2011年，替代率排名前9位的省份依次为：新疆兵团、山东、新疆、海南、山西、陕西、甘肃、西藏、河北，这些省份的替代率都达到了60%以上；排名倒数5位的省份依次为：吉林、湖北、四川、江苏、重庆，这些省份的替代率都在50%以下。

第三，从赡养率指标上看，各省制度内赡养率水平呈现出显著差异。从全国平均水平看，2007~2011年的5年间，制度内赡养率仅下降了0.9个百分点，历年基本维持在3个参保人口抚养1个退休人口的水平上。但从各省的情况看，赡养率水平差异很大，2011年最高的为新疆兵团，达到了64.3%，最低的为广东，仅为10.9%。一般来说，在老工业基地省份中，赡养率相对较高，如在黑龙江、吉林和重庆三地，2011年的赡养率都在50%以上，辽宁、上海和天津的赡养率也接近50%；同时，在正规就业部门就业比例较高的省份，赡养率也相对较高，如西部的新疆（包括兵团）、甘肃、青海等省份，2011年的赡养率也都在40%以上。而在东部的江苏、山东、北京、福建、浙江和广东等地，2011年的赡养率都在30%以下，其主要原因在于这些省份外来流动人口规模较大。从时间变化趋势看，负结余省份和正结余省份的赡养率呈现出相反的变化趋势，在大部分负结余率较高的省份，制度内赡养率呈上升趋势，尤为突出的是黑龙江、吉林和广西三省份，5年间赡养率均上升了10个百分点；而在正结余率较高的东部省份中，过去5年间，赡养率则呈下降趋势，如山东、江苏、浙江、广东等地。

从三个指标对结余率的影响看，赡养率对基金结余率的影响最为显著。表8说明了2011年各省份间三个指标的波动幅度情况。可以看出，波动幅度最大的指标为赡养率，其次为替代率，最后为人均缴费率，其标准差分别为12.25%、7.6%和5.5%。制度赡养率的标准差是人均缴费率指标标准差的2.23倍，是替代率指标标准差的1.61倍，说明制度赡养率差异对基金结余率的影响最为显著。

表8　2011年各省"城镇制度"运行参数的波动性

指标	全国平均水平	最高省份水平	最低省份水平	(最高水平/全国平均)−1	(最低水平/全国平均)−1	各省份均值	标准差
人均缴费率（%）	17.4	34.5	9.3	98.3	−46.6	21.3	5.5
替代率（%）	50	75.9	43.2	51.8	−8.6	55.3	7.6
制度赡养率（%）	31.7	64.3	10.9	102.8	−65.6	38.9	12.25

资料来源：作者计算。

表9给出了2011年各省制度运行参数的数值和排名组合情况。总体来看，基金结余率与人均缴费率呈正相关联，与替代率和赡养率负相关联。在出现负结余的14个省份（包含兵团）中，除海南外，其赡养率都超过了全国平均水平（31.7%）。以赡养率是否超过50%为标准，可将负结余率最高的前8个省份划分为两类情况：第一类是高赡养率（超过50%）省份，包括新疆兵团、黑龙江、吉林和重庆四个地区。这些省份的特点是：除了赡养率较高外，缴费率和替代率水平也较高。可以看出，四省份的缴费率都超过了20%；除重庆外，其他三个省份替代率也高于全国平均替代率水平（2011年为50%）。作为结果，这些省份都呈现出较高的负结余率，比如，新疆兵团和黑龙江的基金负结余率分别排全国前两位，其赡养率也是全国最高的两个省份。第二类是赡养率低于50%的省份，包括天津、海南、辽宁、江西等11个省份，这些省份的参数组合情况为：低缴费率（大都低于20%）、低替代率或低赡养率（二者可能一高一低，也可能同处于中等水平）组合，由于替代率与赡养率的乘积数高于缴费率，这些省份也出现了不同程度的收支亏损现象。

表9　2011年各省份制度参数组合

结余率排名	各省份	结余率（%）	缴费率（%）	替代率（%）	赡养率（%）	缴费率排名（降序）	替代率排名（降序）	赡养率排名（降序）
	全国平均	10.1	17.4	50	31.7			
1	新疆兵团	−54.2	22.4	75.9	64.3	11	1	1
2	黑龙江	−30.3	23.7	53.7	63.2	10	18	2
3	天　津	−22.7	20.9	56.4	48	19	14	6
4	海　南	−20.7	16	64.2	31.4	28	4	26
5	吉　林	−18.5	21.6	47.4	55.8	14	28	3
6	辽　宁	−17.7	19.4	51.8	45.5	21	20	9
7	江　西	−15.7	14	47.5	34.8	29	27	22
8	陕　西	−12.5	19.3	61.6	35.9	22	6	20
9	广　西	−11.1	20.5	50.5	45.6	20	23	8
10	河　南	−8.9	17.3	58	32.7	26	11	25
11	湖　南	−7.8	17.7	49.2	39.1	24	24	17
12	重　庆	−3.2	21.5	43.2	51.5	15	32	4
13	上　海	−2.5	21.2	52.3	41.6	16	19	15
14	河　北	−0.3	22.4	60.9	36.8	12	9	18
15	内蒙古	2.2	24.6	55.6	43.3	8	15	13
16	湖　北	5.2	21.9	47	44.3	13	29	11
17	西　藏	9	26.6	61	40	6	8	16
18	贵　州	9.9	21.1	56.9	33.8	17	13	24
19	青　海	10.4	28.2	57.2	44.7	4	12	10

续表

结余率排名	各省份	结余率(%)	缴费率(%)	替代率(%)	赡养率(%)	缴费率排名(降序)	替代率排名(降序)	赡养率排名(降序)
20	福 建	10.5	13.5	59.6	20.5	30	10	30
21	安 徽	11.3	19.3	48.7	35.6	23	25	21
22	新 疆	15.3	26.9	64.8	36	5	3	19
23	四 川	15.4	26.3	46	49.6	7	30	5
24	山 西	15.5	24.4	61.8	34.2	9	5	23
25	甘 肃	17.8	34.5	61.1	47.8	1	7	7
26	山 东	23.2	21.1	70.5	24.3	18	2	28
27	云 南	27.8	30.3	54.3	43.7	2	17	12
28	江 苏	32.6	16.9	45.9	27.8	27	31	27
29	北 京	41.7	17.7	55.3	22.7	25	16	29
30	宁 夏	46.6	29.9	47.6	42.8	3	26	14
31	浙 江	54.1	12.1	51.6	15.2	31	21	31
32	广 东	67.8	9.3	50.8	10.9	32	22	32

资料来源：作者整理计算。

(二) 参保人员结构对制度赡养率的影响

表10　　　　2011年"城镇制度"参保人员结构及制度赡养率　　　　单位：%

地区	整体赡养率	国有企业		集体企业		港澳台及外资企业		其他经济成分企业		事业单位		机关		以个体身份参保人员	
		参保人数占比	赡养率	参保人数占比	赡养率	参保人数占比	赡养率	参保人数占比	赡养率	参保人数占比	赡养率	参保人数占比	赡养率	参保人数占比	赡养率
全国平均	31.65	22.26	65.69	5.70	68.03	8.94	3.30	33.96	14.78	6.02	32.95	1.29	28.35	21.74	25.13
标准差	12.25	15.19	24.03	3.04	84.19	6.23	5.24	14.47	10.76	5.12	20.32	1.31	13.54	10.49	20.59
新疆兵团	64.29	72.1	73.05	0.01	509.73	0.02	0	2.28	8.45	0.13	100.35	0	—	25.46	44.1
黑龙江	63.24	42.11	77.6	5.09	125.14	1.49	13.04	7.53	42.56	9.27	34.79	0.76	28.29	33.75	51.39
吉 林	55.77	33.9	91.09	4.17	128.94	3.07	4.74	17.47	20.74	0	—	0	—	41.39	38.04
重 庆	51.48	30.42	59.48	5.57	83.17	5.97	6.47	26.8	16.48	2.43	28.67	0.19	19.48	28.62	81.12
四 川	49.6	17.39	92.74	3.9	122.2	2.63	1.53	23.36	13.87	9.65	29.04	2.04	31.77	41.04	53.56
天 津	48.03	28.84	97.42	7.78	80.73	15.06	5.55	32.88	14.36	2.14	61.49	0.04	23.93	13.26	51.12
甘 肃	47.84	54.26	65.7	4.88	82.32	0.16	6.04	13.7	31.74	0	—	0	—	27	14.14
广 西	45.59	36.06	54.43	4.06	73.96	2.47	8.46	26.35	21.64	0	—	0	—	31.07	54.9
辽 宁	45.46	24.99	81.9	9.77	79.72	4.81	6.69	21.17	21.64	5.57	49.88	0.23	50.55	33.46	28.11
青 海	44.62	32.45	91.22	2.37	213.67	0.2	0	30.08	1.87	0	—	0	—	34.9	26.93
湖 北	44.28	26.08	91.05	5.79	98.21	3.11	5.85	19.55	33.57	5.2	33.6	0.8	28.51	39.47	15.53
云 南	43.64	38.39	71.7	6.78	42.39	1.3	7.58	25.05	20.26	1.11	43.69	2.61	28.85	24.77	27.59
内蒙古	43.28	33.49	65.58	2.29	116.95	0.12	5.19	18.7	30.72	3.64	29.56	0.38	40.67	41.37	28.17
宁 夏	42.87	41.36	43.7	2.39	84.5	1.53	9.43	24.82	11.09	0	—	0	—	29.9	66.48
上 海	41.64	7.44	163.26	3.55	131.66	19.15	5.7	50.34	37.78	4.96	82.25	1.28	49.27	13.27	0

续表

地区	整体赡养率	国有企业		集体企业		港澳台及外资企业		其他经济成分企业		事业单位		机关		以个体身份参保人员	
		参保人数占比	赡养率	参保人数占比	赡养率	参保人数占比	赡养率	参保人数占比	赡养率	参保人数占比	赡养率	参保人数占比	赡养率	参保人数占比	赡养率
西藏	39.89	58.81	63.64	0.76	8.73	0		14.84	0	9.05	11.79	4.19	16.41	12.34	5.21
湖南	39.12	21.85	98.27	6.05	96.28	1.56	4.62	17.86	8.51	17.12	34.17	4.87	37.27	30.69	8.39
河北	36.84	29.33	68.72	7.5	63.59	3.93	8.74	26.52	15.86	14.35	31.06	2.32	35.9	16.05	12.93
新疆	36.02	36.99	63.21	2.13	107.34	0.92	12.06	27.27	18.5	5.25	16	0.47	5.13	26.97	16.08
陕西	35.91	39.96	57.98	3.7	100.69	2.56	2.9	26.69	13.91	7.8	37.16	2	34.33	17.29	9.5
安徽	35.62	30.37	56.12	6.45	105.03	3.18	26.09	26	21.74	2.46	31.37	0	—	31.55	14.42
江西	34.84	36.3	67.49	5.89	74.42	1.92	0.32	12.23	4.22	3.03	28.56	0.79	7.22	39.85	11.32
山西	34.17	48.21	47.56	8.33	69	1.19	4.33	11.22	7.62	15.39	21.2	2.32	21.68	13.34	6.15
贵州	33.86	43.99	60.25	5.47	67.71	0.83	1.94	21.9	3.49	3.67	9.75	0.78	0.19	23.36	10.76
河南	32.7	42.91	48.26	14.93	27.58	3.95	12.43	8.93	24.06	10.67	25.65	1.36	30.19	17.24	12.09
海南	31.41	33.43	64.35	2.29	84.79	4.9	0.73	30.02	3.04	14.94	31.08	2.12	18.28	12.3	16.03
江苏	27.75	11.27	74.93	6.22	78.15	14.99	3.51	36.43	22.89	4.4	40.34	0.27	27.39	26.42	14.12
山东	24.32	24.37	37.12	9.93	43.5	6.24	3.9	29.42	9.34	12.03	32.86	3.5	34.94	14.51	19.21
北京	22.65	13.28	69.53	1.77	75.93	11.04	1.47	65.32	10.83	0	—	0	—	8.59	56.26
福建	20.49	12.06	65.74	3.35	84.39	19.88	2.16	38.19	7.7	8.41	36.39	1.1	48.67	17	16.26
浙江	15.21	4.45	40.04	2.55	40.96	4.99	2.42	59.39	11.1	4.02	36.25	0.31	22.76	24.29	17.07
广东	10.87	11.49	39.15	4.5	34.12	21.87	1.2	52.95	7.27	2.56	7.09	1.78	10.25	4.84	7.34

资料来源：作者根据2011年人力资源和社会保障部提供数据整理计算得出。

表10说明了各省"城镇制度"的参保人员结构和各部分群体的赡养率情况。按参保部门结构分类，可将"城镇制度"划分为企业部门参保人员、事业单位参保人员、机关参保人员和以个体身份参保人员（没有雇主，主要是指灵活就业群体）。其中，企业部门参保人员的来源又可分为四类：国有企业、集体企业、港澳台及外资企业和其他经济成分企业（主要是指除前三类企业之外的私营企业、个体工商户等）。在20世纪90年代，"城镇制度"的参保主体为企业，其中国有企业占据了主导地位。随着我国劳动力市场就业结构的变化，在近10年来的"制度扩面"过程中，这种格局发生了根本性转变。以2011年为例，全国国有企业参保人口占比已下降到了22.26%，而其他经济成分企业和以个体身份参保人员的占比则分别上升到了33.96%和21.74%，合计达到55.7%，超过了整个"城镇制度"参保总量的一半。

从全国平均水平来看，各部门参保群体的赡养率情况如下：集体企业平均为68.03%，是最高的，但由于集体企业参保人员占比较低，对整体赡养率的影响并不显著；国有企业的赡养率平均为65.69%，标准差高达24.03%，对省际间赡养率水平的差异有显著影响；港澳台及外资企业的赡养率水平不到10%，参保人员占比为8.94%；机关和事业单位的赡养率接近全国整体平均水平，并且这两个部门的参保人员占比合计在10%之下；而在其他经济成分企业参保人员和以个体身份参保人员这两个群体中，赡养率水平分别为14.78%和25.13%，远低于全国平均水平。由于这两个群体参保人员总量超过了全国总参保人口的50%，所以对整体替代率的影响最大，可以说近年来全国"城镇制度"整体制度赡养率能够维持在1:3的水平上，主要得益于这两个群体参保人数的增加。

在表10中，各省赡养率的结构性差异是非常明显的。在赡养率排名前10位的省份中，国有企业参保人数占比都超过了全国平均水平，最高的为新疆兵团，其国有企业参保人数占比达到了72%，而除国企外的其他各类企业参保人数占比均处于3%以下；这10个省份国企部门的赡养率都超过了50%，有些省份甚至达到了90%以上，如吉林、四川和天津等。一般来说，老工业基地国企规模较大,赡养负担也较重,例如,上海市2011年的国企赡养率高达163.26%。一方面,国企部门的参保比例和赡养率水平反映了各地的养老金历史负债水平;另一方面,赡养率高也反映出这些省份参保者的就业结构特点:私营部门企业和灵活就业群体比重偏低。

在赡养率排名最低的后6个省份(江苏、山东、北京、福建、浙江和广东)中,除山东外,国企部门的参保比例都低于全国平均水平,如浙江和广东的国企部门参保比重分别为11.49%和4.45%;而这些省的其他经济成分企业参保比重则呈现出非常高的水平,比如北京、浙江和广东三地,该比例都超过了50%,反映出其个体私营经济参保人口占比较高的特点,这在很大程度上与这些省份的外来流入人口规模较大相关。

四、未来各省份"收不抵支"的发展趋势

(一)各省的"扩面"空间分析

表11　　　　　　　　各省份城镇职工基本养老保险制度的覆盖率　　　　　　　　单位:%

地区	2010年				2009年			
	覆盖率A 参保人口/城镇就业人口	覆盖率A 增量空间 (1-A)	覆盖率B 参保人口/二、三产业人口	覆盖率B 增量空间 (1-B)	覆盖率A 参保人口/城镇就业人口	覆盖率A 增量空间 (1-A)	覆盖率B 参保人口/第二、三产业人口	覆盖率B 增量空间 (1-B)
全国	55.88	44.12	40.23	59.77	56.96	43.04	36.71	63.29
北京	81.02	18.98	62.73	37.27	69.67	30.33	53.68	46.32
天津	87.51	12.49	64.71	35.29	83.97	16.03	61.70	38.30
河北	89.59	10.41	31.41	68.59	71.33	28.67	28.21	71.79
山西	78.52	21.48	43.21	56.79	82.50	17.50	44.32	55.68
内蒙古	66.96	33.04	50.76	49.24	67.80	32.20	50.98	49.02
辽宁	99.48	0.52	66.60	33.40	99.86	0.14	67.40	32.60
吉林	76.31	23.69	54.28	45.72	83.02	16.98	57.36	42.64
黑龙江	78.15	21.85	60.83	39.17	82.70	17.30	64.71	35.29
上海	89.30	10.70	73.99	26.01	86.40	13.60	70.90	29.10
江苏	76.85	23.15	41.16	58.84	78.55	21.45	40.33	59.67
浙江	90.03	9.97	44.07	55.93	87.63	12.37	41.63	58.37
安徽	63.87	36.13	21.31	78.69	71.99	28.01	21.74	78.26
福建	66.45	33.55	33.79	66.21	60.21	39.79	31.22	68.78
江西	84.80	15.20	32.11	67.89	85.79	14.21	32.75	67.25
山东	89.65	10.35	39.12	60.88	91.49	8.51	38.64	61.36
河南	71.79	28.21	24.30	75.70	71.65	28.35	24.01	75.99
湖北	76.73	23.27	33.62	66.38	78.61	21.39	34.82	65.18
湖南	76.68	23.32	31.53	68.47	77.60	22.40	31.16	68.84
广东	122.28	-22.28	66.97	33.03	106.37	-6.37	58.98	41.02
广西	55.76	44.24	22.65	77.35	56.23	43.77	22.54	77.46
海南	84.02	15.98	60.54	39.46	83.32	16.68	60.81	39.19
重庆	73.56	26.44	30.63	69.37	63.45	36.55	25.87	74.13
四川	83.72	16.28	30.18	69.82	77.61	22.39	28.08	71.92
贵州	58.82	41.18	15.73	84.27	55.52	44.48	15.22	84.78
云南	34.77	65.23	19.70	80.30	36.48	63.52	20.45	79.55
西藏	12.62	87.38	8.17	91.83	12.27	87.73	7.93	92.07

续表

地区	2010年				2009年			
	覆盖率A 参保人口/城镇就业人口	覆盖率A 增量空间 (1-A)	覆盖率B 参保人口/二、三产业人口	覆盖率B 增量空间 (1-B)	覆盖率A 参保人口/城镇就业人口	覆盖率A 增量空间 (1-A)	覆盖率B 参保人口/第二、三产业人口	覆盖率B 增量空间 (1-B)
陕 西	82.95	17.05	36.50	63.50	71.39	28.61	31.46	68.54
甘 肃	53.86	46.14	24.44	75.56	54.38	45.62	24.49	75.51
青 海	56.81	43.19	31.86	68.14	57.78	42.22	31.90	68.10
宁 夏	71.60	28.40	39.11	60.89	63.03	36.97	35.10	64.90
新 疆	70.90	29.10	65.94	34.06	67.55	32.45	63.52	36.48

注：1. 覆盖率A＝参加城镇职工基本养老保险的职工人数/城镇就业人数；覆盖率B＝参加城镇职工基本养老保险的职工人数/第二、三产业就业人数。2. 广东省的覆盖率A超过了100%，主要原因在于其外来人口参保规模较大，全部参保人口大于城镇就业人员统计数字。3. 此表中新疆的数据采用新疆维吾尔自治区和新疆兵团合计数。

资料来源：各地区按三次产业分就业人数数据来自《中国统计年鉴2011》；城镇就业人数来自《中国统计年鉴2011》；参加城镇职工基本养老保险的职工人数来自人力资源和社会保障部。

表11采用2009年和2010年的覆盖率指标，对各省"城镇制度"的扩面潜力进行了对比分析。覆盖率A为参保人口占城镇就业人口的比重；覆盖率B为参保人口占第二、三产业人口的比重，分析这两个指标的高低，可大致看出单个省份的扩面潜力。从表11中可看出，第一类老工业基地省份（黑龙江、辽宁、吉林、天津、上海、重庆和陕西）的覆盖率水平较高，覆盖率A都处于70%之上；除陕西和重庆外，其他省份的覆盖率B也都超过了50%。因此，在不考虑外来人口因素的前提下，这些省份未来的扩面空间狭小。在第二类的中部人口流出大省，"城镇制度"参保覆盖面也已处于较高水平，但总体上低于第一类省份。而作为第三类的边远省份，制度覆盖率是最低的，具有较大的扩面潜力。因此，从总体上判断，未来扩大覆盖面的"机会窗口"可以缓解部分中西部省份的养老金收支缺口，但对于部分老工业基地省份来说，尤其是在东北三省和天津、陕西5个省份，由于扩面空间有限，解决"城镇制度"财务失衡的机会较小。

（二）5年内各省份财务收支状况预测

表12　　　　　　　　　　"收不抵支"省份的发展变化趋势

地区	2011年 当期收支结余（亿元）	2010年 当期收支结余（亿元）	2009年 当期收支结余（亿元）	2008年 当期收支结余（亿元）	2010年赡养率	
					老年人口负担系数（60岁及以上/15~59岁）(%)	制度内赡养率(%)
老工业基地省份（7个和兵团）						
黑龙江	-182.83	-120.41	-126.53	-69.94	18.20	61.6
辽 宁	-155.98	-172.7	-119.48	-62.47	19.94	46.2
吉 林	-56.93	-50.48	-24.83	-23.46	17.90	52.6
天 津	-71.6	-66.5	-44.39	-18.63	16.07	49.9
上 海	-25.08	-139.54	-91.86	-88.63	19.29	59.7
重 庆	-10.82	-35.71	23.06	5.52	19.23	49.1
陕 西	-40.91	-25.6	-19.06	-14.99	15.12	37.6
新疆兵团	-60.08	-59.22	-42.25	-37.24	—	64.5

续表

地区	2011 年 当期收支结余（亿元）	2010 年 当期收支结余（亿元）	2009 年 当期收支结余（亿元）	2008 年 当期收支结余（亿元）	2010 年赡养率	
					老年人口负担系数（60 岁及以上/15~59 岁）(%)	制度内赡养率(%)
中部流动人口大省（6 个）						
河 北	-1.62	31	8.96	-10.01	16.21	35.6
河 南	-44.81	-31.42	-50.8	-31.46	15.27	33.4
江 西	-36.74	-30.44	-25.68	-16.81	15.01	31.5
湖 北	27.02	-44.4	-35.89	-27.89	16.10	40.9
湖 南	-32.44	-35	-36.67	-22.75	17.25	39.4
广 西	-26.95	31.22	35.62	43.83	15.47	44.4
边远省份（5 个）						
海 南	-19.72	-20.33	-11.73	-7.98	13.59	33.5
内蒙古	5.82	-15.37	-9.66	-9.21	13.84	38.3
西 藏	0.95	2.26	-1.09	-0.73	6.88	47.8
青 海	5.55	-0.27	-5.01	-2.56	13.20	36.8
云 南	47.5	0.56	-2.2	-14.74	14.53	41.0

资料来源：作者整理。

根据各省特点，表12对近4年来出现过"收不抵支"现象的省份进行了汇总，并结合2010年各省的制度赡养负担情况，分析这些省份养老基金财务收支平衡的变化趋势。整体上，可将这些省份划分为三大类：

第一类为7个老工业化基地省份和兵团，这些省份的特点是传统国有企业退休职工人数比重高，人口老龄化程度高，赡养负担沉重，当期收支亏损幅度最大，尤以东北三省的亏损情况最为严重。可以看出，除上海和重庆外，其他6个省份历年的收支亏损额都在增加。从发展趋势上分析，这些省份已陷入"收不抵支"的困境，加上人口老龄化趋势加速的影响，其财务收支失衡会日益加重。重庆于2008年和2009年基金收支出现了正向结余，其主要原因在于这两年内该市分别将失地农民养老保险和农民工养老保险纳入"城镇制度"，使得基金当年结余有大幅增长；上海市则于2011年开始逐步将"综保"和"小城镇"保险制度与"城镇制度"并轨，致使2011年基金收支结余改善近百亿元。由于这两个直辖市目前的亏损额并不高，如果制度覆盖面能向非正规部门就业人员的加速扩展，未来几年内有望实现收支平衡。需要说明的是，新疆兵团作为一个特殊情况，其历史负担非常沉重，也列入老工业基地省份。

第二类为处于中部地区的6个外出流动人口大省，这些省份人口规模较大，经济相对落后于沿海发达省份，有大量流动人口外出到东部省份打工，造成本地养老基金财务收支状况恶化。在这6个省份中，湖北、河北的当期亏损水平相对较低，并且2011年湖北已实现收支平衡，而河北的基金负结余量也仅为1.62亿元，因此，这两个省份的养老基金在今后年份内有望实现或保持当期收支平衡。从发展趋势看，这些省份的养老基金财务状况在很大程度上受外出流动人口规模的影响，当期基金结余量具有一定的不稳定性。不过，由于其亏损额普遍低于50亿元，因此，在未来5年的扩面"窗口期"有望实现收支平衡。

第三类为处于边远地区的5个省份，其人口规模和经济总量都较低，参保人口和覆盖面也较低，当期收支出现了少量亏损。总体来看，这些省份的收支状况在不断改善，除海南外，其他4个省份都已在2011年实现收支平衡。由于这些省份仍有一定的扩面空间，基金收支会继续保持平衡。

以下部分以2011年的征缴收入和基金支出数据为基准，采用简单的趋势外推法[①]，估算未来5年内上述18个

---

① 趋势外推法的推算过程为：根据过去5年内的历史数据，得出各省份参保人员数量、离退休人员数量、城镇在岗职工平均工资和人均养老金支出四项指标各自的线性方程（y=ax+b），进而估算未来5年四项指标的数值。

省（以及兵团）的基金收支额以及收支结余情况。

本年度基金征缴收入预测值＝上年度基金征缴额×（1＋本年度参保人员数量增长率）×（1＋上年度城镇在岗职工平均工资增长率）

本年度基金支出预测值＝上年度养老金支出额×（1＋本年度退休人员数量增长率）×（1＋本年度人均养老金支出增长率）

表 13　　18 省份（以及兵团）"城镇制度"主要运行参数预测值

地区	城镇在岗职工平均工资增长率预测（%）					参保人数增长率预测（%）				
	2012 年	2013 年	2014 年	2015 年	2016 年	2012 年	2013 年	2014 年	2015 年	2016 年
黑龙江	11.54	10.10	9.17	8.40	7.75	0.67	1.02	1.01	1.00	0.99
辽　宁	11.17	9.95	9.05	8.30	7.66	4.24	3.63	3.50	3.38	3.27
吉　林	11.05	9.60	8.76	8.06	7.45	3.85	2.62	2.56	2.49	2.43
天　津	9.92	8.83	8.11	7.50	6.98	6.46	6.34	5.97	5.63	5.33
上　海	9.93	8.26	7.63	7.09	6.62	-4.03	8.71	8.01	7.42	6.91
重　庆	10.81	10.24	9.29	8.50	7.83	12.47	10.55	9.54	8.71	8.01
陕　西	13.19	11.24	10.11	9.18	8.41	7.34	8.09	7.48	6.96	6.51
新疆兵团	8.05	10.82	9.76	8.90	8.17	0.98	2.19	2.14	2.10	2.06
河　北	12.55	10.97	9.89	9.00	8.26	6.16	5.68	5.38	5.10	4.86
河　南	12.19	9.73	8.86	8.14	7.53	3.72	5.04	4.80	4.58	4.38
江　西	9.12	10.49	9.49	8.67	7.98	7.97	5.66	5.36	5.08	4.84
湖　北	9.80	11.29	10.14	9.21	8.43	3.60	3.73	3.60	3.47	3.36
湖　南	10.58	9.20	8.43	7.77	7.21	5.52	5.16	4.91	4.68	4.47
广　西	10.99	9.61	8.77	8.06	7.46	6.97	6.08	5.73	5.42	5.14
海　南	7.55	10.74	9.70	8.84	8.12	6.60	7.49	6.97	6.51	6.11
内蒙古	10.97	10.89	9.82	8.94	8.21	4.38	3.27	3.16	3.07	2.98
西　藏	10.54	8.05	7.45	6.93	6.48	4.88	8.46	7.80	7.24	6.75
青　海	10.36	8.87	8.15	7.53	7.01	4.38	3.92	3.78	3.64	3.51
云　南	9.06	8.95	8.21	7.59	7.05	4.57	4.59	4.39	4.20	4.03
地区	离退休人员增长率预测（%）					人均养老金支出增长率预测（%）				
	2012 年	2013 年	2014 年	2015 年	2016 年	2012 年	2013 年	2014 年	2015 年	2016 年
黑龙江	11.43	8.05	7.45	6.94	6.49	7.29	8.93	8.19	7.57	7.04
辽　宁	4.67	3.92	3.77	3.63	3.51	9.95	9.55	8.71	8.02	7.42
吉　林	8.43	8.25	7.62	7.08	6.61	5.18	6.44	6.05	5.71	5.40
天　津	5.87	4.67	4.46	4.27	4.09	9.43	8.93	8.20	7.58	7.05
上　海	4.43	3.92	3.77	3.63	3.51	8.50	8.98	8.24	7.61	7.07
重　庆	13.35	11.09	9.98	9.07	8.32	8.21	7.81	7.24	6.75	6.33
陕　西	6.98	6.14	5.78	5.47	5.18	8.09	10.17	9.23	8.45	7.79
新疆兵团	3.25	4.39	4.20	4.03	3.88	9.49	10.16	9.23	8.45	7.79
河　北	4.89	6.25	5.88	5.55	5.26	7.69	7.82	7.25	6.76	6.33
河　南	5.10	5.21	4.95	4.72	4.50	9.38	8.94	8.20	7.58	7.05
江　西	3.52	6.72	6.30	5.93	5.59	11.98	8.42	7.76	7.20	6.72
湖　北	5.23	7.30	6.80	6.37	5.99	7.51	7.38	6.87	6.43	6.04

续表

地区	离退休人员增长率预测（%）					人均养老金支出增长率预测（%）				
	2012年	2013年	2014年	2015年	2016年	2012年	2013年	2014年	2015年	2016年
湖 南	4.28	4.53	4.33	4.15	3.99	7.62	7.75	7.19	6.71	6.29
广 西	13.18	10.60	9.58	8.74	8.04	6.16	8.12	7.51	6.99	6.53
海 南	3.56	3.96	3.81	3.67	3.54	6.48	10.53	9.53	8.70	8.00
内蒙古	4.33	6.76	6.33	5.95	5.62	8.83	8.78	8.07	7.47	6.95
西 藏	2.19	1.53	1.51	1.48	1.46	-1.94	6.80	6.37	5.98	5.65
青 海	-0.95	6.33	5.95	5.62	5.32	14.29	7.80	7.23	6.75	6.32
云 南	-0.60	3.49	3.38	3.27	3.16	10.22	7.60	7.06	6.60	6.19

资料来源：作者计算整理得出。

表14　18个省份（以及兵团）未来5年收支结余变化情况　　单位：亿元

地区	2012年	2013年	2014年	2015年	2016年	结余状况变化
老工业基地省份（7个和兵团）						
黑龙江	-249.19	-323.89	-408.01	-501.52	-604.44	亏损趋势加重
辽 宁	-173.65	-196.85	-221.57	-247.81	-275.57	亏损趋势加重
吉 林	-61.74	-79.09	-98.72	-120.62	-144.80	亏损趋势加重
天 津	-80.10	-86.45	-92.65	-98.71	-104.61	亏损趋势加重
新疆兵团	-69.91	-81.37	-93.67	-106.84	-120.86	亏损趋势加重
上 海	-104.00	-72.39	-33.99	11.18	63.13	实现收支平衡
重 庆	-6.86	0.34	9.16	19.60	31.67	实现收支平衡
陕 西	-30.43	-24.03	-16.03	-6.41	4.81	实现收支平衡
中部流动人口大省（6个）						
广 西	-35.48	-50.94	-68.43	-87.96	-109.52	亏损趋势加重
河 南	-45.01	-48.08	-51.31	-54.68	-58.20	保持收不抵支
江 西	-38.85	-42.55	-46.55	-50.87	-55.50	保持收不抵支
湖 南	-19.25	-11.80	-3.37	6.02	16.40	收支基本平衡
湖 北	34.03	40.60	46.06	50.41	53.66	维持收支结余
河 北	34.77	58.08	83.54	111.15	140.91	维持收支结余
边远地区省份（5个）						
海 南	-18.44	-17.62	-16.28	-14.43	-12.07	保持收不抵支
内蒙古	12.92	9.82	5.35	-0.47	-7.67	收支基本平衡
西 藏	2.77	4.18	5.75	7.48	9.37	收支基本平衡
青 海	7.46	7.55	7.51	7.34	7.05	收支基本平衡
云 南	61.82	75.27	89.77	105.32	121.92	维持收支结余

资料来源：作者计算整理得出。

表13对上述18个省份（以及兵团）的四个运行参数进行了测算，表14相应得到了各省历年的收支结余情况。根据预测结果，在老工业基地省份中，黑龙江、辽宁、吉林和天津四个老工业基地亏损趋势会继续加重，上海、重庆和陕西有望逐步走出收支亏损的状况。在中部6省份中，广西、河南和江西3省份保持"收不抵支"状况持续，其中广西的基金亏损趋势明显加重；湖南、湖北和河北3省份收支结余逐渐加大。在边远地区5省份中，除海南继续处于"收不抵支"外，其余4省份收支能够维持基本平衡，其中云南收支结余量逐步加大。

根据上述测算结果，2012~2016年，出现当期收支亏损的省份（包括兵团）将由13个缩减到10个，但年亏损额将由932亿元上升到1493亿元。因此，从总体上看，"城镇制度"、"收不抵支"向部分省份集中的趋势会进一步加强。随着"窗口期"制度扩面进程的推进，虽然会有越来越多的省份走出当期收支亏损的困境，但部分困难省份的亏损趋势会持续恶化。在"城镇制度"未实现全国统筹的情况下，由收支赤字引起的财政补贴压力会越来越大。

分报告七
城镇职工基本养老保险基金地区失衡深层原因分析

摘要：中国城镇职工基本养老保险制度存在一个悖论：一方面，基金快速增长，支付能力空前提高，但另一方面，在剔除财政补贴之后，却有半数省份企业部门基本养老保险基金收不抵支。中国城镇职工基本养老保险财务状况存在的这种巨大差异性，是各省之间不同的历史债务、制度赡养率、经济发展水平、劳动力流动空间分布4个因素共同作用的结果。解决半数省份收不抵支的根本出路在于实现全国统筹，因为在全国统筹条件下，14省份的当期支付缺口将会被养老保险基金的快速增长和支付能力的空前提高所"内在化"；但是，统筹层次提高到全国水平将存在普遍的道德风险和逆向选择问题，最终有可能致使养老保险制度陷入较大的财务风险之中，这就是目前仍以县市统筹为主、只有4~5个省份实现省级统筹的主要原因。基于这个分析，在一定时期内，半数省份收不抵支的解决办法只能是依靠财政转移支付，其结果必然是一方面推动养老保险基金规模不断增长，另一方面，在养老保险基金投资体制十分落后和投资回报率十分低下的情况下，财政资金宏观运用低效。为此，本文建议改革养老保险基金投资体制迫在眉睫。

关键词： 养老金改革　城镇职工基本养老保险改革　资金缺口　财务风险

一、养老保险基金快速增长与半数省份收不抵支的悖论

中国统账结合的城镇职工基本养老保险制度已经在争议中走过了十多个年头。随着覆盖面的不断扩大和财政补贴的逐年增加,中国城镇职工基本养老保险基金支付能力逐年提高,基金累计结余实现了快速增长:在2002~2008年间,基金累计结余增长率最高的年份达52.6%,即使最低的年份也高达34.36%(见表1);2002年基金累计结余仅为1608亿元①,此后便一年一个新台阶,到2011年底已经高达1.95万亿元②;换言之,10年间,城镇基本养老保险基金增长了12倍。

但是,2011年12月出版的《中国养老金发展报告2011》首次披露(见表2),如果剔除财政补贴,2010年全国近半数省份(14个省份和新疆兵团)企业部门基本养老保险基金收不抵支③,缺口达679亿元④;在15个收不抵支的统筹单位中,有3个是直辖市即上海、天津和重庆,还有东北老工业基地的辽宁、吉林和黑龙江等。而且,根据最新数据,2011年全国仍然有14个省份(13个省份和新疆兵团)基本养老保险基金收不抵支;如果只考虑企业部门,基本养老保险基金收不抵支的省份也还有12个(11个省份和新疆兵团)。

这个重要信息显示,中国城镇职工基本养老保险制度一方面发展迅速,就覆盖人口而言已成为世界第一大养老保险制度,但另一方面地区间养老保险制度却潜伏着财务失衡的巨大风险。其实,基本养老保险制度的财务风险在2008年已初露端倪(见表1):2008年作为一个拐点,基金收入增长率开始低于支出增长率,基金累计结余的增长率也逐年下降,从2008年的34.36%下降到2009年的26.13%和2010年的22.67%。不过,2011年的情况又有所好转,当年基金收入为1.69万亿元,比上年增长了25.89%;而基金支出为1.28万亿元,比上年增长了20.94%。这使得2011年基金当期结余和累计结余均实现了快速增长:当期结余高达4130亿元,比上一年增长了79.17%;基金累计结余比2010年底增长了26.89%。

表1　1997~2011年城镇职工基本养老保险基金收支结余年增长率　　单位:%

年份	基金收入增长率	基金支出增长率	基金累计结余增长率
1997	14.18	21.27	18.03
1998	9.05	20.80	-13.91
1999	34.69	27.34	24.79
2000	15.95	9.90	29.12
2001	9.24	9.73	11.29
2002	27.42	22.47	52.55
2003	16.03	9.82	37.22
2004	15.72	12.17	34.83
2005	19.61	15.37	35.83
2006	23.88	21.19	35.83
2007	24.16	21.82	34.66
2008	24.33	23.88	34.36
2009	17.97	20.36	26.13
2010	16.78	18.67	22.67
2011	25.89	20.94	26.89

资料来源:2010年之前的数据来自《中国统计年鉴2011》,2011年的数据来自《2011年度劳动和社会保障事业发展统计公报》。

---

① 劳动和社会保障部、国家统计局:《2002年度劳动和社会保障事业发展统计公报》,http://www.mohrss.gov.cn/page.do?pa=402880202405002801240882b84702d7&guid=07136ce9db584e7cabbe5b6232e65607&og=8a81f0842d0d556d012d111392900038,2005-12-14。
② 劳动和社会保障部、国家统计局:《2011年度人力资源和社会保障事业发展统计公报》,http://www.mohrss.gov.cn/page.do?pa=402880202405002801240882b84702d7&guid=62bfe5a694194d7fb1a9cbb840fce896&og=8a81f0842d0d556d012d111392900038,2012-06-05。
③ 我国城镇职工基本养老保险制度的参保人员按身份可以被划分为企业参保人员、以个体身份参保人员、行政机关参保人员和事业单位参保人员四类;本文中的"企业部门"参保人员指的是企业参保人员和以个体身份参保人员,由此形成的基本养老保险基金被称为"企业部门基本养老保险基金"。
④ 郑秉文:《中国养老金发展报告2011》,经济管理出版社,2011年版,第31页。

表2　　2010年各省企业部门基本养老保险收支结余情况　　单位：亿元

省份	结余	省份	结余	省份	结余
全 国	657.4	新 疆	23.2	陕 西	-27.5
广 东	405.9	福 建	11.3	湖 南	-30.6
江 苏	208.8	贵 州	5.0	河 南	-32.9
北 京	168.8	安 徽	4.8	上 海	-35.0
山 东	153.0	甘 肃	3.1	新疆兵团	-39.7
浙 江	146.2	西 藏	1.8	湖 北	-43.2
四 川	63.7	云 南	0.3	重 庆	-44.5
山 西	49.9	内蒙古	-2.8	吉 林	-50.5
河 北	32.9	青 海	-4.9	天 津	-62.1
广 西	31.2	海 南	-15.1	黑龙江	-117.2
宁 夏	26.0	江 西	-26.0	辽 宁	-146.5

资料来源：郑秉文：《中国养老金发展报告2011》，经济管理出版社，2011年版，第31页。

国内学术界一直十分关注城镇职工基本养老保险制度面临的各种风险，例如有学者将中国城镇职工基本养老保险制度面临的风险归纳为政治风险、社会风险、财务风险、基金贬值风险和人口风险等五类风险[1]，还有学者基于现行政策对城镇职工基本养老保险制度的财务可持续性进行了精算或模型推算等[2]。本文从半数省份城镇职工基本养老保险收不抵支这一客观事实入手，重点关注不同省份城镇职工基本养老保险基金支付能力的差异性及其成因，并探讨制度的可持续发展之路。

二、半数省份城镇职工基本养老保险收不抵支成因分析

这是目前中国城镇职工基本养老保险制度的一个悖论：一方面，基金快速增长，支付能力空前提高；但另一方面，在剔除财政补贴之后，却有半数省份企业部门基本养老保险基金收不抵支。造成中国城镇职工基本养老保险财务状况如此失衡的主要原因有四个，即各省之间不同的历史债务、制度赡养率、经济发展水平、劳动力流动空间分布等。

（一）各地历史欠债不同

1997年颁布的《国务院关于建立统一的企业职工基本养老保险制度的决定》（国发〔1997〕26号）标志着中国现代城镇职工养老保险制度的正式建立。但是，在制度建立之初，各省已退休的"老人"和工作的"中人"的比例存在着较大差异，养老金水平也存在差异。重要的是，老工业基地和工业基础比较好的省份的负担要远远大于其他省份，因为国有企业（最初称"全民所有制企业"）和集体所有制企业比重较高[3]，它们成为制度建立之初的主体。在建立制度之初，由于政府没有采取发行认购债券等方式对各省份的历史欠债加以确认，并把它们与历史债务"隔离"开来，所以，制度的"初始状态"的差异性一开始就决定了各地养老保险制度财务状况也必然存在差异性。随着时间的推移，政府对历史债务采取的这种模糊化处理方式使其成为一个历史遗留问题，也成为日后影响制度财务可持续性的"定时炸弹"。

要比较准确地计算各地的历史欠债，需要现行制度实施之前各地区所有"老人"和"中人"工作历史记录中的一些关键数据，而这是我们所欠缺的。不过，我们能够从

---

[1] 郑秉文：《中国养老保险制度的可持续发展》，2010年10月第五次中欧社会保障高层圆桌会议上的报告。
[2] 王晓军：《对中国养老保险制度财务可持续性的分析》，《市场与人口分析》，2002年第2期；刘昌平、殷宝明：《中国基本养老保险制度财务平衡与可持续性研究》，《财经理论与实践》，2011年第1期。
[3] 国务院1991年发布的《关于企业职工养老保险制度改革的决定》也是规定其"适用于全民所有制企业"，"城镇集体所有制企业可以参照执行"。

以下几个方面清晰地发现历史欠债的地区差异。

首先，在现行制度实施之前，各地区离退休人数差异很大。如表3所示，截至1997年底，辽宁、江苏和上海的离退休人数均超过了200万人，而西藏的离退休人数只有3.1万人，宁夏和青海也均不到20万人。这些数字足以反映旧制度留给各地需要发放养老金的"老人"在绝对数量上的显著差异。如果考虑到现存的庞大数目的国有资产中有相当一部分是那个时候的劳动者所创造的，我们还可以从当时各地国有单位离退休人数占总的离退休人数的比例衡量各地本该得到的财力支持的差异。

表3　　　　　　　　　　　1997年各地区离退休人数及国有单位离退休人数所占比重

地区	离退休人数（万人）	国有单位离退休人数所占比重（%）	地区	离退休人数（万人）	国有单位离退休人数所占比重（%）
辽　宁	266.7	72.37	天　津	85.2	76.06
江　苏	218.4	63.74	重　庆	84.3	78.41
上　海	210.3	70.85	陕　西	81.9	85.84
四　川	177.2	76.81	新　疆	81.6	95.59
广　东	174.7	73.50	云　南	79.6	89.07
山　东	163.2	72.43	江　西	78.4	83.29
黑龙江	163.2	87.07	广　西	74.2	82.61
北　京	147.9	76.54	福　建	62.8	75.96
湖　南	147.0	78.98	内蒙古	58.1	83.82
湖　北	144.5	76.61	贵　州	55.6	91.55
河　南	141.3	85.49	甘　肃	52.6	90.30
河　北	138.1	82.26	海　南	27.1	91.88
浙　江	113.6	66.20	青　海	18.4	91.30
安　徽	103.0	73.59	宁　夏	14.7	91.16
吉　林	95.8	77.14	西　藏	3.1	96.77
山　西	88.2	85.15			

资料来源：离退休人数的数据来自《中国统计年鉴1998》；国有单位离退休人数所占比例是根据《中国统计年鉴1998》中的有关数据计算出来的。

其次，各地工资水平一直存在着显著差异，而这是决定各地养老金水平乃至历史债务的一个关键要素，因为老制度下离退休人员的退休金是以本人标准工资为基数计算出来的。如表4所示，以1997年职工工资水平为例，上海、北京和西藏的职工平均工资已经超过了10000元，而黑龙江的职工平均工资还不到5000元。考虑到现行制度实施之前国有部门参保职工占全部参保职工的绝大多数，关注各地国有经济单位职工平均工资的显著差异可以更好地理解各地历史欠债的差异。如表4所示，除北京和海南外，其他地区1997年国有经济部门的职工平均工资均高于所统计的全部职工平均工资，虽然差距最多也只有11.36%，但其累积效应仍然不可忽视，这使得各地历史欠债之间的差异状况进一步复杂化。

表4 1997年各地区职工平均工资及国有经济单位平均工资

地区	职工平均工资（元）	国有经济单位平均工资（元）	前两者之比（%）	地区	职工平均工资（元）	国有经济单位平均工资（元）	前两者之比（%）
上 海	11425	11733	102.70	海 南	5664	5468	96.54
北 京	11019	10907	98.98	四 川	5626	5996	106.58
西 藏	10098	10524	104.22	辽 宁	5591	6226	111.36
广 东	9698	10032	103.44	广 西	5542	5654	102.02
浙 江	8386	8847	105.50	重 庆	5502	5828	105.93
天 津	8238	8689	105.47	安 徽	5492	6039	109.96
福 建	7559	7621	100.82	湖 北	5401	5741	106.30
江 苏	7108	7745	108.96	湖 南	5326	5683	106.70
青 海	7091	7623	107.50	山 西	5320	5791	108.85
云 南	7037	7237	102.84	河 南	5225	5643	108.00
新 疆	6644	6709	100.98	贵 州	5206	5434	104.38
山 东	6241	6817	109.23	陕 西	5184	5452	105.17
甘 肃	6182	6445	104.25	内蒙古	5124	5462	106.60
宁 夏	6073	6206	102.19	江 西	5089	5303	104.21
河 北	5692	6066	106.57	黑龙江	4889	5323	108.88
吉 林	5664	6017	106.23				

注：前两者之比是指国有经济单位平均工资与职工平均工资之比。
资料来源：职工平均工资和国有经济单位平均工资的数据来自《中国统计年鉴1998》。

如果把各省国有企业与集体企业参保人数占企业部门参保人数的比例及其各自的赡养率进行对比，就可清晰地看到各省历史欠债的差异性。先看国有企业参保人数占企业部门总参保人数的比例（见表5），西藏和新疆兵团分别高达88.52%和78.80%，山西、甘肃和河南也都超过了60%；而浙江、广东和江苏分别只有6.26%、16.95%和17.20%，北京、上海和福建也分别只有20.05%、20.29%和20.74%。再看集体企业参保人数占企业部门总参保人数的比例，山东达到了15.63%，辽宁、山西和河南也都超过了12%；而新疆兵团和西藏分别只有0.05%和0.69%，北京也只有2.78%。

从整体上看，国有企业和集体企业的制度赡养率要远远高于其他类型参保者的制度赡养率，因此，通常情况下，国有企业和集体企业参保人数占企业部门参保总人数比重较高的省份，企业部门职工基本养老保险制度赡养率通常较高。虽然具体到各个省份各种性质企业在赡养率上的差异性是不同的，但这至少可以说明，那些国有企业和集体企业占较大比重的省份这些年来一直在承受着更为沉重的历史负担。

表5　　2010年企业部门的参保职工结构及其制度赡养率　　单位：%

地区	国有企业		集体企业		港澳台及外资企业		其他经济成分企业		以个体身份参保人员	
	参保人数所占比例	赡养率	参保人数所占比例	赡养率	参保人数所占比例	赡养率	参保人数所占比例	赡养率	参保人数所占比例	赡养率
北京	20.05	71.74	2.78	82.49	9.31	1.49	56.45	12.37	11.41	52.62
天津	43.29	90.32	11.02	65.33	11.13	6.66	21.54	17.25	13.02	51.29
河北	46.46	62.48	11.21	60.59	3.59	8.92	24.17	15.47	14.56	8.06
山西	64.42	46.01	12.46	61.43	0.99	5.23	9.95	7.88	12.18	5.08
内蒙古	42.23	63.33	4.17	94.08	0.09	5.49	17.53	32.07	35.97	18.63
辽宁	35.45	80.73	12.95	84.23	3.77	6.67	16.79	23.71	31.04	25.59
吉林	40.64	85.40	6.28	113.74	1.90	4.91	12.37	21.89	38.82	35.16
黑龙江	50.99	75.54	8.14	109.11	1.09	13.30	6.64	46.18	33.13	49.66
上海	20.29	173.98	7.83	174.52	11.94	9.65	54.67	48.65	5.28	0
江苏	17.20	81.26	9.58	80.56	13.25	3.56	35.42	23.89	24.77	11.29
浙江	6.26	40.58	3.59	42.38	4.88	2.42	59.80	11.73	25.47	13.93
安徽	38.87	56.70	10.61	94.23	3.07	31.96	20.69	23.11	26.75	11.09
福建	20.74	68.90	6.74	89.57	20.93	2.89	33.09	6.55	18.49	14.94
江西	50.35	62.83	8.54	65.85	1.38	0.36	9.82	2.28	29.90	3.85
山东	35.24	36.84	15.63	37.95	6.56	3.34	28.11	10.17	14.46	14.70
河南	60.66	47.24	12.04	32.48	2.54	6.83	8.46	23.68	16.30	10.09
湖北	38.55	87.55	9.45	106.50	2.44	5.58	19.20	33.44	30.36	5.28
湖南	41.90	96.18	11.09	103.19	1.45	4.77	16.17	8.29	29.40	5.89
广东	16.95	40.50	6.34	34.74	20.94	1.38	51.23	7.46	4.54	8.21
广西	40.07	55.53	5.21	71.04	1.73	5.97	21.78	21.93	31.21	48.95
海南	53.87	66.73	4.21	89.24	4.57	0.65	25.71	3.41	11.63	12.39
重庆	33.14	60.48	6.49	90.95	3.56	8.12	22.93	17.53	33.88	69.95
四川	28.35	95.66	6.69	122.18	1.20	2.53	17.04	16.22	46.72	47.84
贵州	58.14	61.34	6.98	70.01	0.63	2.03	14.93	3.45	19.32	7.30
云南	52.05	70.84	7.18	41.71	1.04	7.58	20.57	21.46	19.16	10.73
西藏	88.52	63.64	0.69	0.17	0	0	3.27	0	7.53	0
陕西	54.86	58.55	6.45	99.42	2.09	2.82	21.15	14.77	15.45	8.42
甘肃	64.01	57.87	5.81	72.03	0.12	6.52	12.37	22.94	17.68	7.35
青海	46.04	91.20	5.68	186.35	0.14	0	22.60	1.80	25.55	3.25
宁夏	46.00	42.81	3.76	75.38	1.48	7.18	19.88	13.13	28.88	56.60
新疆	49.41	61.49	3.06	93.62	0.82	12.76	23.29	17.93	23.43	11.55
新疆兵团	78.80	73.59	0.05	21.43	0.01	0.91	1.16	11.54	19.98	39.54
简单平均值	43.24	69.62	7.27	80.20	4.33	5.70	22.77	16.94	22.38	20.91

资料来源：根据人力资源和社会保障部2011年提供的相关数据计算而来。

(二)制度赡养率不同

当我们把表2列出的2010年各省企业部门养老基金收支结余状况和图1的各省企业部门城镇职工基本养老保险制度赡养率进行对比时发现,凡是收不抵支的省,基本都是制度赡养率较高的省。广东、江苏、北京、山东、浙江等拥有大量当期结余的省份,企业部门城镇职工基本养老保险制度赡养率几乎都处于较低的水平;而辽宁、黑龙江、天津、吉林等严重收不抵支的省份,企业部门城镇职工基本养老保险制度赡养率基本上处于较高的水平[1]。

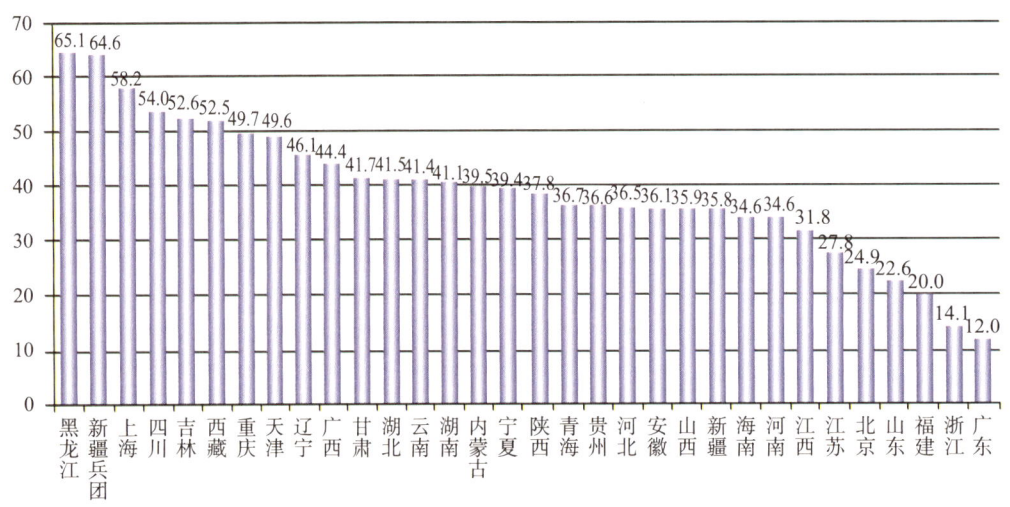

图1 2010年各个省份企业部门城镇职工基本养老保险制度赡养率(%)

资料来源:根据人力资源和社会保障部提供的相关数据计算得来。

各省人口年龄结构的巨大差异是导致其制度赡养率不同的原因之一。如表6所示,在现行制度实施之前,各省的老年人赡养比就差异很大。1997年上海65岁及以上老年人口赡养比高达16.93%,而青海、宁夏和黑龙江均低于7%。人口年龄结构的不断演变在各地也带来了显著不同的结果,将2010年与1997年相比,上海、广东等省份65岁及以上老年人口赡养比出现了显著下降(这两个省份分别下降了4.47和2.55个百分点);而贵州、安徽、重庆、黑龙江、甘肃等省份均上升了超过4个百分点。这种变化主要是大规模的人口跨省份流动等因素造成的。但这种变化并没有显著缩小各省人口年龄结构的巨大差异,2010年重庆、四川、江苏和安徽的65岁及以上老年人口赡养比均超过了14%,而西藏、青海、广东、宁夏和内蒙古还都低于10%。这种差异会对各地城镇职工基本养老保险制度赡养率产生影响,但显然与后者的状况并非一致,主要是因为该人口统计的范围远远大于城镇职工基本养老保险制度的参保群体,而且,各省之间的劳动力流动也会形成一定影响。无论如何,各地人口结构差异都会对城镇职工基本养老保险制度的财务状况产生不同的影响。

表6　　　　　1997年和2010年各地区65岁及以上老年人赡养比及其变化　　　　　单位:%

地区	65岁及以上老年人赡养比		变化	地区	65岁及以上老年人赡养比		变化
	1997年	2010年			1997年	2010年	
上　海	16.93	12.46	-4.47	河　北	9.8	10.99	1.19
浙　江	12.96	12.05	-0.91	山　西	9.35	10.06	0.71
江　苏	12.69	14.31	1.62	云　南	9.29	10.65	1.36

---

[1] 四川是一个例外,它虽然制度赡养率较高,但当期结余也比较可观,这可能与其以个人身份参保人员所占比重很高有关。

续表

地区	65岁及以上老年人赡养比		变化	地区	65岁及以上老年人赡养比		变化
	1997年	2010年			1997年	2010年	
重 庆	11.95	16.17	4.22	湖 北	8.88	11.81	2.93
广 西	11.94	13.38	1.44	西 藏	8.88	7.22	−1.66
北 京	11.79	10.54	−1.25	陕 西	8.8	11.11	2.31
天 津	11.77	10.43	−1.34	江 西	8.75	10.77	2.02
四 川	11.59	15.19	3.60	贵 州	8.59	12.94	4.35
山 东	11.42	13.23	1.81	吉 林	8.5	10.53	2.03
广 东	11.39	8.84	−2.55	内蒙古	7.29	9.65	2.36
福 建	11.05	10.30	−0.75	甘 肃	7.04	11.19	4.15
湖 南	10.73	13.47	2.74	新 疆	7	8.47	1.47
辽 宁	10.67	13.17	2.50	青 海	6.86	8.66	1.80
河 南	10.28	11.83	1.55	宁 夏	6.48	8.89	2.41
海 南	10.24	10.80	0.56	黑龙江	6.27	10.44	4.17
安 徽	9.94	14.17	4.23	全 国	10.35	11.90	1.55

注：变化是指2010年65岁及以上老年人赡养比与1997年65岁及以上老年人赡养比之差。
资料来源：1997年和2010年65岁及以上老年人赡养比的数据分别来自《中国统计年鉴1998》和《中国统计年鉴2011》。

各省城镇职工基本养老保险制度覆盖面大小的差异性对制度赡养率也存在较大影响。如图2所示，如果以参保职工人数占城镇就业人数的比例来衡量，广东省的覆盖率已经达到了120%左右，辽宁省也接近了100%（主要是由于大量非城镇就业人员加入了城镇职工基本养老保险制度），而西藏、云南、广西的覆盖率还比较低。如果以参加城镇职工基本养老保险的职工人数占第二、三产业就业人数的比例来衡量，上海、广东、辽宁、天津、北京等省份也都超过了60%，而西藏、云南、贵州等省份还不到20%。对于覆盖率低的省份，未被覆盖的数目庞大的就业群体往往年龄结构偏轻，因而会"稀释"制度赡养率。

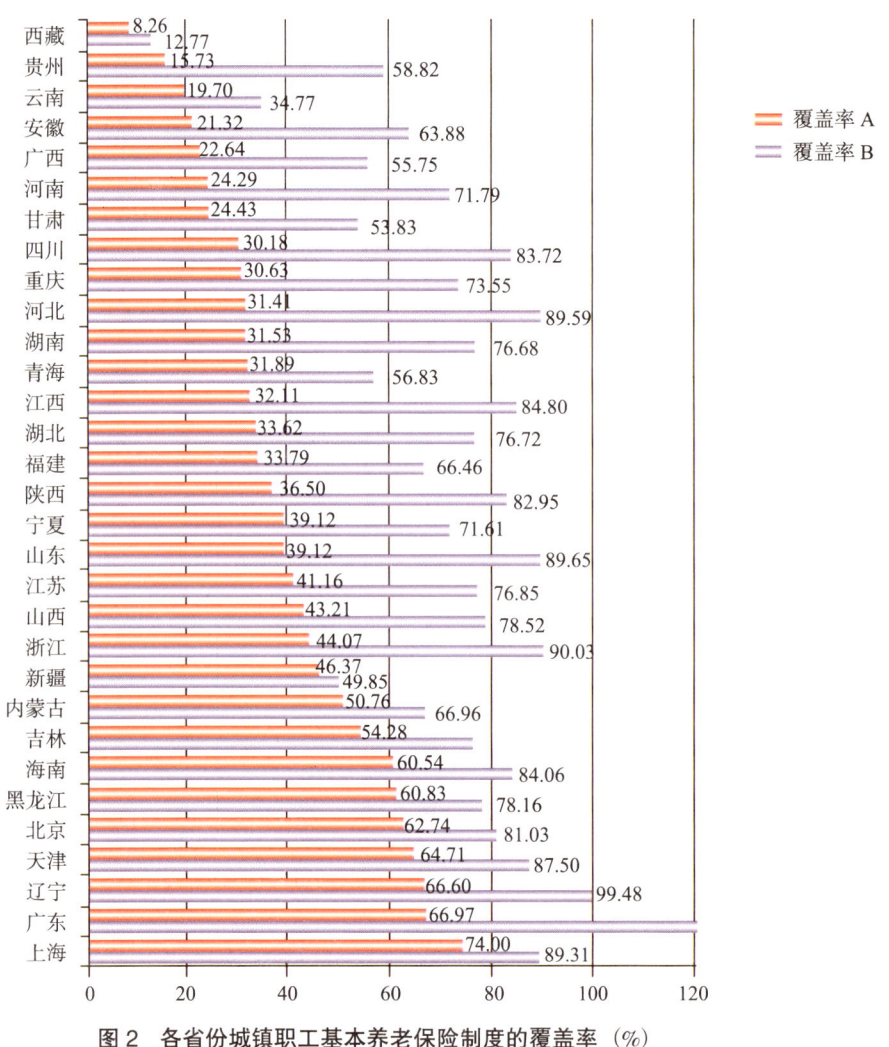

图 2　各省份城镇职工基本养老保险制度的覆盖率（%）

注：覆盖率 A=参加城镇职工基本养老保险的职工人数/第二、三产业就业人数；覆盖率 B=参加城镇职工基本养老保险的职工人数/城镇就业人数。

资料来源：各地区按三次产业分就业人员数来自《中国统计年鉴 2011》；城镇就业人数来自《中国统计年鉴 2011》；参加城镇职工基本养老保险的职工人数来自人力资源和社会保障部。

（三）地区经济发展状况不同

地区经济发展状况的差异性是影响各省城镇职工基本养老保险财务状况的主要直接原因之一。改革开放之后，随着国民经济的快速发展，各地经济发展水平差距也被拉大。如表 7 所示，到 1997 年，无论从地区生产总值还是人均地区生产总值看，各个省份之间的差距都已经比较大——广东省地区生产总值是西藏的 95 倍，而上海地区的人均生产总值是贵州的 10 倍以上。此后的年份，虽然各地的增长速度并不一致，而且一些欠发达地区的增长速度明显快于较发达地区，但各地经济发展水平差距依然显著。到 2010 年，广东省地区生产总值大约是西藏的 91 倍，上海的地区人均生产总值仍然是贵州的大约 5.6 倍。经济发展状况的地区差异将从以下几个方面直接影响城镇职工基本养老保险制度财务状况的地区差异：

表7　　1997年和2010年各地区生产总值及其增长倍数

地区	生产总值（亿元）		增长倍数	人均生产总值（元）		增长倍数
	1997年	2010年		1997年	2010年	
广东	7315.51	46013.06	5.29	10220.05	44114.74	3.32
江苏	6680.34	41425.48	5.20	9206.39	52664.04	4.72
山东	6650.02	39169.92	4.89	7457.02	40890.14	4.48
浙江	4638.24	27722.31	4.98	10295.53	50934.95	3.95
河南	4079.26	23092.36	4.66	4343.52	24560.18	4.65
河北	3953.78	20394.26	4.16	5965.00	28382.84	3.76
辽宁	3490.06	18457.27	4.29	8301.96	42191.59	4.08
湖北	3450.24	15967.61	3.63	5781.52	27897.00	3.83
上海	3360.21	17165.98	4.11	22532.09	74572.61	2.31
四川	3320.11	17185.48	4.18	3876.73	21370.14	4.51
福建	3000.36	14737.12	3.91	9004.41	39944.26	3.44
湖南	2993.00	16037.96	4.36	4557.64	24416.95	4.36
黑龙江	2708.46	10368.60	2.83	7107.33	27063.42	2.81
安徽	2669.95	12359.33	3.63	4292.59	20771.81	3.84
广西	2015.20	9569.85	3.75	4277.19	20791.99	3.86
北京	1810.09	14113.58	6.80	14086.30	71962.65	4.11
江西	1715.18	9451.26	4.51	4068.46	21206.63	4.21
云南	1644.23	7224.18	3.39	3953.52	15716.27	2.98
山西	1480.13	9200.86	5.22	4638.74	25763.98	4.55
吉林	1446.91	8667.58	4.99	5419.75	31561.74	4.82
重庆	1350.10	7925.58	4.87	4368.69	27475.33	5.29
陕西	1326.04	10123.48	6.63	3656.13	27120.79	6.42
天津	1240.40	9224.46	6.44	12816.70	71296.18	4.56
内蒙古	1094.52	11672.00	9.66	4635.64	47242.97	9.19
新疆	1050.14	5437.47	4.18	6016.96	24927.28	3.14
贵州	792.98	4602.16	4.80	2164.78	13244.97	5.12
甘肃	781.34	4120.75	4.27	3083.05	16112.25	4.23
海南	409.86	2064.50	4.04	5421.43	23807.83	3.39
宁夏	210.92	1689.65	7.01	3917.53	26814.10	5.84
青海	202.05	1350.43	5.68	4012.91	24000.30	4.98
西藏	76.98	507.46	5.59	3105.28	16903.13	4.44

注：增长倍数是指2010年生产总值在1997年生产总值的基础上增长了多少倍。
资料来源：1997年和2010年生产总值的数据分别来自《中国统计年鉴1998》和《中国统计年鉴2011》。

首先，地区经济发展状况差异对职工工资的地区差异产生了决定性影响，而职工工资既是计算基本养老保险缴费额度的基础，也是计算离退休人员养老金数额的基础。经济较发达地区的工资水平一般较高，因而用于计算缴费基数往往更大；虽然在计算离退休人数的养老金时基数也会较大，但是由于在过去的年份里我国人口年龄结构一直偏年轻，因此，基数大的省份暂时可以从中获益。如表8所示，2010年各地城镇单位就业人员平均工资相差很远，上海城镇单位就业人员平均工资是黑龙江的大约2.4倍。此外，由于养老金上调的速度一直低于工资增长速度，所以，工资增长速度较快的地区可以从中获益。而各地城镇单位就业人员平均工资增长速度差异很大，2010年内蒙古城镇单位就业人员平均工资比1997年增长了5.87倍，而云南城镇单位就业人员平均工资在此期间只增长了3.15倍。

表8　　　　2010年各地城镇单位就业人员平均工资及其相对于1997年的增长倍数

地区	城镇单位就业人员平均工资（元）	相对于1997年的增长倍数	地区	城镇单位就业人员平均工资（元）	相对于1997年的增长倍数
上　海	66115	4.79	山　西	33057	5.21
北　京	65158	4.91	四　川	32567	4.79
天　津	51489	5.25	福　建	32340	3.28
西　藏	49898	3.94	新　疆	32003	3.82
浙　江	40640	3.85	湖　北	31811	4.89
广　东	40432	3.17	河　北	31451	4.53
江　苏	39772	4.60	海　南	30775	4.43
宁　夏	37166	5.12	广　西	30673	4.53
全　国	36539	4.65	贵　州	30433	4.85
青　海	36121	4.09	河　南	29819	4.71
内蒙古	35211	5.87	湖　南	29670	4.57
重　庆	34727	5.31	云　南	29195	3.15
辽　宁	34437	5.16	甘　肃	29096	3.71
陕　西	33384	5.44	吉　林	29003	4.12
安　徽	33341	5.07	江　西	28363	4.57
山　东	33321	4.34	黑龙江	27735	4.67

注：增长倍数是指2010年城镇单位就业人员平均工资在1997年职工平均工资的基础上增长了多少倍；自2009年以后城镇在岗职工平均工资指标改为城镇单位就业人员平均工资。

资料来源：2010年城镇单位就业人员平均工资的数据来自《中国统计年鉴2011》；1997年城镇在岗职工平均工资的数据来自 《中国统计年鉴1998》。

其次，地区经济发展状况差异对财政实力的地区差异产生了决定性影响，而财政实力将直接影响各地对城镇职工基本养老保险制度提供财政补贴的能力。如表9所示，各地财政实力差异显著。从财政收入总量上看，1997年广东是西藏的大约184倍，到2010年广东仍然是西藏的大约123倍；从人均财政收入看，1997年上海是西藏的18.7倍，到2010年上海仍然是西藏的大约10倍。各地财政收入和人均财政收入的增长速度明显不一致，但增长较快的省份既有江苏、浙江这样的较发达地区，也有重庆、内蒙古这样的欠发达地区，增长较慢的省份也存在类似的情况，因此，很难说这些年来财政实力的地区差距得到了显著缩小。在分灶吃饭的财政体制下，财政实力雄厚的地方一般有能力向城镇职工基本养老保险制度提供更多的财政补贴；更重要的是，这些地方企业竞争环境较好，城镇职工养老保险制度实行较低的费率，从而形成了良性循环。而财政实力较差的省份则呈现相反的情况，很有可能陷入恶性循环。

表 9　　1997 年和 2010 年各地区财政收入及增长倍数

地区	财政收入（亿元）		增长倍数	人均财政收入（元）		增长倍数
	1997 年	2010 年		1997 年	2010 年	
广　东	543.95	4517.04	7.30	759.91	4330.69	4.70
上　海	332.47	2873.58	7.64	2229.38	12483.45	4.60
山　东	290.40	2749.38	8.47	325.64	2870.13	7.81
江　苏	255.59	4079.86	14.96	352.23	5186.71	13.73
辽　宁	228.16	2004.84	7.79	542.74	4582.87	7.44
河　南	185.73	1381.32	6.44	197.76	1469.12	6.43
北　京	182.32	2353.93	11.91	1418.80	12002.27	7.46
河　北	176.07	1331.85	6.56	265.64	1853.55	5.98
四　川	172.90	1561.67	8.03	201.88	1941.94	8.62
福　建	162.91	1151.49	6.07	488.93	3121.06	5.38
浙　江	157.33	2608.47	15.58	349.23	4792.60	12.72
云　南	150.42	871.19	4.79	361.68	1895.28	4.24
安　徽	140.52	1149.40	7.18	225.92	1931.74	7.55
湖　北	139.89	1011.23	6.23	234.41	1766.72	6.54
湖　南	137.16	1081.69	6.89	208.86	1646.82	6.88
黑龙江	136.16	755.58	4.55	357.29	1972.16	4.52
广　西	99.16	771.99	6.79	210.46	1677.27	6.97
山　西	92.81	969.67	9.45	290.88	2715.23	8.33
天　津	89.91	1068.81	10.89	929.00	8260.87	7.89
江　西	88.44	778.09	7.80	209.78	1745.87	7.32
吉　林	82.85	602.41	6.27	310.34	2193.59	6.07
陕　西	76.55	958.21	11.52	211.06	2567.03	11.16
内蒙古	66.08	1069.98	15.19	279.86	4330.78	14.47
重　庆	59.31	952.07	15.05	191.90	3300.52	16.20
贵　州	55.88	533.73	8.55	152.56	1536.07	9.07
新　疆	54.52	500.58	8.18	312.41	2294.82	6.35
甘　肃	46.91	353.58	6.54	185.14	1382.52	6.47
海　南	30.87	270.99	7.78	408.33	3125.08	6.65
宁　夏	14.07	153.55	9.91	261.40	2436.79	8.32
青　海	10.92	110.22	9.09	216.88	1958.78	8.03
西　藏	2.95	36.65	11.41	119.15	1220.70	9.25

注：增长倍数是指 2010 年财政收入和人均财政收入在 1997 年财政收入和人均财政收入的基础上增长了多少倍。
资料来源：1997 年和 2010 年财政收入的数据分别来自《中国统计年鉴 1998》和《中国统计年鉴 2011》；人均财政收入是根据《中国统计年鉴 1998》和《中国统计年鉴 2011》中各地人口数据计算出来的。

与此同时，各省份城镇职工基本养老保险的缴费率（这里主要指单位缴费部分，下同）差异很大。如表 10 所示，从随机抽取的 3 个年份各省缴费率可看出，最低的广东只有 13.46%，最高的黑龙江和吉林却高达 24%。如果把这种情况与各省当期结余状况相对比就可以发现，越是缴费率高的省份，财务状况就可能越差；反之，越是费率低的省份，财务状况常常越好。

表 10　部分年份各省份城镇职工基本养老保险单位缴费名义费率　　单位：%

省份	1998 年	2003 年	2008 年	平均
广东	15.50	10.88	14.00	13.46
浙江	20.00	20.00	14.00	18.00
福建	20.00	18.00	18.00	18.67
湖北	17.80	19.00	20.00	18.93
海南	18.00	20.00	20.00	19.33
北京	19.00	20.00	20.00	19.67
天津	20.00	20.00	20.00	20.00
河北	20.00	20.00	20.00	20.00
内蒙古	20.00	20.00	20.00	20.00
广西	20.00	20.00	20.00	20.00
陕西	20.00	20.00	20.00	20.00
新疆	20.00	20.00	20.00	20.00
山东	20.00	20.00	20.00	20.00
河南	22.50	19.25	20.00	20.58
宁夏	21.00	21.00	20.00	20.67
贵州	21.00	21.00	20.00	20.67
平均值	21.00	21.00	20.00	20.67
湖南	22.50	20.00	20.00	20.83
山西	21.50	21.50	20.00	21.00
安徽	22.00	21.00	20.00	21.00
江西	23.00	20.00	20.00	21.00
江苏	21.00	21.00	21.00	21.00
重庆	25.00	24.00	15.00	21.33
四川	22.00	22.00	20.00	21.33
辽宁	21.00	25.10	20.00	22.03
上海	22.50	22.50	22.00	22.33
青海	24.50	24.50	20.00	23.00
甘肃	25.00	25.00	20.00	23.33
西藏	25.00	25.00	20.00	23.33
云南	25.50	25.50	20.00	23.67
吉林	25.00	25.00	22.00	24.00
黑龙江	25.00	25.00	22.00	24.00

资料来源：各省人民政府或劳动与社会保障厅下发的文件，见各省人社厅主页。

(四)劳动力跨区域流动

在改革开放的过程中,地区经济发展水平差距逐渐显现,大规模的劳动力跨区域流动随之产生[1]。劳动力跨区域流动的突出反应就是外出农民工数量急剧增加。根据《中国2010年人口普查资料》(以下称简称"六普")的估算,2010年全国流动人口总量为2.61亿人,其中跨省城镇流动人口为7158.95万人。城镇跨省流入人口规模最大的前5个省份依次为广东(1956.69)、浙江(877.28)、上海(784.73)、北京(634.25)和江苏(534.46),5个省份的城镇地区流入人口合计达4787万人,占到全国总量的66.9%;跨省流出人口(流向其他省份城镇地区)规模超过300万人的省份有8个,依次为安徽(772.81)、四川(729.52)、河南(716.35)、湖南(628.36)、湖北(504.85)、江西(497.10)、广西(362.12)、河北(303.45),合计流出人口达到4515万人,占全国总量的63.1%[2]。而根据2011年底的统计,在全国2.3亿农民工中,外出农民工数量已经超过1.58亿[3]。大规模的劳动跨区流动对各省城镇职工基本养老保险制度的财务状况具有重大影响。

劳动力大规模跨区域流动首先对各省城镇职工基本养老保险制度的赡养率产生较大影响。根据国家统计局农村司《2009年农民工监测报告》[4],外出农民工具有以下四个特点:第一,从外出农民工就业地域分布看,东部地区占62.5%,中部地区和西部地区分别只有17%和20.2%;第二,从外出农民工中在外省务工者所占的比例来看,东部地区只有20.4%,而中部和西部分别达到69.4%和59.1%;第三,从外出农民工年龄分布看,16~25岁的占41.6%、26~30岁的占20%、31~40岁的占22.3%、40~50岁的占11.9%、51岁以上的农民工占4.2%;第四,从农民工参加养老保险的比例看,东部、中部和西部分别为8.8%、5.2%和4.2%。可见,对于经济较发达地区,青壮年劳动力是净流入的,而且外来务工者参保率较高,因而会"稀释"城镇职工基本养老保险制度赡养率;但是,对于经济欠发达地区,青壮年劳动力是净流出的,而且外来务工者参保率较低,因而会"抬高"城镇职工基本养老保险制度赡养率。

各省制度赡养率变化的结果必然对人口输出省和输入省养老保险制度产生不同的财务影响。对经济较发达的人口输入省来说,外来工作人口不仅增加了当地的劳动供给,对当地养老保险制度来说还增加了制度的缴费收入,提高了人口输入省养老保险制度的财务支付能力。但对人口输出省来说,情况则正好相反,其养老保险的制度收入、支付能力和资金流都受到了很大的负面影响。为了弄清楚这种影响,需要进一步的测算。

1. 流动人口对各地城镇职工基本养老保险基金的影响的测算方法

为精确测算流动人口对全国城镇职工基本养老保险制度省际间资金流向产生的影响,这里使用"六普"中的户口登记状况数据。根据"六普"数据,2010年跨省流动人口中20~60岁的人口比例为72.36%,以此年龄段人口数量作为参保群体的基数;假定2010年各省流动人口参保的缴费费基为上年度城镇在岗职工平均工资(IB)的60%;缴费率(ER)为全国灵活就业参保者的法定平均缴费率即20%;各省流动人口的平均参保率(AP)为2010年外出务工农民参加养老保险的比例,即2010年农民工参加城镇基本养老保险人数÷外出务工农民数量=3284÷15335=21.42(%)。在上述条件下,单个省份城镇外来人口"创造"的养老基金收入(IE)的测算公式如下:

$$IE = (LP \times 72.36\%) \times AP \times (IB \times 60\%) \times ER \quad (1)$$
$$IE = (LP \times 72.36\%) \times 21.42\% \times (IB \times 60\%) \times 20\%$$
$$= LP \times IB \times 1.86\% \quad (2)$$

其中,LP为各省流入人口规模;IB为上年度城镇在岗职工平均工资。

对单个省份由流出人口造成的基金损失测算,需要汇总该省流向其他30个目标省份的人口为当地所"贡献"的基金收入。各省作为人口接收地,流入基金的测算同样采用公式(1)。以2010年流出人口规模最大的4个省份为例,其流出基金量测算见表11。以安徽省为例,在该表的计算中,③=②×①×1.86×10⁻⁶,安徽省流向北京市的城镇流动人口为北京市带来的基金收入为4.24亿元,将安徽省流向其他30个省份的基金量合计,即可得出安徽省的流出基金总量,2010年为63.89亿元。

---

[1] 关于"劳动力跨区域流动对于城镇职工基本养老保险基金的影响测算",主要由房连泉提供。
[2] 国务院人口普查办公室、国家统计局人口和就业统计司编:《2010年全国人口普查资料》,中国统计出版社,2011年版。
[3] 国家统计局:《中华人民共和国2011年国民经济和社会发展统计公报》,http://www.stats.gov.cn/tjgb/ndtjgb/qgndtjgb/t20120222_402786440.htm,2012-02-22。
[4] 国家统计局农村司:《2009年农民工监测调查报告》,http://www.stats.gov.cn/tjfx/fxbg/t20100319_402628281.htm,2010-03-19。

表 11　　安徽、四川、河南和湖南 4 个省份流出人口基金损失估算

现住地（流入人口省份）	①2009年城镇在岗职工平均工资（元）	户籍所在地（流出人口省份）							
		安徽		四川		河南		湖南	
		②流出人口（万人）	③流出基金（亿元）	流出人口（万人）	流出基金（亿元）	流出人口（万人）	流出基金（亿元）	流出人口（万人）	流出基金（亿元）
全国合计	37326	772.81	63.89	729.52	49.91	716.35	52.97	628.36	42.64
北　京	58140	39.25	4.24	29.40	3.18	85.76	9.27	14.11	1.53
天　津	44992	12.65	1.06	10.06	0.84	30.48	2.55	3.16	0.26
河　北	28383	5.24	0.28	5.84	0.31	14.68	0.77	1.97	0.10
山　西	28469	3.51	0.19	4.82	0.26	14.78	0.78	1.27	0.07
内蒙古	30699	2.84	0.16	6.48	0.37	7.59	0.43	1.18	0.07
辽　宁	31104	6.98	0.40	6.11	0.35	11.18	0.65	1.50	0.09
吉　林	26230	1.72	0.08	1.15	0.06	1.99	0.10	0.52	0.03
黑龙江	26535	2.08	0.10	1.07	0.05	2.18	0.11	0.68	0.03
上　海	63549	218.99	25.88	52.24	6.17	66.46	7.85	20.30	2.40
江　苏	35890	187.37	12.50	41.88	2.80	72.43	4.83	14.77	0.99
浙　江	37395	176.86	12.30	88.30	6.14	94.08	6.54	54.51	3.79
安　徽	29658	—	—	2.70	0.15	7.36	0.41	2.44	0.13
福　建	28666	20.67	1.10	66.52	3.55	23.66	1.26	19.04	1.01
江　西	24696	4.18	0.19	2.48	0.11	3.25	0.15	5.10	0.23
山　东	29688	11.57	0.64	7.30	0.40	25.02	1.38	2.92	0.16
河　南	27357	5.16	0.26	2.98	0.15	—	—	1.87	0.10
湖　北	27127	4.81	0.24	5.44	0.27	15.31	0.77	7.83	0.40
湖　南	27284	2.19	0.11	3.69	0.19	3.84	0.19	—	—
广　东	36355	41.43	2.80	238.58	16.13	161.31	10.90	418.71	28.31
广　西	28302	2.67	0.14	4.46	0.23	3.41	0.18	18.24	0.96
海　南	24934	1.81	0.08	6.86	0.32	3.28	0.15	5.42	0.25
重　庆	30965	1.27	0.07	46.06	2.65	2.23	0.13	2.40	0.14
四　川	28563	2.27	0.12	0	—	4.86	0.26	3.90	0.21
贵　州	28245	1.42	0.07	16.30	0.86	1.83	0.10	8.88	0.47
云　南	26992	1.99	0.10	27.53	1.38	3.42	0.17	10.35	0.52
西　藏	48750	0.21	0.02	6.64	0.60	0.62	0.06	0.33	0.03
陕　西	30185	3.54	0.20	9.62	0.54	14.19	0.80	2.21	0.12
甘　肃	27177	1.38	0.07	3.45	0.17	5.08	0.26	1.06	0.05
青　海	33561	1.18	0.07	3.74	0.23	4.03	0.25	0.74	0.05
宁　夏	28350	1.39	0.07	1.82	0.10	3.86	0.20	0.39	0.02
新　疆	27753	6.16	0.32	26.01	1.34	28.18	1.45	2.56	0.13

注：新疆数据采用新疆维吾尔自治区和新疆兵团合计数。
资料来源：国务院人口普查办公室、国家统计局人口和就业统计司编：《2010 年全国人口普查资料》，中国统计出版社，2011 年版；笔者计算。

2. 流动人口对东、中西部地区养老基金收支平衡的影响

以上述流入基金和流出基金计算方法，可估算出全国跨省流动人口造成的基金净流量规模（见表12）。值得说明的是，2010 年个别省份流动人口尚未纳入城镇职工基本养老保险制度，为保持全国基金总量的收支平衡，这里采用统一口径，在假定各省将城镇外来人口加入该制度的情况下，估算省际间流动人口对各地养老基金财务状况的影响程度。

表 12　　2010 年省际间流动人口对各地养老基金收支规模的影响

省份	流入人口				流出人口				基金净流入量（亿元）
	流入人口占全国比例（%）	流入人口（万人）	流入基金占比（%）	流入基金（亿元）	流出人口占全国比例（%）	流出人口（万人）	流出基金占比（%）	流出基金（亿元）	
全国合计	100	7158.95	100	525.61	100	7158.95	100	525.61	0
东部 12 个省	83.53	5979.55	88.06	462.83	24.66	1765.61	26.48	139.18	323.65
中部 9 个省	7.44	532.89	5.27	27.71	50.81	3637.24	50.84	267.24	−239.53
西部 10 个省	9.03	646.51	6.67	35.07	24.53	1756.09	22.68	119.20	−84.12
东部									
辽　宁	2.16	154.60	1.70	8.94	1.24	88.76	1.29	6.78	2.16
北　京	8.86	634.25	13.05	68.57	0.33	23.47	0.29	1.51	67.06
天　津	3.88	277.94	4.42	23.25	0.34	24.27	0.35	1.84	21.41
河　北	1.56	111.34	1.12	5.88	4.24	303.45	5.05	26.52	−20.64
山　东	2.55	182.74	1.92	10.09	3.66	261.94	4.06	21.32	−11.23
上　海	10.96	784.73	17.64	92.73	0.30	21.64	0.27	1.42	91.30
江　苏	7.47	534.46	6.79	35.67	3.76	269.02	4.77	25.06	10.61
浙　江	12.25	877.28	11.61	61.00	2.31	165.26	2.43	12.77	48.23
福　建	4.85	347.12	3.52	18.50	2.08	148.60	2.10	11.04	7.47
广　东	27.33	1956.69	25.17	132.27	1.01	72.34	0.92	4.82	127.46
广　西	0.96	68.94	0.69	3.63	5.06	362.12	4.65	24.45	−20.82
海　南	0.69	49.46	0.44	2.29	0.35	24.76	0.31	1.65	0.64
中部									
山　西	0.87	62.47	0.63	3.31	1.29	92.34	1.34	7.03	−3.72
内蒙古	1.48	106.29	1.15	6.07	1.20	86.15	1.19	6.24	−0.18
吉　林	0.52	36.93	0.34	1.80	1.66	118.90	1.60	8.40	−6.59
黑龙江	0.58	41.50	0.39	2.05	3.08	220.38	2.95	15.48	−13.43
安　徽	0.73	52.26	0.55	2.88	10.79	772.81	12.16	63.89	−61.01
江　西	0.65	46.53	0.41	2.14	6.94	497.10	6.62	34.81	−32.67
河　南	0.67	48.14	0.47	2.45	10.01	716.35	10.08	52.97	−50.52
湖　北	1.12	80.24	0.77	4.05	7.05	504.85	6.81	35.78	−31.73
湖　南	0.82	58.53	0.56	2.97	8.78	628.36	8.11	42.64	−39.67
西部									
重　庆	1.16	82.84	0.91	4.77	4.02	287.61	3.63	19.07	−14.30
四　川	1.26	90.48	0.91	4.81	10.19	729.52	9.50	49.91	−45.10
贵　州	0.77	55.41	0.55	2.91	3.98	284.91	3.62	19.02	−16.11
云　南	1.38	98.50	0.94	4.94	1.34	96.03	1.24	6.52	−1.58
西　藏	0.18	12.97	0.22	1.18	0.06	4.49	0.05	0.27	0.91
陕　西	1.14	81.97	0.88	4.60	2.26	162.01	2.17	11.39	−6.79
甘　肃	0.51	36.29	0.35	1.83	1.79	127.86	1.66	8.74	−6.90
青　海	0.38	27.56	0.33	1.72	0.28	20.18	0.24	1.27	0.45
宁　夏	0.40	28.84	0.29	1.52	0.24	16.91	0.21	1.11	0.41
新　疆	1.84	131.66	1.29	6.79	0.37	26.57	0.36	1.90	4.90

注：新疆数据采用新疆维吾尔自治区和新疆兵团合计数。
资料来源：国务院人口普查办公室、国家统计局人口和就业统计司编：《2010 年全国人口普查资料》；笔者计算。

根据公式（1）和公式（2）以及表11、表12中的数据，得出以下三点主要结论：

（1）从流入基金指标上看，2010年跨省流动人口为打工地"创造"的养老基金收入为525.6亿元，平均每个参保者贡献为：525.6/(7158.95×21.42%) = 3424（元）。这对全国社保制度资金流产生的影响是非常大的。从人口和资金流向看，东部12个省吸纳的跨省流出人口占全国总量的比重为83.5%，流入基金达到了全国总量的88.1%。其中，大部分资金流向了广东、浙江、上海、江苏、北京等地。除广东等9个东部省份外，全国其余省份的资金流入量都在10亿元以下，对当地养老基金收入的影响相对较小。

（2）从人口和流出基金指标上看，中部9个省份流出人口占据了全国的50.8%，流出基金也达到了50.8%的比例。流出人口规模最大的前6个省份依次为安徽、四川、河南、湖南、湖北和江西，这6个省份的资金流出量占到全国的一半以上，达到了53%。流出人口的另一个特点是，各省流出人口的目标地具有一定的区域集中性，大多流向邻近的长三角、珠三角地区的经济发达省份或直辖市。以安徽、四川、河南和湖南4个省份2010年的流出人口为例（见表12），安徽省流向外省的人口75%集中在上海、江苏和浙江3个省份，而流向广东的人口占比仅为5.36%；湖南省流向广东一个省份的人口，就占到该省全部流出人口的66.6%；四川和河南作为中部省份，流出人口相对分散一些，主要集中在广东、浙江和北京等地。作为人口接收地的省份，外来人口来源的区域分布也有相对集中性的特点。例如，在2010年广东省的外来省份人口中，来自湖南、四川和河南的比例占到41.8%；上海市28%的外省流动人口来自安徽省；虽然北京市的外来人口分布相对分散，但来自河北和河南两地的外来人口占比分别达到了21.5%和13.5%，明显高于其他省份。

（3）从流出人口规模及其"创造"的养老基金收支"损益"结果来看，东部（12个省份）、中部（9个省份）、西部（10个省份）显然形成三个台阶：东部地区净流入人口带来的基金正收益为323.65亿元，这是第一个台阶；第二个台阶是西部，作为人口净流出地，其跨省流出人口规模低于中部地区，当期"基金损失"总量为84.12亿元，单个省份平均受损为8.41亿元；第三个台阶是中部，由于流出人口规模最大，当期"基金损失"高达239.53亿元，单个省份平均受损为26.61亿元，是西部的3倍之多。可以看出，流动人口使东部社保基金"获益"最大，中部"受损"最大，西部受到的影响较小，中西部地区的合力为东部地区的大量基金结余做出了贡献。

3. 流动人口对各省份当期收支结余的影响

表13将2010年各省份流动人口带来的基金收益与当年的基金收支规模做了比较，以2010年流动人口带来的基金净增量相对于当年基金征缴收入的比例（指标③）为基准，对省份做了排名。可以看出，由流动人口造成的基金征缴收入增幅最大的省份为广东和3个直辖市（增幅超过了10%），降幅最大的5个省份分别为安徽、江西、贵州、河南和湖南（降幅超过了10%）。如果剔除流动人口因素造成的基金收支影响，湖南、河南、江西3个省份的当期收支结余将扭亏为盈。从表13中最后一栏指标可看出，流动人口因素对当期基金收支结余率的影响是非常明显的，在广东、上海、北京、浙江等省份，外省流入人口因素造成基金结余率上升超过10个百分点（其中广东升幅超过20%），而在安徽、江西、贵州、河南、湖南和广西6个省，流出人口则造成当期基金结余率下降超过10个百分点（其中安徽降幅超过20%）。

表13　　　　　　　　流动人口因素对各省份养老基金收支的影响

地区	2010年征缴收入（亿元）①	流动人口带来的征缴收入净增量（亿元）②	流动人口基金净增量/征缴收入（%）③=②/①	2010年当期收支实际结余（亿元）④	剔除流动人口影响后基金结余量（亿元）⑤=④-③	当年基金支出总量（亿元）⑥	流动人口基金净增量对当期基金结余率的贡献（%）⑦=②/⑥
广　东	1053.47	127.46	12.10	425.73	298.27	627.74	20.30
上　海*	799.23	91.30	11.44	-48.24	-139.54	847.47	10.77
天　津	205.34	21.41	10.40	-66.50	-87.91	271.84	7.88
北　京	659.24	67.06	10.20	176.84	109.78	482.40	13.90

续表

地区	2010年征缴收入（亿元）①	流动人口带来的征缴收入净增量（亿元）②	流动人口基金净增量/征缴收入（%）③=②/①	2010年当期收支实际结余（亿元）④	剔除流动人口影响后基金结余量（亿元）⑤=④-③	当年基金支出总量（亿元）⑥	流动人口基金净增量对当期基金结余率的贡献（%）⑦=②/⑥
西 藏	9.87	0.91	9.20	2.26	1.35	7.61	11.93
浙 江	605.10	48.23	8.00	176.03	127.80	429.07	11.24
福 建	199.46	7.47	3.70	11.76	4.29	187.70	3.98
新 疆	158.52	4.90	3.10	-50.87	-55.77	827.36	2.34
海 南	53.74	0.64	1.20	-20.33	-20.97	74.07	0.87
江 苏	959.64	10.61	1.10	206.35	195.74	753.29	1.41
青 海	43.09	0.45	1.00	-0.27	-0.72	43.36	1.03
宁 夏	74.81	0.41	0.50	26.00	25.59	48.81	0.85
辽 宁	583.10	2.16	0.40	-172.70	-174.86	755.80	0.29
内蒙古	197.27	-0.18	-0.10	-15.37	-15.19	212.64	-0.08
云 南	144.78	-1.58	-1.10	0.56	2.14	144.22	-1.09
山 西	320.30	-3.72	-1.20	50.93	54.65	269.37	-1.38
山 东	942.40	-11.23	-1.20	194.17	205.40	748.23	-1.50
陕 西	239.43	-6.79	-2.80	-25.60	-18.81	265.03	-2.56
吉 林	202.30	-6.59	-3.30	-50.48	-43.89	252.78	-2.61
黑龙江	379.70	-13.43	-3.50	-120.41	-106.98	500.11	-2.69
河 北	482.76	-20.64	-4.30	31.00	51.64	451.76	-4.57
甘 肃	132.72	-6.90	-5.20	5.50	12.40	127.22	-5.43
重 庆	225.14	-14.30	-6.40	-35.71	-21.41	260.85	-5.48
四 川	670.90	-45.10	-6.70	62.16	107.26	608.74	-7.41
湖 北	375.40	-31.73	-8.50	-44.40	-12.67	419.80	-7.56
广 西	224.67	-20.82	-9.30	31.22	52.04	193.45	-10.76
湖 南	320.07	-39.67	-12.40	-35.00	4.67	355.07	-11.17
河 南	388.88	-50.52	-13.00	-31.42	19.10	420.30	-12.02
贵 州	112.98	-16.11	-14.30	5.54	21.65	107.44	-15.00
江 西	162.53	-32.67	-20.10	-30.44	2.23	192.97	-16.93
安 徽	263.01	-61.01	-23.20	4.31	65.32	258.70	-23.58

注：1. 上海市2010年并未将流动人口纳入城镇职工基本养老保险制度，本文计算过程中，假定流动人口加入城镇职工基本养老保险制度，指标①由当年城镇制度的实际征缴收入（707.93）与②相加计算得出；指标⑤为当年上海市的实际结余额，指标④由⑤+②推算得出。2. 新疆数据采用新疆维吾尔自治区和新疆兵团合计数。

资料来源：笔者整理计算。

4. 现行养老保险关系转移接续办法难以有效平衡劳动力跨区域流动给各个省份带来的"损益"

2010年初,全国出台《城镇企业职工基本养老保险关系转移接续暂行办法》,当年11月,全国社会保险关系异地转移系统正式启动,至2011年12月底,全国正式进入转移接续操作平台网络的省份达到24个,共涉及193个地级以上城市,1299个经办机构,地市入网率为50%。其中,北京、天津、上海、重庆、辽宁、吉林、黑龙江、安徽、福建、湖南、陕西、宁夏12个省份及新疆兵团的所有经办机构都已入网。近两年来全国社保经办机构办理的养老保险关系跨省转续情况如表14所示。

总体来看,在过去两年中,全国流动人口办理养老保险关系转移接续的人数和资金规模均有所增加。2011年与2010年相比,全国累计开具参保缴费凭证人数、办理跨省转续人次、办理转移资金总量、建立临时缴费账户人数分别增长约50%、1.8倍、2.1倍、2倍。但从总量上看,实现养老保险关系转续的参保人员数量与参保流动人口总量相比,规模仍然很低。以2011年为例,全国办理基本养老保险关系跨省转续总量为24.4万人次,仅占当年参保农民工总人数(4140万人次)的0.6%,其中,办理参保农民工跨省转续手续最多的省份为广东省(12.6万人次),占全国办理参保农民工跨省转续人次的51.8%。因此,在全国城镇制度养老保险关系转移接续办法实施的初期,该项措施对平衡省际间的养老基金收支失衡所起的作用非常有限[①]。因此,对劳务输出大省而言,"近期财务负担"便表现为资金流的收不抵支,而"长期财政风险"则主要表现在"回迁养老"等方面;对于劳务输入大省而言,则呈现相反的有利局面,其后果必将是中央政府进行大规模的转移支付。

表14 2010年和2011年基本养老保险关系跨省转续情况

年份	开具参保缴费凭证人数(万人次)	转移人次(万人次)		转移资金(亿元)	在本地建立临时缴费账户人数(万人)
		合计	农民工		
2010年	113.91	28.75	9.67	33.33	19.91
2011年	170.61	79.38	24.40	104.86	60.18
年增长额(亿元)	56.7	50.63	14.73	71.53	40.27
年增长率(%)	49.8	176.1	152.3	214.7	202.3

资料来源:人力资源和社会保障部提供(2011)。

三、半数省份收不抵支的本质、趋势与对策

2010年14个省份和新疆兵团合计15个统筹单位的城镇基本养老保险基金收不抵支,在32个统筹单位中占47%。那么,我们应如何看待、评估将近半数省份养老保险制度收不抵支的现状?一方面养老基金高速增长,另一方面半数省份收不抵支,我们应如何应对如此复杂的局面?解决收不抵支省份造成的转移支付的根本途径是什么?随着人口老龄化高潮的逼近和覆盖面的不断扩大,收不抵支的省份将面临的财务窘境是否能够得到缓解?

(一)如何看待和评估半数省份养老保险制度收不抵支的现状

前述关于导致基本养老保险财务状况失衡的4个因素(历史债务、制度赡养率、经济发展水平、流动人口)是普遍存在的,小到一个县,大到一个省,甚至一个国家,因此,养老保险基金的支付能力存在差异性,这是必然的。例如,即使在基金规模最大的广东省也存在着十分明显的失衡趋势,粤北养老保险财务状况十分糟糕,甚至需要补贴,而珠三角的财务状况就非常好。关键在于基金的收支核算层级,即统筹层次的问题。在分灶吃饭的财政体制下,统筹层次越低,养老保险财务失衡地区的"外在化"结果就越需要外部的财政补贴;相反,统筹层次越高,养老保险财务失衡地区的"内在化"结果就无需财政补贴。例如,如果目前养老保险制度实行的是全国水平的统筹层次,半数省份收不抵支的问题自然就被养老保险制度"内在化"了,否则,收不抵支的半数省份就必须从制度以外进行财政转移支付。于是,半数省份养老保险制度收不抵支的事实,对于目前还没有实现全国水平的统筹层次而言,就是有意义的了,它意味着,一方面广东等其他

[①] 人力资源和社会保障部提供资料(2011)。

17个统筹单位积累的余额逐年提高，基金规模不断膨胀，但却不能用于横向调剂；另一方面15个收不抵支的省份（含新疆兵团）需要财政补贴，用于保证当期养老金的发放，这就为财政带来了压力。但是，如果实现了全国统筹，15个收不抵支的省份（含新疆兵团）的资金缺口就可以在全国范围内予以"内在化"，而无需财政补贴。

换言之，导致养老保险财务失衡的4个因素是普遍存在的，养老保险财务地区间失衡现象本来是正常的，如果在全国统筹的养老保险制度条件下，基金流由中央政府统一调配，地区间财务差距完全可以横向摊平；但是，由于中国养老保险制度始终没有实现全国统筹，地区间养老保险制度的财务差距便对财政补贴形成巨大需求；如表15所示，1998~2011年养老保险制度的财政补贴逐年增加，到2010年已累计高达1万多亿元，占当年年末1.54万亿元累计余额的2/3；占GDP的比重也逐渐在提高，从1998年占GDP的0.03%提高到2011年的0.48%。此外，如果养老保险基金投资效率低下，就意味着财政资金宏观运用效率低下，例如，2010年和2011年养老保险基金投资回报率不到2%，远远没有跑赢3.3%和5.6%的通胀率。

所以，半数省份收不抵支的事实意味着，提高统筹层次是非常重要的。所谓统筹层次，是指养老保险缴费收入资金流的收入、支出、管理与核算的层级。虽然我们曾宣称全国都实现了省级统筹，但事实上，只有4~5个省份的资金流收支核算层级实现了真正意义上的省级管理，而绝大部分养老保险的统筹层次是县市级，全国的统筹单位大约2000多个。因此，虽然有关方面曾宣布说2012年将实现全国统筹[①]，但要在2012年实现资金流全国水平的统筹管理，那是不可能的。

表15　　　　1998~2011年政府对基本养老保险制度的财政补贴及其占当年GDP的比重

年份	政府补贴（亿元）	占GDP的比重（%）
1998	24	0.03
1999	192.9	0.22
2000	365.7	0.37
2001	402.5	0.37
2002	454.8	0.38
2003	530	0.39
2004	614	0.38
2005	651	0.35
2006	971	0.45
2007	1157	0.44
2008	1437	0.46
2009	1646	0.48
2010	1954	0.49
2011	2272	0.48
合计	12671.9	0.42

资料来源：作者根据历年《中国财政年鉴》、历年劳动（人力资源）和社会保障事业发展统计公报、历年《中国劳动（人力资源）和社会保障年鉴》进行整理和计算而来。

(二) 如何解决半数省份收不抵支的问题

所谓解决半数省份收不抵支的问题，它有两层含义：一是指提高这些省份养老保险制度的财务支付能力。比如，扩大覆盖面，加强征缴力度，控制提前退休人数规模，等等。毫无疑问，这些措施只是杯水车薪，不能从根本上解决这些省份的养老保险财务可持续性问题。二是指解决半数省份收不抵支的根本途径问题。很显然，在不考虑财政补贴的情况下，提高养老保险制度的统筹层次是解决这些省份养老保险财务可持续性的一条根本途径。

就世界各国养老保险制度来看，中国养老保险制度几乎是唯一一个没有实现全国统筹的制度；实行全国统筹是中国养老保险制度发展的必然趋势，它不仅可以彻底解决养老保险财务能力的区域差异与失衡问题，而且还可彻底解决参保人异地转移接续和全国劳动力流动障碍，可以

[①] 关于实现省级统筹和2012年实现全国统筹的消息，见《2012年养老保险实行全国统筹》，http://news.sina.com.cn/c/2008-12-23/140914924354s.shtml。

说，统筹层次低下是当今养老保险制度存在很多问题的根源之一。

十几年来，中央政府历次颁发的规范性文件均对加快提高统筹层次提出要求。例如，早在1991年发布的《国务院关于企业职工养老保险制度改革的决定》（国发33号）就指出，"尚未实行基本养老保险基金省级统筹的地区，要积极创造条件，由目前的市、县统筹逐步过渡到省级统筹"；1997年颁发的《国务院关于建立统一的企业职工基本养老保险制度的决定》（国发26号）进一步指出，"为有利于提高基本养老保险基金的统筹层次和加强宏观调控，要逐步由县级统筹向省或省授权的地区统筹过渡"；2005年发布的《国务院关于完善企业职工基本养老保险制度的决定》（国发38号）指出，"在完善市级统筹的基础上，尽快提高统筹层次，实现省级统筹，为构建全国统一的劳动力市场和促进人员合理流动创造条件"。

但是，20多年过去了，目前城镇基本养老保险统筹层次与1991年颁发33号文件时的统筹层次基本一样，还是以市县统筹为主。统筹层次之所以始终没有提高，主要原因有二：一是在统账结合的制度架构中，社会统筹部分实行的是DB型现收现付制，在经济发展水平很不平衡的外部条件下，统筹层次越高，制度收入减少和制度支出增加的道德风险和财务风险就越大，即统筹层次越高，就不利于制度的财务平衡，逆向选择的结果将有可能致使收不抵支成为常态；二是在分灶吃饭的财政体制下，统筹层次提高到哪一级，哪一级政府实际就成为最终的财务负责人，所以，为了调动县市级政府的财政积极性和发挥它们的征缴作用，在资金流的收支核算与管理上，省级政府宁可保持以县市统筹层次为主的基本格局。

总之，在统账结合的制度架构不变的条件下，统筹层次难以提高到全国水平，甚至目前就连省级也没达到，所以，对收不抵支的省份来讲，它们当期的支付缺口只能由财政转移支付予以解决；进而，养老基金的规模将继续呈较快增长趋势，因此，养老基金的保值增值压力将与日俱增，改革养老基金投资体制迫在眉睫，以最大限度地提高财政补贴资金的运用效率。

（三）未来养老保险财务失衡的发展趋势

未来十几年里，有两个重要因素对养老保险财务状况将产生重要影响：人口老龄化和覆盖面的不断扩大。这两个因素不但不会缓解各省养老保险财务失衡状况，还会加剧地区间养老保险财务失衡趋势。

第一，人口老龄化将加剧养老保险财务失衡趋势。

中国人口老龄化高峰正迎面而来。根据联合国人口司的预测，2015年将是中国人口结构变化的一个重要拐点（见图3）：这一年，15~64岁劳动适龄人口规模达到峰值，为9.96亿人，随之便逐年减少：2025年为9.81亿人，2035年为9.09亿人，2045年为8.29亿人，2055年减少到7.34亿人。另外，65岁及以上老年人口规模则逐年增加，从2015年的1.30亿人，激增到2030年的2.29亿人和2045年的3.23亿人。

在目前统账结合制度结构保持不变、统筹层次难以提高的前提下，老龄化发展趋势对老年人口抚养比和制度赡养率本来就较高的收不抵支的那些省份来说将是雪上加霜，进而将加剧当前城镇职工养老保险财务状况的失衡趋势。同时，由于劳动适龄人口绝对数量的减少，发达省份养老保险制度的收入也将受到负面影响。

第二，扩大覆盖面的"机会窗口"难以缓解各省养老保险财务失衡趋势。

一般来讲，养老保险覆盖率的扩大可以部分缓解养老保险制度财务状况的恶化趋势，比如，存在基金缺口的省份可以通过扩大覆盖面的方式增加当期缴费收入，最终达到提高基金支付能力的目的。但通过图4和前文图2的比较可看到，全国城镇基本养老保险的平均覆盖率A和覆盖率B虽然分别仅为56%和40%（见图4），扩面的潜力很大，比如，2011年农民工数量就高达2.53亿人[①]。可是，就收不抵支的那些省份而言，它们的覆盖率不仅早已超过全国平均值，而且覆盖率已经很高（见图2），扩面的空间不是很大，通过扩大覆盖面来提高养老基金支付能力的可能性很小；相反，倒是那些养老基金累计余额很高的省份却享有较大的提高覆盖率的潜力，尤其是农民工主要集中在这些省份，它们成为扩大覆盖面的主要潜在对象。

换言之，未来若干年里存在着扩大覆盖面的"机会窗口"，在"窗口"最终闭合之前，随着覆盖率的不断提高，全国养老保险基金的支付能力将逐年提高，但却不能缩小养老保险基金"强省"与"弱省"之间的差距，反而存在着继续拉大这个差距的趋势。

---

① 国家统计局：《中华人民共和国2011年国民经济和社会发展统计公报》，http://www.stats.gov.cn/tjgb/ndtjgb/qgndtjgb/t20120222_402786440.htm，2012-02-22。

分报告七　城镇职工基本养老保险基金地区失衡深层原因分析

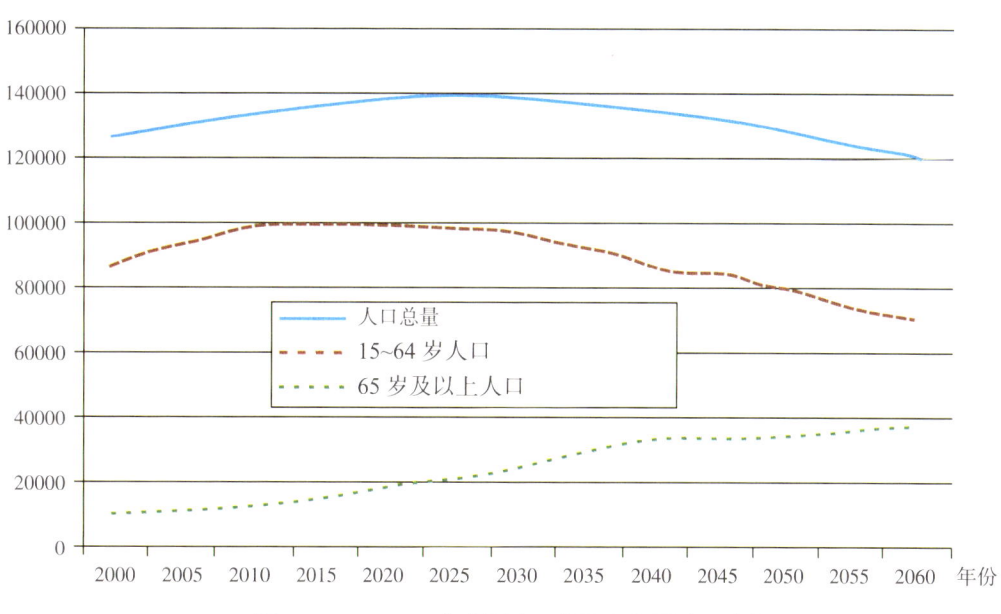

图3　2000~2060年中国人口结构变化预测（万人）

资料来源：联合国人口司的预测，见http://esa.un.org。

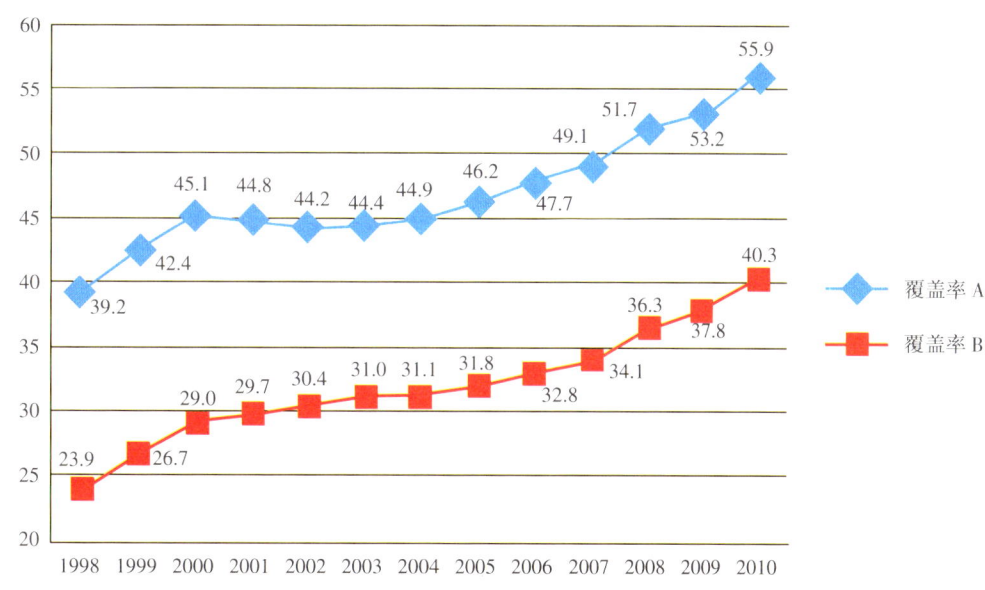

图4　1998~2010年城镇职工基本养老保险制度覆盖率变化（%）

注：覆盖率A=参保职工人数/城镇就业职工人数；覆盖率B=参保职工人数/第二、三产业就业人数。

资料来源：参保职工人数的数据来自《中国养老金发展报告2011》；城镇职工就业人数的数据来自《中国统计年鉴（2011）》；第二、三产业就业人数的数据来自《中国统计年鉴（2011）》。

（四）实现全国统筹的关键在于改革养老保险制度结构

目前，以统账结合为制度特征的部分积累制已面临进退维谷的尴尬境地：就实行 DC 型积累制的个人账户部分来说，始于 2001 年的辽宁做实个人账户试点工作于 2009 年停止了财政补贴，9 年来累计做实的账户基金开始"松动"，被用于当期养老金发放[①]，明显违背了 2000 年国务院颁发的《关于印发完善城镇社会保障体系试点方案的通知》（国发〔2000〕42 号）做出的"社会统筹基金不能占用个人账户基金"的规定，意味着以做实个人账户为标志的部分积累制遇到了难以克服的转型成本困难，统账结合的制度架构濒于流产；就实行 DB 型现收现付制的统筹部分而言，面对地区发展严重不平衡的严峻现实，为防止陷入财政风险，统筹层次难以提高，由此派生出诸多连环困难：全国范围劳动力自由流动时养老保险关系转续受到严重制约；养老保险基金十分分散，2000 多个统筹单位难以将其集中并建立起法人治理结构进行市场化和国家化的投资，导致收益率低下；收不抵支的省份不得不进行财政补贴，从而造成宏观财政资金运用低效；在全国范围养老保险基金累计余额与个人账户记账额相差无几（例如，2010 年空账额 1.7 万亿元，全国养老保险基金累计余额 1.54 万亿）[②]，但却不能用其做实个人账户，任凭贬值[③]，等等。

可以这样认为，目前由社会统筹与个人账户简单相加的部分积累制遇到了统筹层次低下的"死结"，如不对制度架构进行改造，上述统筹层次低下派生出来的诸多困难短期内不可能得到解决。这里将"名义账户"（NDC）的基本原理应用于现行统账结合的制度框架之中，为保持现行统账结合政策的稳定性和连续性，将目前社会统筹与个人账户简单相加的统账结合改造成为"混合型"统账结合[④]，其具体政策含义是：

——将个人缴费 8% 和单位缴费 20% 全部划入个人账户，归个人所有，从而可一举消除实现全国统筹的来自地方政府的无限责任，进而跨越分灶吃饭的财政体制障碍，克服地区发展不平衡的道德风险和逆向选择，资金上解渠道一步到位，直接从目前的县市统筹提高到全国统筹水平。

——雇主和雇员双方缴费全部划入个人账户并实行全国统筹之后，在待遇给付上，采取的是 DC 型积累制的记发公式，缴费与收益是紧密相连、多缴多得的精算中性关系，个人账户将成为养老金记发的唯一依据。

——在全国统筹下，不仅半数省份收不抵支的资金缺口将被全国范围的养老保险制度内在化，而且，地区间养老保险财务支付能力的差别将逐渐被完全精算中性的个人账户所替代。

——在融资方式上实行的是现收现付制即名义账户制（NDC），不但无需转型成本，而且经测算，在未来 60 年里，基金累计规模始终在相当于工资总额的 8% 以上，这意味着 8% 的个人账户已经"做实"，部分积累制已经实现，但无需量化到个人账户里，而是与没有做实的部分进行"混合管理"，个人账户中做实的部分与虚拟的部分混合起来。

——中央政府对养老基金实行多元化、市场化和国际化的集中投资管理体制，账户利率采取的不是"真实利率"，而是全国统一的、固定的、8% 的"公布利率"，这是一个具有相当激励作用的、类似银行的制度设计。

——参保人在退休之前实行的是模拟的 DC 型积累制；参保人在退休之后换算成一个终生的年金产品，资金来自现收现付的参保人缴费。由于精算中性的制度设计跨越了空间上城乡二元结构的差别，所以，城镇和农村、企业和公务员事业单位均可实行一个制度。

[①] 记者杨华云等专访：《辽宁悄然启动个人养老金借支》，载《新京报》，2009 年 12 月 23 日，第 A04 版；《辽宁 500 亿元养老金投资收益低：借支，临时措施还是制度转向》，载《新京报》，2009 年 12 月 23 日，第 A05 版。

[②] 郑秉文：《中国养老金发展报告 2011》，北京：经济管理出版社，2011 年版，第 32 页。

[③] 关于养老基金贬值和投资体制改革的论述，见郑秉文的两篇文章：《推进养老金投资体制改革迫在眉睫——养老金入市为何是大势所趋（上）》，载《中国证券报》，2012 年 1 月 18 日，第 A05 版；《养老金保值增值须改革投资体制——养老金入市为何是大势所趋（下）》，载《中国证券报》，2012 年 1 月 20 日，第 A04 版。

[④] 2007~2008 年，郑秉文曾受原劳动和社会保障部委托完成一个课题，后来由于种种原因，这个十几万字的课题成果没有公开发表，只在一部译著中作为"译者跋"发表了很少一部分，请详见郑秉文：《中国社保"名义账户"改革新思路——"混合型"统账结合（译者跋）》，载译著《名义账户制的理论与实践——社会保障改革新思想》，罗伯特·霍尔茨曼、爱德华·帕尔默主编，郑秉文等译校，中国劳动社会保障出版社，2009 年 2 月。

第三部分

养老金指数篇

分报告八
中国社科智讯·养老金指数（发展指数2011）

摘要： 为快速、清晰地了解中国养老金制度基本发展情况，本分报告设计了一个简单明了的养老金发展指数体系。按照"广覆盖、保基本、多层次、可持续"十二字方针，选取了14个养老金发展指标，采用德尔菲法赋权和综合指数法对数据进行加工处理，最后形成全国31个省份的养老金指数体系和排名比较。数据结果表明：养老金体系四个维度指数失衡，同时地区间养老金发展水平差距明显，养老金制度存在结构性问题。

关键词： 养老金指数　养老金指标　综合指数法

在中国养老事业发展进程中，2012年是一个不平凡的年份。1997年正式确立的城镇职工基本养老保险制度，在这一年迎来了符合新制度资格要求的退休者，旧制度正加速退出历史舞台。在这代表着养老金制度新旧交替的一年中，养老金制度也为了整个社会关注的核心问题之一，上半年中我国养老金制度引发了几次大讨论：一是以广东为代表的养老金投资管理体制的改革，引发了对养老金保值增值问题的广泛探讨，可以预期的是，新制度下形成的规模庞大的养老基金，其保值增值问题将在长期内引发更多的关注与辩论；二是关于推迟退休年龄的争论，事实上这已经是进入21世纪以来第三次大规模争论，关于退休年龄的争论在小范围内从未停歇；此外，引发关注的还有养老保险双轨制问题、碎片化问题等。越来越多的民众，通过不同的渠道表达了对这些问题的关注。

但是，在养老金制度日益为国人所关注的2012年，人们想要快速、清晰地了解中国养老金制度基本发展情况，并不是一件容易的事情。自十六届六中全会勾画了"到2020年，基本建立覆盖城乡居民的社会保障体系"的社会保障蓝图以来，中国养老金制度处于历史上发展最为迅速的时期，同期的信息膨胀速度之快是让人难以掌握的。在养老金制度发展的进程中，公众往往只能利用有限的信息，对养老金这一关系切身利益的重大问题做出自己的判断。

在这样的背景下，设计一个简单明了的指数体系，以反映中国养老金制度的基本发展情况，并见证中国养老金制度的发展进程，是我们的初衷所在。不过，限于我们的能力及数据获取的限制，现有的"中国社科智讯·养老金指数（发展指数2011）"仍较为单薄和粗糙，还有很大的改进空间，这也是我们在未来需要努力改进的地方。

一、中国社科智讯·养老金发展指标体系

中国社科智讯·养老金指数（发展指数2011）后文简称为中国养老金发展指数，其整体设计遵循这样的思路：首先确定指标体系，其次确定指标的权重并赋值，最后加权汇总形成指数。在养老金指标体系设计时，采用了基于职能与流程的做法。职能源于世界银行的多支柱理念，自1994年世界银行提出构建多支柱养老金体系的设想以来，中国的养老金制度事实上也在进行着构建多支柱体系的努力。按照世界银行的五支柱提法，我国养老体系主要组成部分中的城镇职工基本养老保险、城镇居民社会养老保险、新型农村社会养老保险制度与企业年金制度，分别对应着第一支柱、第二支柱。

中国养老金发展指标从养老金职能角度出发，选取了养老金多层次指标以及养老金效果的评价指标；并结合中国养老金制度的实际运行过程，选择了缴费与待遇相关的养老金指标。最后，按照"广覆盖、保基本、多层次、可持续"这一基本方针设计了相应的一级指标，并将上述基于流程与职能产生的指标作为二级指标，分别设立在一级指标体系下，由此形成了反映养老金发展状况的综合指标体系，详情参见表1。需要说明的是，中国养老金发展指数只涉及中国内地31个省、直辖市、自治区（不含港、澳、台地区）。

表1　　　　　　　　　　　　中国养老金发展指标体系

一级指标	二级指标
广覆盖	城镇就业人员基本养老保险参保比率
	乡村就业人员新农保参保比率
	以离退休金养老金为主要生活来源人口占60岁及以上人口比率
保基本	基本养老保险人均养老金水平占城镇单位在岗职工平均工资比率
	基本养老保险人均养老金水平占城镇居民人均可支配收入比率
	各地区基本养老保险基金支出占GDP比率
多层次	基本养老保险人均缴费占城镇单位在岗职工平均工资比率
	企业年金职工参与率
	企业年金基金积累额占GDP比率
	人身保险密度
	人身保险深度
可持续	基本养老保险制度赡养率
	基本养老保险征缴收入与基金支出比
	基本养老保险基金可支付月数

(一)广覆盖指标

广覆盖指标用来衡量参加养老金制度的人口比率,包括缴费人口与待遇领取人口两个层面的覆盖情况。在广覆盖指标下,采用不同的参保比率来衡量覆盖情况,因而各个二级指标均属于正向指标,即数值越大表明覆盖情况越好,其由以下三个指标构成:

(1)城镇就业人员基本养老保险参保比率。该指标用于衡量参加城镇职工基本养老保险的职工人数占城镇就业人员数的比率,其计算公式为:

城镇就业人员基本养老保险参保比率=参加基本养老保险职工人数÷城镇就业人员数×100%。

(2)乡村就业人员新农保参保比率。该指标用于衡量参加新型农村社会养老保险的人数占乡村就业人员数的比率,其计算公式为:

乡村就业人员新农保参保比率=新型农村社会养老保险参保人数÷乡村就业人员数×调整系数×100%。

(3)以离退休金养老金为主要生活来源人口占60岁及以上人口比率。该指标主要用于衡量60岁及以上人口中依靠离退休金养老金为主要生活来源的人群占60岁及以上老年人口的比重,在一定程度上反映出老年人口待遇领取的覆盖面的大小,其计算公式为:

以离退休金养老金为主要生活来源人口占60岁以上人口比率=主要生活来源为离退休金养老金人口÷60岁及以上人口×100%。养老金广覆盖指标体系构成如图1所示。

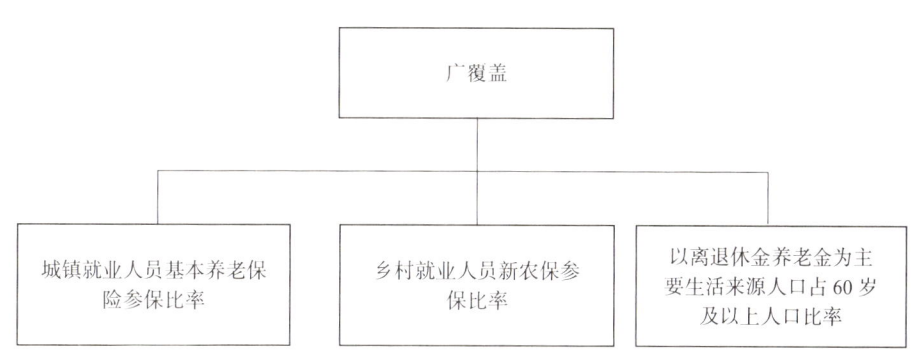

图1 广覆盖指标体系构成

1. 城镇就业人员基本养老保险参保比率

表2 2010年城镇就业人员基本养老保险参保比率

地 区	职工人数(万人) ①	城镇就业人员数(万人) ②	城镇就业人员基本养老保险参保比率(%) ③ (③=①÷②×100%)
全 国	19402.34	34687.00	55.94
北 京	785.87	969.88	81.03
天 津	287.88	328.98	87.51
河 北	728.93	813.64	89.59
山 西	443.72	565.07	78.53
内蒙古	311.51	465.20	66.96
辽 宁	1024.20	1029.59	99.48
吉 林	392.86	514.89	76.30
黑龙江	589.24	753.94	78.15
上 海	657.30	736.02	89.30
江 苏	1583.88	2061.05	76.85
浙 江	1478.61	1642.38	90.03
安 徽	492.05	770.29	63.88

续表

地 区	职工人数（万人）①	城镇就业人员数（万人）②	城镇就业人员基本养老保险参保比率（%）③（③=①÷②×100%）
福 建	522.04	785.52	66.46
江 西	462.08	544.94	84.79
山 东	1427.93	1592.79	89.65
河 南	808.99	1126.89	71.79
湖 北	738.15	962.08	76.72
湖 南	673.54	878.36	76.68
广 东	2875.58	2351.65	122.28
广 西	311.17	558.14	55.75
海 南	135.42	161.14	84.04
重 庆	391.87	532.79	73.55
四 川	861.90	1029.49	83.72
贵 州	190.29	323.53	58.82
云 南	225.08	647.33	34.77
西 藏	6.78	53.09	12.77
陕 西	400.07	482.33	82.94
甘 肃	171.13	317.87	53.84
青 海	54.44	95.76	56.85
宁 夏	77.34	107.96	71.64
新 疆	193.07	387.31	49.85

资料来源：1. 职工人数即参保职工人数由人力资源和社会保障部提供；2. 城镇就业人员数引自《中国统计年鉴2011》。

2. 乡村就业人员新农保参保比率

表3　　　　　　　　　　　　2010年乡村就业人员新农保参保比率

地 区	参保人数（万人）[1]①	乡村就业人员数（万人）②	"六普"乡村就业人员数（万人）③	乡村就业人员新农保参保比率（%）④（④=①/②×100%）	调整系数[2]⑤（⑤=②/③/10）	调整后乡村就业人员新农保参保比率（%）⑥（⑥=④×⑤）
全 国	7414.25	41418.00	3936.24	17.90	1.05	18.84
北 京	150.76	347.78	15.07	43.35	2.31	100.04
天 津	13.78	191.80	15.21	7.18	1.26	9.06
河 北	660.84	2976.55	248.29	22.20	1.20	26.62
山 西	180.92	1100.01	101.36	16.45	1.09	17.85
内蒙古	126.99	719.48	68.20	17.65	1.05	18.62
辽 宁	113.15	1208.49	108.82	9.36	1.11	10.40
吉 林	54.41	733.78	81.65	7.42	0.90	6.66
黑龙江	103.49	989.45	100.61	10.46	0.98	10.29
上 海	14.77	188.70	15.17	7.83	1.24	9.74
江 苏	201.08	2670.68	197.84	7.53	1.35	10.16
浙 江	156.60	2346.80	130.05	6.67	1.80	12.04

续表

地 区	参保人数 （万人）[1] ①	乡村就业人员数 （万人） ②	"六普"乡村就业 人员数（万人） ③	乡村就业人员新农 保参保比率（%） ④（④=①/②×100%）	调整系数[2] ⑤（⑤=②/③/10）	调整后乡村就业 人员新农保参保 比率（%） ⑥（⑥=④×⑤）
安 徽	256.32	3076.46	179.55	8.33	1.71	14.28
福 建	216.13	1395.81	86.27	15.48	1.62	25.05
江 西	197.05	1761.15	140.24	11.19	1.26	14.05
山 东	601.21	4061.88	322.09	14.80	1.26	18.67
河 南	960.71	4914.67	338.58	19.55	1.45	28.37
湖 北	265.01	2154.44	178.66	12.30	1.21	14.83
湖 南	364.01	3129.39	213.26	11.63	1.47	17.07
广 东	105.81	3425.28	170.18	3.09	2.01	6.22
广 西	160.79	2387.20	154.44	6.74	1.55	10.41
海 南	44.66	284.58	23.75	15.69	1.20	18.80
重 庆	542.38	1379.35	71.99	39.32	1.92	75.34
四 川	469.99	3968.12	320.78	11.84	1.24	14.65
贵 州	160.40	2078.64	119.58	7.72	1.74	13.41
云 南	377.77	2166.78	188.26	17.43	1.15	20.07
西 藏	56.93	121.94	11.34	46.69	1.08	50.20
陕 西	342.62	1469.69	125.67	23.31	1.17	27.26
甘 肃	147.54	1113.99	102.08	13.24	1.09	14.45
青 海	48.25	198.34	17.80	24.33	1.11	27.11
宁 夏	19.98	218.03	18.45	9.16	1.18	10.83
新 疆	299.89	465.28	70.99	64.45	0.66	42.24

注：1. 参保人数不仅包括就业者，也包括其他劳动适龄人口。2. 统计年鉴中的乡村就业人员数与第六次人口普查中乡村就业人员数并不相同，两者差异的主要原因在于外出务工人口。因而需要对统计年鉴中的乡村就业人员数据加以修正，由此形成了调整系数。

资料来源：1. 参保人数由人力资源和社会保障部提供；2. 乡村就业人员数引自《中国统计年鉴2011》；3. "六普"乡村就业人员数引自《中国2010年人口普查资料》第二部分《各地区分性别的16岁及以上人口的就业状况（乡村）》。需要说明的是，人口普查第二部分长表数据为10%人口抽样调查数据，下同。

3. 以离退休金养老金为主要生活来源人口占60岁及以上人口比率

表4   2010年以离退休金养老金为主要生活来源人口占60岁及以上人口比率

地 区	60岁及以上人口（万人） ①	主要生活来源为离退休金养老金的人口 （万人） ②	以离退休金养老金为主要生活来源人口 占60岁及以上人口比率（%） ③（③=②/①×100%）
全 国	1765.87	425.84	24.12
北 京	25.01	17.97	71.85
天 津	16.22	9.52	58.66
河 北	92.86	16.83	18.12
山 西	41.46	9.53	22.98

续表

地 区	60岁及以上人口（万人）①	主要生活来源为离退休金养老金的人口（万人）②	以离退休金养老金为主要生活来源人口占60岁及以上人口比率（%）③ （③=②/①×100%）
内蒙古	27.58	7.60	27.55
辽 宁	67.22	32.39	48.18
吉 林	34.92	12.66	36.24
黑龙江	46.86	20.85	44.50
上 海	34.56	27.98	80.97
江 苏	124.80	35.15	28.17
浙 江	75.91	18.74	24.69
安 徽	85.32	12.61	14.77
福 建	42.04	8.43	20.06
江 西	50.40	10.23	20.30
山 东	140.01	22.42	16.01
河 南	119.69	16.46	13.76
湖 北	77.96	18.87	24.21
湖 南	93.98	15.24	16.22
广 东	95.74	24.35	25.43
广 西	61.68	8.88	14.40
海 南	9.35	2.63	28.11
重 庆	48.81	10.86	22.24
四 川	141.23	25.34	17.94
贵 州	44.67	5.86	13.13
云 南	51.46	8.19	15.91
西 藏	2.08	0.16	7.52
陕 西	48.74	10.21	20.95
甘 肃	33.83	5.00	14.79
青 海	5.19	1.14	21.93
宁 夏	6.12	1.74	28.42
新 疆	20.15	8.00	39.70

资料来源：《中国2010年人口普查资料》（第二部分各地区分性别、主要生活来源的60岁及以上老年人口）。

（二）保基本指标

中国现行养老金制度的主体养老保险制度，是一种与就业关联的老年收入保障制度。因而，提供足以保障老年人口退休后生活所需的养老金，既是养老保险制度的最低要求，也是实现养老金制度的本源目标——保障老年人口晚年生活的基本要求。另外，在中国"统账结合"的养老金制度框架体系构建之初，明确提出了养老金保障水平的原则要求——"保基本"，即以满足基本生活需求为目标，这也是中国经济发展对养老金制度建设提出的要求。

从养老金制度的本源目标及养老金制度与经济发展水平相适应原则出发，保基本指标具有双重含义：养老金需要满足老年人晚年生活的收入水平，同时这一收入水平并不超过经济发展的承受能力。因而，保基本指标是一种适度指标，过高或过低均不是成熟的表现。在当前养老金制度安排下，保基本指标主要衡量参保群体退休后的养老金水平，由以下三个指标构成：

（1）基本养老保险人均养老金占城镇单位在岗职工平均工资比率，具体计算公式为：

人均基本养老金占城镇单位在岗职工平均工资比率＝2010年基本养老保险人均养老金÷2009年城镇单位在岗职

工平均工资比率×100%。

其中，基本养老保险人均养老金=基本养老金支出/离休、退休和退职人数

（2）基本养老保险人均养老金占城镇居民人均可支配收入比率，该指标用以反映退休者的基本生活保障情况。其计算公式为：

基本养老保险人均养老金占城镇居民人均可支配收入比率=基本养老保险人均养老金÷城镇居民家庭人均可支配收入×100%。

（3）基本养老保险基金支出占GDP比率。该指标用于衡量当年的GDP中城镇职工基本养老保险基金支出的占比情况。该指标是一个适度指标，过高或过低均不合适。但在现阶段，将该指标作为正向指标，即认为基本养老险支出占GDP的比率越高，越有利于将社会经济的发展成果惠及民生。其计算公式为：

基本养老保险基金支出占GDP比率=基本养老保险基金支出÷GDP×100%。

保基本的三个指标均是正向指标，指标体系构成如图2所示：

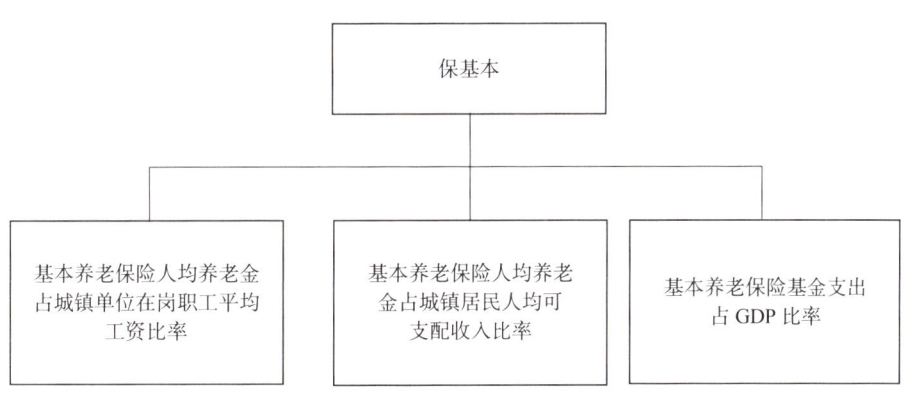

图2 保基本指标体系构成

1. 基本养老保险人均养老金占城镇单位在岗职工平均工资比率

表5　　　　2010年基本养老保险人均养老金占城镇单位在岗职工平均工资比率

地　区	基本养老金支出（亿元）①	离休、退休和退职人数（万人）②	基本养老保险人均养老金（万元）③（③=①/②）	2009年城镇单位在岗职工平均工资（万元）④	基本养老保险人均养老金占城镇单位在岗职工平均工资比率（%）⑤（⑤=③/④×100%）
全　国	10293.61	6304.96	1.63	3.27	49.79
北　京	479.54	195.46	2.45	4.84	50.69
天　津	269.55	143.57	1.88	3.35	56.04
河　北	440.42	259.50	1.70	2.84	59.90
山　西	265.20	147.31	1.80	2.85	63.23
内蒙古	205.37	119.18	1.72	3.07	56.03
辽　宁	732.10	472.70	1.55	3.11	49.83
吉　林	247.00	206.64	1.20	2.62	45.75
黑龙江	494.07	363.00	1.36	2.65	51.25
上　海	824.75	392.17	2.10	4.28	49.14
江　苏	738.64	449.14	1.64	3.59	45.70

续表

地 区	基本养老金支出（亿元）①	离休、退休和退职人数（万人）②	基本养老保险人均养老金（万元）③（③=①/②）	2009年城镇单位在岗职工平均工资（万元）④	基本养老保险人均养老金占城镇单位在岗职工平均工资比率（%）⑤（⑤=③/④×100%）
浙 江	420.34	223.61	1.88	3.74	50.27
安 徽	261.65	177.49	1.47	2.97	49.57
福 建	185.50	113.46	1.63	2.87	56.86
江 西	190.09	145.52	1.31	2.47	53.05
山 东	724.88	345.07	2.10	2.97	70.74
河 南	406.38	270.34	1.50	2.74	54.83
湖 北	403.15	301.62	1.34	2.71	49.40
湖 南	348.55	265.36	1.31	2.73	48.01
广 东	601.29	339.59	1.77	3.64	48.69
广 西	186.26	138.13	1.35	2.83	47.70
海 南	71.42	45.39	1.57	2.49	62.97
重 庆	264.59	192.49	1.37	3.10	44.24
四 川	593.72	438.96	1.35	2.86	47.26
贵 州	103.19	67.01	1.54	2.82	54.52
云 南	141.23	92.34	1.53	2.70	56.68
西 藏	7.35	3.15	2.33	4.88	47.79
陕 西	263.61	150.29	1.75	3.02	57.98
甘 肃	123.81	71.35	1.74	2.72	64.02
青 海	42.96	19.99	2.15	3.36	64.06
宁 夏	46.70	30.45	1.53	3.41	44.89
新 疆	120.43	66.61	1.81	2.78	65.22

注：1. 北京、天津和上海三地并不采用上年度城镇单位在岗职工平均工资为缴费基数，而是用社会平均工资为基数。北京市2009年的职工年平均工资为48444元，见《关于统一2010年度各项社会保险缴费工资基数和缴费金额的通知》（京社保发〔2010〕37号）。按照国家统计年鉴，北京市城镇单位在岗职工平均工资为5.78万元，二者差距明显。2. 2009年，天津市职工年平均工资为33516元（天津市人力资源和社会保障局），按照当年国家统计年鉴数据，天津市在岗职工平均工资为4.39万元。3. 2009年，上海全市职工平均工资为42789元（上海市统计局），按照当年国家统计年鉴数据，上海市在岗职工平均工资为5.83万元。4. 关于替代率与本指标的差异的说明。替代率指的是退休第一年养老金与退休前一定参考期内收入的比率。关于参考期规定各国并不相同，常见的参考期既有以退休前一年为基准的，也有国家采用退休前一段时间的收入平均值为基准的。由替代率概念出发，衍生出诸多替代率，如行业替代率、平均替代率等等。显然，养老金替代率数值并不会随着时间的推移而变动，在工资波动幅度较大的国度，替代率多寡并不具有太大的意义。

因而，现实中往往采用社会平均养老金与社会平均工资二者的比值，以反映退休者整体的养老金实际购买力水平。遗憾的是，中国的社会平均工资数据并不可获得，因而本指标采用了基本养老保险人均养老金占城镇单位在岗职工平均工资比率，其更接近当前中国各地名义缴费基数情况。需要指出的是，在当前制度设计存在缴费基数多层级选择的情况下，实际缴费均值和缴费基数二者并不相等。

资料来源：1. 基本养老金支出与离休、退休和退职人数由人力资源和社会保障部提供；2. 城镇单位在岗职工平均工资引自《中国统计年鉴2010》。

2. 基本养老保险人均养老金占城镇居民人均可支配收入比率

表6　　2010年基本养老保险人均养老金占城镇居民人均可支配收入比率

地 区	基本养老金支出（亿元）①	离休、退休和退职人数（万人）②	基本养老保险人均养老金（万元）③（③=①/②）	城镇居民人均可支配收入（万元）④	城镇50岁以上女性与60岁以上男性人口数（万人）⑤	离休、退休和退职人数占城镇退休年龄人口比率⑥（⑥=②/⑤）	基本养老保险人均养老金占城镇居民人均可支配收入比率（%）⑦（⑦=③/④×100%）
全　国	10293.61	6304.96	1.63	1.91	11477.86	0.55	85.48
北　京	479.54	195.46	2.45	2.91	311.22	0.63	84.31
天　津	269.55	143.57	1.88	2.43	200.54	0.72	77.26
河　北	440.42	259.50	1.70	1.63	568.87	0.46	104.12
山　西	265.20	147.31	1.80	1.56	257.65	0.57	115.40
内蒙古	205.37	119.18	1.72	1.77	218.77	0.54	97.36
辽　宁	732.10	472.70	1.55	1.77	626.41	0.75	87.50
吉　林	247.00	206.64	1.20	1.54	302.85	0.68	77.62
黑龙江	494.07	363.00	1.36	1.39	440.87	0.82	97.92
上　海	824.75	392.17	2.10	3.18	458.46	0.86	66.13
江　苏	738.64	449.14	1.64	2.29	915.31	0.49	71.82
浙　江	420.34	223.61	1.88	2.74	538.98	0.41	68.61
安　徽	261.65	177.49	1.47	1.58	433.09	0.41	93.30
福　建	185.50	113.46	1.63	2.18	295.40	0.38	75.00
江　西	190.09	145.52	1.31	1.55	302.25	0.48	84.28
山　东	724.88	345.07	2.10	1.99	867.56	0.40	105.56
河　南	406.38	270.34	1.50	1.59	579.24	0.47	94.54
湖　北	403.15	301.62	1.34	1.61	504.42	0.60	83.02
湖　南	348.55	265.36	1.31	1.66	502.41	0.53	79.13
广　东	601.29	339.59	1.77	2.39	822.60	0.41	74.09
广　西	186.26	138.13	1.35	1.71	293.88	0.47	78.86
海　南	71.42	45.39	1.57	1.56	60.63	0.75	100.86
重　庆	264.59	192.49	1.37	1.75	298.31	0.65	78.55
四　川	593.72	438.96	1.35	1.55	615.63	0.71	87.26
贵　州	103.19	67.01	1.54	1.41	173.73	0.39	109.21
云　南	141.23	92.34	1.53	1.61	240.65	0.38	95.00
西　藏	7.35	3.15	2.33	1.50	5.80	0.54	155.56
陕　西	263.61	150.29	1.75	1.57	283.50	0.53	111.72
甘　肃	123.81	71.35	1.74	1.32	143.79	0.50	131.46
青　海	42.96	19.99	2.15	1.39	34.82	0.57	154.61
宁　夏	46.70	30.45	1.53	1.53	41.81	0.73	100.24
新　疆	120.43	66.61	1.81	1.36	138.42	0.48	132.94

资料来源：1. 基本养老金支出与离休、退休和退职人数由人力资源和社会保障部提供；2. 城镇居民人均可支配收入引自《中国统计年鉴2011》；3. 城镇50岁以上女性与60岁以上男性人口数引自《第六次人口普查数据》。

3. 基本养老保险基金支出占 GDP 比率

表7 2010 年基本养老保险基金支出占 GDP 比率与老年人口比率

地 区	基金支出（亿元）①	GDP（亿元）②	基金支出占 GDP 比率（%）③（③=①/②×100%）	60 岁及以上人口占总人口比重（%）④
全 国	10554.92	401202.00	2.63	13.32
北 京	482.40	14113.58	3.42	12.54
天 津	271.84	9224.46	2.95	13.02
河 北	451.76	20394.26	2.22	13.00
山 西	269.37	9200.86	2.93	11.53
内蒙古	212.64	11672.00	1.82	11.48
辽 宁	755.80	18457.27	4.09	15.43
吉 林	252.78	8667.58	2.92	13.21
黑龙江	500.11	10368.60	4.82	13.03
上 海	847.47	17165.98	4.94	15.07
江 苏	753.29	41425.48	1.82	15.99
浙 江	429.07	27722.31	1.55	13.89
安 徽	269.19	12359.33	2.18	15.01
福 建	187.70	14737.12	1.27	11.42
江 西	192.97	9451.26	2.04	11.44
山 东	748.23	39169.92	1.91	14.75
河 南	420.30	23092.36	1.82	12.73
湖 北	419.80	15967.61	2.63	13.93
湖 南	355.07	16037.96	2.21	14.54
广 东	627.74	46013.06	1.36	9.73
广 西	193.45	9569.85	2.02	13.12
海 南	74.07	2064.50	3.59	11.33
重 庆	273.60	7925.58	3.45	17.42
四 川	608.74	17185.48	3.54	16.30
贵 州	107.44	4602.16	2.33	12.84
云 南	144.22	7224.18	2.00	11.06
西 藏	7.61	507.46	1.50	7.67
陕 西	265.03	10123.48	2.62	12.85
甘 肃	127.22	4120.75	3.09	12.44
青 海	43.36	1350.43	3.21	9.45
宁 夏	48.81	1689.65	2.89	9.67
新 疆	122.41	5437.47	2.25	9.66

资料来源：1. 基金支出由人力资源和社会保障部提供；2. 各地区 GDP 数据引自《中国统计年鉴 2011》；3. 60 岁及以上人口占总人口比重数据引自《第六次人口普查数据》。

(三) 多层次指标

21世纪伊始,世界各地的养老金制度多处于变革之中。欧美等发达国家普遍加强了养老保障制度与缴费的关联性,拉美国家则展开了个人账户制度改革与再改革。中国此前建立的新型养老保险制度,在借鉴世界各国的理论与实践经验的基础上,预期构建一种多支柱的养老保险体系。但在实践中,中国的多层次养老保险制度体系发育较慢,直到2004年企业年金制度确立后,才打破了中国养老保险制度只有单一支柱的局面。多支柱中的商业保险与基于居民身份的普惠式老年年金制度,尚处于各地自发的尝试与探索的阶段。有鉴于此,在"中国养老金发展指数2011"中,多层次指标由以下五个二级指标构成:

(1) 基本养老保险人均缴费占城镇单位在岗职工平均工资比率。该指标用于衡量参保职工的缴费负担,如参保职工负担过大,将在很大程度上影响其参与其他层次养老金的可能性。计算公式为:

基本养老保险人均缴费占城镇单位在岗职工平均工资的比率=2010年基本养老保险人均缴费÷2009年城镇单位在岗职工平均工资×100%。

其中,基本养老保险人均缴费=基本养老保险征缴收入÷职工人数。

(2) 企业年金职工参与率。该指标用于衡量所有参加城镇职工基本养老保险的职工人数中参加企业年金的职工人数占比情况。其计算公式为:

企业年金职工参与率=参加企业年金的职工人数÷参加城镇职工基本养老保险职工人数×100%。

(3) 企业年金积累额占GDP比率。该指标反映企业年金资产数量与国内或地区生产总值(GDP)总量的相对关系。其计算公式为:

企业年金积累额占GDP比率=企业年金积累额÷GDP×100%。

(4) 人身保险密度。这是一个衡量保险市场潜力的指标,保险密度是指按照一个国家或地区的全部人口计算的人均保费收入,它反映了一个国家或地区保险的普及程度和保险业的发展水平。其计算公式为:

人身保险密度=人身保险业务保费收入÷人口数。

(5) 人身保险深度。保险深度是指保费收入占国内或地区生产总值的比例。它反映一个国家或地区保险业在其国民经济所处地位。其计算公式为:

人身保险深度=人身保险保费收入÷GDP×100%。

在多层次指标中,除基本养老保险人均缴费占城镇单位在岗职工平均工资的比率为逆向指标,其余均为正向指标。其构成如图3所示:

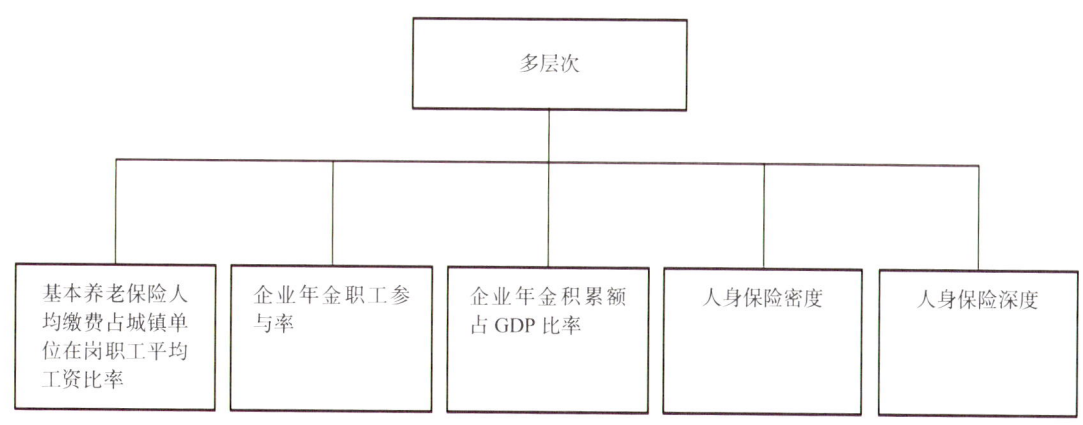

图3 多层次指标体系构成

1. 基本养老保险人均缴费占城镇单位在岗职工平均工资比率

表8　基本养老保险人均缴费占城镇单位在岗职工平均工资比率

地 区	征缴收入（亿元）①	职工人数（万人）②	人均缴费（万元）③（③=①/②）	2009年城镇单位在岗职工平均工资（万元）④	人均缴费占城镇单位在岗职工平均工资比率（%）⑤（⑤=③/④×100%）
全　国	11066.07	19402.34	0.57	3.27	17.41
北　京*	659.24	785.87	0.84	4.84	17.33
天　津*	205.34	287.88	0.71	3.35	21.95
河　北	482.76	728.93	0.66	2.84	23.25
山　西	320.30	443.72	0.72	2.85	25.29
内蒙古	197.27	311.51	0.63	3.07	20.52
辽　宁	583.10	1024.20	0.57	3.11	18.33
吉　林	202.30	392.86	0.51	2.62	19.44
黑龙江	379.70	589.24	0.64	2.65	24.12
上　海*	707.93	657.30	1.08	4.28	25.16
江　苏	959.64	1583.88	0.61	3.59	17.00
浙　江	605.10	1478.61	0.41	3.74	10.96
安　徽	263.01	492.05	0.53	2.97	17.87
福　建	199.46	522.04	0.38	2.87	13.26
江　西	162.53	462.08	0.35	2.47	14.17
山　东	942.40	1427.93	0.66	2.97	22.23
河　南	388.88	808.99	0.48	2.74	17.55
湖　北	375.40	738.15	0.51	2.71	18.80
湖　南	320.07	673.54	0.48	2.73	17.59
广　东	1053.47	2875.58	0.37	3.64	10.18
广　西	224.67	311.17	0.72	2.83	25.44
海　南	53.74	135.42	0.40	2.49	16.04
重　庆	225.14	391.87	0.57	3.10	18.41
四　川	670.90	861.90	0.78	2.86	27.31
贵　州	112.98	190.29	0.59	2.82	20.89
云　南	144.78	225.08	0.64	2.70	23.71
西　藏	9.87	6.78	1.46	4.88	29.95
陕　西	239.43	400.07	0.60	3.02	19.88
甘　肃	132.72	171.13	0.78	2.72	28.70
青　海	43.09	54.44	0.79	3.36	23.54
宁　夏	74.81	77.34	0.97	3.41	28.46
新　疆	126.04	193.07	0.65	2.78	23.42

注：*表示估算，北京、天津和上海三地的养老保险征缴和待遇计发基数为当地社会平均工资，且各地存在非正常缴费问题。关于非正常缴费问题，在2010年的总征缴收入中，正常缴费收入9808亿元，非正常缴费收入1302亿元，其中预缴76亿元、补缴1008亿元、清理历史欠费204亿元。由于这些非正常缴费的存在，导致了部分省份数据出现了巨幅波动。据估算，2010年陕西、西藏、青海、黑龙江与宁夏征缴收入较2009年增幅在30%以上，青海更是高达67%。此外，增幅在20%以上的省份和地区还有江西、河北、内蒙古、广西、山西、甘肃、河南、北京和广东。下文同。

资料来源：1. 征缴收入数据加工整理自：《中国劳动和社会保障年鉴》、《中国劳动统计年鉴》、《中国财政年鉴》、《中国税务年鉴》各省《统计年鉴》，各省《年鉴》，各省《财政年鉴》，各省劳动（人力资源）和社会保障事业发展统计公报，各省《社会保险基本情况》信息披露，各省人力资源和社会保障厅网页（统计公报、工作总结、年度计划完成情况、工作报告），各省税务部门代征养老保险缴费情况，新闻报道等；2. 职工人数由人力资源和社会保障部提供；3. 城镇单位在岗职工平均工资引自《中国统计年鉴2010》。

2. 企业年金职工参与率

表9 2010年企业年金职工参与率

地 区	参加企业年金职工人数（万人）①	城镇就业人员数（万人）②	企业年金职工参与率（%）③ （③=①/②×100%）
全 国*	1334.58	34687.00	3.85
北 京	26.52	969.88	2.73
天 津	10.73	328.98	3.26
河 北	27.78	813.64	3.41
山 西	28.49	565.07	5.04
内蒙古	8.06	465.20	1.73
辽 宁	35.70	1029.59	3.47
吉 林	8.90	514.89	1.73
黑龙江	13.96	753.94	1.85
上 海	87.24	736.02	11.85
江 苏	31.34	2061.05	1.52
浙 江	24.75	1642.38	1.51
安 徽	41.95	770.29	5.45
福 建	31.42	785.52	4.00
江 西	27.84	544.94	5.11
山 东	28.27	1592.79	1.77
河 南	29.70	1126.89	2.64
湖 北	17.35	962.08	1.80
湖 南	10.16	878.36	1.16
广 东	45.16	2351.65	1.92
广 西	13.04	558.14	2.34
海 南	1.43	161.14	0.89
重 庆	3.82	532.79	0.72
四 川	13.36	1029.49	1.30
贵 州	12.62	323.53	3.90
云 南	24.35	647.33	3.76
西 藏	—	53.09	—
陕 西	18.98	482.33	3.94
甘 肃	11.57	317.87	3.64
青 海	1.14	95.76	1.19
宁 夏	1.82	107.96	1.69
新 疆	6.04	387.31	1.56

注：* 全国数字并不等于各省份的累加。在中国的企业年金管理中，有一部分企业（大型国企为主，少量外企和私企）向人力资源和社会保障部备案，并不在各地统计。2010年有4199个企业向人社部备案，合计690万人。

资料来源：1. 参加企业年金职工数由人力资源和社会保障部提供；2. 城镇就业人员数引自《中国统计年鉴2011》。

3. 企业年金基金积累额占 GDP 比率

表10　　　　　　　　　　　2010 年企业年金基金积累额占 GDP 比率

地区	GDP（亿元）①	基金积累额（亿元）②	企业年金基金积累额占 GDP 比率（%）③（③=②/①×100%）
全 国 *	401202.00	2809.24	0.70
北 京	14113.58	52.80	0.37
天 津	9224.46	14.13	0.15
河 北	20394.26	22.77	0.11
山 西	9200.86	54.18	0.59
内蒙古	11672.00	7.72	0.07
辽 宁	18457.27	64.76	0.35
吉 林	8667.58	13.51	0.16
黑龙江	10368.60	21.02	0.20
上 海	17165.98	285.38	1.66
江 苏	41425.48	122.53	0.30
浙 江	27722.31	75.81	0.27
安 徽	12359.33	96.35	0.78
福 建	14737.12	56.95	0.39
江 西	9451.26	27.01	0.29
山 东	39169.92	65.18	0.17
河 南	23092.36	29.67	0.13
湖 北	15967.61	47.87	0.30
湖 南	16037.96	37.35	0.23
广 东	46013.06	117.55	0.26
广 西	9569.85	10.44	0.11
海 南	2064.50	2.25	0.11
重 庆	7925.58	13.00	0.16
四 川	17185.48	33.30	0.19
贵 州	4602.16	22.18	0.48
云 南	7224.18	44.63	0.62
西 藏	507.46	—	—
陕 西	10123.48	24.15	0.24
甘 肃	4120.75	31.06	0.75
青 海	1350.43	1.23	0.09
宁 夏	1689.65	7.21	0.43
新 疆	5437.47	10.38	0.19

注：* 全国基金积累额数字并不等于各省份的累加，2010 年有 4199 个企业向人社部备案，这些企业的年金基金积累额为 1397 亿元。
资料来源：1. 各地区 GDP 数据引自《中国统计年鉴 2011》；2. 基金积累额由人力资源和社会保障部提供。

4. 人身保险密度

表11　　　　　　　　　　　　　　　2010年人身保险密度

地区	人身保险业务保费收入（亿元）	人身保险密度（元/人）
全　国*	10632.33	792.92
北　京	754.08	3844.98
天　津	121.33	937.77
河　北	501.14	697.44
山　西	248.97	726.41
内蒙古	102.57	415.16
辽　宁	278.78	754.25
吉　林	148.50	545.20
黑龙江	207.81	542.42
上　海	539.90	3822.76
江　苏	850.73	1081.06
浙　江	358.36	776.21
安　徽	280.80	411.35
福　建	246.17	737.85
江　西	184.01	412.75
山　东	559.21	648.72
河　南	618.62	657.94
湖　北	356.67	623.13
湖　南	307.94	468.78
广　东	837.88	957.93
广　西	113.32	246.20
海　南	30.04	346.49
重　庆	217.74	644.87
四　川	498.22	619.54
贵　州	70.01	201.48
云　南	122.07	265.57
西　藏	0.75	24.84
陕　西	211.57	566.79
甘　肃	107.51	420.38
青　海	12.92	229.59
宁　夏	30.83	487.74
新　疆	115.71	507.40

注：*全国人身保险密度的数据是根据2010年全国人身保险业务原保费收入10632.3亿元和2010年全国GDP为401202.0亿元计算得出。其中，全国人身保险业务原保费收入数据引自《中国保险年鉴2011》（全国版），2010年全国GDP数据引自《中国统计年鉴2011》。

资料来源：人身保险密度数据引自《中国保险年鉴2011》（全国版表9 各省、自治区、直辖市、计划单列市保险业务情况）。

5. 人身保险深度

表12 2010年人身保险深度

地 区	人身保险业务保费收入（亿元）	人身保险深度（%）
全 国	10632.33	2.65
北 京	754.08	5.47
天 津	121.33	1.33
河 北	501.14	2.48
山 西	248.97	2.74
内蒙古	102.57	0.88
辽 宁	278.78	1.80
吉 林	148.50	1.73
黑龙江	207.81	1.83
上 海	539.90	3.20
江 苏	850.73	2.05
浙 江	358.36	1.64
安 徽	280.80	2.19
福 建	246.17	2.00
江 西	184.01	1.95
山 东	559.21	1.62
河 南	618.62	2.70
湖 北	356.67	2.26
湖 南	307.94	1.88
广 东	837.88	2.33
广 西	113.32	1.19
海 南	30.04	1.46
重 庆	217.74	2.70
四 川	498.22	2.95
贵 州	70.01	1.52
云 南	122.07	1.69
西 藏	0.75	0.15
陕 西	211.57	2.11
甘 肃	107.51	2.61
青 海	12.92	0.96
宁 夏	30.83	1.88
新 疆	115.71	2.04

资料来源：人身保险深度数据引自《中国保险年鉴2011》。

(四) 可持续指标

随着世界范围内人口老龄化程度的不断加深，养老金制度可持续性越来越为各国所重视。以希腊为代表的福利国家，由于长期执行慷慨的养老金制度，由此产生的养老金支付压力导致财政不堪重负，从而引发了延续至今的欧洲债务危机，养老金制度财务可持续的重要性由此可见一斑。通常而言，养老金制度的可持续性指的是养老金制度在财务上能够保持长期平衡，即实现费率和待遇的长期稳定，且无需大规模的财政转移支付。在中国养老金发展指数2011中，可持续指标由三个指标构成：

（1）基本养老保险制度赡养率。制度赡养率衡量的是制度内领取养老金的人数与缴纳养老保险费的人数之比，其计算公式为：

基本养老保险制度赡养率 = 离休、退休和退职人数÷职工人数（缴费人数）×100%。

（2）基本养老保险征缴收入与基金支出比。该指标用于衡量当年基本养老保险基金征缴收入与当年基金支出之间的关系，该指标计算公式为：

基本养老保险征缴收入与基金支出比 = 基本养老保险征缴收入/基本养老保险基金支出。

（3）基本养老保险基金可支付月数。这一指标衡量的是养老金制度应对冲击的能力，其与基金率指标异曲同工，计算公式为：

基金可支付月数 = 本年度基金累计结余/下一年基金支出×12。

可持续指标体系构成如图4所示。

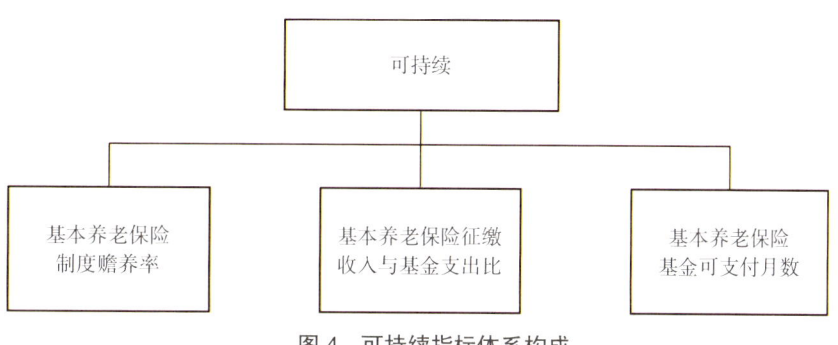

图4　可持续指标体系构成

1. 基本养老保险制度赡养率

表13　　　　　　　　　　　2010年基本养老保险制度赡养率

地 区	职工人数（万人）①	离休、退休和退职人数（万人）②	制度赡养率（%）③（③=②÷①×100%）
全 国	19402.34	6304.96	32.50
北 京	785.87	195.46	24.87
天 津	287.88	143.57	49.87
河 北	728.93	259.50	35.60
山 西	443.72	147.31	33.20
内蒙古	311.51	119.18	38.26
辽 宁	1024.20	472.70	46.15
吉 林	392.86	206.64	52.60
黑龙江	589.24	363.00	61.60
上 海	657.30	392.17	59.66
江 苏	1583.88	449.14	28.36
浙 江	1478.61	223.61	15.12
安 徽	492.05	177.49	36.07

续表

地 区	职工人数（万人）①	离休、退休和退职人数（万人）②	制度赡养率（%）③（③=②÷①×100%）
福 建	522.04	113.46	21.73
江 西	462.08	145.52	31.49
山 东	1427.93	345.07	24.17
河 南	808.99	270.34	33.42
湖 北	738.15	301.62	40.86
湖 南	673.54	265.36	39.40
广 东	2875.58	339.59	11.81
广 西	311.17	138.13	44.39
海 南	135.42	45.39	33.52
重 庆	391.87	192.49	49.12
四 川	861.90	438.96	50.93
贵 州	190.29	67.01	35.22
云 南	225.08	92.34	41.02
西 藏	6.78	3.15	46.52
陕 西	400.07	150.29	37.57
甘 肃	171.13	71.35	41.69
青 海	54.44	19.99	36.72
宁 夏	77.34	30.45	39.37
新 疆	193.07	66.61	34.50

资料来源：职工人数和离休、退休和退职人数由人力资源和社会保障部提供。

2. 基本养老保险征缴收入与基金支出比

表14　　　　　　　　2010年基本养老保险征缴收入与基金支出比

地 区	征缴收入（亿元）①	基金支出（亿元）②	征缴收入与基金支出比③【③=①÷②】
全 国	11066.07	10435.53	1.06
北 京	659.24	482.40	1.37
天 津	205.34	271.84	0.76
河 北	482.76	451.76	1.07
山 西	320.30	269.37	1.19
内蒙古	197.27	212.64	0.93
辽 宁	583.10	755.80	0.77
吉 林	202.30	252.78	0.80
黑龙江	379.70	500.11	0.76
上 海	707.93	847.47	0.84
江 苏	959.64	753.29	1.27
浙 江	605.10	429.07	1.41
安 徽	263.01	258.70	1.02
福 建	199.46	187.70	1.06

续表

地 区	征缴收入（亿元）①	基金支出（亿元）②	征缴收入与基金支出比 ③【③=①/②】
江 西	162.53	192.97	0.84
山 东	942.40	748.23	1.26
河 南	388.88	420.30	0.93
湖 北	375.40	419.80	0.89
湖 南	320.07	355.07	0.90
广 东	1053.47	627.74	1.68
广 西	224.67	193.45	1.16
海 南	53.74	74.07	0.73
重 庆	225.14	260.85	0.86
四 川	670.90	608.74	1.10
贵 州	112.98	107.44	1.05
云 南	144.78	144.22	1.00
西 藏	9.87	7.61	1.30
陕 西	239.43	265.03	0.90
甘 肃	132.72	127.22	1.04
青 海	43.09	43.36	0.99
宁 夏	74.81	48.81	1.53
新 疆	126.04	117.69	1.07

注：红色数字为估算值，且包含非正常缴费问题，详见前文说明。

资料来源：1. 征缴收入数据加工整理引自《中国劳动和社会保障年鉴》、《中国劳动统计年鉴》、《中国财政年鉴》、《中国税务年鉴》各省统计年鉴，各省年鉴，各省财政年鉴，各省劳动（人力资源）与社会保障事业发展统计公报，各省《社会保险基本情况》信息披露，各省人力资源和社会保障厅网页（统计公报、工作总结、年度计划完成情况、工作报告），各省税务部门代征养老保险缴费情况，新闻报道等；2. 基金支出由人力资源和社会保障部提供。

3. 基本养老保险基金可支付月数

表15　　　　　　　　　　　2010年基本养老保险基金可支付月数

地 区	2010年养老保险基金累计结余（亿元）①	2011年养老保险基金支出（亿元）②	基金可支付月数 ③【③=①/②×12】
全 国	15365.28	12764.95	14.44
北 京	617.89	560.83	13.22
天 津	203.01	315.07	7.73
河 北	562.88	561.73	12.02
山 西	637.36	329.34	23.22
内蒙古	257.86	269.62	11.48
辽 宁	739.31	883.14	10.05
吉 林	351.79	308.12	13.70
黑龙江	479.01	603.94	9.52
上 海	462.00	993.51	5.58
江 苏	1271.83	898.76	16.98
浙 江	1162.14	543.21	25.67

续表

地 区	2010年养老保险基金累计结余（亿元）①	2011年养老保险基金支出（亿元）②	基金可支付月数③【③=①/②×12】
安 徽	352.97	319.99	13.24
福 建	141.23	229.88	7.37
江 西	203.57	233.36	10.47
山 东	1077.62	886.85	14.58
河 南	499.03	506.29	11.83
湖 北	427.58	523.39	9.80
湖 南	455.85	416.61	13.13
广 东	2471.48	764.51	38.79
广 西	378.98	243.63	18.67
海 南	64.87	95.16	8.18
重 庆	255.63	336.07	9.13
四 川	928.35	753.93	14.78
贵 州	177.86	127.55	16.73
云 南	229.29	170.77	16.11
西 藏	9.66	10.61	10.93
陕 西	215.75	328.32	7.89
甘 肃	178.21	153.96	13.89
青 海	50.58	53.63	11.32
宁 夏	108.67	67.87	19.21
新 疆	372.01	161.98	27.56

资料来源：2010年养老保险基金累计结余与2011年养老保险基金支出由人力资源和社会保障部提供。

二、中国社科智讯·养老金指数体系

(一) 中国养老金发展指数2011的指数设计

1. 中国养老金发展指数2011的数据处理方法

在第一部分的指标体系中，共涉及了31个省、自治区和直辖市的不同类型、不同单位的数据，它们是无法直接比较的，需要在进行分析之前对数据进行标准化处理，使其成为无量纲的数据。在数据无量纲处理方法的选择上，本文采用了综合指数法。

综合指数法是指在确定一套指标体系的基础上，对各项指标的个体指数进行加权平均计算得出指标的综合值，将这些不同计量单位、性质的数据进行标准化处理，最后转换为一个综合指数，以评估其综合水平，该评价方法广泛用于多指标的综合评价。其具体的公式如下：

$$X'_j = \frac{X_j}{M}$$

其中，X_j表示指标的实际值，M表示指标的标准值（相当于比较稳定的合意值），X'_j表示经过数据处理后的指标分值。综合指标分值的计算方法为 $Y = \sum_{j=1}^{n} X'_j W_j$，其中$W_j$为权重系数。

根据指标不同的属性，本文采取不同的指标处理方法：

正向指标：$X'_j = \frac{X_j}{M}$，且规定所有经过标准化处理后的数据分值大于1的，一律取1。

逆向指标的正向化处理方法见各指标注释。

2. 中国养老金发展指数的权重确定方法

对多指标进行综合评价需要计算出综合指标得分，综合指标得分的计算方法通常采用加权平均法进行计算，其具体的公式如下：

$$Y = \sum X'_j W_j$$

其中，X'_j是经过标准化处理后的指标分值，W_j是各个指标的权重系数。本文对养老金指标权重系数的确定采用专家评分法。

所谓专家评分法，又称德尔菲法（Delphi），是根据专家对各个指标的重要性程度确定权重，重要性程度越大，权数就越大。主要通过匿名的方式征询有关专家的意见，对专家的意见进行统计、处理、分析和归纳，经过多轮意见征询、反馈和调整后对指标进行定权的分析方法，该评价方法的优点是集中了众多专家的意见，缺点是通过打分直接给出各指标权重而难以保持权重的合理性。

表16　中国养老金发展指数2011指标权重表

一级指标	广覆盖（2.5分）			保基本（2.5分）			多层次（2.5分）					可持续（2.5分）		
二级指标	城镇就业人员基本养老保险参保比率	乡村就业人员新农保参保比率	以离退休金养老金为主要生活来源人口占60岁及以上人口比率	基本养老保险人均养老金水平占城镇单位在岗职工平均工资比率	基本养老保险人均养老金水平占城镇居民人均可支配收入比率	基本养老保险基金支出GDP占比	基本养老保险人均缴费占城镇就业人员平均工资比率	企业年金职工参与率	企业年金基金积累额占GDP比率	人身保险密度	人身保险深度	制度赡养率	基本养老保险征缴收入与基金支出比	基本养老保险基金的可支付月数
权重系数（10分）	0.585	0.665	1.25	0.83	0.83	0.84	0.70	0.50	0.50	0.40	0.40	0.84	0.83	0.83

（二）中国养老金发展指数2011二级指标分值表

1. 广覆盖指标分值

表17　中国养老金发展指数2011之广覆盖指标分值

地　区	城镇就业人员基本养老保险参保比率分值①	调整后乡村就业人员新农保参保比率分值②	以离退休金养老金为主要生活来源人口占60岁及以上人口比率分值③	广覆盖分值④	排名⑤
北　京	0.81	1.00	0.90	2.26	1
上　海	0.89	0.10	1.00	1.84	2
天　津	0.88	0.09	0.73	1.49	3
辽　宁	0.99	0.10	0.60	1.40	4
重　庆	0.74	0.75	0.28	1.28	5
黑龙江	0.78	0.10	0.56	1.22	6
新　疆	0.50	0.42	0.50	1.19	7
吉　林	0.76	0.07	0.45	1.06	8
海　南	0.84	0.19	0.35	1.06	9
广　东	1.00	0.06	0.32	1.02	10
陕　西	0.83	0.27	0.26	0.99	11
浙　江	0.90	0.12	0.31	0.99	12
河　北	0.90	0.27	0.23	0.98	13
江　苏	0.77	0.10	0.35	0.96	14
内蒙古	0.67	0.19	0.34	0.95	15
山　西	0.79	0.18	0.29	0.94	16
宁　夏	0.72	0.11	0.36	0.94	17
湖　北	0.77	0.15	0.30	0.93	18

续表

地 区	城镇就业人员基本养老保险参保比率分值①	调整后乡村就业人员新农保参保比率分值②	以离退休金养老金为主要生活来源人口占60岁及以上人口比率分值③	广覆盖分值④	排名⑤
江 西	0.85	0.14	0.25	0.91	19
山 东	0.90	0.19	0.20	0.90	20
福 建	0.66	0.25	0.25	0.87	21
四 川	0.84	0.15	0.22	0.87	22
青 海	0.57	0.27	0.27	0.86	23
全 国	0.56	0.19	0.30	0.83	
河 南	0.72	0.28	0.17	0.82	24
湖 南	0.77	0.17	0.20	0.82	25
安 徽	0.64	0.14	0.18	0.70	26
甘 肃	0.54	0.14	0.18	0.64	27
贵 州	0.59	0.13	0.16	0.64	28
广 西	0.56	0.10	0.18	0.62	29
云 南	0.35	0.20	0.20	0.59	30
西 藏	0.13	0.50	0.09	0.53	31

注：1. 城镇就业人员基本养老保险参保比率分值 = 城镇就业人员基本养老保险参保比率÷100%；2. 乡村就业人员新农保参保比率分值 = 乡村就业人员新农保参保比率÷100%；3. 以离退休金养老金为主要生活来源人口占60岁及以上人口比率分值 = 以离退休金养老金为主要生活来源人口占60岁及以上人口比率÷80%（老年人晚年主要经济来源有三：养老金、资产性收入与劳动所得收入，所以，以离退休金养老金占生活来源的比率无法达到100%。国际上该数据差异很大。在企业年金制度盛行的发达国家中，这一数据往往只有60%左右，而在福利国家中，该数据往往在90%以上。本文取80%作为标准化依据）；4. 广覆盖合计数值为各分指标得分，按照表2-1系数加权汇总而来，下文同。

资料来源：笔者编制。

2. 保基本指标分值

表18　　　　　　　　中国养老金发展指数2011之保基本指标分值

地 区	基本养老保险人均养老金占城镇单位在岗职工平均工资比率分值①	基本养老保险人均养老金占城镇居民人均可支配收入比率分值②	基本养老保险基金支出占GDP比率分值③	保基本分值④	排名⑤
黑龙江	0.72	0.58	0.93	1.86	1
海 南	0.81	0.54	0.79	1.78	2
青 海	0.63	0.63	0.85	1.76	3
上 海	0.72	0.40	0.82	1.62	4
宁 夏	0.56	0.52	0.75	1.52	5
辽 宁	0.64	0.47	0.66	1.48	6
山 西	0.62	0.47	0.63	1.44	7
天 津	0.69	0.40	0.57	1.37	8
甘 肃	0.54	0.47	0.62	1.36	9
北 京	0.54	0.38	0.68	1.34	10
新 疆	0.53	0.46	0.58	1.31	11
四 川	0.58	0.44	0.54	1.30	12
西 藏	0.44	0.60	0.49	1.28	13

续表

地 区	基本养老保险人均养老金占城镇单位在岗职工平均工资比率分值 ①	基本养老保险人均养老金占城镇居民人均可支配收入比率分值 ②	基本养老保险基金支出占GDP比率分值 ③	保基本分值 ④	排名 ⑤
吉 林	0.53	0.38	0.55	1.22	14
陕 西	0.53	0.42	0.51	1.22	15
重 庆	0.49	0.36	0.50	1.12	16
湖 北	0.50	0.35	0.47	1.11	17
全 国	0.47	0.34	0.49	1.08	
内蒙古	0.52	0.38	0.40	1.08	18
河 北	0.47	0.34	0.43	1.03	19
江 西	0.44	0.29	0.45	0.98	20
贵 州	0.36	0.30	0.45	0.93	21
湖 南	0.43	0.30	0.38	0.93	22
河 南	0.44	0.32	0.36	0.93	23
山 东	0.48	0.30	0.32	0.92	24
云 南	0.37	0.26	0.45	0.90	25
广 西	0.38	0.26	0.39	0.86	26
安 徽	0.35	0.27	0.36	0.82	27
江 苏	0.38	0.25	0.28	0.77	28
广 东	0.34	0.22	0.35	0.76	29
福 建	0.37	0.21	0.28	0.72	30
浙 江	0.36	0.20	0.28	0.70	31

注：1. 人均基本养老金占城镇单位在岗职工平均工资比率分值= 人均基本养老金占城镇单位在岗职工平均工资÷58.5%×调整系数。其中，58.5%为基本养老保险制度政策设定的目标替代率；调整系数为离休、退休和退职人数占城镇退休年龄人口比率。2. 基本养老保险人均养老金占城镇居民人均可支配收入比率分值=人均养老金占城镇居民人均可支配收入比率/140%×调整系数。可支配收入指个人收入扣除向政府缴纳的个人所得税、遗产税和赠与税、不动产税、人头税、汽车使用税以及交给政府的非商业性费用等以后的余额。个人可支配收入被认为是消费开支的决定性因素，而人均可支配收入的计量必须考虑到家庭情况。140%系根据我国人口年龄结构，通过计算家庭总负担情况得来。调整系数为离休、退休和退职人数占城镇退休年龄人口比率。3. 基本养老保险基金支出占GDP比率分值=基本养老保险基金支出占GDP比率÷60岁以上人口占总人口比率÷0.4。为供养一定数量的老年人口，需要消耗一定的GDP资源。本文根据Pension Outlook 2012中的欧盟平均老龄化程度以及平均公共养老金GDP支出数据，调整后得出标准值0.4。

资料来源：笔者编制。

3. 多层次指标分值

表19　　　　　　　　中国养老金发展指数2011之多层次指标分值

地 区	人均缴费占城镇单位在岗职工平均工资比率分值 ①	企业年金职工参与率分值 ②	企业年金基金积累额占GDP比重分值 ③	人身保险密度分值 ④	人身保险深度分值 ⑤	多层次分值 ⑥	排名 ⑦
北 京	0.76	0.05	0.01	1.00	1.00	1.36	1
上 海	0.49	0.24	0.06	1.00	0.80	1.21	2
广 东	1.00	0.04	0.01	0.53	0.58	1.17	3
福 建	0.89	0.08	0.01	0.51	0.50	1.07	4
全 国	0.75	0.08	0.02	0.48	0.66	1.04	

续表

地 区	人均缴费占城镇单位在岗职工平均工资比率分值 ①	企业年金职工参与率分值 ②	企业年金基金积累额占GDP比重分值 ③	人身保险密度分值 ④	人身保险深度分值 ⑤	多层次分值 ⑥	排名 ⑦
浙 江	0.97	0.03	0.01	0.42	0.41	1.03	5
河 南	0.75	0.05	0.00	0.48	0.68	1.01	6
江 苏	0.77	0.03	0.01	0.60	0.51	1.01	7
江 西	0.86	0.10	0.01	0.33	0.49	0.99	8
重 庆	0.72	0.01	0.01	0.42	0.68	0.95	9
湖 北	0.71	0.04	0.01	0.46	0.57	0.93	10
辽 宁	0.72	0.07	0.01	0.49	0.45	0.92	11
安 徽	0.73	0.11	0.03	0.28	0.55	0.91	12
山 西	0.49	0.10	0.02	0.51	0.69	0.88	13
陕 西	0.67	0.08	0.01	0.38	0.53	0.88	14
河 北	0.56	0.07	0.00	0.49	0.62	0.87	15
湖 南	0.75	0.02	0.01	0.34	0.47	0.87	16
吉 林	0.68	0.03	0.01	0.42	0.43	0.83	17
海 南	0.80	0.02	0.00	0.28	0.37	0.83	18
天 津	0.60	0.07	0.01	0.42	0.33	0.82	19
四 川	0.43	0.03	0.01	0.43	0.74	0.78	20
山 东	0.59	0.04	0.01	0.44	0.41	0.77	21
新 疆	0.55	0.03	0.01	0.37	0.51	0.75	22
黑龙江	0.52	0.04	0.01	0.41	0.46	0.73	23
甘 肃	0.38	0.07	0.03	0.31	0.65	0.70	24
贵 州	0.63	0.08	0.02	0.14	0.38	0.70	25
云 南	0.54	0.08	0.01	0.20	0.42	0.67	26
内蒙古	0.65	0.03	0.00	0.27	0.22	0.67	27
宁 夏	0.39	0.03	0.01	0.29	0.47	0.60	28
广 西	0.48	0.05	0.00	0.17	0.30	0.55	29
青 海	0.55	0.02	0.00	0.14	0.24	0.55	30
西 藏	0.34	—	—	0.01	0.04	0.26	31

注：1. 基本养老保险人均缴费占城镇单位在岗职工平均工资比率分值 =（40% − 基本养老保险人均缴费占城镇单位在岗职工平均工资的比率）÷30%。关于公式的说明：当基本养老保险制度缴费率达到40%的时候，其他制度将没有空间，所以将40%作为该指标的上限，而10%的缴费率则作为理论下限。完整公式为：（上限 − x）÷（上限 − 下限），即（40% − 基本养老保险人均缴费占城镇单位在岗职工平均工资的比率）÷30%。最后，大于1的数值取1。2. 企业年金职工参与率分值 = 企业年金职工参与率/0.5（企业年金覆盖率在不同国家差异很大。如美国从20世纪90年代至今，一直在50%上下徘徊，欧洲各国差异极大，根据Pension Outlook 2012数据，整个欧洲企业年金覆盖率均值在50%左右。尽管中国当前的覆盖范围非常有限，但本文还是将目标设定为50%，希望能够随时间的推移，可以见证中国企业年金事业的发展历程）。3. 企业年金基金积累额占GDP比率分值 = 企业年金基金积累额占GDP比率÷30%。其中，30%表示企业年金基金积累额占GDP比率的目标为30%。4. 人身保险密度分值 = 人身保险密度÷2010年城镇单位在岗职工平均工资÷5%，5%为预期我国人身保险支出应达到城镇单位在岗职工平均工资的水平。5. 人身保险深度分值 = 人身保险深度÷4%（根据《中国保险年鉴2010》数据，当前世界平均寿险深度为4%）。6. 西藏缺乏企业年金数据。

资料来源：笔者编制。

4. 可持续指标分值

表20　　　　　　　　　　中国养老金发展指数2011之可持续指标分值

地 区	制度赡养率分值 ①	征缴收入与基金支出比分值 ②	基本养老保险基金可支付月数分值 ③	可持续分值 ④	排名 ⑤
广 东	0.88	1.00	0.54	2.02	1
浙 江	0.85	0.84	0.36	1.71	2
宁 夏	0.61	0.91	0.27	1.49	3
北 京	0.75	0.81	0.18	1.46	4
山 东	0.76	0.75	0.20	1.43	5
江 苏	0.72	0.76	0.24	1.43	6
山 西	0.67	0.71	0.32	1.42	7
新 疆	0.65	0.64	0.38	1.40	8
福 建	0.78	0.63	0.10	1.27	9
全 国	0.68	0.63	0.20	1.26	
贵 州	0.65	0.63	0.23	1.26	10
广 西	0.56	0.69	0.26	1.26	11
西 藏	0.54	0.77	0.15	1.22	12
河 北	0.64	0.64	0.17	1.21	13
安 徽	0.64	0.61	0.18	1.19	14
云 南	0.59	0.60	0.22	1.18	15
甘 肃	0.58	0.62	0.19	1.17	16
青 海	0.63	0.59	0.16	1.15	17
河 南	0.67	0.55	0.16	1.15	18
四 川	0.49	0.66	0.21	1.13	19
江 西	0.69	0.50	0.15	1.11	20
内蒙古	0.62	0.55	0.16	1.11	21
湖 南	0.61	0.54	0.18	1.11	22
陕 西	0.62	0.54	0.11	1.06	23
湖 北	0.59	0.53	0.14	1.05	24
海 南	0.66	0.43	0.11	1.01	25
重 庆	0.51	0.51	0.13	0.96	26
吉 林	0.47	0.48		0.95	27
辽 宁	0.54	0.46	0.14	0.95	28
天 津	0.50	0.45	0.11	0.88	29
上 海	0.40	0.50	0.08	0.82	30
黑龙江	0.38	0.45	0.13	0.81	31

注：1. 基本养老保险制度赡养率分值 = 1-制度赡养率；2. 征缴收入与基金支出比分值 = 征缴收入基金支出比÷1.68（1.68系表中征缴收入与基金支出比中的最大值，即广东省征缴收入与基金支出比，此处采用极值法对指标进行无量纲处理）；3. 基金可支付月数分值=基金可支付月数÷72（72系考虑维个人账户中等发放积累额保持在20%的比例与统筹部分维持在30%左右的基金率计算得出的基金发放月数）。

资料来源：笔者编制。

(三)中国养老金发展指数 2011 综合情况

表 21　　　　　　　　　　　　中国养老金发展指数 2011 综合情况

地　区	广覆盖分值	保基本分值	多层次分值	可持续分值	合计	排名
北　京	2.26	1.34	1.36	1.46	6.42	1
上　海	1.85	1.62	1.21	0.82	5.50	2
广　东	1.15	0.76	1.17	2.02	5.10	3
辽　宁	1.40	1.48	0.92	0.95	4.76	4
海　南	1.06	1.78	0.83	1.01	4.68	5
山　西	0.94	1.44	0.88	1.42	4.67	6
新　疆	1.19	1.31	0.75	1.4	4.66	7
黑龙江	1.22	1.86	0.73	0.81	4.62	8
天　津	1.49	1.37	0.82	0.89	4.57	9
宁　夏	0.94	1.52	0.60	1.49	4.55	10
浙　江	0.99	0.70	1.03	1.71	4.43	11
青　海	0.86	1.76	0.55	1.15	4.31	12
重　庆	1.28	1.12	0.95	0.96	4.31	13
全　国	0.83	1.08	1.04	1.26	4.21	
江　苏	0.96	0.77	1.01	1.42	4.15	14
陕　西	0.99	1.22	0.88	1.06	4.15	15
河　北	0.98	1.03	0.87	1.21	4.09	16
四　川	0.87	1.30	0.78	1.13	4.08	17
吉　林	1.06	1.22	0.83	0.95	4.06	18
山　东	0.90	0.92	0.77	1.43	4.02	19
湖　北	0.93	1.11	0.93	1.05	4.01	20
江　西	0.91	0.98	0.99	1.11	3.98	21
福　建	0.87	0.72	1.07	1.27	3.93	22
河　南	0.82	0.93	1.01	1.16	3.92	23
甘　肃	0.64	1.36	0.70	1.16	3.86	24
内蒙古	0.95	1.08	0.67	1.11	3.80	25
湖　南	0.82	0.93	0.87	1.11	3.72	26
安　徽	0.70	0.82	0.91	1.19	3.62	27
贵　州	0.64	0.93	0.70	1.26	3.53	28
云　南	0.59	0.90	0.67	1.18	3.34	29
广　西	0.62	0.86	0.55	1.26	3.29	30
西　藏	0.53	1.28	0.26	1.22	3.28	31

注：有三点需要说明：
1. 新疆数据不包括新疆兵团；2. 西藏缺少企业年金数据；3. 部分省份由于存在非正常缴费而导致某些年份征缴收入快速增长。
资料来源：笔者编制。

第四部分

养老金动态篇

分报告九
进一步拓宽企业年金基金投资渠道
——来自国内外养老基金投资变化趋势的启示

摘要：近年来，中国企业年金基金规模稳定增长，至2011年底达到3570亿元，企业年金基金保值增值受到广泛关注。受制于资本市场条件与养老保障体系的不完善性，自企业年金制度成立至今，我国仍对年金基金投资实施定量限制监管模式，对基金投资品种及投资比例实施严格控制，亟待放开投资渠道。近两年来，在国际金融危机的冲击影响下，全球养老金更加注重资产配置多元化，逐渐加大另类资产配置的比例，以平衡资产收益与风险。在国内，其他长期性资金如全国社会保障基金、保险资金也纷纷开闸投资另类资产，并取得不错的成绩。面对多元化及注重另类投资的新趋势，企业年金基金可以借鉴国内全国社会保障基金以及保险资金投资渠道放开的经验，有效实现基金保值增值。

关键词：企业年金基金　保值增值　多元化　另类投资

一、企业年金基金投资配置的现状及问题

自 2004 年以来,企业年金行业正式步入市场化运作,基金规模持续增加。截至 2011 年年底,全国企业年金基金积累 3570 亿元,较 2004 年增长了七倍之多。作为我国多层次养老保障制度中的支柱之一,企业年金对职工的退休保障起着越来越重要的作用,企业年金基金以较快速度增长,内生存在着保值增值的需求。尤其是在全球金融危机爆发后,全球养老金都出现了不同程度的缩水,企业年金基金投资运营问题更加受到社会各界的重视。

为给企业年金基金增加配置空间和灵活度,监管部门在 2011 年修订了《企业年金基金管理试行办法》,重新发布《企业年金基金管理办法》(11 号令),扩大了投资范围,增加了中央银行票据、万能保险产品、投资连结保险产品、短期融资券以及中期票据等投资品种;并调整各类资产投资比例,将货币类资产比例从 20%降低至 5%,固定收益类资产比例从 50%提高到 95%,股票投资的最高比例从 20%提升至 30%。但总体上来看,11 号令对企业年金基金的投资限定仍遵循了谨慎、分散风险的主要原则,采取定量限制政策,将投资范围限定在银行存款、国债和其他具有良好流动性的金融产品上。

2011 年年底,全国企业年金平均投资收益率为-0.78%,低于同期国内其他相关长期性资金(如全国社保基金和保险资金)的收益率(见表1),也低于同期通货膨胀率。如何让企业年金基金能够更好地分享经济社会发展的成果,实现基金有效保值增值,成为当前企业年金制度可持续发展面临的重要课题。

表 1　　2007~2011 年各类长期性资金历年收益比较

长期性资金	2007 年	2008 年	2009 年	2010 年	2011 年
全国企业年金投资收益率(%)	41.00	-1.83	7.78	3.41	-0.78
全国社会保障基金收益率(%)	43.19	-6.79	16.12	4.23	0.84
保险资金投资收益率(%)	12.17	1.91	6.41	4.84	3.57

资料来源:根据人社部、全国社保基金理事会、保监会、中国统计局公开资料整理。

二、全球养老金投资呈现多元化趋势

从全球养老金投资来看,近年来养老金投资监管模式已逐步从严格限量监管模式向"审慎人"监管模式转变,养老金投资范围越来越宽,不仅投资传统的权益类及固定收益类产品,还扩张到房地产、基础设施建设类项目等另类投资,以期实现风险分散与投资收益的平衡。根据

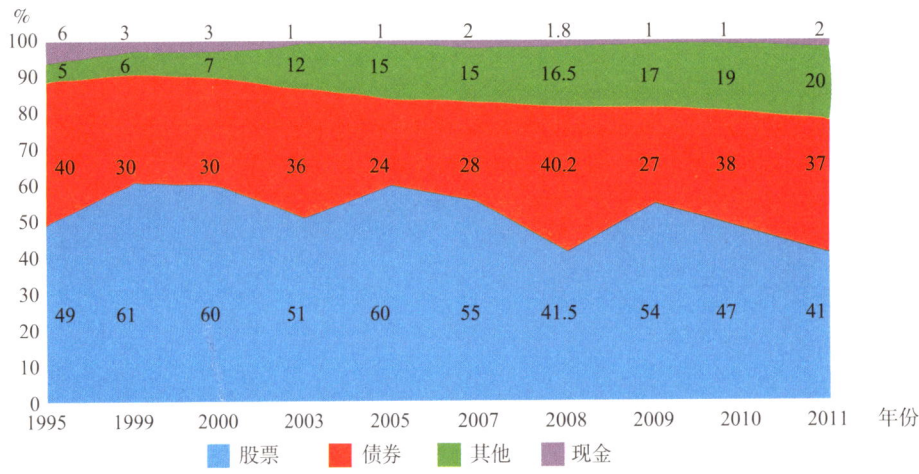

图 1　1995~2011 年全球养老金资产配置变化

资料来源:根据 Towers Watson, Global Pension Assets Study(2007~2012)相关数据整理,http://www.towerswatson.com/china/research/6267。

OECD 在 2012 年 9 月最新发布的养老金报告，2011 年底全球养老金积累规模达到 20.1 万亿美元，养老金资产占 GPD 比重从 2001 年的 67.3% 提升到 72.4%[1]（见图 1）。

如图 1 所示，全球养老金资产配置自 1995 年以来发生了较为明显的变化，股票类投资从 49% 降低到 41%，债券类投资从 40% 降低到 37%，其他类投资从 5% 提升到 20%，现金类则从 6% 降低到 2%。可见在养老金资产配置上，唯有其他类投资配置占比呈上升趋势，增长了 4 倍之多。其中，在其他类资产占全部养老基金的份额变化上，澳大利亚从 14% 提升到 24%，加拿大从 10% 提升到 20%，美国则从 5% 提升到 25%[2]。根据 OECD 发布的全球养老金规模大致估算，2011 年全球大约有 4 万亿美元养老基金投资于其他类资产。

20 世纪 90 年代，日益壮大的股票市场支持了养老金的发展，这一时期，许多国家的养老基金均调高了资产在股票上的配比。2008 年金融危机的爆发，使全球养老金缩水 3.3 万亿美元，占到养老金资产的 20% 左右[3]，造成养老金资产大幅缩水。人们开始重新审视这种资产配置理念，意识到单纯的股票债券类型资产配置无法完全避开宏观经济变化、通货膨胀、利率波动等系统风险。同时，金融危机期间由于核心市场利率下滑，专业投资机构也纷纷调低了对市场主流债券和政府债券的收益率预期。在这样的背景下，许多养老基金被迫开始寻找新的投资领域和机会，尝试将资产配置的触角延伸到高利率公司债券，甚至扩展到包括新兴市场在内的海外市场。另类投资方式也逐渐被养老基金广为采用，例如对冲基金、商业贷款、私募股权投资、基础设施投资等。

摩根士丹利曾对债券（5 年期）、股票、房地产、基础设施、PE 投资 5 类资产进行比较（见表 2），认为基础设施类的投资收益仅低于 PE 类的投资，投资风险仅高于债券类投资[4]。另根据美世 2005 年对澳大利亚市场的调查显示，大多数基础设施投资基金的管理人将净投资回报率设定在 9%~12%[5]。而 JP 摩根认为，平均投资回报率应在 10%~15%[6]。根据 2007 年对欧洲 100 个养老金计划所做的调查报告，投资基础设施的平均回报率为 9.5% 左右，仅次于 PE 类 11.3% 的投资回报率表现。与之对比，同时期股票类投资收益为 9.0%，债券为 5.1%，现金为 3.7%[7]。

表 2 各类资产预期收益、年化波动率比较

	债券（5 年期）	股票	房地产	基础设施	PE
预期收益（%）	5.20	8.10	7.00	9.30	10
年化波动（%）	4.40	18.20	9.50	7.90	30.20

资料来源：表格中数据根据 OECD, Pension Fund Investment In Infrastructure 相关数据整理。

从养老金投资实践来看，全球投资于其他类资产的养老金计划普遍获得了较为稳定的良好收益回报。例如，澳大利亚作为养老金资产投资基础设施类资产的先行者，2011 年养老金实际收益率为 4.1%[8]，较好地实现了养老金资产的保值增值。

三、国内长期性资金投资多元化的实践

就国内而言，全国社会保障基金、保险资金作为长期性资金，资产配置多元化特征越来越明显，并逐渐开始将一定比例的资产配置在另类资产上。

（一）全国社会保障基金的投资经验

全国社保基金理事会早于 2005 年即获得向工商企业投资的权力，投资规模限定为不超过总资产的 20%。2008 年 4 月经国务院批准，财政部、人力资源和社会保障部同意全国社保基金可投资经发改委批准的产业基金和在发改委备案的市场化股权投资基金，总体投资比例不超过全国社保基金总资产的 10%。至此，全国社保基金境内投资范围包括了银行存款、债券、信托投资、资产证券化产品、股票、证券投资基金、股权投资和产业投资基金等。

---

[1] Pension Fund Assets hit record USD 20.1 trillion in 2011 but investment performance weakens, Pension Markets in Focus, 2012（9），p.1

[2] Global Pension Assets Study 2012, Towers Watson, 2012（1）, http://www.towerswatson.com/china/research/6267.

[3] Pension Markets In Focus, Financial Affairs Division of the OECD Directorate of Financial and Enterprise Affairs, Issue 5, 2008（11），p.2.

[4][5][6] Pension fund Investment In Infrastructure, OECD 2008, p.15.

[7] Survey of 100 European pension schemes undertaken by Richard Davies Investor Relations for Financial News, 10.12.2007.

[8] OECD, Pension fund assets hit record USD 20.1 trillion in 2011 but investment performance weakens, Pension Market In focus, issue 9, 2012, p.3, http://www.oecd.org/daf/financialmarketsinsuranceandpensions/privatepensions/PensionMarketsInFocus2012.pdf.

按照规定，全国社保基金的20%可投资于境外市场，而实际境外投资占全部基金的比例为7%左右。根据戴相龙理事长透露，全国社保基金理事会已经申请，将社保基金在境外投资范围，从股票和债权扩大到未上市公司的股权投资和股权投资基金的投资，加强与国际养老金投资机构在境外投资中的合作。

受益于资产配置的多元化及分散化，在2000~2011年，全国社保基金年均投资收益率为8.4%，[①] 比同期通货膨胀率高出6个百分点。

表3　　　　　　　　2001~2011年全国社会保障基金历年收益情况

	2001年	2002年	2003年	2004年	2005年	2006年	2007年	2008年	2009年	2010年	2011年
收益率	1.73%	2.59%	3.56%	2.61%	4.16%	29.01%	43.19%	-6.79%	16.12%	4.23%	0.84%

资料来源：根据全国社会保障基金理事会网站披露数据整理，http://www.ssf.gov.cn/cwsj/tzsy/201206/t20120620_5604.html。

(二) 保险资金的投资实践

始于1980年的保险资金投资，经历了较长的自由无序探索阶段，自1995年进入规范投资时代，从严格限制到逐渐放开投资品种和渠道。2004年是保险资金投资变革的一年，保险资金先后被允许参与境外投资、直接进入股票市场和间接投资基础设施建设。2008年《保险法》修订后，将保险资金可"买卖政府债券、金融证券"的规定修改为"买卖债券、股票、证券投资基金等有价证券；并增加了保险资金可以投资于不动产"的规定。此外，国家还明确许可保险资金投资未上市股权。2009年，保险资金投资基础设施债权投资计划全面展开；2010年，全面放开保险资金投资未上市股权、不动产等（见图2）。

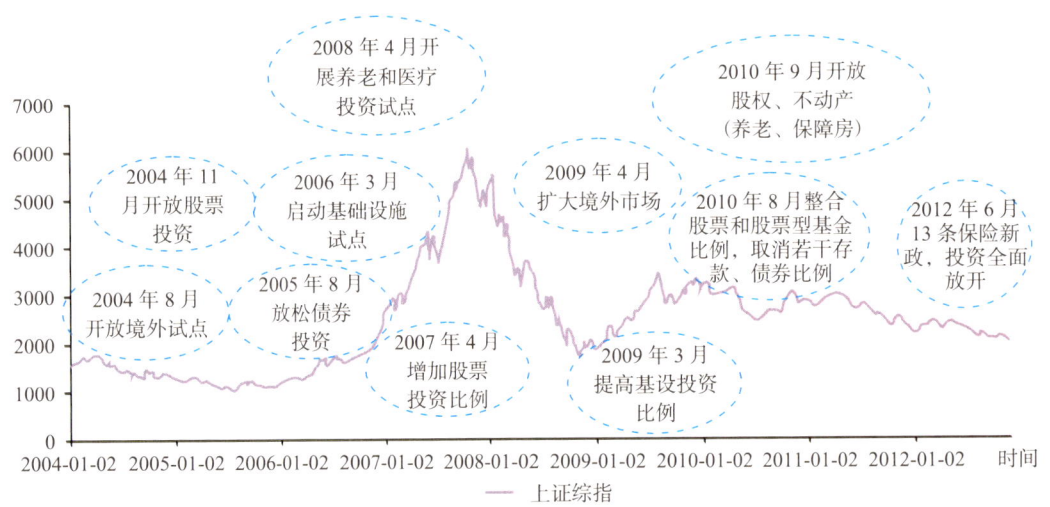

图2　2004~2012年保险资金投资范围放宽路径

资料来源：根据保监会公布的政策信息及历年上证指数整理。

从资产配置（见图3）来看，保险资金多元化配置特征明显，并且越来越注重其他类资产的配置。其他类资产配置从2001年占比3.18%提升到2011年的8.83%，增长了将近3倍。截至2011年末，保险业累计已投资基础设施项目49个，累计备案金额1419亿元；以直接和间接方式，累计已投资南方电网等非金融企业股权563.5亿元，其中直接投资545亿元，间接投资18.5亿元，涉及电力、交通、水务等多个行业；已投资自用及商业租赁不动产近800亿元，投资公租房和土地储备项目330亿元，投资养老不动产近30亿元[②]。

[①] 数据来源于全国社会保障基金理事会网站披露数据，http://www.ssf.gov.cn/cwsj/tzsy/201206/t20120620_5604.html。
[②] 相关数据根据《中国保险资金2011年运用状况分析》、《中国保险年鉴2012》相关信息整理。

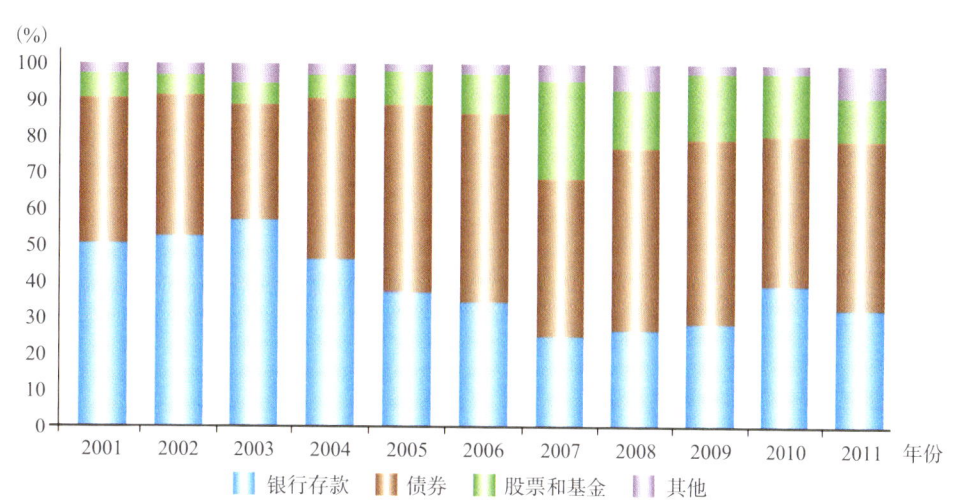

图3 2001~2011年保险资金历年资产配置

资料来源：根据历年《中国保险年鉴》统计信息整理。

尽管如此，快速积累的保险资金仍然面临着较为严峻的保值增值的压力。尽管2011年保险资金投资收益率为4.57%，[1] 高于同期全国社保基金、企业年金等投资收益，但仍低于同期CPI指数（5.4%）。

表4　　　　　　　　　　2001~2011年保险资金历年投资收益

年份	2001	2002	2003	2004	2005	2006	2007	2008	2009	2010	2011
收益率（%）	4.30	3.14	2.68	2.90	3.60	5.82	12.17	1.91	6.41	4.84	3.57

资料来源：根据历年《中国保险年鉴》统计信息整理。

2012年为顺应整个资产管理行业变革潮流，为保险资金投资赢取更广阔的空间，保监会接连推出13条新政，不仅将无担保债券投资比例上限从20%大幅提升至50%，未上市公司股权投资比例从5%提升至10%，同时股权投资基金被纳入到保险资金的投资渠道。除此之外，新政还进一步扩展了另类投资的配置范围，银行理财产品、信贷资产支持证券、信托理财产品、券商理财产品、融资融券以及股指期货等投资品种将成为保险资金投资可选范畴。多元化、国际化成为保险资金投资最新趋势。

四、国内外实践对中国企业年金基金投资的启示

与企业年金类似，国际上各种类型的养老基金、国内全国社保基金以及保险资金同属于长期性资金，在资产保值增值以及投资需求方面有着同样的诉求。上述长期性资金投资多元化的趋势和路径，对企业年金基金投资渠道拓宽具有借鉴意义和参考价值：

一是拓宽资金投资渠道是资金优化资产配置，提升投资收益率的现实需求。比如截至2007年全国社会保障基金权益达4140亿元，规模增长速度较快，主要配置在债券和公开市场股票等资产类别中。剔除2006年以及2007年资本市场异常繁荣的影响，2001~2005年，全国社保基金投资收益率基本维持在2%~4%之间，其中2004年投资收益率低于同期通货膨胀率（2004年投资收益率为2.61%，同期通货膨胀率为3.9%）[2]，给全国社保基金带来较大的保值增值压力。又如在保险资金的投资运营方面，新增保费和到期在投资金的快速增加，也给保险资金带来了较大的配置压力。截至2011年，保险公司资金运用余额5.55万亿元。正是基于保险资金巨大的资产配置压力，保险资金存在着不断拓宽投资渠道的现实需求，推动了保险资金投资渠道和比例的不断拓宽。

当前企业年金基金规模增长速度较快，基金存在保值增值的内生需求。企业年金参保客户将企业年金投资作为提高退休收入水平的重要手段，非常关注企业年金基金投资收益情况，希望能够拓宽投资渠道，以多元化资产配置

---

[1] 中国保险年鉴编委会：《中国保险资金2011年运用状况分析》，载《中国保险年鉴2012》。
[2] 相关数据根据全国社会保障基金网站公开信息整理，http://www.ssf.gov.cn/cwsj/tzsy/201206/t20120620_5604.html。

更好地实现基金保值增值。因而企业年金基金投资渠道拓宽应结合企业年金基金特性，充分考虑参保职工的投资意愿。

二是资金投资渠道拓宽应是一个循序渐进、逐渐放开的过程。比如，从国外养老基金投资发展来看，具有明显的阶段性，随着养老金市场的发展和资本市场的成熟，许多国家对养老基金的投资限制逐步放松，从定量限制监管模式向"审慎人"监管模式过渡，放松对投资工具和比例的限制，但在投资工具类别上作了比较明确的限制，而且对于各类投资在比例上都进行了详尽、严格的规定。如加拿大2005年消除了海外投资的最高限制规则；墨西哥2002年改革投资规则，允许投资海外证券市场等。又如，保险资金投资范围的拓宽基本沿着固定收益类资产、权益类投资到另类投资的路径演进，并且采取了试点先行、逐步放开的策略。以基础设施类投资为例，2004年国务院在《关于投资体制改革的决定》中就明确要求，鼓励和促进保险资金间接投资基础设施和重点建设工程项目；2006年保监会发布《保险资金间接投资基础设施项目试点管理办法》，保险资金开始试水间接投资基础设施项目，包括京沪高铁股权投资计划、泰康—开泰铁路债权计划等；在此经验上，直到2009年《关于保险资金投资基础设施债权投资计划的通知》等政策的出台，保险资金以债权方式投资基础设施项目才得以全面开展。

企业年金基金投资渠道的放开，可参照长期资金投资渠道拓宽的路径，遵循循序渐进的原则，对于一些特定的投资渠道创新项目，可选择适当的机构先行试点积累经验，待条件成熟后再在更广范围内推行。

三是投资渠道拓宽遵循风险可控的原则。将一定比例的资产配置于另类资产，是建立在所管理的基金规模壮大、投资管理经验累积以及相对详细的管理办法等风险可控因素的基础之上的。例如，根据OECD（2007）报告显示，目前仅有大型的养老基金实施了另类投资的配置，大多数中小型基金尚未开始此方面的实践；一般来说，国际经验上通常只将10%左右的养老基金配置到另类资产上，主要的资产类别仍为传统的债券、公开市场股票等，在另类资产上的配置上并没有盲目扩张；又如，针对保险资金投资基础设施、未上市股权以及不动产，保监会都出台了相应的管理办法，对投资方式、投资项目、投资机构等做出了详细的规定。

企业年金基金作为参保职工的"养命钱"，应更加注意在投资渠道放开过程中的风险控制，在企业年金基金投资渠道拓宽时，应出台相应的配套政策，发布有关企业年金基金投资新渠道的细则，规范企业年金基金投资。

五、企业年金投资的中国选择：逐步多元化

欧盟（1999）就曾经指出"股票投资比例监管阻碍了资产的优化配置和证券选择，可能导致风险和收益的次优选择"。2007年OECD研究表明放宽我国企业年金基金监管，拓宽其投资渠道总体上能提高基金的投资收益率及夏普比率，能更好地实现其增值保值的目标[①]。2011年长江养老保险股份有限公司在人社部等监管机构的支持、批准下，在全国首家探索创新拓宽企业年金基金投资渠道，先试先行参与上海公租房投资，尝试投资于国家基础设施建设相关的资产证券化产品。同年长江养老投资收益率大幅超越了行业平均水平，在全行业排名第一。

从国内外实践经验来看，企业年金基金投资渠道逐步拓宽是必然的趋势。基于企业年金基金投资的实际情况，企业年金基金投资渠道的拓宽与创新，应满足企业年金基金资产配置的特征和参保客户的需求，并且遵循循序渐进、试点先行、严控风险的原则。

第一，企业年金基金投资渠道应逐渐放开，实现多元化配置。企业年金基金偏好于投资期限长的金融产品，而传统金融投资产品中长期性金融产品相对匮乏。企业年金基金与国计民生相关的基础设施类资产、政府公共不动产等投资在投资期限和投资特性上高度匹配，可适时允许企业年金基金投资于基础设施、不动产等长期性投资项目，既能增强企业年金基金收益的稳定性，使广大参保职工能够分享地方经济建设的成长和收益，又能解决基础设施建设等融资渠道的问题。从国际经验来看，对重要基础设施等资产的投资在全球范围内已成为养老基金进行战略资产配置的重要工具之一，一般在不影响养老金流动性要求的前提下，将3%~5%的养老基金资产配置与基础设施投资，能有效分散投资组合的风险，获取长期稳定收益。同时，可参照全国社保理事会经验，将部分企业年金投资用于未上市公司（例如PE），包括以优先股的方式投资大型企业，以进一步平衡投资风险与收益。更进一步，企业年金基金还可引入用于规定套期保值的衍生工具的运用，有效管理风险。

第二，企业年金基金投资渠道放开应基于基金规模积累、投资环境成熟、投资机构经验丰富等一系列条件基础

[①] Yu-Wei Hu, Fiona Stewart and Juan Yermo, Pension Fund Investment and Regulation：An International Perspective and Implications for China's Pension System, OECD, 2007 (11), p.14.

之上。鉴于我国企业年金市场以及资本市场发展所呈现出的非均衡状态，企业年金基金投资渠道的放开可以采取试点先行+分步走的策略。也就是说可以选择企业年金基金规模积累相对较大、投资环境相对宽松，企业年金管理机构发展较为成熟的地区，以试点的方式拓宽企业年金基金投资渠道，在风险可控的前提下，探索企业年金基金投资创新的经验，待条件成熟后，再逐步推向全国企业年金市场。同时，可以根据不同地区企业年金发展和市场成熟程度的不同，抓住机遇选择不同的创新金融投资产品进行试点，最终实现企业年金基金投资渠道的拓宽。

第三，企业年金基金投资渠道拓宽和创新，应有相应的投资管理办法和投资细则予以规范。同时应考虑到，当前金融市场产品创新较快，现行企业年金投资政策无法将潜在的金融产品都囊括在内，因而企业年金基金管理办法在修订时，应为今后企业年金基金投资渠道的不断拓宽预留一定的空间，形成创新机制，拓宽企业年金基金安全稳健、保值增值的投资渠道。

分报告十
中国养老金改革争议 2011
——可持续性拷问现有制度，养老金改革任重道远

摘要：近年来，中国政府强化社会保障制度改革与解决民生问题。主流媒体的多项社会调查显示，公众高度关注社会保障制度改革。本报告追溯 2011~2012 年中国基本养老金改革的热点话题。主要的争议问题有："欧债危机"及其对中国养老金改革的启示；基本养老保险基金投资；养老金缺口；延迟退休年龄；养老金双轨制等。

关键词：养老金　基本养老保险　改革争议

一、导论

2012年2月两会召开前夕,人民网和人民日报政治文化部曾联合推出"您最关心的十大热点问题两会调查",超过155万人参与网上调查,"社会保障"以245211票连续三年居网民关注度首位[1]。今年的得票率更是高达50%,反映了我国进一步健全和完善社会保障制度的迫切性及广泛性[2]。社会保障制度是现代国家的一项基本制度,其是否完善已成为社会文明进步的重要标志之一。2012年3月5日,温家宝总理在作政府工作报告时强调"要把保障和改善民生作为政府工作的重要任务"。两会期间,与会代表委员多次提出完善和推进我国社会保障制度的议案,也引发社会公众的广泛关注。2012年6月14日国务院转批了人社部、发改委、民政部、财政部、卫生部、社保基金会制定的《社会保障"十二五"规划纲要》[3]。该纲要对"十二五"时期我国社会保障制度改革做了第一个国家级专项规划,其中包括过去一年中业界、学界、公众与媒体普遍热议的"欧债危机"对我国养老金改革的启示、基本养老保险基金投资、养老金缺口、延迟退休年龄及养老金双轨制等相关问题。由于我国企业年金制度发展缓慢,而基本养老保险制度中相关热点问题较多,因此,本部分旨在对一年以来我国基本养老保险制度改革中的焦点问题进行简要的梳理和概括。

二、基本养老保险

(一) 热议1:"欧债危机"及其对中国养老金改革的启示

【背景介绍】

2009年末,发端于希腊的欧洲主权债务危机,已由单一国家主权债务危机演变为整个欧元区的债务危机,进而发展为制约并影响欧洲乃至全球经济复苏的一场"债务风暴",同时对全球养老金制度产生了重大影响。"欧债危机"是否是福利惹得祸及其对中国养老金改革有何启示?引起国内学术界的普遍探讨。2011年12月20日主题为"欧债危机与中国养老金改革"的中国社会科学院社会保障国际论坛暨《中国养老金发展报告2011》发布会在北京举行,与会专家学者对此又进行了深入讨论,并激起学界热议。

【各方观点】

首先,对于"欧债危机"与福利制度的关系,学界看法不一,具体可分为以下两种观点:

第一种观点以郑秉文、禄德安为代表,认为"欧债危机"是高福利惹的祸。中国社科院世界社保研究中心主任郑秉文认为[4],造成此次欧债危机的原因固然是多重的。然而,从深层看,过度的福利和慷慨的保障已使福利国家不堪重负,老龄化的加剧更使财务隐患日益显现,债务货币化使福利国家亦步亦趋走向债务国家。"老龄化成本"是债务危机的隐性诱因。简言之,养老金制度是欧债危机的祸首。

第二种观点以郑功成、唐钧、鲁全为代表,认为"欧债危机"与福利制度无关。

中国人民大学劳动人事学院郑功成教授认为[5],将这些国家遭遇的债务危机简单地看成福利水平太高所致,进而对我国正在加速建设的社会保障体系产生忧虑。这其实是一种误导。因为欧洲部分国家的债务危机是由金融危机导致经济危机,进而产生债务危机并引发政治危机的一个链条。100多年来的客观事实是,社会保障制度不断化解着经济危机与社会危机,而不是导致经济危机与社会危机。因此,不能将提高国民福利、建设社会保障制度与经济发展对立起来。

中国社会科学院社会政策研究中心秘书长唐钧认为[6],"欧债"的本质是资本"出走",并终结了通常意义上的制造业,因此造成大量失业。包括养老保险在内的欧洲福利制度的困境,不仅是人口老龄化造成的,而且与失业剧增相关。从社会福利的角度看,失业者不但失去了继续缴费的能力,同时变成了需要福利制度庇护的对象。所以,我们一定要认识到,并非社会福利拖累了经济,而是经济不景气使福利难以为继。

中国人民大学教师鲁全认为[7],在不同的福利体制下,福利资金与国家财政资金的关系是不同的。福利国家模式

---

[1] 《"社会保障"最热门 "社会管理"成新宠(两会·我们关注)》,《人民日报》,2012年2月29日,第17版。
[2] 王岐丰:《2012年"两会"民生调查:社会保障最受关注》,《北京晨报》,2012年3月2日,第A06版。
[3] 徐博:《人社部负责人解读〈社会保障"十二五"规划纲要〉》,新华网,http://news.xinhuanet.com/politics/2012-06/28/c_112313140.htm,2012年6月28日。
[4] 郑秉文:《欧债危机下的养老金制度改革——从福利国家到高债国家的教训》,《中国人口科学》,2011年第5期,第2~15页。
[5] 郑功成:《从欧债危机看中国养老金制度的完善》,《中国劳动保障报》,2011年12月27日,第3版。
[6] 唐钧:《"欧债"之我见》,《中国社会保障》,2012年4月,第31页。
[7] 鲁全:《福利制度不是造成欧债危机的原因——兼论坚持社会保险为主体的社会保障制度》,《中国社会保障》,2012年第4期,第45页。

中福利资金与财政资金联系最为密切；国家社会保险模式的资金以自求平衡为原则，与财政资金保持着恰当的距离；储蓄型国家的福利资金与财政资金没有直接联系，一旦受到金融风波的影响却会造成资金贬值，间接对财政资金造成压力。在此次欧洲主权债务危机中，福利水平最高的北欧福利国家债务比例却显著较低，没有受到债务危机的任何影响，这充分说明即使是福利国家体制，只要控制好福利水平，依然不会对国家财政造成压力；德国等社会保险型国家的主权债务比例也较低，说明社会保险型福利体制有较完善的自我调节和自我平衡功能，可以与国家财政体制保持适度距离，也不是造成主权债务危机的原因。

其次，关于"欧债危机"对我国养老金改革的启示，学界专家提出以下观点：

中国社科院世界社保研究中心主任郑秉文提出欧债危机对中国养老金改革的六大启示[1]，即提高法定退休年龄、强化制度的个人激励设计、高度重视职业年金制度、加强缴费与权益间的精算联系、养老水平不能超越经济发展、厘清缴费型与非缴费型养老制度的边界。

中国人民大学郑功成教授认为[2]，第一，紧紧抓住发展是第一要务，在科学发展观的指导下，实现国民经济持续健康发展。第二，要坚持实业立国的方针不能动摇，同时，高度警惕金融投机与泡沫经济，不要迷信所谓西方经济。第三，政治家要有担当精神，时刻做到居安思危，在危机到来时敢于担当责任。第四，在建立健全社会保障体系过程中，既要积极主动大胆推进体系建设，杜绝漠视国民福利诉求的现象，也要保持理性，避免短期福利政绩病，实现社会保障制度可持续发展。中国养老金制度面临的不是欧美国家传统的风险，而是选择基金制带来的贬值与投资风险。

中国人民大学教师鲁全认为[3]，第一，应当坚持以社会保险为主体的社会保障制度。第二，应当坚持社会保险制度劳资自治、自求平衡的原则。第三，应当正确处理财政资金与社会保险资金的关系。

(二) 热议2：基本养老保险基金投资

【背景介绍】

据人社部数据显示，2011年城镇五项保险（养老、医疗、失业、工伤和生育）总收入23700亿元，总支出17900亿元，累计结余28700亿元，从2000年的2千亿元，迅速增长到目前近3万亿元，而且这个趋势还将继续下去。统计显示，2000~2008年全国养老金账户年均收益率不到2%，低于同期2.2%的CPI年均增幅。比较而言，全国社保基金理事会管理的社保储备基金（财政拨付）过去11年的收益比较可观，年均收益率达到9.17%。[4]

2011年8月17日，国务院总理温家宝召开国务院常务会议时，曾专门讨论过社保基金的投资运营问题。会议提出要"适当拓宽"基本养老保险基金投资渠道，实现保值增值。这次会议在明确投资运营的同时，也推动了方案的制定。

在养老金投资运营的呼声之下，人社部作为主管部门态度相对谨慎。2011年人社部三次季度新闻发布会，对于养老金入市问题，前两次新闻发言人尹成基的表态，都是"正在研究投资运营办法"。不过，2011年10月25日，人社部第三季度新闻发布会，尹成基的说法有了突破，将借鉴全国社保基金会以及企业年金的成功经验和做法。[5]

2011年12月15日，证监会主席郭树清在财经年会作闭幕主题演讲时表示，我国目前大约有2万亿元余额地方养老保险金和2.1万亿住房公积金余额，如果将这些资金进行统一管理，学习全国社保基金投资股市获取收益，无论是对个人、政府还是资本市场均大有好处。[6]自从郭主席提出"欢迎养老金入市"后，此话题就成为社会各界关注的焦点。

2011年12月20日，社科院社会保障国际论坛举行，社科院社保研究中心主任郑秉文发布了《中国养老金发展报告2011》。这次会议上，全国社保基金理事会会长戴相龙、全国人大常委会副委员长华建敏以及人社部和财政部相关负责人均不同程度地发出了"养老金投资运营"的声音。[7]

2012年1月20日，人社部新闻发言人尹成基在新闻发布会上表示，养老金暂无入市计划。养老金投资运营的举措一定要经过人力资源和社会保障部的审核同意。人力资源和社会保障部将按照国务院的部署，会同财政部等有

---

[1] 郑秉文：《欧债危机下的养老金制度改革——从福利国家到高债国家的教训》，《中国人口科学》，2011年第5期，第2~15页。
[2] 郑功成：《从欧债危机看中国养老制度的完善》，《中国劳动保障报》，2011年12月27日，第3版。
[3] 鲁全：《福利制度不是造成欧债危机的原因——兼论坚持社会保险为主体的社会保障制度》，《中国社会保障》，2012年第4期，第45页。
[4] 耿雁冰、纪佳鹏：《养老金投资暂缓 未来三成或入市》，《21世纪经济报道》，2012年2月16日，第2版。
[5][7] 韩宇明：《养老金全国投资运营方案议而难决》，《新京报》2012年3月30日，第A27版。
[6] 周荣祥、贾壮：《郭树清：鼓励养老金住房公积金入市》，《证券时报》，2011年12月16日，第A01版。

关部门，在确保基金安全的前提下，研究实现养老基金保值增值的具体办法[1]。

政府关于"养老金入市"真正的突破性表态是在2012年两会时期。温家宝总理在2012年政府工作报告中首次提出社保基金投资监管、保值增值。2012年3月5日，人社部部长尹蔚民、副部长胡晓义也明确表示，投资运营方向已经明确，投资运营会采取组合投资方式，而不是单一的模式。但是谈及具体方案，仍然表示还在研究论证。

2012年3月19日，广东省千亿元养老金委托全国社保基金理事会运营，一时间被当作"养老金入市"大门开启的试点。关于"养老金入市"的话题再度引起公众关注。

2012年3月26日，财政部发布《关于加强和规范社会保障基金财政专户管理有关问题的通知》。通知要求，地方社保基金结余不能用于自主投资运营，必须存于财政专户或者购买特种国债。该消息随即又被解读为，财政部为养老金投资运营"降温"[2]。

2012年4月25日，人社部新闻发言人尹成基表示，人保部正在研究制定全国的基本养老基金投资运营管理办法。办法颁布实施后，要对委托投资运营的问题进行统一调整。下一步，人社部将按照国务院的指示，会同有关部门继续对养老保险基金的投资运营模式、管理机制、政策措施等进行深入研究，抓紧制定基本养老保险基金投资管理办法，促进基金保值增值，维护广大参保人的切身权益[3]。

【各方观点】

去年年底以来，中国政府高层和学界专家频繁表态将引导长期资金入市，养老金作为其中的重要组成部分，是否应该入市的争论一直不断。关注的焦点主要集中在是否应该入市、如何入市、投资运营主体的选择以及入市后风险防范等问题上。政府官员、专家学者、财经评论家等纷纷表达观点，多家媒体跟踪报道。起初，一些学者以股市不够成熟等风险言论极力反对养老金入市。与此同时，由于养老保障关乎百姓的切身利益，民众担忧"养老金入市"是"救市"或"托市"，纷纷通过微博、论坛等自媒体形式表达各种担忧。然而，随着中国老龄化趋势加快，养老金迫切需要实现保值增值。虽然政府迟迟未出台相关文件，但多个官员多个场合直接或间接表明了政府意图。

可见，基本养老金入市已是大势所趋，只是政府正在等待时机或者酝酿方案。关于养老金入市，争论焦点主要集中于以下两方面：

焦点一：养老金是否应"入市"？是坐享养老金名义的安全，逃避通货膨胀等因素的影响，还是强调实际的安全，而对名义安全做出牺牲？学界与业界主要分为观点对立的两派。

第一种观点：反对养老金入市，以李扬、朱青、叶檀等为代表。他们多出于资金安全考虑，认为中国资本市场并不健全，现行养老保险制度亦颇多沉疴，改革未到位前盲目入市，担心公众"养老钱"将会受损。中国社科院副院长李扬提醒，养老金进入资本市场非常复杂，反过来资本市场易变性有可能会侵蚀养老金自身功能。中国人民大学财政金融学院教授朱青告诫，基本养老金入市应重视风险问题。这笔钱贸然进入股市是弊大于利，特别是在中国资本市场不完善的背景下。尽管股市收益率高且远远大于银行和国债，但风险更高，这个情况下既想得到高收益又无风险，很难做到。显然，基本养老金入市风险过高暗存隐患。让老人的保命钱进入股市，一旦有风险怎么办？养老金可以入市，但不能是基本养老金入市，而是企业年金[4]。记者查阅资料发现，全国社保基金9.17%的年均投资收益并不是一个稳健的增长，在最初的3年里，社保基金的收益均为超过3%，在股市牛熊急转的2008年，社保基金收益也顺势而下。知名财经评论员叶檀撰文指出，中国证券市场丑闻频频，最大的丑闻来自大熊市中的财富集聚效应，将人们的养老金与住房保障金投入这样的市场，无异羊入虎口[5]。

第二种观点：支持"养老金入市"，以郑秉文、李珍、杨燕绥、韩复龄、董登新、王绪谨等为代表，认为基本养老保险基金因难抵CPI而贬值，亟待进入资本市场投资运营。中国社科院世界社保研究中心主任郑秉文曾进行过测算，到2020年我国社保体系实现基本全覆盖时，如按目前的缴费率、财政补贴幅度、扩大覆盖面的速度、2%的年利率等政策和制度参数测算，基本养老保险累计余额将在9万亿~11万亿元。如果加上其他四个险种的基金累计余额，五险基金将超过15万亿~16万亿元。换言之，8年

---

[1] 徐博、赵超：《人保部：养老金暂无入市计划》，新华网，http://news.xinhuanet.com/fortune/2012-01/20/c_111455246.htm，2012年1月21日。

[2] 韩宇明：《养老金全国投资运营方案议而难决》，《新京报》2012年3月30日，第A27版。

[3] 李高阳：《清华大学公共管理学院教授、就业与社保中心主任杨燕绥：信托文化和养老金需求非常匹配》，《第一财经日报》，2012年4月27日，第A15版。

[4] 魏倩：《基本养老金入市再引热议 学者告诫应重视风险问题》，人民网，http://finance.people.com.cn/GB/17094233.html，2012年2月13日。

[5] 尹晓宇：《我的养老金谁做主》，《人民日报海外版》，2012年2月10日，第2版。

之后社会保险基金的规模及其投资压力将仅次于外汇储备。如果将社会保险基金的投资收益率分别按5.8%和9.17%为基准来预测，养老基金的规模将分别高达13万亿元和16万亿元，五险基金规模大约为21万亿~23万亿元。由此看来，未来投资体制如不改革，其"福利损失"将是天文数字。这些"福利损失"毫无疑问都将由参保人承担[1]。中国人民大学公共管理学院李珍教授认为，现行的基金管理体制与养老保险制度设定的退休金水平的目标是不配套的。个人账户资金是个人几十年里积累的长期资金，只有进入资本市场，才有可能获得社会资本的平均回报，也才有可能达到养老保险制度设定的目标。我们混淆了一些基本概念：第一，混淆了社会保险基金和个人账户基金。第二，混淆了名义安全性和实际安全性。第三，混淆了养老基金和一般的资金，养老保险基金追求的不止是实际安全，不止是保值、增值，而追求的是投资回报率和工资增长率匹配的目标。第四，混淆了股票市场和资本市场[2]。清华大学就业与社会保障研究中心主任杨燕绥在接受《证券日报》记者采访时表示，养老金是锁定账户的长期积累资金，保值是必须的，这就需要其把一部分投资到股市，股市虽然有风险，但是从长期来看，股市的收益率还是比较高的。西方几十年的经验已经证明，养老金可以和资本市场形成良好的互动关系[3]。此外，2012年1月12日出版的《人民日报海外版》发表该报记者周小苑《养老金入市并非为了托市》的文章。文章称，养老金入市意在保值增值。养老金入市可解决市场资金不平衡问题[4]。

焦点二：养老金如何"入市"？据报道，相关办法未能出台，与政府各部门意见不一有关。分歧主要集中在投资主体方面，其中，全国社保基金理事会拥有专业团队，此前的相关收益率达到9.17%；人社部作为主管部门，协调成本最低；而地方政府则倾向于自主决定养老金投资运营[5]。对此，除了政府部门之间博弈之外，学者的意见也不尽相同。

第一种意见：反对地方分散投资、赞同中央政府统一管理并逐步提高统筹层次。

中国社科院世界社保研究中心主任郑秉文指出，中国社保基金的投资方案有4个可供选择：方案一是地方投资，它的受托人、基本投资管理主体是省级的机构政府。方案二是省级投资法人，法人作为简单的外部投资管理者，受托人是经办机构，比方案一有进步。方案三简单，沿用2006年时的方案，委托全国社保基金。方案四是建立一个新的机构。投资体制改革是2006年提出的，第一次会议是大连会议，省级经办机构都主张省级统筹（地方投资）。地方投资有三个好处：一是可以满足地方政府的需求和一些投资的需要。二是可以满足地方的愿望，提高做实账户的积极性。三是投资收益率要高。比如说各个省如何把这些钱管起来，把最好的项目给它们，投资收益率肯定好。笔者是非常反对地方投资的。理由有下面几个：一是账户基金会面临巨大的政治压力，比如政绩。二是外部的政治干预会导致投资失败。三是地方政府控制的账户容易产生利益输送和裙带关系。四是如果采取地方投资为主体，将导致资本市场的混乱，因为当资金被政治或政治家控制的时候，它不可能市场化，也会产生社保基金的级差地租，比如青海社保基金的价格可能就会低于上海。级差地租出现后就会有委托，代理委托就会出现收益率的不同，收益率的不同会导致资本市场的混乱和受益人的不公。笔者认为这是不好的[6]。郑秉文也表示，从国内外的情况来看，养老金的投资模式早晚得改，晚改不如早改，早改早受益，晚改会形成部门之间的利益格局，阻碍下一步的改革。郑秉文教授进一步指出，既然投资体制一揽子整体改革举步维艰，新建投资机构争议较大，与其暂时搁置或议而不决，不如立即采取两个临时性替代方案，以便将损失降到最低程度。一是让账户基金先行一步，将其全部委托给全国社保基金运营，即结合"统账结合"特点，把账户基金和统筹基金的投资"分而治之"。第二个方案是采取紧急的临时措施，将全国的统筹基金以发行特种社保国债的方式予以全部满足，以达到基本能战胜CPI的保值目标[7]。

清华大学就业与社会保障研究中心主任杨燕绥告诉《每日经济新闻》记者，我国养老金制度必须要尽快做出调整，越早调整越早走出困境，越晚调整成本就会越高[8]。

---

[1] 郑秉文：《推进养老金投资体制改革迫在眉睫》，《中国证券报》，2012年1月18日，第A05版。
[2] 李新江：《李珍：养老金应由省级统筹分账管理》，《每日经济新闻》，2012年5月11日。
[3] 左永刚：《借鉴社保基金经验　养老金入市可实现双赢》，《证券日报》，2012年6月26日，第A03版。
[4] 周小苑：《养老金入市并非为了托市》，《人民日报海外版》，2012年1月12日，第2版。
[5] 李蕾：《养老金入市　广东1000亿委托投资》，《新京报》，2012年3月21日，第A04版。
[6] 张丽：《养老金入市借鉴国际经验》，《法制晚报》，2012年7月1日，第A24版。
[7] 丁雯：《郑秉文：养老金入市的两个替代方案》，新浪网，http://finance.sina.com.cn/china/20120220/195911415175.shtml，2012年2月20日。
[8] 李泽民：《养老金入市仍在酝酿　投资模式亟待改革》，《每日经济新闻》，2012年2月7日，第2版。

目前养老保险的统筹层级很低，全国大部分地方的基金管理层次还是县市一级。统筹层级低给养老金的投资运营带来困难，个人账户的空账问题也比较严重[1]。

第二种意见：赞同省级统筹、分账管理。中国人民大学公共管理学院李珍教授主张，省级统筹，以省为单位，建立个人账户基金管理委员会，赋予该委员会独立的地位，进行市场化运营。前些年，全国统筹的呼声很高，养老保险全国统筹也已写进了《社会保险法》。但笔者不赞成全国统筹，因为全国统筹弊大于利。第一，无论是理论上，还是实践上，中国正在或者已经向下移动事权，全国统筹则意味着事权上移，责任也是上移；第二，责任上移就意味着省级以下各级政府与中央政府的博弈加剧，搭便车问题会更严重；第三，发放标准难以确定，就高或就低都会产生问题。我主张以省级为单位管理个人账户，因为未来做实基本养老保险省级统筹是可以预期的，与此相应个人账户应该由省级归集和管理，这样可以与省级政府的事权相匹配。省级管理后，个人账户上的资金可享规模经济，管理人才的积极性也相对强一些[2]。

（三）热议3：养老金缺口

【背景介绍】

2011年12月20日，中国社科院世界社保研究中心发布报告《中国养老金发展报告2011》称，根据人力资源和社会保障部的统计，2010年若剔除财政补贴，上海、江苏、湖北、湖南等14个省份和新疆兵团的基本养老保险基金当期征缴收入收不抵支，缺口高达679亿元。14个省份中，辽宁和黑龙江的缺口均超过100亿元，天津和吉林的缺口均在50亿元到100亿元之间，其他省份的缺口在10亿元到50亿元之间[3]。

2012年3月7日，在十一届全国人大五次会议的记者会上，人力资源和社会保障部部长尹蔚民表示，我国的企业职工养老金目前结余1.9万亿元，去年养老金收入约为1.3万亿元，支出约为1.2万亿元，略有结余。所以从全国层面看，不存在养老金缺口的问题[4]。

2012年3月，中国社科院世界社保研究中心主任郑秉文在接受记者采访时表示，截至2010年底，中国个人账户记账额1.9万亿元，其中做实账户仅2039亿元，等于1.7万亿元的缺口。目前，中国正在一些地区尝试做实个人账户，但前景并不乐观。中国首个试点做实个人账户的省份——辽宁省，试点十年方案已告失败。专家认为，作为首个试点做实个人账户的辽宁省，这一底线的突破标志着中国做实个人账户制度的流产，中国基本养老制度面临二次改革[5]。

"1.7万亿养老金缺口"之说尚未平息。2012年5月下旬，中国社科院世界社保研究中心主任郑秉文接受《华夏时报》记者采访时表示，事业单位改革将会加大养老金的缺口，这是制度转型应该支付的成本，缺口的具体额度暂时不便透露。2049年之前，国家财政需要有一定的投入，事业单位有相当一部分是全额拨款。事业单位改革造成的养老金缺口就在那里，财政补上或是"拆东墙补西墙"。对此，国家行政学院公共管理教研部易丽丽博士表示，事业单位改革后，养老金会被纳入社会保险，但之前没有缴费的年限视同缴纳。没有缴费的个人账户里面就没有积累，没有积累却要按照有积累的形式来发放养老金，这一块如果没有人来买单，本身就是个缺口，视同缴费造成的这部分缺口很大，理论上应该会用财政资金补充进去，但实际怎么运作尚不明确[6]。

2012年6月，一则"2013年中国养老金缺口将达到18.3万亿元"的消息，引发不少参保人的担忧。在由中银国际首席经济学家曹远征牵头的中国银行研究小组写就的《重塑国家资产负债能力》研究报告中称，到2013年，中国养老金的缺口将达到18.3万亿元。在目前养老制度不变的情况下，往后的年份缺口逐年放大，假设GDP年增长率为6%，到2033年时养老金缺口将达到68.2万亿元，占当年GDP的38.7%。

2012年6月19日，国家人力资源和社会保障部基金监督司副司长张浩在中国养老金融论坛上表示，目前全国城镇职工基本养老保险结余已经达到1.9万亿元。不过，养老金结余在各地是很不平衡的，不少地区有缺口，如果没有中央和地方财政补助，全国当年结余就很少，据有关测算，2030~2050年这个缺口增长的速度将会非常迅速。

2012年6月30日，中国保监会副主席陈文辉在"2012陆家嘴论坛"上坦言，中国养老金缺口非常大，近十年来基本养老保险的财政补贴已经超过了1万亿元，而且老年人口的抚养比到2011年末已上升到122.23%。基

---

① 韩宇明：《养老金如何才能不贬值》，《新京报》，2012年2月25日，第B03版。
② 李新江：《李珍：养老金应由省级统筹分账管理》，《每日经济新闻》，2012年5月11日。
③ 郑秉文：《中国养老金发展报告2011》，经济管理出版社，2011年12月，第31页。
④ 《人社部：我国企业职工养老金不存在缺口问题》，《东方早报》，2012年3月7日。
⑤ 刘欣：《中国养老金个人账户空账约1.7万亿，"财务隐忧正显性化"》，《东方早报》，2012年3月16日，第A30版。
⑥ 王晓慧：《每年数百亿窟窿，谁来填？》，《华夏时报》，2012年5月28日，第6版。

本养老保险的公平性不足，覆盖面不全，东西部的待遇差距非常大，整个养老保险体系的发展不大平衡[1]。

2012年7月23日据《经济参考报》报道，中国社科院世界社保研究中心主任郑秉文近日在接受该报记者采访时透露，2011年城镇基本养老保险个人账户记账额为2.5万亿元左右，而实账部分仅为2703亿元左右，"空账"达到2.25万亿元[2]。

2012年7月25日，人力资源和社会保障部新闻发言人尹成基在第二季度新闻发布会上表示，目前养老保险基金的积累资金到今年上半年已经超过2万亿元，总体上养老保险基金收入大于支出，当期不存在缺口问题[3]。

2012年8月2日，审计署向社会发布了全国社会保障资金审计结果。从审计情况看，各项社会保障资金总体安全，基金运行平稳。到2011年末，社保资金累计结余31118.59亿元，比2005年增长435.24%[4]。

【各方观点】

近期，有不少研究称，中国基本养老保险存在着比较大的养老金缺口，这持续引发了公众普遍关注。各研究机构由于计算口径与计算方法的不同得出的研究数据各不相同。但每次巨额缺口数字披露之后，不断引发公众对养老金制度可持续性的担忧。不论政府官员还是学者的轮番解读，都表明我国养老金存在巨大缺口已是不争的事实，都意味着需要通过制度调整以实现养老金制度的可持续性。但缺口到底多大？应该如何弥补缺口？这些问题还迫切需要我们深刻剖析并予以解决。

焦点一：养老金缺口到底多大？这些不同的缺口差别在哪里？是否可信？

首先，中国社科院世界社保研究中心主任郑秉文提到的个人账户"空账"是最早引发舆论关注的养老金"缺口"版本。从最初的"1.7万亿元"到最近的"2.25万亿元"。实际上，这是我国社会保险制度所必须承担的转轨成本的一部分。中国社科院研究员唐钧认为，一般来说，不用担心出现所有参保者一起去挤兑个人账户中的钱的"事件"。中国的养老保险制度实际上仍是现收现付的。目前就当年收支而言，如此现收现付，应可无虞。从另一个角度说，中国养老保险制度中的个人账户幸亏没"做实"。现在银行利率难以跑赢CPI，积存越多亏损越大。目前滚存积累的1.5万亿元基金，其保值增值已成为养老保险机构沉重包袱。如果把空账1.7万亿都补齐，那更是烫手山芋[5]。

其次，对于公众热议的养老金"缺口"问题，人社部副部长胡晓义年初有过明确表示：社保制度建立之初大部分省市养老金是收不抵支的，但之后缺口逐渐缩小，去年中国养老金略有结余。因此从全国层面看，不存在养老金缺口的问题。一个说缺口，一个说结余，为何会出现这种差别？实际上，胡晓义此处否认的"缺口"并非指"空账"，而是现金流的概念，简单说就是当期发放没问题。如果从当年养老金收支情况看，上述表述符合事实。郑秉文也认为，中国的养老基金当期财务是安全的。"十二五"期末基本养老保险基金的整体规模至少应该是"十一五"期末的3倍左右，大致在4万亿~5万亿元之间。然而，多种因素的博弈决定了这种结余状态是不可持续的。郑秉文指出，养老保险收入增速之所以快于支出增速，主要得益于中国正处于社保普及的窗口期，每年有几千万人加入缴费队伍。根据人社部的统计，截至2011年底，城镇基本养老保险覆盖人群已经超过2.8亿人，约占全国人口的1/5，比上年末增加2684万人。但扩面征缴是一把双刃剑，支付压力只是被延后了而已。

最后，对于"18.3万亿元"缺口，受到诸多媒体和学者的质疑。对此，曹远征在接受《经济参考报》记者采访时解释说，"1.9万亿元的结余指的是现金流量，而18.3万亿则是存量。现金流量有结余不代表没有亏损。"简单来说，如果要维持现在的养老金给付水平，除现在已有的养老金（即上文中所指"结存"）以外，我们在2013年这个时点，还需要另外18.3万亿元的养老金，才可以保证未来70年退休金的发放。也许这一概念听上去有些杞人忧天的意味，但专家指出，与仍在可控范围内的"空账"相比，这一缺口才是真正值得关注的长期问题。随着人口老龄化和缴费的人数趋于下降，流量和存量的问题会相互转化并可能威胁到养老金支付[6]。清华大学就业与社会保障研究中心主任杨燕绥在中国网"中国式养老难题求解"论坛上表示，前段时间，网络上热炒中国存在18万亿元的养老金缺口，指的是企业职工社会养老保险计划，在企业充分缴费、个人充分缴费、工资总额28%费率征缴到位的情况下，部分地区需要政府补贴才能支付养老金，这是未来20

---

[1] 王涛、陈爱平、周蕊：《保监会：我国养老金缺口确实非常大》，新浪网，http://finance.sina.com.cn/china/20120701/141812448442.shtml，2012年7月1日。
[2][6] 李唐宁：《养老金缺口的N个版本》，《经济参考报》，2012年7月23日，第A005版。
[3] 左永刚：《养老金已超过2万亿 当期不存在缺口问题》，《证券日报》，2012年7月26日，第A02版。
[4] 张晓松：《社保资金亮家底结余3万亿 专家称放心养老》，新华社，2012年8月2日。
[5] 唐钧：《养老保险空账1.7万亿是怎么回事？》，《东方早报》，2012年3月21日，第A23版。

多年的负债算法。如果计算未来全体居民的政府养老金负债，应该比这个数字大得多。因为还有公务员、事业单位职工和城乡居民中的未来退休人员需要政府支付养老金。养老金的测算口径不同，结果也是不同的①。

上述三个"缺口"并非同一概念，但无论从哪个方面考量，养老金危机都已经是难以回避也无法忽视的问题。武汉科技大学金融证券研究所所长董登新在接受《证券日报》记者采访时表示，养老金存在缺口是一个正常的现象，任何国家在养老金方面都是存在缺口的；我国目前在养老金方面的收支相抵还是存在结余的。所以现在我们所说的缺口是一个未来的缺口、一个动态预算的缺口，日后社保制度的改革、人口结构的变动都会影响目前所预测的这个缺口。所以缺口的存在不应被过分夸大，也不应该过分担心这个"非常大"的养老金缺口，但是这种动态缺口却有警示的功能②。中国社科院唐钧研究员认为，实际上，很多国家的养老金都需要财政补贴，这不是一个值得大惊小怪的事。比如，日本议会前两年做出决定，对国民年金，政府补贴从1/3改为1/2，而我们现在还不到20%。我们的《社会保险法》也规定了，国家多渠道筹集社会保险资金。县级以上人民政府对社会保险事业给予必要的经费支持。因此，我国养老金有没有缺口，只取决于如何看待养老制度的问题③。

焦点二：应该如何弥补养老金缺口？诸位学者也"仁者见仁，智者见智"。

中国社科院世界社保研究中心主任郑秉文与博士后孙永勇撰文指出，半数省份收不抵支的事实意味着，提高统筹层次是非常重要的。解决半数省份收不抵支的问题：一是指提高这些省份养老保险制度的财务支付能力。比如，扩大覆盖面、加强征缴力度、控制提前退休人数规模等等。毫无疑问，这些措施是杯水车薪，不能从根本上解决这些省份的养老保险财务可持续性问题。二是指解决半数省份收不抵支的根本途径问题。显然，在不考虑财政补贴的情况下，提高养老保险制度的统筹层次是解决这些省份养老保险财务可持续性的根本途径④。此外，郑秉文还认为，中央应该成立一个机构，对社会保险基金进行统一投资，运行模式应该模仿现在的中国社会保障基金理事会，在投资工具里面包含政府债、企业债、股权投资、海外投资、另类投资、绿色投资和低碳投资等多元化投资工具来分散风险⑤。从应对人口老龄化和长远的发展来看，延迟退休年龄应该是一种选择。而这个方法，对于减小因事业单位改革增加的那部分养老金缺口同样适用⑥。

财政部财政科学研究所所长贾康指出，必须建立现代预算体系，将资金纳入公共财政框架并实施全程监控，切实解决个别地区和单位存在的问题⑦。

中国社科院世界社保研究中心博士后张盈华表示，公共财政对社保的投入比例还应提高，目前这个比例仍较发达国家甚至许多新兴经济体低。在完善社保制度的过程中，要做好制度衔接、城乡统筹，此外还要同步改革部门之间的利益。对于仍然徘徊在制度之外或边界的群体（城镇无业者、被征地农民、农民工、留守儿童等），在社会保险制度衔接逐步推进中，避免其落入贫困⑧。

清华大学就业与社会保障研究中心主任杨燕绥认为，现行政策问题很多，比如制度碎片化、身份特征浓厚，公共部门个人不交费，待遇反而高，导致财政负担越来越重。企业承担费率高，个人账户空账贬值，同时面临地方政府挪用风险。当前需尽快对中国养老金制度进行结构调整，建立国民基础养老金制度，以克服老年贫困；同时打造个人账户的储蓄和市场融资功能，来改善老年生活。这个必须尽快做实。但是目前我对养老保险制度结构调整的前景并不乐观⑨。

一位养老险公司高管则建议，通过国有企业提高利润贡献度以及税收转换方式来弥补社会统筹缺口，才能减轻个人账户空账压力。"国有企业上市前一部分股权划拨给社保基金理事会，个人认为国家可以提高国有企业的利润贡献力度作为社会统筹。另外，去年国家财政税收10万亿元，占GDP总量的1/4，部分税收是不是可以转化成养老金来弥补社会统筹问题？"该养老险公司高管称，总体来说，中国养老金个人账户提高缴费比例的可能性不大。企

---

① 《中国亟待进行养老金结构调整》，中国养老金网，http://www.cnpension.net/yljkx/2012-08-13/news1344819940d1338928.html，2012年8月13日。
② 丁鑫：《董登新：养老金动态缺口具有警示作用》，《证券日报》，2012年7月4日，第A02版。
③ 《造成"养老金缺口"的制度欠缺》，中国养老金网，http://www.cnpension.net/yljkx/2012-07-27/news1343352147d1335024.html，2012年7月27日。
④ 郑秉文、孙永勇：《对中国城镇职工基本养老保险现状的反思》，《上海大学学报（社会科学版）》，2012年5月，第1~15页。
⑤ 刘欣、柯智华：《中国养老金个人账户空账约1.7万亿，"财务隐忧正显性化"》，《东方早报》，2012年3月16日，第A30~A31版。
⑥ 王晓慧：《专家称事业单位改革将加大养老金缺口》，《华夏时报》，2012年5月28日。
⑦ 《社保资金审计：总体安全累计结余逾3万亿元》，《第一财经日报》，2012年8月3日。
⑧ 吴园园：《我国社保累计结余超3万亿元》，《北京商报》，2012年8月3日，第1版。
⑨ 王羚：《养老金缺口靠啥填补》，《第一财经日报》，2012年6月21日。

业单位要缴纳20%，个人要缴8%，几险一金加起来企业要承担40%多甚至50%多了，企业负担比较重。随着国家把统筹这块通过投资收益其他方式把原有亏空这块还上来，关键看个人账户这块在保值的基础上能不能增值，是各方需要考虑的，也是职工关心的①。

中国人民大学公共管理学院李珍教授认为，用存量的国有资产来填补基本养老保险的缺口不是一个新的观点，20世纪90年代以来讨论转制成本时，包括我本人在内的许多人都有此主张。对于时下的热议，我认为应该认真区别转制成本的缺口和基本养老保险制度未来的缺口。因为养老保险制度建立时，"老人"和"中人"工作期间的用于养老的劳动剩余并没有形成养老基金而是化为国有资产，转制成本用国有资产来填补是合情合理的，而新制度未来的负债由国有资产来填补则需要慎重。在理论上讲，国有资产是全民的，凭什么用来补助一部分人？一些国家也建立了养老储备基金，如挪威的养老储备基金的目标是人均60万美元，它是人人有份的制度，而我们不是。即使未来中国的城镇化率达到80%~90%，我们也不能指望基本养老保险能做到全覆盖，因为从就业结构看，我们的非正规就业是大量的，其中的许多人不会被现行社会保险制度覆盖。李珍的建议是改结构调变量。调变量包括小步提高退休年龄、提高最低缴费年限、保证现行的缴费基数等，这是一个一揽子计划②。

北京大学中国保险与社会保障研究中心副秘书长朱南军认为，并未否定养老制度中的缴费比率等诸多制度设计，也不否定提高投资收益率的诸多努力。只是想说明，从实体经济角度分析，任何养老保险制度都是现收现付制，反映的是分配关系，这种分配关系反映在两个方面：一是未来某一时点劳动人口与老年人口之间的分配比例；二是未来某一时点老年人口内部之间的分配比例。从长期来看，养老制度中的缴费比率、投资收益率影响的是前述两种分配关系，但并不能解决实体经济意义上"养老金缺口"问题。解决实体经济意义上"养老金缺口"问题，需要做大未来社会财富的总蛋糕，要从老年系数（其意义和劳动人口占比相同）与劳动人口生产率两个方面来加以考虑③。

（四）热议4：延迟退休年龄
【背景介绍】

2012年6月5日，人力资源和社会保障部在答复网友提问时称，将适时提出弹性延迟领取基本养老金年龄的政策建议，并"正在对退休及领取基本养老金年龄问题进行深入研究"④。延迟养老金领取年龄的消息一出，便引发了民众的热议。

2012年6月14日，国务院批转《社会保障"十二五"规划纲要》，并下发通知要求贯彻执行。社会各界对《规划纲要》的关注异常强烈。《规划纲要》明确提出："实施应对人口老龄化的社会保障政策。建立社会保障待遇水平与缴费情况相挂钩的参保缴费激励约束机制。研究弹性延迟领取养老金年龄的政策。"

据《人民日报》6月20日报道，人力资源和社会保障部有关负责人表示，的确在对"延迟退休年龄"展开研究以为国家提出相关建议，但进行政策研究不代表现行退休年龄规定即将更改。事实上，早在2005年，当时的劳动和社会保障部就进行过此类研究⑤。

2012年7月1日，在"积极应对人口老龄化战略"研讨会上，人力资源和社会保障部社会保障研究所所长何平提出，我国从2016年实行延长退休年龄的政策，并每两年延长1岁退休年龄。到2045年不论男女，退休年龄均为65岁⑥。此言一出，引发舆论讨伐。对于65岁退休年龄的这一说法，参与退休年龄研究的人社部下属机构否认了这一说法，"这是外界的误读，我们现在还没有研究到具体的退休年龄。"目前，人社部关于延迟退休的研究重点，主要置于阶梯式退休方面⑦。所谓阶梯式退休，是指根据劳动者所从事的职业、工作性质和个人对工作的意愿不同，设定不同的退休年龄标准。这种退休方式的优势在于，在统筹使用当期社会养老保险并提高资金使用效率的同时，更加尊重不同行业劳动者的行业差异，更具人性化⑧。

2012年7月25日，人社部召开新闻发布会。新闻发言人尹成基表示，我国延迟退休年龄将借鉴国外经验，拟对不同群体采取差别措施，并以"小步慢走"的方式实施⑨。

---

① 刘欣、柯智华：《中国养老金个人账户空账约1.7万亿，"财务隐忧正显性化"》，《东方早报》，2012年3月16日，第A30~A31版。
② 王羚：《养老金缺口靠啥填补》，《第一财经日报》，2012年6月21日。
③ 朱南军：《养老金缺口应回归实体经济角度》，《中国保险报》，2012年7月24日，第7版。
④ 曹虹：《中国养老金缺口之辩："更重要的是养老改革不能再拖"》，《东方早报》，2012年6月20日，第A32版。
⑤ 白天亮：《人社部有关负责人明确表示：退休年龄不会立刻调整》，《人民日报》，2012年6月20日，第14版。
⑥ 刘敏、喻奉云：《调查称超9成网民反对退休年龄延至65岁》，《重庆商报》，2012年7月3日。
⑦ 杨宗：《人社部：65岁退休是误读》，《东南快报》，2012年7月8日。
⑧ 《人社部称：65岁退休是误读 正重点研究阶梯式退休》，《扬子晚报》，2012年7月8日。
⑨ 韩宇明：《延迟退休年龄拟采取差别实施政策》，《新京报》，2012年7月26日，第A29版。

【各方观点】

近年来,"延迟退休年龄"一直是非常敏感的话题,官方和学者的每次提及均遭到民众的激烈反对。但去年至今,随着我国人口老龄化的加剧以及多位学者抛出"养老金缺口"并被媒体热炒。此次《社会保障"十二五"规划纲要》明确提出研究弹性延迟领取养老金年龄的政策,也从我国整体规划层面的高度明确了这一说法。当然,由于这项政策的制定目前尚未进入实质性的阶段,因为争议较大,且退休年龄的修改可能涉及立法程序,因此很难短期内实施。对于"延迟退休年龄",学界的热议主要集中于以下两个方面。

首先,学界对于"延迟退休年龄"的态度分为支持与反对两派。

第一种意见是支持"延迟退休年龄",以郑秉文、郑功成、李珍、杨燕绥等为代表。

中国社科院世界社保研究中心主任郑秉文指出,退休年龄作为一项重要参数,它的高低对养老金制度有很大影响。因此,推迟退休年龄可作为弥补养老金缺口的一个途径。如若延迟退休的政策在几年内成型,将为养老金支付规模带来明显改变。根据其测算"我国退休年龄每延迟一年,养老统筹基金可增长40亿元,减支160亿元,减缓基金缺口200亿元"[1]。

中国人民大学公共管理学院社保学者李珍表示,我们不能指望延迟退休年龄能解决养老保险制度所有的问题,但它确实会对制度的赡养率有所改善。延迟退休年龄的确可以改善养老金收支状况、增加人们的养老金领取水平,但它的作用有限,也只是一个具体举措而已。更为关键的是对养老保险制度作出改革,以增强可持续性和公平性,解决民众对养老问题的担忧[2]。

中国人民大学社会保障研究中心主任郑功成也指出,从理论学术界的主流观点看,我国退休年龄逐渐延长,是适应人均预期寿命延长、受教育年限延长,以及人口老龄化趋势的必然选择[3]。延迟退休年龄的出发点,应当是基于人均预期寿命延长和养老负担代际公平的需要。一方面,现行退休年龄是60年前设定的,当时人均预期寿命不足50岁,而"十二五"末将达到75岁,2050年将达到85岁。在人均预期寿命持续延长的同时,人均受教育年限也在持续延长。目前国民人均受教育9年以上,预计到2050年达到17年左右,新增劳动力中受过高等教育者所占比重越来越大。在这样的背景下,如果不逐渐延长退休年龄,工作周期在人的一生中便会持续缩短,将造成日益巨大的人力资源投资浪费。另一方面,尽管养老负担在代际之间自然传递具有合理性,但在人口老龄化加速行进、家庭保障功能持续弱化和少子高龄化现象并存的条件下,如果维持现在的退休年龄,我们负担上一代人10多年,而到21世纪中叶,工作的一代人需负担退休的一代人20多年。更为重要的是,到2020年时60岁以上人口将达2.55亿人,到21世纪中叶60岁以上人口将达4.87亿人,结果必定是代际之间的负担越来越不公和根本不可持续。因此,我们有责任抱着对子孙负责的精神来考虑退休年龄的调整,越早越主动、越平缓、越公平,越晚越被动、越波动、越不公平[4]。

中国人民大学公共管理学院院长董克用指出,退休人员的养老金应该由多个部分组成,我们叫多支柱组成。所谓推迟退休年龄的问题,往往只是适用于基本养老金部分。因为基本养老金部分往往都是采取了现收现付、代际抚养的方式。代际抚养,即由工作的这一代人支付退休这一代人的养老金。在这种情况下如果出现老龄化问题,此时适当推迟退休年龄,是世界各国采取的共同办法。这样才能实现收现付的制度可持续。随着老龄化加剧,缴费的人在慢慢减少,而退休的人相对增多。要解决这一问题,要么推迟退休年龄,要么工作者多缴费、要么退休者少拿钱。但是,要求工作者多缴费并不容易,因为同代人的负担已经很重了。他的养老、保险、医疗、失业等费用很多。目前我国企业所负担的养老费用缴费已经达到了工资总额的20%,员工个人负担也达到了8%,负担已经很重了,所以不可能再增加多少。而让退休的人少拿钱也很难,因此只剩下适当推迟退休年龄这一选择,这也是国际惯例[5]。

第二种意见是不赞成"延迟退休年龄",以唐钧、谢作诗、蔡昉、刘植荣等为代表。

独立学者刘植荣指出,通过分析影响预期寿命的各种因素可以看出,简单地说"中国人的寿命从新中国成立初期的53岁延长到现在的73岁"会误导养老政策的制定,

---

[1][3] 李唐宁:《养老金缺口放大加重财政负担》,《经济参考报》,2012年6月14日,第2版。
[2] 朱俊生:阶梯式退休可行性有待推敲,中国广播网,http://jingji.cntv.cn/2012/07/10/ARTI1341883973352211.shtml,2012年7月10日。
[4] 郑功成、苗苗:《延迟退休是必然吗》,《人民日报》,2012年6月20日,第14版。
[5] 秦辰:《专家解养老金难题:破除双轨制按缴纳年限退休》,人民网,http://finance.people.com.cn/n/2012/0806/c153180-18674809.html,2012年8月6日。

即便按2010年人口普查数据推算，中国人的预期寿命也仅有70岁。预期寿命的延长在很大程度上归功于生育率的降低，真实的预期寿命不会延长20岁，以寿命延长为由提出延迟退休年龄的观点根本就不成立①。

中国社科院社会政策研究中心秘书长唐钧指出，延长退休年龄对多数劳动者不利。从国际经验看，支持延长的多为白领，反对者多为蓝领工人。因为年龄的增长对白领是积累优势，而对蓝领则是增加劣势。普通工人到了一定年龄以后，在企业中个人地位也会下降，被以各种理由辞退的可能性大为增加。在既无稳定收入，又要交保险费的状况下，再延长退休年龄，这样的苦日子有多难挨？由于大量的提前退休，中国实际上平均退休年龄只有53岁，这个数据证明了不能搞延退，试想，现在的退休年龄还执行不了，怎么可能再延迟几年呢？② 社会保障的物质作用当然很重要，但它更重要的是一种心理预期，延迟退休就会让大家都人心惶惶。实际上，决定一个人拿多少养老金是这个国家在他退休时创造多少社会财富和财富怎么分配这两个条件。如果我们持这样的理解，制度安排其实很简单，我们现行的养老金制度应该继续运行，不足的部分财政贴补，这本来就是政府的责任，政府应该做③。

浙江财经学院经济与国际贸易学院教授谢作诗指出，延迟退休金领取年龄是错误的。第一，这违背了契约精神，损害了那些足额交付了养老保险金而希望退休养老的人的利益。第二，延迟退休并不能根本解决养老金账户亏空的问题，只是把问题向后推。当然，我清楚，搞社会保险，养老金账户或迟或早必然要出现亏空，可以用变卖国有资产来弥补养老金账户，也可以增加税收用财政转移来弥补养老金账户，还可以发货币来弥补养老金账户，但是这些最终不可维持，到最后延迟退休金领取时间就成为必然选择。延到快死的那一天再领取养老金，账户亏空的问题当然不会存在。但这对于那些交保险金的参保人是不是掠夺、不公平？这样的社会保险又有什么意义？④

中国社会科学院人口研究所研究员蔡昉认为，虽然表面上看，延长退休人口年龄是切实可用的办法，但是，在中国的应用并不切实际。法定退休年龄与实际退休年龄是不一样的，实际退休年龄可能因劳动力市场状况而产生巨大偏离。真正能够改变人口工作时间从而对老年人供养能力产生影响的，是实际退休年龄。如果单纯改变法定退休年龄而劳动力市场却无法充分吸纳这些人口，则意味着剥夺了他们在就业与退休之间的选择，使他们陷入窘境。很多发达国家把提高法定退休年龄作为应对老龄化及养老基金不足的手段。但是，与发达国家相比，中国的情况截然不同，使得这个做法不应成为近期的选择。此外，我国劳动年龄人口的人均受教育年数，60岁人口只有6年，比24岁人口（10年）低了40%。这意味着年龄偏大的劳动者在劳动力市场上比较弱势。他主张加强教育和培训，创造未来提高退休年龄的条件。把身体健康的因素与人力资本积累（包括教育、培训和干中学）因素结合起来考虑，有效工作年龄理应伴随预期寿命的提高而延长。做到这一点，就意味着可以通过把实际退休年龄向后延，从而扩大劳动年龄人口规模，降低每个劳动年龄人口供养的退休人数。同时，也不排除针对某些高职称的科技人员和教师实施自愿基础上的弹性退休制度⑤。

其次，学界对于解决退休年龄问题相关方法的看法也不尽相同。

第一，对于2010年上海实施的"柔性退休"政策，中国社科院社会政策研究中心秘书长唐钧撰文指出，上海的"柔性退休"强调的是"双向选择"，单位需要、个人自愿，而且值得称颂的是规定了公务员不在此例，这个说法实际上是可以为广大人民群众所接受的。这是个很好的政策设计；但这个政策设计与减轻养老基金压力无关。据媒体报道，在此项政策出台后的半年中，上海市总共有200多人完成了"延退"签约，以后就再也不见任何相关的数据信息。这也许能说明：一旦前提条件是你情我愿，要达成"延退"协议其实是很困难的。而后，这项当时炒得火烫的改革，就此偃旗息鼓⑥。

第二，对于阶梯式退休，据经济之声《央广财经评论》报道，经济之声特约评论员、首都经济贸易大学劳动经济学院副院长朱俊生做出了评论，指出与一刀切的做法相比，这种阶梯式退休的思路更值得研究，不过在细节上应当更加注重公平和人性化。这是一个新的定义，其个人可能不是很认同。这个想法很好，好像给一个弹性，给人们更多选择，但在实际操作中很麻烦，我们怎么确定不同退休年龄的标准，由权威机构根据什么标准来确定，目标可

---

① 刘植荣：《走出"寿命"的认识误区》，搜狐网，http://roll.sohu.com/20120730/n349313802.shtml，2012年7月30日。
② 王珏磊：《退休年龄或将延长引发争议》，《时代周报》，2012年6月14日。
③ 姚建莉：《中国社会科学院社会政策研究中心秘书长唐钧：延迟退休不可行》，21世纪网，http://www.21cbh.com/HTML/2012-6-15/yNMDY5XzQ1NDMyNQ.html，2012年6月15日。
④ 王羚：《养老金缺口靠啥填补》，《第一财经日报》，2012年6月21日。
⑤ 索寒雪：《人保部酝酿"弹性退休金"调研时间表》，《中国经营报》，2012年6月11日。
⑥ 唐钧：《"阶梯式退休"不能真正减缓养老金压力》，《中国经济导报》，2012年7月21日，第B1版。

能很好，但是缺乏实现目标手段[1]。

第三，对于差别化退休，2012年8月2日《人民日报》也刊文称，实施差别化退休就怕差出不公，如果养老保险"双轨制"不及时加以妥善解决，任何有关退休年龄调整的风吹草动，都会招致更大的不满[2]。

第四，对于延迟退休年龄的途径，专家学者各抒已见。

中国社科院世界社保研究中心主任郑秉文认为，在讨论和实施延迟退休之前，首先要把养老金的多轨制改为单轨制[3]。提高退休年龄要分三步走。第一步是规范退休年龄。在我国，男性60岁、女性50岁（女干部55岁）退休，这一规定的依据还是1978年国务院下发的两个文件。另外，我国提前退休现象十分普遍。如，2009年非正常退休人数是86万人，占退休人数的16%，2010年是67万人，占退休人数的13%。"这是不正常的，因此，首先应该规范退休年龄。"第二步是要适当提高法定退休年龄，女性的退休年龄应逐步向男性靠拢。在一些发达国家，女性和男性的退休年龄实际上是完全一样的，普遍都在65岁左右。冰岛、挪威男女都是67岁，瑞典、丹麦、芬兰、爱尔兰、德国都是65岁，比利时、卢森堡都是60岁。"但对于我国而言，实现'同龄'退休，这是需要一个过程的。我想，若干年后，这个目标一定能达到。"第三步是实行"弹性退休"制度。"这是退休制度的'最高境界'，就是说，到了法定退休年龄之后，你还有选择的权利，如果愿意工作，还可以继续工作几年"[4]。

中国人民大学劳动人事学院郑功成教授建议，采取的推进方式是"小步渐进、女先男后、兼顾特殊"。具体而言：一是"小步渐进"。即每年延迟2~6个月，用30年甚至更长的时间逐渐延长，以避免以往一些公共政策出台导致急变而产生不良后果，实现公平、平稳过渡。二是"女先男后"。即女性先开始，男性稍后，以逐渐缩小男女退休年龄相差10岁的差距，到2050年左右达到65岁同龄退休。三是"兼顾特殊"。即对特殊群体可以实行弹性退休制，如高知识技能型劳动者根据其意愿可以加快延长其退休年龄，而繁重体力劳动者、损害健康的工作岗位应当允许其按时或提前退休。对于劳动强度较大的体力劳动者，应当根据实际情况解决。主要途径应当是通过产业升级、提升劳动工具机械化程度等来减轻劳动强度，同时允许退休年龄有一定程度的弹性。对于一些人的不安与焦虑情绪，则需尽快明确相关制度安排与政策取向来安定人心。还需要强调的是，延迟退休年龄确实需要认真研究、审慎决策，尽可能兼顾不同群体的利益诉求，并与劳动力的供求变化、社会保险制度的完善以及相关就业政策、收入分配改革协同推进。如果能做到，小步渐进地延迟退休年龄便应当有可行性[5]。

中国人民大学公共管理学院院长董克用认为，我们应该换一个角度考虑如何划定退休界限，要考虑缴费年限，而不只是考虑年龄。很多发达国家是以计算缴费年限为标准的。缴够了多少年，你就有权利退出。所以我们应该研究的是最低缴费年限，到了一定年限就应该允许其退出。一些参加工作早、体力消耗大的劳动者，可能早些时候就选择退出，但如果他愿意，也可以选择不退出。这只是一个起码的线。而如果社会老龄化严重了，那时，我们也可以提高缴费年限。这样做可能比推迟退休年龄更公平，也对整个社会更公平。目前还没到讨论推迟退休年龄的时候。第一步应该是首先规范退休年龄。资料显示，目前我国领取养老金的平均年龄仅为52岁或53岁。但按照法律规定，女士退休年龄为55岁，男士为60岁。这样算，无论如何也不可能平均为53岁。所以第一步，我认为应该是规范退休年龄，大家都按规范退休，不要过于提前。我们应该是先规范退休年龄，而不是现在去讨论推迟到多少岁退休，那当然会引起大家的反感[6]。

中国劳动学会副会长兼薪酬专业委员会会长苏海南认为，对小步渐进式的延迟退休政策，应该慎重而行，可考虑先在白领中试行自愿选择是否延退，蓝领则以暂缓延退为宜[7]。

中国社科院人口与劳动经济研究所副所长张车伟认为，延迟退休应采取渐进的方式，每年提高几个月的退休年龄，让劳动者慢慢习惯，用十年甚至更长时间把退休年龄逐渐提高，这样做影响是可控的[8]。

---

[1] 朱俊生：《阶梯式退休可行性有待推敲》，中国广播网，http://jingji.cntv.cn/2012/07/10/ARTI1341883973352211.shtml，2012年7月10日。
[2] 白天亮：《差别退休，就怕差出不公》，《人民日报》，2012年8月2日，第21版。
[3] 张田勘：《补足养老金缺口的多种途径》，《中国青年报》，2012年7月5日，第2版。
[4] 邵伟：《女性退休年龄应逐步向男性靠拢》，《中国妇女报》，2012年2月14日，第A2版。
[5] 郑功成、苗苗：《延迟退休是必然吗？》，《人民日报》，2012年6月20日，第14版。
[6] 秦辰：《专家解养老难题：破除双规制　按缴纳年限退休》，人民网，http://finance.people.com.cn/n/2012/0806/c153180-18674809.html，2012年8月6日。
[7] 王珏磊：《退休年龄或将延长引发争议》，《时代周报》，2012年6月14日。
[8] 《中国九成网友反对延迟退休》，《时代周报》，2012年6月14日。

（五）热议5：养老金双轨制

【背景介绍】

每年"两会"前，中国官方媒体《人民日报》都会联合人民网推出"两会调查"，对网民最关注的问题进行调查排名。在2010年"两会调查"中，"社会保障"跃居榜首，养老金"双轨制"成了众矢之的。在2011年"两会调查"中，"社会保障"仍居十大问题榜首，94%的网民认为，企业职工和公务员养老制度实行"双轨制"非常不合理，呼吁取消"双轨制"。在2012年"两会调查"中，"社会保障"再度蝉联榜首，89%的网友对企业退休人员养老金的上调幅度和速度表示不满，废除"双轨制"呼声鼎沸。

2012年6月14日国务院转批了《社会保障"十二五"规划纲要》，提出推进事业单位养老保险制度改革，并明确将研究制定公务员和参照公务员法管理单位的工作人员养老保险办法。这一政策预计最早也要在"十二五"末期才能出台。新政出台后，估计也会设置5年左右的过渡期[1]。

一直饱受社会诟病的"养老金双轨制"有望在深圳市破冰。通过2012年7月4日深圳市政府公报公布的《深圳市2012年改革计划》显示，今年深圳将力推22个改革项目，其中包括研究探索公务员养老保障制度改革，建立既与企业养老保险制度相统一，又体现公务员职业特点的养老保障制度。深圳市对聘任制公务员实行社会基本养老保险与职业年金相结合的养老保障制度——目前深圳全市逾1800名聘任制公务员全部参加，聘任制公务员购买养老保险的标准为每月工资的18%，其中单位缴10%，个人缴8%。购买地方补充养老保险，缴费比例为缴费工资的1%，由单位缴纳。考核合格的，由财政每月按工资的一定比例缴交职业年金，待退休后领取，按2008年出台的方案，缴交比例暂定为8%[2]。

新华社北京7月25日电，人力资源和社会保障部新闻发言人尹成基25日在谈到养老制度改革时透露，人力资源和社会保障部正在按照社会保险法的要求，研究公务员养老保险制度改革问题。尹成基表示，推进企业和机关事业单位养老金改革，中央已经明确了方向，为了积极稳妥地推进这项改革，国家采取了先行试点的办法，决定先在山西等5个省市试点。2011年中央又下发了关于分类推进事业单位改革的指导意见，要求协调推进事业单位养老保险制度等改革。尹成基表示，下一步，人力资源和社会保障部将会同中央编办、财政部等部门，在事业单位分类制度、人事制度、工资分配制度、财政资金保障改革的基础上，指导山西等5个试点省市抓紧研究拟定改革试点实施方案和相关配套政策，适时报国务院批准后实施[3]。

【各方观点】

不论是"延迟退休年龄"，还是"养老金缺口"，公众热议和媒体热炒之后，矛头都会或多或少被指向备受公众诟病的"养老金双轨制"。目前中国机关事业单位人员的退休金由财政统一筹资、统一支付，标准远远高于企业退休人员。公务员不需缴纳养老保险却享受高额养老金，而企业职工缴费负担沉重，但养老金水平却远远低于公务员。尽管自2005年起，国家已多次提高企业退休人员基本养老金，但企业职工退休金和公务员退休金之间的差距仍在不断拉大[4]。但是，学界对于"养老金双轨制"也有不同观点。

第一，对于"养老金双轨制"是否有合理性。

普遍认为目前公众反对延迟退休的一个重要原因，正是备受诟病的养老金"双轨制"[5]。今年两会期间，宗庆后、汪春耘等多名代表强烈呼吁改革"养老金双轨制"。以郑秉文为代表的学界主流也认为"养老金双轨制"造成不同群体之间养老待遇差距过大，既不合理，也不公平，因而持反对态度。中国社科院世界社保研究中心主任郑秉文认为，公务员不参加改革是不公平的，事业单位两个台阶是不公平的，事业单位和企业的双轨制更是不公平，关键是要看有关部门是否下决心来改变。换句话说，在讨论和实施延迟退休之前，首先要把养老金的多轨制改为单轨制[6]。

但以郑功成、褚福灵为代表的少数学者认为，错不在两个制度，错在制度间待遇差距过大。中国人民大学劳动人事学院郑功成教授认为，当前两大群体养老金待遇悬殊并不是两个制度并存的必然结果。因为世界上许多国家基于对公职人员受财政供养与队伍稳定的特点，为了方便管理与控制，通常也是单独建立制度，德国、日本等国甚至在职工队伍中也存在着多元制度安排，但不同制度安排的

---

[1][4]《公务员养老保险改革应由第三方操刀》，《半岛都市报》，2012年6月28日，第A39版。
[2] 钟良：《养老金双轨制深圳破冰 公务员也缴养老保险》，21世纪网，http://www.21cbh.com/HTML/2012-7-6/zOMDY5XzQ2ODgzOQ.html，2012年7月6日。
[3]《人社部正研究公务员养老保险制度改革》，《南方日报》，2012年7月26日，第A09版。
[5] 黄红芳：《人社部表态仍未平息争论专家：养老公平，先解决双轨制》，新华报业网，http://js.xhby.net/system/2012/07/25/013881742_02.shtml，2012年7月25日。
[6] 张田勘：《补足养老金缺口的多种途径》，《中国青年报》，2012年7月5日，第2版。

养老待遇差距极小，从而未构成不同群体之间的矛盾冲突源。因此，理性地看，当前问题的关键不在"双轨制"而在最终的待遇差距。当前机关事业单位退休待遇与企业职工养老金待遇的差异，当然不具有合理性。综观世界，各国的法定养老保险制度都是基于促进公平而非放大不公而设计的，不可能出现不同群体相差几倍的现象。当然，公务员退休制度改革也不是简单地等同于要与企业持平，而是应追求同一代人的平等。既要避免同一批老年人因在机关事业单位工作或在国有企业工作而出现养老待遇悬殊的现象，也不应当让同一批年轻人因到不同岗位工作后再继续着以往养老待遇悬殊的现象[1]。

中央财经大学褚福灵教授认为，双轨制是历史原因形成的结果，并且存在一定的合理性，因为机关事业单位不像企业有市场营收、自负盈亏，而是公益性质，经费来自国家财政拨款。从世界范围来看，这一部分人也不都纳入社会保险制度，或者纳入也有一些特殊制度安排。公务人员退休保险制度也要在社会保险的总体原则下制定，大方向是明确的，即通过保险来规避、防范风险，但公务员和机关事业人员的保险制度最终与企业职工基本保险制度仍会有一定区别，这是由于劳动性质不同决定的[2]。

第二，解决"养老金双轨制"的途径。

首先，大部分学者认为应该尽快"并轨"。

全国政协委员宋晓梧表示，应尽早统一城镇职工基本养老保险，不再在事业单位、机关与企业职工之间分别设计基本养老保险制度。

国务院参事、北京交通大学经济管理学院教授、博士生导师袁伦渠认为，解决的办法不能够削高补低，降低机关事业单位人员的退休金水平向企业看齐，那样会引起机关事业单位的不满、影响稳定。当前比较现实的办法是国家逐渐增加对企业养老基金的投入。我国财政收入增长超过 GDP 和居民收入的增长速度，2011 年已达到 10 万亿元，应当有能力做到。根本办法是进行机关公务员养老保险制度的改革。必须抛弃部门利益，痛下决心破除养老保险待遇的双重标准，实现机关事业单位与企业养老保险制度的并轨和统一，以实现社会公平正义[3]。

其次，也有学者认为应该首先对制度进行结构性调整，而不是强行并轨。

全国人大常委、民盟中央经济委员会主任郑功成在做客人民网强国论坛时表示，"双轨制"是历史遗留问题，要改变这一局面很难一步到位，须通过"三步走"渐进改革，逐步取消退休"双轨制"。郑功成介绍，"双轨制"不符合社会保障应当遵循的"公平、正义、共享"原则，基于巨大的现实制约，许多人强烈主张迅速"并轨"，但是现在难以实现。现在来看，要"三步走"，渐进推进事业单位改革。第一步，尽快为机关事业单位工作人员建立起基本"养老保险制度"，建立责任分担机制，让其工作人员也像企业职工一样承担缴费义务，同时实行与职工养老保险制度一样的"统账结合"的财务机制。第二步，对机关事业单位工作人员待遇进行结构分解，将现在机关事业单位退休人员的退休金分解成"基本养老保险金"与"职业年金"，其中的"基本养老保险金"与企业职工"基本养老保险金"相同，"职业年金"与"企业年金"对应。降低机关事业单位工作人员的"基本养老保险金"，使之与企业职工"基本养老保险金"待遇接近。第三步，放弃机关事业单位退休金与工资增长挂钩的机制，代之以与"企业职工养老金计发办法"一样的机制。至此，彻底消除导致两者之间差距的因素，制度"并轨"也就水到渠成。郑功成表示，在三步走的方案中，还应当贯彻"老人老办法、新人新办法、中人选择过渡办法"的原则，即老一代人，无论是在机关事业单位还是在企业，待遇差距不能太大，而应当按照贡献大小、职级与工龄等享受相应的待遇；新参加工作者，无论是公务员或事业单位职员还是企业职工，都应当按照同样的标准参加保险，并享受平等待遇；中人，则可以自愿选择。这样改革的阻力就会小些，制度整合就会易些，实现目标理想就会快些[4]。

中国人民大学公共管理学院学者李珍认为，事业单位养老保险制度需要改革，但并不需要强行并轨。考虑到基本养老保险制度在结构、参量等方面的问题，当前最需要做的是对其进行改革，将个人账户切出去、确定基础养老金，同时修改参量。事业单位养老保险制度改革之所以推不动，是因为缺乏内在动力。它的改革应该是以基本养老保险制度的改革为前提的。否则，即使勉强改成全国统一的制度，也是不经济的，是不可持续的[5]。

中国人民大学统计学院王晓军教授认为，对公职人员

---

[1] 柳霞、韩建凤：《从"双轨制"下的利益冲突看我国养老保险制度改革》，《光明日报》，2012 年 4 月 20 日，第 7 版。
[2] 王槊：《专家称中国养老金有充分保障 双轨制存在合理性》，中国新闻网，http://finance.chinanews.com/cj/2012/08-08/4090593.shtml，2012 年 8 月 8 日。
[3] 管竞：《两会代表委员呼吁改革"养老金双轨制"》，《燕赵晚报》，2012 年 3 月 5 日，第 A3 版。
[4] 陈叶军：《郑功成：养老金"双轨制"改革"三步到位"》，人民网，http://theory.people.com.cn/GB/148980/17354933.html，2012 年 3 月 10 日。
[5] 王羚：《事业单位养老保险改革"单兵突进"艰难》，《第一财经日报》，2012 年 7 月 26 日，第 A3 版。

的养老金制度改革，应将现行的非缴费的退休金制度改革为基本养老保险和缴费性职业年金相结合的制度[1]。

清华大学就业与社会保障研究中心主任杨燕绥表示，养老金的结构应按人口结构进行调整。养老金双轨制，这是一个养老金的结构性问题。养老金的结构，应该按照人口结构进行调整。西方国家通常认为：当五个劳动力赡养一个老人的时候，这个养老金的结构就要从现收现付转为现收现付和积累相结合。应该是一个什么样的结构呢？国家建立一个国民基础养老金，让所有的老人都能吃上饭；同时，每一个人建立一个个人账户，一生择时酌情储蓄养老金，用来改善老年生活，这叫社会统筹和个人账户在出口的地方相结合。杨燕绥认为，养老金应有四个来源：国家、企业福利；国家基本养老；企业员工福利；个人储蓄，还有消费，从消费的积分中产生。四个来源进两个账户，一个账户叫社会统筹，由政府来操作发放基础养老金。剩下的三个来源都可以进入个人账户。所以总体上，老龄化的时候养老金的结构就是四个来源、两个账户[2]。

除此之外，也有媒体建议应该交由第三方操刀，以推动改革进程。现在的问题是，一方面，要改革公务员的养老金制度，改变原来的不合理利益格局；另一方面，这项改革仍然由行政机关和掌握公权力的公务员来主导。如此改革一推再推可想而知，姗姗来迟的改革方案穿插公务员自身的小算盘在所难免，改革出现停滞甚至倒退也毫不惊奇。要打破现有的公务员养老利益格局，就必须改变改革的主体，改变由行政机关主导公务员养老金改革的局面，由中立的学者和社会人士来起草改革方案，并送交人大，然后召集社会各界人士参加立法听证，最后由人大进行充分的讨论决定。只有由中立的机构和人员主导，在全社会进行充分讨论，才能做到公开、公平、公正，在兼顾各方利益的基础上，出台一个让各界人士相对满意的改革方案[3]。

---

[1] 王晓军：《公职人员养老金：消除双轨制的制度建设》，《中国劳动保障报》，2012年6月5日，第3版。
[2] 程晓芳：《杨燕绥谈养老金双轨制：应按人口结构进行调整四个来源两个账户》，人民网，http://leaders.people.com.cn/GB/124571/239425/17229445.html，2012年2月27日。
[3] 《公务员养老保险改革应由第三方操刀》，《半岛都市报》，2012年6月28日，第A39版。

分报告十一
国外养老金改革概览 2011
——提高退休年龄成为主旋律，抵御债务危机仍是主战场

摘要： 2008年世界金融危机余波仍深刻地影响着养老金领域，公共养老金方面，欧洲各国养老金改革继续发酵，提高退休年龄、减少支出等措施使欧洲国家养老金改革带有浓厚的"紧缩型"色彩；亚太地区，新西兰和澳大利亚出现了为政府"松绑"的养老金改革，但菲律宾和印度却通过建立社会养老金的方式凸显了政府对实现"老有所养"的职责；拉美和非洲国家养老金制度的覆盖面、基金投资与管理等也有所改变与创新。私人养老金方面，改革多元化倾向明显，主要集中于制度覆盖面、缴费结构及监管等内容。大多数国家的主权养老金在金融危机下面临保值增值的压力，改革投资方式与投资方向成为一些国家的必然选择。

关键词： 金融危机　公共养老金　私人养老金　主权养老金　提高退休年龄

2008年世界金融危机爆发以来，各国采取多种措施致力于振兴经济，虽有成效，但深层次影响仍在，2011年主权债务危机愈演愈烈，对欧洲乃至世界经济产生了重要影响。2010~2011年，在欧盟27国中，只有瑞典、匈牙利和爱沙尼亚三国不受赤字困扰，2011年爱尔兰（13.1%）、希腊（9.1%）、西班牙（8.5%）等国均是债台高筑（见图1）。由于养老金支出占政府支出比重较大，2010年欧盟27国平均养老金支出占GDP甚至高达10.2%[1]，因而许多国家将减少养老金支出作为改良财务状况的抓手，改革养老金制度成为一揽子改革措施的必备选项。

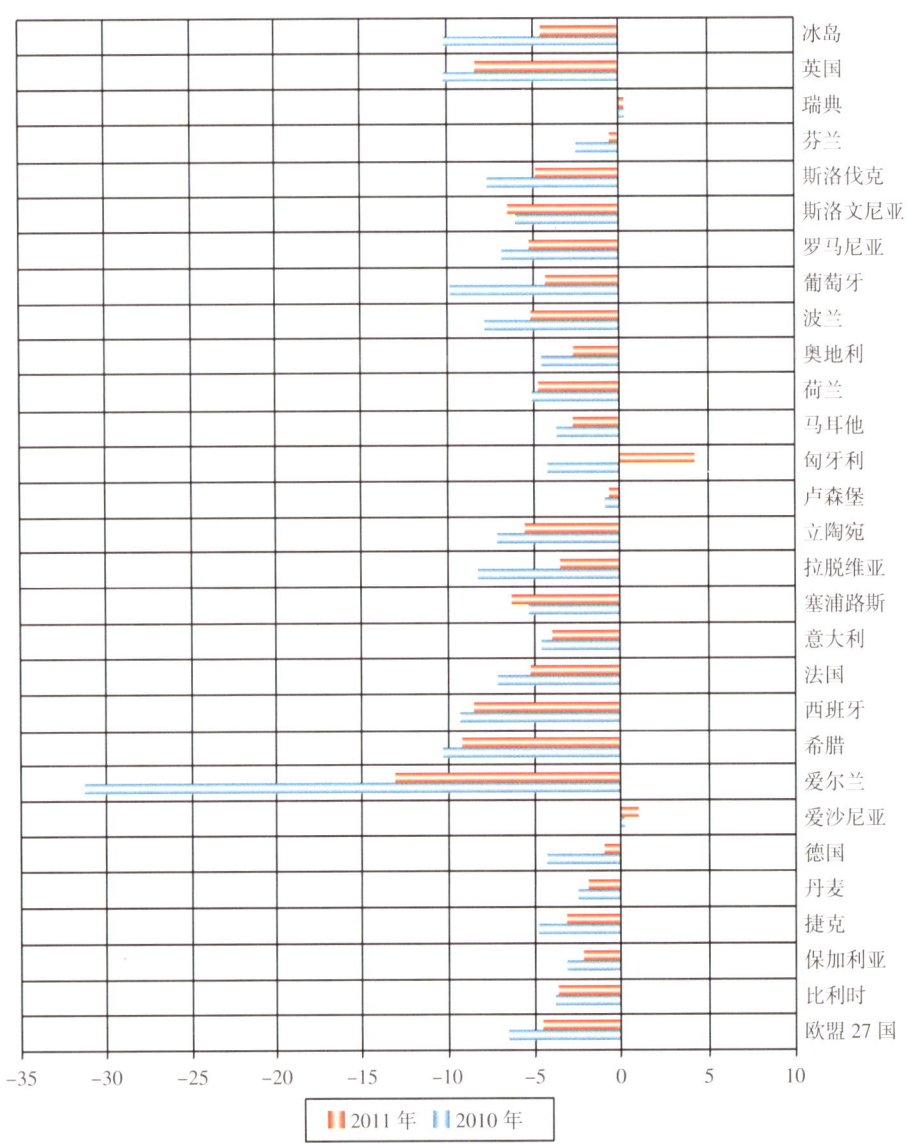

图1 2010~2011年欧盟各国政府赤字/结余占GDP比重

资料来源：Eurostat statistics database, http://epp.eurostat.ec.europa.eu/tgm/table.do?tab=table&init=1&language=en&pcode=tsieb080&plug-in=1。

第一，公共养老金方面。提高退休年龄成为欧美发达国家改革的主旋律，其他发达国家也多通过减少政府供款、增加雇主和雇员缴费、降低待遇等方式来减轻国家负担；对发展中国家而言，由于制度建设落后，进一步完善制度、提高老年收入水平、抵御经济风险等成为改革主要方向；基金投资改革对实行养老金私有化的拉美各国来

---

[1] 郑秉文：《中国养老金发展报告2011》，经济管理出版社，2011年12月版，第98页，表5。

说,仍然处于重要地位。第二,私人养老金方面。改革侧重于制度覆盖范围、基金投资监管等,以更好地补充第一支柱,共同确保养老金的充足性。第三,主权养老基金方面。近年来,主权养老基金积累迅速增加,投资策略和投资方向也略有变化。

一、国外公共养老金改革动态

公共养老金改革因各国经济发展水平的差异,呈现出多元化的特点。总体而言,发达国家一般把养老金改革纳入财政紧缩政策之中,延长退休年龄、降低待遇成为多数国家的必然选择;而发展中国家更多是致力于完善制度建设,拉美地区在基金投资上也做出了许多努力。

(一)提高退休年龄:欧美养老金改革的主旋律

在过去的1年里,欧美发达国家把延长退休年龄作为紧缩财政的重要政策工具,看作是减少养老金支出、改善财务状况的突破口,延退成为欧美养老金改革的主旋律;同时它与降低待遇水平、严格给付标准、减少政府供款等一起,使欧美养老金改革蒙上了浓厚的"紧缩型"色彩。

1. 英国:加快延长退休年龄的进程

2011年11月3日,经由女王签署,英国《2011年养老金法案》(Pensions Act 2011)正式生效,养老金法案的主要目的在于加速延长国家养老金(SPA)退休年龄的进程,同时对私人养老金计划进行改革,为应对通货膨胀,DB型企业年金在更多企业范围得到实施。

该法案规定[1],到2018年11月,女性退休年龄将由60岁增至65岁;此后,2019年3月开始,男、女领取国家养老金的年龄将逐渐延长,到2020年10月提高至66岁。

英国之所以提高退休年龄,主要是基于未来人均预期寿命延长的担忧。

2. 西班牙:颁布新社会保障法

2011年8月1日,西班牙颁布新社会保障法,改革养老金制度,以减少养老金支出。根据欧盟官方资料,西班牙2010年政府赤字为9%,高出欧元区平均水平3个百分点;中等收入人员的养老金替代率高达81.2%,远高于OECD国家57.3%的平均水平;2010年西班牙养老金支出占GDP比重为10%,如不加以改革,2050年将会达到15.5%[2]。面对严峻形势,紧缩财政支出,减少养老金待遇成为西班牙改革的必经之路。

第一,退休金方面。一是自2013年1月开始,退休年龄从65岁逐渐提高到2019年的67岁(2018年之前每年增加1个月,此后每年延长2个月,直至2027年)。二是获得全额退休金的缴费年限由目前15年增至2022年的25年。同时为鼓励老年人留在劳动力市场,退休后继续工作的老人,视其已缴费的年限,养老金待遇提高2%~4%不等(不足25年为2%;25~36年为2.75%;37年及以上为4%)。三是2027年之后,养老金制度将引入"可持续性因子"(Sustainability Factor),其具体实施是每5年依据人均预期寿命的变化相应调整制度参数,如缴费率、退休年龄等,以保证养老金制度长期可持续性。提高退休年龄、增加缴费年限等措施减少养老金支出的具体作用如表1所示,以2040年为例,提高退休年龄、增加缴费年限、增加获得全额养老金年限以及"可持续性因子"总计减少的养老金支出为GDP的2.9%。

表1 改革各项内容减少养老金支出的预测(占GDP的百分比)

年份	提高退休年龄作用 (养老支出/GDP下降百分点)	增加缴费年限作用 (养老支出/GDP下降百分点)	增加获取全额养老金的年限作用 (养老支出/GDP下降百分点)	"可持续性因子"作用 (养老支出/GDP下降百分点)
2030	0.8	0.5	0.1	0.0
2040	1.0	1.1	0.3	0.5
2050	1.0	1.3	0.3	1.0

资料来源:Spain:Adjustment,Reforms and Growth,Government of Spain,March 11,2011。

第二,遗属养老金。对象为65岁及以上无养老金收入的老人,自2012年1月遗属养老金待遇水平从52%增加至60%。遗孤享受遗属津贴的年龄上限由18岁调整为21岁(学生最高为25岁),最高额不超过最低工资标准。

第三,设立新的管理机构——国家社会保障署(State Social Security Administration)负责制度运营,制定法律,并有义务告知参保人员养老金收益情况,确保制度公开透明。国家社会保障署是在国家社会保障局(National Institute of Social Security)等众多原有机构基础上整合建立的。

第四,养老金制度覆盖面进一步扩大。2012年1月1

---

[1] "Pensions Act 2011:Summary of Impacts",Department for Work and Pensions,November 21,2011.
[2] "Spain:Adjustment,Reforms and Growth",Government of Spain,March 11,2011;"Euroindicators",Eurostat news release,April 26,2011.以下西班牙养老金改革内容也均是引自该文献。

日起，家庭雇员也可参加养老金制度。一方面可以为更多的劳动者提供养老保障，另一方面也是为了增加养老金收入。

3. 希腊：严格给付，削减待遇

2011年6月底，作为获得欧盟、欧洲中央银行（ECB）和国际货币基金组织（IMF）提供120亿欧元贷款的条件，希腊通过了2011~2015年紧缩计划，其中社会保障改革是这一计划的重要组成部分。紧缩计划中涉及养老金方面的主要有：第一，家计调查式的养老金津贴发放条件由原来仅基于工资收入扩大至个人其他资产；第二，自2011年开始，公务员和国企雇员退休金收入减少10%；第三，2015年之前，公共养老金完全冻结；第四，2011年后将残疾津贴占养老金支出的比重由14.5%降至10%[1]。

尽管改革对养老金制度有所触动，希腊养老金制度仍被认为过于优厚。与工资性收入相比，养老金待遇过于慷慨，60岁之前常常可以领取，老年人继续工作的激励性很差，特别是，对收入低的劳动者而言，他们所能获得的最低养老金并不会因为提前退休而受到损失。

4. 意大利：提高女性退休年龄至65岁

2011年9月14日，意大利议会通过了一个540亿欧元的经济紧缩计划，涉及养老金的内容主要有：公共部门雇员退休金延迟2年支付，此举有望在2012年减少养老金支出3.3亿欧元，2013年减少10.7亿欧元；加快提高私人部门女性退休年龄的进程，2014~2026年由60岁提高至65岁，与男性相同。而在改革前，意大利本计划在2020~2032年将退休年龄由60岁提高至65岁，此次改革将延退进程提前了6年[2]。

目前，意大利公共部门、私人部门雇员公共养老金支出占GDP高达14%，位居OECD国家之首。通过养老金改革在内的一揽子经济紧缩计划，意大利政府预计在2014年能够消除财政赤字，实现收支基本平衡（2011年财政赤字为3.8%），但此后不久标准普尔信用评级机构却对这一乐观预期泼上一瓢冷水[3]：基于意大利惨淡的经济前景和脆弱的政治联盟，于2011年9月20日调低了意大利主权债务信用等级，由A+降低为A。

5. 丹麦：降低提前退休的待遇

2012年1月1日，丹麦政府开始降低由政府财政出资的自愿提前退休计划（VERP或Efterløn）的待遇水平，以激励老年人继续留在劳动力市场，减轻政府财务压力。具体措施分三个阶段实行：自2012年4月2日至10月1日，自愿提前退休计划的参加者可以选择退出制度，先前缴费一次性领取且不征税；2014~2023年，领取自愿提前退休金的年龄由60岁提高至64岁；2018~2023年，自愿提前退休计划的给付期限将由5年降至3年[4]。

6. 荷兰：提高退休年龄，惩罚提前退休

2012年2月7日，荷兰下议院通过法案，对本国第一支柱公共养老金制度（AOW）进行改革。第一，提高退休年龄，到2020年男女退休年龄均由65岁增加至66岁。第二，对提前退休者予以惩罚，2020年后提前退休者每提前1年，待遇下降6.5%，每延迟退休1年则增加6.5%。第三，增加夫妻双方的公共养老金，2018~2028年，夫妇二人的公共养老金待遇将每年增加0.6%。这些措施主要是为了应对荷兰快速的人口老龄化以及严峻的老年抚养比（目前为4∶1，2040年预计为2∶1）[5]。

7. 葡萄牙：废除提前退休规定，减少养老金支出

近些年来，葡萄牙提前退休的人数不断增加，若不采取有效措施，未来增幅会更大，对养老金可持续性造成很大压力（见图2）。2012年4月5日，葡政府通过了废除公共养老金制度提前退休的规定，政策有效期截至2014年。同时，对每月养老金高于1500欧元者征税；每月养老金在1100欧元以上者不能享受第13个月、14个月养老金给付。养老金改革是葡萄牙政府紧缩政策的一部分，也是欧盟和国际货币基金组织提供3年期、780亿欧元紧急救助的要求，政府希望此举能将本国赤字水平由2010年的9.1%降低到2014年的3%[6]。

8. 爱尔兰：延长退休年龄，降低雇主缴费

2011年6月，爱尔兰为了降低养老金成本，促进经济发展，对养老金制度作了以下改革：延长领取国家养老金的退休年龄，由66岁逐渐提高至67岁（2021年）、68岁（2028年）；降低雇主缴费，自2011年7月2日至2013年底，雇主缴费率由8.5%下降至4.25%；对企业年金征收0.6%的税来支持岗位计划（Jobs Initiative），用于创造2万个工作岗位和职业培训等[7]。

9. 乌克兰：提高女性退休年龄，增加缴费年限

2011年10月1日，乌克兰养老金改革新法案生效。

---

[1] "Greece Implements Austerity Plan Including Social Security and Health Spending Cuts", Select News, July 1, 2011.
[2] "Italy's Austerity Measures-A Summary", italychronicles.com, September 19, 2011.
[3] "Italy's sovereign debt rating cut by S&P on growth fear", BBC, 20 September 2011.
[4] "Parliament Approves a Leaner, Meaner Early Retirement", Copenhagen Post, December 22, 2011.
[5] SSA, International Update, April 2012.
[6] Portugal Suspends Early Retirement, Mercer Select News, April 9, 2012.
[7] Social Welfare and Pensions Act (No. 9) 2011; Finance Act (No. 2) 2011.

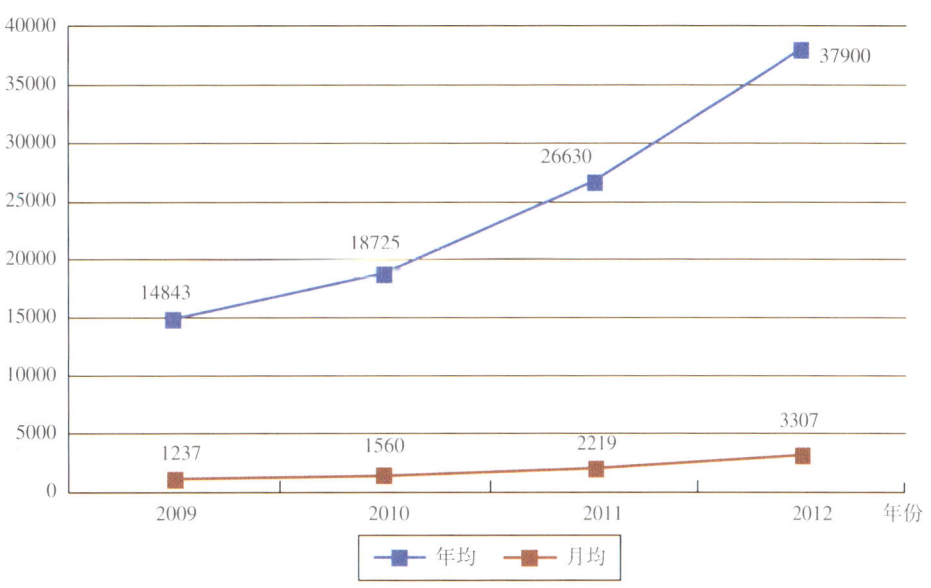

图2 2009~2012年葡萄牙提前退休人数（人）

注：2012年为预测数据。
资料来源："Comunicado," Ministério Da Solariedade e Da Segurança Social, 5 de abril de 2012.

新法案中，女性退休年龄将逐渐与男性趋同，自2012年1月开始，每年提高6个月，最终由55岁提高到60岁；提高获得全额养老金的缴费年限，女性由20年提高到30年，男性由25年提高至35年。改革之前养老金支出占GDP的18%，乌克兰颁布新法案旨在降低公共养老金支出；同时，这也是国际货币基金组织发放15亿美元阶段性贷款的条件之一[1]。

10. 立陶宛：提高退休年龄，改善财政状况和人口压力

2011年6月9日，立陶宛颁布法律将逐渐提高本国退休年龄，到2026年男性退休年龄由62.5岁增加至65岁，女性由60岁增至65岁；具体做法是从2012年1月开始，男性退休年龄每年增加2个月，女性每年增加4个月，直至达到65岁。提高退休年龄的目的主要是为了改善财政状况，2010年，立陶宛财政赤字达到7.1%，高于欧盟《稳定与增长公约》规定的3%。立陶宛希望通过延长退休年龄能够使赤字在2011年降至5.3%的水平[2]。

除了财政原因外，退休年龄改革也与人口压力有关。据欧盟统计局预测，由于人口迁出和出生率下降，立陶宛人口将由2010年的330万人减少到2060年的270万人，

并面临着快速人口老龄化的威胁，老年人口抚养比（15~64岁人口与65岁及以上人口之比）将由目前的4∶1提高到2060年的2∶1。[3] 届时养老金的可持续问题将面临巨大挑战，提高退休年龄成为未雨绸缪的必然选择。

11. 减少制度支出：加拿大养老金计划的改革

为激励老年人继续工作，增加劳动供给，2012年1月，加拿大养老金计划（Canada Pension Plan，CPP）发生了重要变化，具体措施包括：第一，降低提前退休者的待遇，提高延迟退休者的待遇。提前退休者（60~64岁）每提前1个月，待遇降低0.52%；而延迟退休者每推迟1个月，待遇增加0.64%。第二，建立"退休后津贴制度"（Post-Retirement Benefit，PRB），强制性规定60~64岁的雇员对"退休后津贴制度"进行缴费，雇主也必须缴费；65~70岁的老年人自愿缴纳（若雇员选择缴费，雇主也必须缴纳），缴费比例与加拿大养老金计划相同。第三，2012年以后退休者，在计算加拿大养老金计划的待遇时，无收入或低收入时期所占比重由15%增加至16%，2014年将进一步提高至17%[4]。

（二）减负与增负并存：亚太国家两类不同的实践

在公共养老金改革上，亚太国家出现了两类相反的改

---

[1] "President Approves Pension Reform", Ukrainian Radio, September 12, 2011.
[2] "Lithuania Raises Retirement Age to 65 to Help Narrow Budget Deficit", Bloomberg, June 9, 2011.
[3] "Lithuania Raises Retirement Age to 65", Agence France Presse, June 9, 2011.
[4] "Changes to the Canada Pension Plan Retirement Pension", Parliamentary Information and Research Service, Publication No. 2011-54-E, May 20, 2011.

革取向，经济发达国家如新西兰、澳大利亚等通过减少政府供款、增加雇主缴费等形式，减轻政府财务负担；而作为发展中国家的菲律宾和印度，则通过建立或者加强国民养老金制度，以期完善养老金体系，更好地保障老年人的生活，使政府财务负担增加。减负与增负并存，成为这一地区改革的重要特点。

1. 新西兰：减少政府对储蓄基金计划的供款

2011年5月4日，新西兰议会通过2011年预算，采取多种措施减少政府对退休储蓄基金计划（KiwiSaver Plans）的财政供款。第一，2011年7月1日起，参保者的税收优惠减半，最高为429美元；第二，2012年4月1日开始，雇主向雇员账户缴费部分不再享受税收减免；第三，2013年4月1日之后，雇员和雇主对账户最低缴费比例均由2%增加至3%。退休储蓄基金计划于2007年开始实施，是政府给予补贴的自愿型养老储蓄计划。自2008年以来，参加储蓄基金计划的人数不断增加，从70万人已增加到200万人（截至2012年5月底）[1]。

2. 澳大利亚：增加雇主对超级年金计划的缴费

2012年3月29日，澳大利亚通过法律对其超级年金计划进行了改革：自2013年7月1日开始，雇主强制缴费比例将由9%逐渐提高到12%（2013~2015年每年增加0.25%，2015~2019年每年增加0.5%），雇员仍是自愿缴费；取消个人参加缴费的最高年龄限制（改革前缴费年龄上限为70岁）[2]。澳政府希望借助这些措施能够增加雇员的退休收入。

3. 菲律宾：为贫困老人提供社会养老金

2011年3月29日始，菲律宾政府开始实施社会养老金项目，以维持老年人的基本生活和医疗需要。60岁及以上的弱、病、残且无其他稳定收入（如养老金、家庭内部财产转移等）的老年人，每月可以得到500比索（约合11.59美元）的津贴。据统计，2011年菲律宾60岁及以上的人口大约有630万人，政府预期在2012年该项目能够覆盖100万人[3]。

4. 印度：强化英迪拉·甘地国家养老保险计划的保障作用

2011年6月9日，印度调低了享受非缴费型、基于家计调查的英迪拉·甘地国家养老保险计划（Indira Gandhi National Old-Age Pension Scheme，IGNOAPS）的年龄，由65岁降至60岁；与此同时，为缓解通货膨胀的影响，提高了高龄老年人（80岁及以上）的待遇，由200卢比（4.44美元）增加至500卢比（11.1美元），此举使260万老年人受惠。英迪拉·甘地国家养老保险计划实施于2007年，对象为低于国家贫困线（每月300卢比，6.66美元）的65岁及以上的老年人。2011年6月受益人数约1690万，待遇水平较低，每月仅为200卢比。在改革之初，印度60岁及以上的老年人有8000万，其中5100万人的收入低于国家贫困线，这些人将在这次改革中获益[4]。

（三）制度建设与投资改革：拉美与非洲国家的实践

综观拉美和非洲国家养老金制度改革，主要集中于三个方面：首先，扩大制度覆盖面。智利和埃塞俄比亚分别将自雇人员和私人部门雇员纳入养老金制度中。其次，海外投资成为拉美地区养老金投资新趋向。最后，国民养老金制度备受重视。智利团结养老金制度对65岁以上贫困老人实现了全覆盖；秘鲁也建立起国民养老金制度，希望以此走出老年贫困的困境。

1. 智利：扩大制度覆盖面，提高退休收入水平

2011年7月1日开始，所有雇主都要为雇员的遗属和残疾保险缴费。在此之前，依据2008年养老金改革法案的规定，2009年7月1日至2011年7月1日，只有雇员人数为100人及以上的雇主或者公共部门才需缴纳遗属和残疾保险费。智利65岁及以上最贫困人员全部被纳入到第一支柱团结养老金制度（Solidarity Pension System，SPS）中[5]。

2011年8月28日，智利宣布取消了领取家计调查养老金人员的医疗保险缴费；自同年11月1日开始，每月养老金不足25.5万比索（约490美元）的老人停止医疗保险缴费。2012年11月开始，降低中产阶级养老金领取者的医疗保险缴费比例，由养老金（或收入）的7%降低为5%。同时，皮涅拉（Piñera）总统宣称保证医疗待遇并不会因为缴费减少而降低[6]。

2012年1月2日，智利将自雇人员纳入个人账户养老金制度之中。自雇人员参保的扩面工作将逐步实现：从1月

---

[1] "KiwiSaver Statistics as at 31 May 2012", Inland Revenue, June 2012.
[2] "Superannuation Guarantee (Administration) Amendment Act 2012, No. 22", March 29, 2012.
[3] "95 Senior Citizens Benefit from Social Pension Program", Philippine Information Agency, May 10, 2011.
[4] "Lowering the Age Limit from 65 Years to 60 Years under India Gandhi National Old Age Pension Scheme and Increase in Rate of Pension to Persons of 80 Years and Above", India Public Sector News, June 9, 2011. "Decision on Pension Scheme Hailed", The Hindu, June 14, 2011.
[5] SSA, International update, July 2011.
[6] "Piñera Anuncia Indicación para Eliminar Cotización de Salud a 700 Mil Pensionados", Emol.com, el 20 de junio de 2011.

2日开始，月收入在最低工资以上（182000比索或350美元）的自雇人员向个人账户缴纳应税收入的10%，封顶线为1471549比索（2832美元），这一人群所占比重在40%左右；2013年扩大至70%的自雇人员；2014年实现全覆盖[1]。

2. 墨西哥：公共部门养老金管理公司有权参与私人部门的竞争

2011年5月16日，墨西哥国家退休储蓄计划委员会（CONSAR）发布了聘用有经验的外部资产管理公司投资部分个人账户养老基金的指导细则，细则内容主要有：管理公司投资经验在10年以上，且管理特定资产类别的时间不低于5年；管理资产规模不低于500亿美元；有托管银行和独立评估机构支持；养老基金管理公司（AFOREs）监管当局的允许等。用于国外投资的比重最高为20%，约250亿美元（2011年5月个人账户养老基金为1230亿美元，占GDP的10%）。国家退休储蓄计划委员会期望通过海外投资来丰富基金投资策略和提高收益率，但具体实施时间尚未确定。自1997年墨西哥实行个人账户制度以来，基金实际回报率平均为6.38%；尽管如此，在目前的4200万个人账户中，接近50%的账户是静止账户或死账户（Inactive Account），即在过去3年中没有进行过缴费[2]。墨西哥通过引入国外投资，意在增加收益、提高制度吸引力。

2011年11月，墨西哥专门运营公共部门个人账户的养老基金管理公司Pension ISSSTE正式允许可参与私人部门养老基金的投资管理，有权与私人部门养老基金管理公司（AFOREs）进行竞争；公共部门雇员也可以选择私人部门的养老基金管理公司，并允许每年在Pension ISSSTE与私人部门的养老基金管理公司之间转换一次。Pension ISSSTE公司建立于2007年，当时墨西哥公共部门取消了DB型养老金制度，代之以个人账户制度[3]。

3. 秘鲁：扩大海外投资比例，建立国民养老金

2011年7月13日，秘鲁国会将养老基金用于海外投资的最高比例由30%提高至50%，政府希望以此扩大养老基金投资选择，分散风险。在过去的5年里，秘鲁养老金海外投资比重不断增加，2006年仅为10.5%[4]。目前，秘鲁有4家养老基金管理公司（AFPs），养老基金资产共计81.3亿新索尔（合计290.5亿美元），其中30%投资于国外，15%投资于国债，其余投资在国内股票和债券上[5]。

2011年9月13日，秘鲁乌马拉（Humala）总统通过了一个基于家计调查的国民养老金计划，以减少老年贫困；该计划称之为"Pensión 65"，它规定对65岁及以上处于赤贫且没有任何包括政府津贴及其他帮助的老人每月发放250新索尔（90美元）的补贴，同时建立了社会融合与发展部（Ministry of Social Inclusion and Development）来负责制度监管。该计划首先在秘鲁最贫困的5个地区试点，2013年在全国普遍实施，预计2012年投入2.25亿新比索（8100万美元）[6]。2007年，秘鲁75岁及以上的老年贫困率在40%以上，农村地区高达65%，但60岁及以上老年人领取任何一种养老金的比重却不到10%[7]。

4. 哥伦比亚：公共养老金管理机构有了新变化

2012年4月2日，哥伦比亚养老金管理局（Administradora Colombiana de Pensiones，Colpensiones）取代社会保障局（Social Security Institute，SIS）成为公共养老金制度管理机构。社会保障局在2010年底负债33亿比索（约合180万美元），因难以克服财务问题而被取消管理资格。哥伦比亚养老金管理局的管理职能主要包括收集缴费、发放待遇及提供信息服务等，目前管理约740万参保人员（其中100万为领取养老金者）[8]。

5. 埃塞俄比亚：养老金制度覆盖到私人部门

2011年7月8日，埃塞俄比亚将收入相关联的现收现付制养老金制度覆盖到私人部门雇员，而此前仅覆盖公共部门，包括军人、警察。私人部门雇员参保后，适用的法律与公共部门相同，但其管理机构单独设立了"私人部门雇员社会保障局"（Private Organization Employees Social Security Agency）；在改革初期，雇主缴费为7%，雇员

---

[1] "Pensionesy Protección para Independientes", Fondo Para La Educación Previsional, diciembre de 2011.

[2] "Mexico Allows Pension Funds to Use External Managers", Financial Times, June 12, 2011. "Aumenta Número de Cuentas Inactivas de Afores," El Universal, el 3 de junio de 2011.

[3] "Panorama General del SAR", CONSAR, noviembre 2011; "Pension ISSSTE es un Catalizador del Mercado", El Economista, el 6 de noviembre de 2011.

[4] "Foreign Investment Limit Hiked to 50%", Investment Strategy, July 14, 2011.

[5] Boletín Semanal del Sistema Privado de Pensiones: Año 2011, Número 33, Semana del 15 al 19 de agosto de 2011.

[6] "Peru Cabinet OKs Approval of 'Pension 65' for Poorer Peruvians", Dow Jones News Service, September 14, 2011.

[7] "Poverty Decreases in Peru but Still Affects One Third of Population", Living in Peru, May 19, 2011.

[8] "En Abril, Fin del ISS y Llega Colpensiones", El Tiempo, el 20 de enero de 2012. 哥伦比亚养老金管理机构变化基本过程是，20世纪40年代为哥伦比亚社会保障局（Colombian Social Security Institute，CSSI），哥伦比亚社会保障局于1977年更名为社会保障局（ISS），现在是由哥伦比亚养老金管理局（Colpensiones）管理。参见BBVA, Pension reforms in Latin America: Balance and Challenges Ahead, 2010, p190.

5%，此后每年增加1%，最终雇主缴费提高到11%（2015年），雇员提高到7%（2013年）[1]。

二、国外私人养老金改革动态

私人养老金作为公共养老金的补充，越来越受到重视。近年来，私人养老金改革的重点可概括为扩大覆盖面（英国、日本）、增强制度充足性（罗马尼亚、日本）和改革基金投资监管体制（澳大利亚、瑞士）等方面。

（一）英国：扩大覆盖范围，调整待遇计发方式

2011年英国养老金法案规定，自2012年10月开始，英国大型企业（12万以上雇员）必须为雇员建立企业年金或让雇员参加政府主办的国家就业储蓄信托计划（National Employment Savings Trust），并为雇员缴费。中型企业自2013年6月、小型企业（雇员低于50人）自2015年5月也要逐渐实施。为使制度更灵活性，雇主和雇员缴费分阶段进行，2012年10月之前雇主和雇员分别缴纳工资的1%，2016年10月之后分别为2%，2017年10月增至雇主3%和雇员4%。此外，制度也设定了3个月的宽限期，在此期间可以不为雇员缴费，以减轻季节性或临时性雇员较多的雇主的负担[2]。

为使职业年金更好地抵御通货膨胀的影响，法案规定，职业年金计划可以依据零售物价指数（RPI）或消费物价指数（CPI）或二者组合来调整待遇。2011年7月，消费物价指数首先引入到职业年金中来，英国政府认为，消费物价指数比零售物价指数更能反映通货膨胀变化，这是欧盟测量价格水平的常用标准，也是英格兰银行（Bank of England）测量通货膨胀的指标。但在具体实践中，零售物价指数却常常用作调整养老金待遇的基础，消费物价指数受到冷落，于是，改革进程不得不做出少许变通。

（二）瑞士：成立新的企业年金监管机构（OAK）

2012年1月，瑞士对私人养老金监管机制进行了改革，成立了"最高监管委员会"（Oberaufsichtskommission，OAK），以替代"联邦社会保障署"（Federal Office for Social Security）。"最高监管委员会"由7人组成，包括养老基金管理公司的代表、学者和工会代表[3]，它有权对中央和地方企业年金参与者、养老基金管理公司、资产管理公司以及审计部门发布具有约束力的标准。该机构成立以前，企业年金的监管机构是联邦社会保障署。

（三）罗马尼亚：为第二、三支柱养老金建立保障基金

2011年10月31日，罗马尼亚通过立法为第二、三支柱养老金建立保障基金，以确保参与者在养老基金不足时能够获得资金帮助。保障基金来源于基金管理公司和建立年金计划的企业缴费，包括一次性的初始缴费和此后的年度缴费（每年1月31日调整标准）。保障基金由董事会管理，董事会由3人组成，分别由罗马尼亚私人养老金监督委员会（CSSPP）、财政部和养老基金协会（APAPR）派员组成[4]。

（四）日本：允许雇员向DC型企业年金缴费

2011年8月，日本立法机构通过了《养老保障促进法案》（Pension Security Enhancement Act），该法将于2012年1月1日实施。新法案对2001年实施的自愿型DC制年金计划进行了重大调整，包括：首次允许雇员向雇主发起的DC型年金计划缴费；覆盖范围扩大至65岁及以下的雇员（此前为60岁及以下）。日本有两种DC型年金计划，一种是由雇主主办，另一种是针对自雇人员和雇主没有建立DC型养老金的雇员。2011年，日本雇主主办的DC型年金计划共有15000个，参与人数约400万，养老基金积累余额为650亿美元[5]。

（五）澳大利亚：修订《养老基金法案》增加投资选择

2012年5月16日，澳大利亚议会对自愿型职业年金的《养老基金法案》（Pension Fund Act）进行了修订并于2013年实施，修订内容主要是为雇员和雇主在建立DB型养老金计划上提供更多选择。新法案为职业年金计划规定了两类待遇选择：一是"保障养老金"（Security Pension），投资策略相对保守，待遇较低但有保障；二是"生命周期基金"（Life-cycle Fund），依据参加者年龄选择投资策略。除此之外，新法案还规定：雇主可依据公司发展或经济环境变化灵活决定缴费水平；允许职业年金之间相互转换；改善信息披露制度等。修订《养老基金法案》的压力主要是因为投资收益下滑，2008年以来，职业年金投资收益率不断走低，2011年较之于2010年平均降幅为3%[6]。

三、国外主权养老基金动态

2008年国际金融危机对主权养老基金影响较小，损失

---

[1] "New Pension Includes Private Sector"，Addis Fortune，June 12，2011.
[2] "Pensions Act 2011: Summary of Impacts"，Department for Work and Pensions，November 21，2011.
[3] "Switzerland Unveils Board for New Federal Pensions Regulator"，ipe.com，November 2，2011.
[4] "Private Pensions Guarantee Fund Budget/Romanian Pvt Pension Guarantee Fund to Have Initial Budget of EUR 500000"，Mediafax News Brief Service，November 10，2011.
[5] "Japan: Employee DC Plan Contributions to be Permitted Beginning January 1，2012"，Global News Briefs，August 2011.
[6] "Austria Unveils Revised Pension Fund Law After Protracted Negotiations"，ipe.com，November 24，2011.

总计约1180亿美元[1]。此后，随着经济好转，基金投资收益有所改善，但也存在波动，以挪威为例，2010年主权养老基金股票投资收益为13.3%，固定收益投资回报为4.1%[2]；2011年股票投资收益为-8.8%，固定收益投资回报为7%[3]。各国主权养老基金积累上也表现不一，但绝大数都呈现不断增长趋势（见表2）。为加强主权养老金未来支付能力，主权养老基金投资也发生了变化，集中体现在投资策略的改变和向基础设施基金投资的趋向。

表2 2009~2012年部分国家主权养老基金积累情况

国别	主权养老基金（建立时间）	2009年	2010年	2011年	2012年
智利（亿美元）	养老储备基金（PRF, 2006）	34	38	44	56（6月）
澳大利亚（亿澳元）	未来基金（AGFF, 2006）	610	691	731	770（6月）
新西兰（亿美元）	超级年金基金（NZ Super, 2001）	156（11月）	176（10月）	173（12月）	183（5月）
爱尔兰（亿欧元）	国家养老储备基金（NPRF, 2001）	223	226	145	151（3月）
挪威（亿克朗）	政府全球养老基金（GPFG, 1990）	26400	30770	33120	35610（第2季度）
法国（亿欧元）	退休储备基金（FRR, 1999）	333	370	351	—
比利时（亿欧元）	银发基金（Silver Fund, 2001）	131	136	141	—
俄罗斯*（亿美元）	国家福利基金（NWF, 2008）	880	915	884	868
荷兰（亿美元）	AOW养老基金（Spaarfonds, 1998）	377	426	476	—
中国（亿人民币）	全国社保基金（SSF, 2000）	7766	8567	8688	—

注："（ ）"月份为该月基金滚存积累额；"—"为缺乏数据；"*"为每年1月1日数据。
资料来源：笔者依据各主权养老基金官方网站搜集整理，分别为：智利：http://www.hacienda.cl/；澳大利亚：http://www.futurefund.gov.au/；新西兰，http://www.nzsuperfund.co.nz/index.asp；爱尔兰，http://www.nprf.ie/home.html；挪威，http://www.regjeringen.no/；法国，http://www.fondsdereserve.fr/spip-article22.php.html；比利时，http://zilverfonds.fgov.be/；俄罗斯，http://www.minfin.ru/en/；荷兰数据为笔者测算，荷兰主权养老基金存在中央预算中，没有单独列支，每年将GDP的0.7%存入基金中[4]；中国数据见历年《全国社会保障基金年度报告》，http://www.ssf.gov.cn/。

（一）新西兰开始实施"农村土地战略"

新西兰探索多种投资方式，包括投资有发展前景的中小企业、基础设施投资以及实施"农村土地战略"（Rural Land Strategy）等，以确保主权养老基金保值增值。2011年2月，新西兰超级年金基金委员会（The Guardians of New Zealand Superannuation）收购了位于西奥塔哥（West Otago）的优质农场，标志着"农村土地战略"计划正式实施，委员会计划在未来5年内为该战略注资3亿~5亿美元，并通过有效管理提升农村土地价值，实现基金增值目的[5]。

---

[1] 郑秉文：《金融危机对全球养老资产的冲击及对中国养老资产投资体制的挑战》，载《国际经济评论》，2009年第5期。本文讨论的是"非缴费型"即"储备型"主权养老基金，其资金基本来自财政转移支付或外汇储备，与社保制度收入无关。目前全球主权养老基金大约只有11只，它们是挪威、法国、爱尔兰、澳大利亚、新西兰、智利、荷兰、比利时、卢森堡、俄罗斯和中国等。
[2] NBIM, Government pension fund Global Annual Report, 2010.
[3] SWF, Norway's GPFG Returned −2.5% in 2011, 16, Mar, 2012.
[4] 参见OECD, The Dutch Fiscal Framework: History, Current Practice and the Role of the Central Planning Bureau, JOURNAL ON BUDGETING, VOLUME 8 (No. 1), 2008.以及http://stats.oecd.org/index.aspx?queryid=557.
[5] New Zealand Superannuation Fund, Guardians appoint first manager and make first farm purchase under Rural Land Strategy, 2 February 2011.

(二) 俄罗斯保守投资方式有望改变

俄罗斯国家福利基金投资较为保守，集中于国债领域。俄政府2008年1月19日通过的《"国家福利基金"资金管理》规定，国家福利基金投资分布中，80%为外国政府债券，15%为外国央行债券，5%为国际金融组织的债券，并决定暂不得由外国商业银行托管[1]，这一保守投资策略不久有望改变。2012年7月俄政府决定，在2013年初将成立俄罗斯金融管理局（Russian Financial Agency）来负责国家福利基金运营，该机构成立后，将开始进行股票投资，国家福利基金也将会随之谨慎入市[2]。

(三) 爱尔兰基础设施基金投资主权养老基金

2012年6月18日，爱尔兰基础设施基金（IIF）首次投资国家养老储备基金（NPRF），作为开端，爱尔兰基础设施基金收购了主要电力供应商——Viridian集团风电场的大部分股权。国家养老储备基金委托爱尔兰基础设施基金投资是国家战略投资基金计划（Strategic Investment Fund）的一部分，战略投资基金囊括了许多对国计民生具有战略意义的行业基金，包括基础设施基金、中小企业融资以及风险投资基金等[3]。

(四) 澳大利亚主权养老基金进军基础设施行业

2011年8月，澳大利亚未来基金理事会（Future Fund Board of Guardians）在澳洲电讯公司（Telstra）的持股降低到0.8%，并计划在中期内继续减持。自2007年2月开始，澳大利亚政府共将价值92.1亿美元的澳洲电讯公司股份转移给未来基金理事会[4]。

2012年8月，澳大利亚未来基金理事会宣布与澳大利亚基础设施基金（Australian Infrastructure Fund，AIF）签署谅解备忘录，为投资基础设施基金做好了准备。未来基金之所以选择基础设施基金，主要是看重基础设施基金与经济增长和反通货膨胀的良好关系以及较高的回报确定性，这些特点符合未来基金长期内获得较高风险调整收益的要求。在过去的5年中，未来基金致力于建立其有形资产投资体系，投资于基础设施领域即是有形资产投资的一部分。目前，未来基金在基础设施领域投资已达43亿美元，占投资总额的5.6%[5]。

(五) 挪威主权养老基金制定投资新基准

继2011年投资伦敦和巴黎房地产之后，2012年挪威对主权养老基金的投资基准（Investment Benchmark）进行了改革，即制定了新的投资基准。挪威投资基准由以下方面组成：名义的和通胀挂钩的国债、政府相关债券、企业债券以及包含11种货币的证券化债券等[6]。较之于旧基准，新基准增加了国债和企业债券的投资比重，前者由53%增加到62%，企业债券则由18%提高到24%；同时取消了证券化基金和政府相关债券，代之以担保债券和超国家债券，通胀挂钩国债比重略有变化（见图3）。

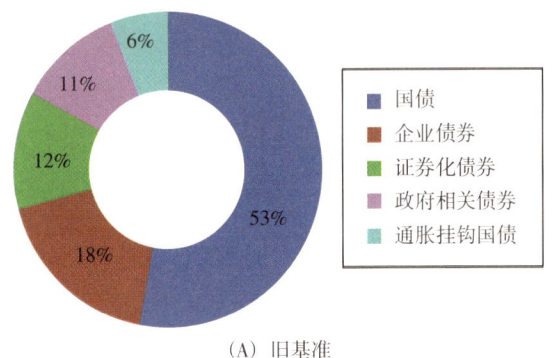

(A) 旧基准

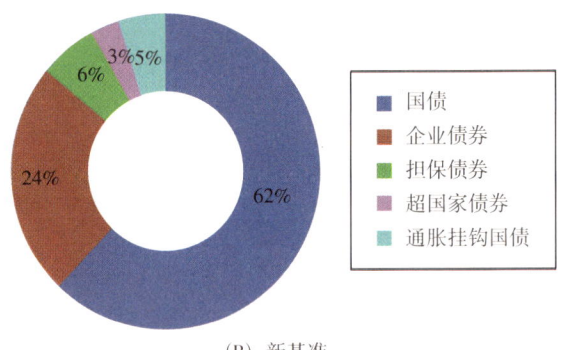

(B) 新基准

图3 挪威主权养老基金投资新旧基准比较

资料来源：Norwegian Ministry of Finance, The Management of the Government Pension Fund in 2011. Meld. St. 17 (2011–2012) Report to the Storting (white paper), p.24.

---

[1] 郑秉文：《金融危机对全球养老资产的冲击及对中国养老资产投资体制的挑战》，载《国际经济评论》，2009年第5期。
[2] SWF, Future Possibility of Equities for Russian SWFs, 10. Jul, 2012.
[3] NPRF, National Pensions Reserve Fund welcomes the first investment by Irish Infrastructure Fund, 18 June 2012.
[4] Future Fund, Future Fund completes portfolio rebalancing and achieves market weight in Telstra, Media release, 15 August 2011.
[5] Future Fund, Memorandum of Understanding with the Australian Infrastructure Fund, Media release, 24 August 2012.
[6] 11种货币分布权重为：欧洲货币为60%，北美货币为35%，亚太地区货币为5%。

编后记

在人力资源和社会保障部的数据支持下,第二部养老金发展报告《中国养老金发展报告2012》终于呈现在读者面前。在付梓印刷前夕,"十八大"刚刚落下帷幕。

"十八大"报告指出,"要坚持全覆盖、保基本、多层次、可持续方针,以增强公平性、适应流动性、保证可持续性为重点。"

《中国养老金发展报告2012》的一个重大亮点,是以"广覆盖、保基本、多层次、可持续"十二字方针为基础,编制和开发了"中国社科智讯·养老金指数(发展指数2011)",旨在将"十二字"方针予以量化,以后每年发布一次,形成序列可资比较;同时,公布各省指数,形成横向比较。这是一项崭新的工作,由于数据约束等条件限制,有待以后逐年完善,希望业内专家学者和决策部门提出宝贵意见。

"十八大"报告将未来中国社会保障制度改革重点确定为增强公平性、适应流动性、保证可持续性。《中国养老金发展报告2012》中"养老金改革篇"的主题研讨确定为"保证可持续性"研究,把十几个省份当期收不抵支作为分析对象和主要内容,设立两章予以专门分析。2011年的发展报告的主题研讨内容是欧洲危机及其对中国的启示,其实,那也是一个关于可持续性的重要话题。在2011年12月20日举办的社会保障国际论坛暨《中国养老金发展报告2011》发布式上,华建敏副委员长发表讲话,他提出了"可持续性是中国养老金制度的第一命题"的重要论述。为专门讨论华建敏副委员长提出的这个命题,会后我们组织课题组做了专门研究(见《可持续性是中国养老金制度的"第一命题"》,载《中国证券报》,2011年12月26日,第A18版)。

这里,我要代表这个团队十分感谢著名经济学家、中国社会科学院副院长李扬博士,他在百忙之中为本书撰写了序言。为加强社会保障研究,以中国社会科学院世界社保研究中心为依托,2012年5月中国社会科学院社会保障实验室成立,并将于本书的发布式上举行揭牌典礼。实验室的成立,对我们这个团队来说,既是一个机遇,也是一个挑战。在院里调查与数据信息中心的支持下,我们将不辜负院里的希望,积极探索,把实验室的工作做好。

这里要特别感谢的是证监会郭树清主席,在我们的请求下,证监会提供了一个分报告;还要十分感谢全国社保基金的戴相龙理事长,与去年一样,今年他们依然提供了不可或缺的一个分报告。长江养老保险股份有限责任公司的马力董事长历来十分支持我们的工作,此次提供了一个分报告。中国人保资产管理股份有限公司和长江养老保险股份有限公司资助了《中国养老金发展报告2012》发布式用书,这里表示衷心感谢。

在何涛主任的带领下,中国社会科学院调查与数据信息中心的同志们对本书给予了巨大支持,可以说,没有他们的支持,本书的发布式是难以顺利召开的。这里,我们向何涛主任带领的这支精干的团队及其给予的巨大支持表示崇高敬意。

最后,我们仍然要表达对经济管理出版社杨世伟副社长和解淑青编辑的衷心感谢,没有他们的帮助,这本书是不可能出版的。

本书的作者分工如下:

主报告(中国养老基金地区失衡与财务可持续性):郑秉文

分报告一(2011年基本养老保险参保状况评估):孙永勇

分报告二(2011年基本养老保险基金运行状况评估):

孙永勇

　　分报告三（2011年企业年金基金市场状况评估）：齐传钧

　　分报告四（2011年全国社保基金投资管理状况评估）：全国社会保障基金理事会

　　分报告五（养老金与资本市场良性互动）：中国证券监督管理委员会

　　分报告六（部分省份城镇职工基本养老保险基金收不抵支制度参数分析）：房连泉

　　分报告七（城镇职工基本养老保险基金地区失衡深层原因分析）：郑秉文、孙永勇

　　分报告八（中国社科智讯·养老金指数2011）：高庆波、刘桂莲

　　分报告九（进一步拓宽企业年金基金投资渠道）：长江养老保险股份有限公司

　　分报告十（中国养老金改革争议2011）：张彦丽

　　分报告十一（国外养老金改革概览2011）：张占力

中国社会科学院世界社保研究中心主任　郑秉文
中国社会科学院世界社保研究中心秘书长　房连泉
2012年11月28日

中国社会科学院社会保障实验室简介

● **成立背景**

中国社会科学院社会保障实验室成立于2012年5月26日，是我院第一所院本级实验室。该实验室依托我院现有社会保障研究资源和人才队伍，由"世界社会保障研究中心"和"调查与信息数据中心"联合发起设立，日常业务运作由"世界社会保障研究中心"管理。

● **目标定位**

秉承中国社会科学院为党为人民服务的宗旨，立足于党和政府的思想库、智囊团的定位，以分析、预测、提供对策建议及技术支持为目标，集培养社会保障人才与学术交流于一身，针对社会保障核心问题，完成可重复、可检验的持续性实验任务。围绕国家社会保障发展战略目标，在借鉴国际经验的基础上，开展社会保障基础研究与应用研究及各种基础性工作，积累社会保障数据、资料与信息，为国家宏观决策提供政策建议。

● **研究内容**

● 数据发布平台：以当前养老金年度报告为依托，并逐步建立社会保障（养老）指标体系，定期向社会各界发布。
● 分析与预测：在数据发布的基础上，定期或不定期选取重大问题或异常指标及趋势变化，进行专题分析与预测，并逐步建立预警体系（账务可持续性）。
● 政策仿真与对策建议：在以上两部分的基础上，针对存在的问题，提出改进的政策建议，并为各级政府决策提供技术支持（包括但不限于调查、测算、方案评估等）。
● 国际国内交流：加强同国际、国内各界人士的交流与互动，针对热点问题展开探讨与研究，并培养相应人才。

● **主要产品**

● 每年度面向海内外发布年度《中国养老金发展报告》（中英文版），并召开新书发布会和学术研讨会。
● 每年度发布《中国养老金指数》，对各省份养老金发展进行对比分析。
● 不定期发布社科智讯《数据分析报告（养老金专刊）》。
● 定期公开出版发行《保险与社会保障》（以书代刊），独家刊登或选登国内外知名学者文章以飨读者。
● 开发社会保障分析模型和应用软件，从事社会保障精算和制度改革模拟实验研究。

● **组织机构**

● 实验室实行首席专家负责制，各岗位执行专家实行聘任制。
● 实验室设立办公室，具体负责科研活动的组织、协调和对外联络工作。
● 实验室财务由院调查与信息数据中心直接管理，经费预算和使用由首席专家批准。
● 实验室联系方式：中国社会科学院拉丁美洲研究所，北京1104信箱，中国社会科学院世界社会保障研究中心（邮编：100007）

联系电话：（010）64039001

Email：cass-ciss@cass.org.cn